이문 역주【상】 吏文譯註(上)

An Annotated Translation of *Imun*

구 범 진 역주

세창출판사

역주자 **구범진**(丘凡眞)

서울대학교 동양사학과에서 학사, 석사, 박사 학위를 취득하였다. 성균관대학교 동아시아 학술원, 서울시립대학교 국사학과를 거쳐, 현재 서울대학교 동양사학과에 재직 중이다.
「淸末의 北洋新政 硏究: 直隷省의 鹽政改革과 財政問題」로 박사 학위를 취득한 이래 淸朝의 鹽稅와 財政 문제를 공부하는 외에 조선과 청의 관계에도 꾸준한 관심을 두고 있다.
공저로 『명청시대사회경제사』(이산, 2007), 『동아시아 국제질서 속의 한중관계사: 제언과 모색』(동북아역사재단, 2010), 역서로 『최후의 황제들: 청 황실의 사회사』(까치, 2010)가 있다. 또한 여러 사람과 함께 『同文彙考』의 疆界와 犯越 부분을 번역하였으며, 「淸의 朝鮮使行 人選과 '大淸帝國體制'」(『人文論叢』 59, 2008), 「淸 嘉慶~道光初 兩淮鹽商 沒落의 原因」(『東洋史學硏究』 107, 2009) 등 몇 편의 논문을 발표하였다.

이문 역주【상】 吏文譯註 上

1판 1쇄 인쇄　2012년 8월 10일
1판 1쇄 발행　2012년 8월 20일

역주자 | 구범진
발행인 | 이방원
발행처 | 세창출판사
신고번호 | 제300-1990-63호
주소 | 서울 서대문구 냉천동 182 냉천빌딩 4층
전화 | (02) 723-8660　팩스 | (02) 720-4579
http://www.sechangpub.co.kr
e-mail: sc1992@empal.com

ISBN 978-89-8411-380-0 94910
978-89-8411-379-4 (세트)

이 책은 한국연구재단의 지원으로 세창출판사가 출판, 유통합니다.

이 도서의 국립중앙도서관 출판시도서목록(CIP)은 e-CIP홈페이지(http://www.nl.go.kr/ecip)와 국가자료공동목록시스템(http://www.nl.go.kr/kolisnet)에서 이용하실 수 있습니다.
(CIP제어번호: CIP2012003595)

감사의 글

지난 3년 동안 쏟은 땀의 열매를 거두자니 이 책을 준비하면서 이런 저런 신세를 진 여러 사람의 얼굴이 떠오른다. 그 중에서 몇 분께만 특별히 감사의 인사를 올리고자 한다. 일일이 이름을 밝히지 못한 다른 분께는 무례를 용서해 주십사 빈다.

먼저 비명에 세상을 저버린 고 연갑수 교수께 고맙다는 말씀을 드리고 싶다. 작년 한 해 동안 나는 연구년을 맞이하여 캐나다에 머무르고 있었다. 『吏文』 번역 과제의 결과보고서를 준비하고 있던 3월 초순의 어느날 나는 인터넷을 통해 정말 참담한 소식을 접하였다. 규장각한국학연구원에 재직 중이던 연갑수 교수가 불의의 사고로 세상을 떠났다는 것이다. 사고 소식에 나는 고 연갑수 교수와의 인연을 떠올렸다. 곰곰히 따져 보니, 내가 『吏文』 번역에 손을 댄 것도 사실은 고 연갑수 교수 덕분이었다. 조선과 청의 외교 관계에는 문외한이던 나에게 『同文彙考』의 존재와 가치를 일깨워 준 사람이 바로 고 연갑수 교수였기 때문이다. 그분의 깨우침 덕분에 나는 조선과 明・淸 간의 외교 문서에 관심을 두기 시작하여, 비록 일부이긴 하지만 『同文彙考』 수록 문서를 여러 동학과 더불어 번역할 수 있었고, 또 한국연구재단이 공모한 『吏文』의 번역 연구에도 지원할 수 있었다. 고 연갑수 교수의 마지막 길을 배웅하지 못하여 죄송하고 안타까운 마음을 금할 수 없었다. 때가 늦어도 한참 늦었지만, 고 연갑수 교수의 영전에 고개 숙여 명복을 빌면서 감사의 말씀을 드린다.

다음으로 서울대학교 국사학과 박사과정에서 공부하고 있는 정동훈 선생에게 깊은 감사의 뜻을 밝히고자 한다. 내가 한국연구재단이 공모한 『吏文』의 번역 연구 과제에 지원하여 연구책임자로 선정된 것은 2009년의 일이었다. 이런저런 일에 쫓겨 힘겨운 나날을 보내던 내가 감히 『吏文』 번역 연구를 떠맡겠다고 나설 수 있었던 것은 순전히 정동훈 선생 덕택이었다.

2008년 석사과정에 있던 정동훈 선생은 내가 지도교수를 맡은 서울대학교 인문대학 학생들의 해외 학술답사 프로그램에 참가하였다. 전공의 친연성 덕분에 정동훈 선생과 나는 공부와 관련된 이야기를 나누게 되었다. 그 무렵 나는 『同文彙考』에 수록된 朝鮮과 淸 간의 외교문서를 번역하고 있었고 정동훈 선생은 『吏文』에 수록된 高麗와 明 간의 외교문서를 분석한 학위논문을 준비하고 있었기 때문에, 우리의 대화는 자연스럽게 이들 외교문서의 해석에 관한 의견 교환으로 이어졌다.

소속 학과가 달랐음에도 우리의 만남과 대화는 꾸준히 이어졌고, 2009년 한국연구재단의 번역 연구 과제에 『吏文』이 포함되었음을 알고는 의기투합하여 과제 공모에 지원하기로 하였다. 그러나 과제 신청 당시 정동훈 선생은 석사과정 학생이어서 공동연구원이 될 수 없었다. 무척 안타까웠지만 정동훈 선생은 내가 개인적으로 초빙한 연구보조원으로 『吏文』의 번역에 참여할 수밖에 없었다.

과제 선정 이후 우리는 매주 한 차례씩 강독 모임을 열어 『吏文』 수록 문서를 하나씩 분석하고 번역해 나갔다. 강독 모임에서 우리는 문자 그대로 敎學相長의 기쁨을 만끽할 수 있었다. 분석을 마친 문서의 원고는 정동훈 선생이 꼼꼼하게 정리하였다. 내가 캐나다에 머물고 있던 작년에 우리는 이메일로 파일을 주고받으면서 원고를 다듬었고, 그 결과를 정리해서 한국연구재단에 결과보고서로 제출하였다. 결과보고서가 심사를 통과한 뒤에도 정동훈 선생 덕분에 출판 준비와 관련된 온갖 궂은 일을 해결해 나갈 수 있었다.

이 책으로 인해 내가 정동훈 선생에게 진 빚은 몇 마디 인사말로 갚을 수 있는 성질의 것이 아니다. 정동훈 선생은 공동 역자로서 나와 이름을 나란히 해야 마땅하나, 행정상의 문제로 그렇게 하지 못한 것이 끝내 안타깝고 미안할 따름이다.

또한 번역 연구 과제의 중간보고서와 결과보고서를 검토하고 소중한 조언을 아끼지 않은 익명의 심사위원들께 감사의 뜻을 전하고 싶다. 그리고 어려운 여건에도 불구하고 이 책의 출판을 맡아준 세창출판사에 감사 말씀을 드리고 싶다. 특히 편집을 맡은 안효희 선생께 감사한다. 무수한 한자와 독특한 형식 때문에 안효희 선생의 노고가 이만저만하지 않았을 것이다.

보잘것없는 역주이지만 정말 많은 분께 신세를 졌다는 사실을 새삼 깨닫는다. 그럼에도 불구하고 이 책 곳곳에는 분명 적잖은 오류가 남아 있을 것이다. 오류는 아닐지라도 개선의 여지가 적지 않은 번역도 있을 것이나. 이 모든 문제에 대한 책임은 전적으로 나의 몫이다. 앞으로 독자 여러분의 叱正에 기대어 조금씩 바로잡을 수 있기를 희망한다.

2012년 7월 24일

관악에서

구 범 진

범례

❶『吏文』은 총 4권 4책으로 구성되었는데, 현재는 권2, 권3, 권4 세 권만이 남아 있다. 이 책에서는 권2를 상권, 권3을 중권, 권4를 하권으로 나누었다.

❷ 이 번역에서는 권2와 권3은『吏文』의 여러 판본 가운데 서울대학교 규장각한국학연구원 소장 想白古貴 411.1 J773i를 대본으로 하였다. 권4는 역시 서울대학교 규장각한국학연구원 소장 古 5700-5를 대본으로 하였다.

❸ 校勘을 위하여 참조한『吏文』의 여러 판본과 그 약호는 다음과 같다.

(1) 규장각한국학연구원 소장 想白古貴 411.1 J773i : '想白J'

(2) 규장각한국학연구원 소장 想白古 411.1 Im9 : '想白I'

(3) 규장각한국학연구원 소장 古 5700-5 : '奎古5700'

(4) 前間恭作 遺稿, 末松保化 編纂,『訓讀吏文』, 1942 : '前間本'

아울러『朝鮮王朝實錄』에 실려 있는 문서는 實錄 원문도 교감에 활용하였다.

❹『吏文』수록 어휘를 풀이한『吏文輯覽』은 여러 판본 가운데 서울대학교 규장각한국학연구원 소장 古5700-6을 대본으로 하였다.

❺ 이 책에서는 원문과 번역문을 나누어 제시하였다. 원문에는 표점을 하는 외에, 각주에 교감 내용을, 미주에『吏文輯覽』어휘 해설의 원문 및 번역을 기재하였다. 번역문에는 해당 내용의 관한 설명을 각주로 덧붙였다.

❻『吏文』원문에는 문서 번호가 없지만, 이 책에서는 각 문서의 수록 권수와『吏文』전체에서 해당 문서의 수록 순서를 밝히는 방식으로 문서 번호를 붙였다. 예컨대 '이문 3-45'는 해당 문서가『吏文』권3에 실려 있으며 전체에서 45번째로 수록된 문서라는 뜻이다.

❼ 권2와 권3의 문서 제목은 규장각한국학연구원 소장『吏文』(想白古貴 411.1

J773i)의 周廓線 위에 기재된 제목에 의거하여 붙였다. 권4의 문서 제목은 前間本에 의거하되 古5700-5와 대조하여 확정하였다. 규장각 소장본에도 일부 문서에 제목이 붙어 있지만 前間本에 비하면 제목이 없는 경우가 많기 때문이다. 한편 권3과 권4에는 어느 판본에도 제목이 없는 문서가 8건 있다. 이들 문서의 제목은 『訓讀吏文』 목차의 제목을 원용하되, 제목 뒤에 '*' 기호를 붙여 구별하였다.

❽ 원문과 번역문 모두 문단 들여쓰기와 내어쓰기를 하여 문서의 행문 구조를 드러냈다. 그 방법에 대한 구체적인 설명은 이 책의 해설에 밝혔다.

❾ 권2와 권3의 각 문서에 대해서는 문서의 행문 과정을 도해하여 제시하였다. 권4의 榜文과 告示는 행문 과정이 비교적 단순하기 때문에 몇몇 사례를 제외하고는 도해하지 않았다.

차 례

『吏文』과 『吏文輯覽』

'吏文'이란 전통시대 중국에서 공문서 작성에 사용한 문체를 가리킨다. '吏文'은 문서에서 다루는 사안의 처리 절차를 반영하기 때문에 구조가 독특할 뿐만 아니라 일반 漢文에서는 잘 쓰지 않는 어휘도 많이 등장한다. 元代의 행정문서나 법률문서를 보면 '吏文' 형식의 문체가 뚜렷이 나타난다. 이런 문체는 특히 漢人 하급 관리가 몽골인 상관에게 올리는 문서에 사용하였는데, 법률 지식이 풍부하여 우대를 받았던 胥吏가 썼기 때문에 '吏文'이라는 이름이 붙은 것으로 이해되고 있다. 명·청의 공문서도 이러한 '吏文' 문체를 계승하여 사용하였다.

일찍이 다나카 겐지(田中謙二)는 원대 행정문서와 법률문서에 보이는 문체의 특징을 크게 두 가지로 파악하였다.[1] 첫째는 흔히 '蒙文直譯體'라고 부르는 것으로, 몽골어의 口語를 그대로 한자로 옮기는 과정에서 창출되어 일반 한문과는 주어와 동사의 어순, 단어의 사용 등에서 전혀 다른 모습을 보인다. 대표적으로 문장의 마지막에 붙어 문장의 종료를 나타내는 '有' 자는 몽골어의 종결어미에 해당하는 것으로 보았다.[2] 둘째는 이른바 '漢文吏牘體'로, 문서의 전달 과정과 행정

1) 田中謙二, 「元典章文書の構成」, 『東洋史研究』 23-4, 1969.

처리 절차를 명료하게 드러낼 수 있는 특수 용어를 사용하는 문체이다. 명・청의 공문서 문체로 사용된 '吏文'은 둘 중에서 漢文吏牘體를 계승하였다고 할 수 있다.

명은 국내 행정문서뿐만 아니라 주변 국가와 주고받는 외교문서에도 '吏文' 문체를 준용하였다.[3] 일반 漢文에서는 볼 수 없는 매우 복잡한 구조와 독특한 어휘로 인해 '吏文'은 따로 교육을 받지 않고서는 제대로 작성하거나 이해할 수 없었다. 이에 따라 이미 조선 전기부터 表文과 같이 유려한 한문 문체로 작성하는 의례 외교문서 외에도 실무 외교문서에 쓰는 '吏文'을 가르쳐야 한다는 주장이 제기되었다. 太宗 대에는 文書應奉司를 설치하여 '吏文' 강습을 맡도록 하였고,[4] 이를 곧 承文院으로 개편하여 吏文 작성과 교육을 전담시켰다.[5]

'吏文' 학습의 교재로는 『吏學指南』 같은 어학서 외에도 『吏文謄錄』을 많이 사용하였는데, 이는 명과 주고받은 실제 외교문서를 謄錄한 것이었다. 世宗 대에는 『吏文謄錄』을 5년마다 한 차례 書寫하고 10년

---

2) 蒙文直譯體의 기원에 대해서는 크게 두 가지 이견이 존재한다. 첫째는 원대에 여진어・몽골어 등 알타이계 언어의 영향을 받아 北京 일대에서 '漢兒言語'라는 일종의 코이네(Koine: 공통어)를 사용하였고, 이를 文語로 옮기기 위하여 만들어진 문체가 몽문직역체라는 것이다(대표적으로 정광, 「吏文과 漢吏文」, 『구결연구』 16, 2006). 둘째는 몽문직역체가 당시 口語로 쓰던 몽골어를 기계적으로 직접 번역하기 위하여 만들어진 문체라는 견해로, 이는 '漢兒言語'라는 새로운 구어의 존재를 부정하는 것이다(대표적으로는 宮紀子, 「モンゴルが遺した「飜譯」言語」, 『モンゴル時代の出版文化』, 名古屋出版會, 2006).

3) 鄭東勳, 「高麗-明 外交文書 書式의 성립과 배경」, 『韓國史論』 56, 2010.

4) 『太宗實錄』 권16, 태종 8년 12월 甲戌.

5) 『太宗實錄』 권21, 태종 11년 6월 戊申; 『經國大典』 吏典 京官職 정3품아문, 「承文院」. 承文院의 연혁과 吏文 教育에 대해서는 李善洪, 「外交文書의 작성 및 吏文教育」, 『朝鮮時代 對中國 外交文書 研究』, 韓國學中央研究院 博士學位論文, 2005, pp.124~143 참조. 아울러 『吏文』의 편찬 과정에 대해서는 김경록, 「조선초기 『吏文』의 편찬과 對明 외교문서의 성격」, 『이화사학연구』 34, 2007; 鄭東勳, 앞의 논문 참조.

마다 한 차례 印出하도록 하였다.[6]『經國大典』에서는 承文院 문서를 3년에 한 번씩 印出하여 議政府와 외방의 史庫에 보관하도록 하였다.[7] 외교 현안 처리나 외교문서 작성을 위해서는 앞서 오고간 문서를 참고할 필요가 있었기 때문이다.

그러다가 成宗 대에 과거 고려·조선이 명과 주고받은 문서 가운데 특히 교육적 효과가 큰 것을 골라 편찬한 책이 바로『吏文』이다. 그 편찬 연도나 편찬자는 정확히 알 수 없지만, 성종 9년(1478)까지의 문서를 수록하였으므로 성종 9년 이후에 편찬하였음을 알 수 있다. 여기에『吏文續集』에 弘治 연간의 문서부터 수록하였다는 崔世珍의 말을 보건대,[8]『吏文』은 成化 연간(1465~1487) 후반에 편찬되었으리라고 추정할 수 있다.

『吏文』은 원래 총 4권 4책으로 구성되었다. 그 중에서 漢語로 쓴 宣諭·聖旨를 실은 권1은 이문 학습과 무관하였다. 그 때문에『吏文輯覽』을 편찬한 崔世珍(1468~1542)도 권1에 대해서는 輯覽을 쓰지 않았고,[9] 실제로도 권1은 널리 보급되지 않았던 것으로 보인다. 이러한 까닭에 현재『吏文』은 권1을 제외한 3권 3책만 남아 있다.[10] 이 가운데 권2와 권3은 고려 恭愍王 대부터 조선 成宗 대까지의 외교문서 52편을 수록하고 있고, 권4에는 조선 사신이 베껴 온 중국의 榜文 41건이 실려 있다.

한편『吏文輯覽』은『吏文』수록 문서에 등장하는 난해한 어휘를 뽑

---

6)『世宗實錄』권121, 세종 30년 8월 丙辰.

7)『經國大典』禮典,「藏文書」.

8)『吏文輯覽』「凡例」: "吏文舊抄不多, 又有不合時格者. 故今加抄出弘治·嘉靖年間中朝及本國文字, 宜於時格可習者, 以爲續集."

9)『吏文輯覽』「凡例」: "舊抄吏文初卷, 宣諭·聖旨, 皆漢語, 於習吏文無關, 故不著輯覽."

10)『增補文獻備考』권246, 藝文考5, 典章類에도『吏文』은 3권으로 기록되어 있다. 이로부터 적어도 18세기 후반 이전에『吏文』권1이 실전되었음을 알 수 있다.

아 해설한 책이다. 당대 최고의 한어학자이자 음운학자로 詞譯院・承文院 등에서 일했던 崔世珍이 왕명을 받아 中宗 34년(1539)에 편찬하였다. 『吏文輯覽』은 총 4권 1책의 형태로 전해지고 있는데, 『吏文』과 대응하여 『吏文輯覽』 권2~권4가 있고, 그 뒤로 『吏文續集輯覽』이 이어진다. 『吏文續集輯覽』은 弘治~嘉靖 연간의 문서를 따로 모아 편찬한 『吏文續集』의 어휘에 대한 해설서이다.[11)]

『吏文輯覽』의 곳곳에는 崔世珍이 참고한 서적의 제목이 보인다. 『律學解頤』, 『質正錄』, 『駁稿輯覽』 등이 그것이다. 『律學解頤』는 명대의 율학 서적으로 조선 초기 律科의 講書로 지정되어 있었다. 『質正錄』은 音韻이나 기타 制度 등에 관한 의문점을 중국에 문의하기 위하여 使行에 따라갔던 質正官이 돌아와서 기록한 것을 가리킨다. 『駁稿輯覽』은 刑獄 업무를 담당하던 大理寺의 '駁回文字,' 즉 기각・회송 문서를 모아 만든 『駁稿』 가운데 정확한 뜻을 알 수 없는 구절을 『大明律』을 참고하여 해설한 책이다.

『吏文輯覽』의 어휘 해설은 『吏文』 해석에 불가결하지만, 오류가 전혀 없지는 않아서 이용에 주의할 필요가 있다. 예컨대 이문 2-18 <再催李朶里不歹等人戶遼東照會>의 '太尉忠宣王'에 대하여 "高麗忠烈王之子, 尙元世祖女大長公主"라고 해설하였으나, 원 세조의 딸에게 장가든 것은 충선왕이 아니라 그의 부친 忠烈王이었다. 또한 『吏文』 본문과 다른 글자를 적은 것도 간혹 있다. 예를 들어 이문 2-5 <洪寶寶軍馬聲息呈>의 '老少'라는 단어를 해설하면서 '老小'를 표제어로 뽑았다.

11) 『吏文輯覽』의 편찬과 특징에 대해서는 梁伍鎭, 「吏文과 吏文諸書輯覽의 言語」, 『中國言語硏究』 14, 2002 참조.

『吏文』의 가치와 판본

현대 국가의 외교는 상대국의 수도에 대사관・영사관 등을 설치하고 본국과 긴밀히 연락하면서 현안을 처리하는 방식으로 이루어진다. 반면에 전통시대 동아시아에서는 국가 간에 使臣이 왕래하면서 문서를 전달하는 방식으로 외교 현안을 처리하였다. 使臣의 외교 활동은 '人臣無外交'라는 원칙에 따라 외교문서의 전달로 임무가 제한되었다. 외교의 주체라 할 수 있는 군주의 의지는 외교문서에 직접 표현되었다. 따라서 전통시대 국제관계사 연구에서 외교문서의 중요성은 아무리 강조해도 지나치지 않을 것이다.

외교문서 연구는 문서 원본을 대상으로 하는 것이 가장 이상적이다. 그러나 현존하는 조선의 외교문서 중에서 16세기 중엽 이전의 문서 원본은 현재로서는 알려진 바가 없다. 차선책으로 謄錄 형태의 문서를 이용할 수 있다. 또한 각종 연대기 자료에서도 적지 않은 수의 외교문서를 찾을 수 있다. 그러나 이들 자료에는 문서의 발췌 인용이 많아서 발신자와 수신자, 그리고 書式 등과 같은 문서의 핵심 요소를 파악하기 어렵다. 예컨대 『高麗史』나 『朝鮮王朝實錄』 등에 수록된 외교문서는 대개 문서의 起頭와 結辭를 생략한 채 중간의 본문만 옮겨 놓아서 문서의 성격 이해에 관건이 되는 행위 주체와 書式을 분명히 알 수 없는 경우가 허다하다. 게다가 연대기 편찬 과정에 고의나 실수에 의해 문서 내용을 잘못 옮긴 사례도 비일비재하다.

이런 자료와 달리 『吏文』은 실제 외교문서를 그대로 베낀 『吏文謄錄』을 바탕으로 교육용 교재로 만들었기 때문에 문서의 원형을 고스란히 담고 있다. 『吏文』에는 조선과 명이 주고받은 외교문서의 다양한 서식이 모두 등장한다. 또한 수록 문서의 작성 시기가 명의 건국 이래 100년 남짓한 기간에 걸쳐 있어서 외교문서의 문체나 양식이 변화하는 양상도 보여 준다. 여러 문서에 포함된 구어체 문장은 학계에서 오랫동안 논란이 되고 있는 '蒙文直譯體' 혹은 '漢吏文'의 성격 문제를 푸는 실마리가 될 수도 있다.

더 나아가 『吏文』을 통해서 다른 자료에 수록된 외교문서의 정확한 해석에 필요한 열쇠를 얻을 수 있다. 현재 널리 이용되고 있는 『高麗史』나 『朝鮮王朝實錄』의 번역을 보면 유감스럽게도 외교문서를 오역한 경우가 매우 많다. 번역자가 '吏文'의 특수한 문체 및 어휘에 익숙하지 않았기 때문이다. 이런 측면에서 『吏文』의 원래 편찬 목적은 오늘날에도 유효하다. 『高麗史』와 『朝鮮王朝實錄』 외에도 『槐院謄錄』, 『事大文軌』, 『同文彙考』 등에 방대한 수량의 조선 외교문서가 남아 있다. 『吏文』의 문체와 어휘를 충분히 익힌다면 이들 자료의 정확한 분석과 활용에 큰 도움을 얻을 것이다.

문체나 서식의 측면 외에도 『吏文』은 14세기 후반부터 15세기 후반에 이르는 시기 고려·조선과 명의 관계에 관한 역사적 사실을 파악하는 데에도 적잖은 가치가 있다. 『吏文』 수록 문서의 일부는 두 나라의 연대기 자료에도 실려 있지만, 상당수는 아주 간략히 언급되거나 전혀 등장하지 않는 내용을 담고 있다. 『吏文』의 문서가 연대기 자료에 얼마나 수록 또는 언급되어 있는지를 정리해 보면 아래의 표와 같다.[12)]

| 표 1 | 『吏文』 문서의 『高麗史』·『朝鮮王朝實錄』 수록 상황

발신과 수신	문서번호	문서 건수	연대기 수록 문서			관련 사실 확인 가능 건수
			전문	일부	미수록	
고려→명	2-9~12	4			4	4
명→고려	2-1~8, 2-13~20	16		1	15	8
조선→명	2-31·32, 3-34	3	3			3

12) 아래의 표는 김순자, 「고려·조선-明 관계 외교문서의 정리와 분석: 『吏文』, 『고려사』, 『조선왕조실록』 소재 문서를 중심으로」, 『한국중세사연구』 28, 2010, 575쪽의 것을 토대로 약간의 수정을 거쳐 작성하였다.

명→조선	2-21~29, 3-33, 3-35~47	23	8	4	11	16
명→명	2-30, 3-48~52	6			6	2
합계		52	11	5	36	33
비율		100%	21%	10%	69%	63%

위의 표에서 연대기 자료에 전문이 수록되었다고 표시한 11건도 起頭와 結辭 등을 모두 생략하였으므로 엄밀하게는 전문을 수록했다고 할 수 없다. 총 52건의 문서 가운데『高麗史』와『朝鮮王朝實錄』에 실려 있지 않은 문서가 36건으로 전체의 70퍼센트 가까이를 차지한다.

특히 조선에 비해 사료가 상대적으로 적은 고려 시대의 문서는 총 19건 중에서 연대기 자료에 수록된 것은 단 1건, 그것도 전문이 아닌 일부만 수록되어 있다. 이러한 까닭에『吏文』의 일부 문서는 양국 관계에 관한 역사적 사실 규명에 큰 가치를 지닌다.

예컨대,『吏文』권2에 15번째로 수록된 <鐵嶺等處榜文張掛咨>는 1388년 고려의 遼東 공격 및 威化島 回軍의 계기가 되었던 이른바 鐵嶺衛 설치 문제와 관계가 있다. 이 문서를 통해서 명의 철령위 설치가 어떠한 절차를 통해서 결정되었는지, 그리고 어떠한 경로를 거쳐 고려에 통보되었는지 파악할 수 있다. 그 밖에도『吏文』권2에는 고려와 명의 국경 지대에서 발생한 살인 사건의 처리에 관한 문서(『吏文』2-14 <軍人江才等告人命遼東照會>), 난파한 명의 漕運船 처리에 관한 문서(『吏文』2-19 <運糧指揮馬扒破船遼東照會>) 등이 보인다.『吏文』권3에는 建州女眞이나 倭의 동향에 대한 양국의 정보 공유 상황을 담은 문서(『吏文』3-45 <建州衛野人等齎繳勅書遼東咨>, 3-46 <倭人聲息遼東咨>), 조선 사신에 대한 강도 사건의 처결에 관한 문서(『吏文』3-48 <强賊張政招詞雲南題呈>) 등이 수록되어 있는데, 이들 문서는 당시의 행정 처리 절차를 매우 구체적으로 전해 준다.

또한『吏文』권4에는 조선 사신이 명에서 베껴온 41건의 榜文・告

示가 실려 있다. 주로 禮部, 兵部, 會同館, 都察院, 海州衛, 順天府 등에서 내건 것인데, 당시 조선 사신이 명을 오가는 길에 정보 수집 활동에도 충실했음을 알려 준다. 榜文은 조선과 무관한 내용이 대부분이지만, 당시 명에서 시행된 각종 禁令의 내용을 자세히 담고 있다는 점에서 사료적 가치가 크다. 『洪武永樂榜文』 등 명대의 각종 榜文을 수록한 자료가 있기는 하지만, 『吏文』 권4처럼 장기간에 걸쳐 수집한 榜文을 원문 그대로 수록한 것은 드물다.

한편 崔世珍이 『吏文輯覽』에서 해설한 다양한 어휘 및 용어 중에는 명의 제도나 문서 서식뿐만 아니라 지명이나 관습 등에 관한 것도 포함되어 있다. 이로부터 당시 명의 문물에 대한 조선의 이해 수준을 짐작해 볼 수 있다. 게다가 崔世珍은 한자로 설명하기 힘든 어휘에 대해서는 "鄕言曰…" 혹은 "鄕名…" 등의 형식으로 훈민정음으로 설명하고 있어, 15세기 후반 훈민정음 표기법 이해에도 도움을 준다. 예컨대 『吏文』 2-3 <蘭秀山叛賊干連人高伯一發回咨>에 등장하는 '海菜'를 설명하면서 崔世珍은 그 鄕名을 "메육", 즉 '미역'이라고 밝히고 있다.

끝으로 『吏文』의 판본은 현재 11종이 알려져 있다.[13] 이 가운데 가장 널리 쓰이는 것은 일본의 宮內廳 書陵部 소장 판본이다. 19세기 말~20세기 초에 조선어 학자이자 통역관으로 활동한 마에마 교사쿠(前間恭作)는 이 판본을 대본으로 삼아 일본어 訓讀을 붙인 『訓讀吏文』을 썼고, 그의 사후인 1942년 京城帝國大學 교수 스에마쓰 야스카즈(末松保和)가 마에마 교사쿠의 遺稿를 활판으로 간행하였다.[14] 그러나

13) 鄭東勳, 「高麗-明 外交文書 書式의 성립과 배경」, 『韓國史論』 56, 2010, 145~146쪽 참조.

14) 한편 『訓讀吏文』의 대본이 된 宮內廳 書陵部 소장 판본은 1919년 서울에서 판사로 근무한 아사미 린타로(淺見倫太郎)가 입수하여 일본으로 반출한 것인데, 아사미 린타로는 자신이 『吏文』을 입수하게 된 경위 및 자료 자체를 간략히 소개한 글을 남겼다. 淺見倫太郎, 「明韓の外交文書を輯めたる「吏文」に就て」, 『朝鮮及滿洲』 1920년 2월호.

이 판본은 목판본・활자본・필사본 등이 섞여 있는 것으로 판본으로서의 가치가 높지 않으며, 인쇄 상태가 좋지 않은 부분은 아사미 린타로와 마에마 교사쿠가 일부 수정하였으므로 이용에 주의가 필요하다.15) 그래서 이번 번역에서는 현재 가장 선본이라고 할 수 있는 서울대학교 규장각한국학연구원 소장의 想白古貴 411.1 J773i를 대본으로 삼았다.

| 표 2 | 『吏文』의 판본 현황

소장처	청구기호	권수	판본	비고
규장각 한국학연구원	想白古貴 411.1 J773i	2・3	을해자	'想白J'
	想白古 411.1 Im9	2	목판본	'想白I'
	古5700-5	2・3・4	목판본	'奎古5700'
	奎 26612	4	목판본	奎古5700-5 v.4와 동일하나, 결본
국사편찬위원회	B13J 70	2・3・4	목판본	'想白I'와 동일
연세대학교 도서관	고서(귀) 427 0	2	목판본	
	고서(용재) 223 0	2	목판본	
宮內廳 書陵部	52800	2・3・4	혼입본	淺見倫太郎 舊藏, 前間恭作 臺本
李謙魯 舊藏		4	갑인자	
		2・3	을해자	
藤田亮策 舊藏		2		

15) 淺見倫太郎, 위의 글, 1920, 33쪽.

【표점 및 어휘 해설】

표점 및 번역 방식

이 책에서는 '吏文' 문체의 독특한 구조를 드러내기 위하여 다소 낯선 표점 및 번역 방식을 채택하였다. 독자의 편의를 위하여 그에 관한 약간의 해설이 필요하리라 판단하였다. 이에 『吏文』 권3에 열 번째로 수록된 ＜發還被虜員鎖貴遼東咨＞라는 문서를 사례로 삼아 간략하게나마 표점 및 번역 방식을 설명하기로 한다. 먼저 이 문서의 무표점 상태 원문은 다음과 같다.

遼東都指揮使司爲走回人口事抄蒙欽差鎭守遼東摠兵官都督同知歐批文前事據遼東都司呈送被虜走回朝鮮國男子一名尹時外卽員鎖貴到來發據廣寧備禦都指揮焦貴備廣寧右衛鎭撫呈會同通事千戶金林譯審得員鎖貴供年六十九歲係朝鮮國愛州城人在鴨綠江北住種成化二年十月二十日被建州女眞奴答等四百人馬到江將鎖貴搶去住使四年成化六年十二月內有奴答因男撒散無婚將鎖貴與海西女直女都家換女與男爲妻一向住使今成化十一年正月二十日思想家鄕脫走二晝夜到開原地方送來等情據供備呈會同欽差鎭守遼東太監葉贊理軍務兼巡撫右副都御史彭議得員鎖貴緣係朝鮮國人被虜走回審供明白除另行具題外合將本人給與衣服發回都司收候有本國使臣到來給與領回爲此除將本人給與衣帽等件仍令原送舍人帶去外今批仰本司遇到收候本國使臣到來給與領回施行具給發過人名日期各另回報蒙此案照先爲前事已行呈送明示去後今蒙前因擬合就行爲此除外今將走回男子員鎖貴給與本國差來赴京謝恩護送使臣朴星孫領回外煩請遇到收發給親完住施行須至咨者右咨朝鮮國王成化十一年三月十三日

이 책에서는 무표점 상태의 원문은 따로 싣지 않는다. 대신에 쉼표와 마침표를 사용한 표점 원문을 제시하고, 그 다음에 표점에 기초한 번역문을 실었다. 표점과 번역 모두 문서 내용 중 어디부터 어디까지가 누구의 진술인지를 명료하게 드러내는 데 각별한 주의를 기울였다.

표점 원문과 번역문의 모든 문단 첫머리에는 작은 숫자를 붙였는데, 이는 그 문단의 話者를 표시하기 위한 기호이다. 즉, 해당 문서의 발신자를 '1차 화자'로 보고, 그 문단의 화자가 문서의 발신자, 즉 '1차 화자'인 경우에는 숫자 "1"을 붙였다. '1차 화자'가 자신이 받은 문서의 내용 일부를 그대로 옮겼거나 요약해서 옮긴 경우, 즉 '1차 화자'의 인용문은 그 화자를 '2차 화자'로 보고 숫자 "2"를 붙였다. 또 '2차 화자'의 인용문은 화자가 '3차 화자'이므로 숫자 "3"을 부여하였다. 숫자 "4" 이하의 의미는 마찬가지 방식으로 유추할 수 있을 것이다.

이러한 방식에 따라 위에 제시한 <發還被虜員鎖貴遼東咨>에 표점을 붙이고 각 부분의 화자를 표시하면 다음과 같다. 아래 각 문단 앞의 ⓐ~ⓚ는 설명의 편의를 위하여 붙인 것이다. 번역문은 따로 제시하지 않으니 이 책의 본문을 참조하기 바란다.

ⓐ [1]遼東都指揮使司爲走回人口事

ⓑ [1]抄蒙欽差鎭守遼東摠兵官都督同知歐批文, 前事.

ⓒ [2]據遼東都司呈送, 被虜走回朝鮮國男子一名尹時外, 卽員鎖貴到來. 發據廣寧備禦都指揮焦貴, 備廣寧右衛鎭撫呈.

ⓓ [3]會同通事千戶金林, 譯審得, 員鎖貴供.

ⓔ [4]年六十九歲, 係朝鮮國愛州城人, 在鴨綠江北住種. 成化二年十月二十日, 被建州女眞奴答等四百人馬到江, 將鎖貴搶去, 住使四年. 成化六年十二月內, 有奴答, 因男撒散無婚, 將鎖貴

與海西女直女都家, 換女與男爲妻, 一向住使. 今成化十一年正月二十日, 思想家鄉脫走, 二晝夜到開原地方, 送來.

ⓕ [3]等情, 據供備呈.

ⓖ [2]會同欽差鎭守遼東太監葉・贊理軍務兼巡撫右副都御史彭, 議得, 員鎖貴緣係朝鮮國人, 被虜走回, 審供明白. 除另行具題外, 合將本人, 給與衣服, 發回都司收候, 有本國使臣到來, 給與領回. 爲此, 除將本人, 給與衣帽等件, 仍令原送舍人帶去外, 今批仰本司, 遇到收候, 本國使臣到來, 給與領回施行. 具給發過人名日期, 各另回報.

ⓗ [1]蒙此, 案照, 先爲前事, 已行呈送明示. 去後, 今蒙前因, 擬合就行. 爲此, 除外今將走回男子員鎖貴, 給與本國差來赴京謝恩護送使臣朴星孫領回外, 煩請遇到收發給親完住施行. 須至咨者.

ⓘ [1]右咨

ⓙ [1]朝鮮國王

ⓚ [1]成化十一年三月十三日

ⓐ 문서의 첫머리로 발신자 및 안건이 제시된 부분이다. 명대 공문서에서 발신자는 보통 사람이 아니라 아문의 이름을 썼는데, 이 문서에서는 "遼東都指揮使司"가 이에 해당한다. 발신자 "遼東都指揮使司"는 이 문서의 '1차 화자'이므로 문단 처음에 숫자 "1"을 붙였다.

다음의 "爲走回人口事"에 보이는 "爲…事"는 어떤 사안을 문서에서 다룰지 밝힐 때 쓰는 구문으로, 오늘날의 문서 양식에 빗대자면 문서 제목에 해당한다고 할 수 있다. 그러나 『吏文』에는 발신자만 밝히고 제목은 생략한 문서가 상당히 많다. 이 책에서는 발신자 및 안건에 해당하는 부분에는 아무런 표점도 하지 않되 다음 한 줄은 비우기로 하였다. 번역은 "某 아문에서 …에 관한 일(로 문서를 보냅니다.)" 정도로 할 것이다.

ⓑ 문서 본문의 첫 부분으로 의미상 話者는 당연히 문서 발신자인 遼東都指揮使司, 즉 '1차 화자'이다. 이에 문단 처음에 숫자 "1"을 붙였다. 동사 "抄蒙"의 주어는 遼東都指揮使司이다. "抄"는 문자 그대로 "베끼다"라는 뜻

이고, "蒙"은 上官이 보낸 문서, 즉 하행문서를 받았을 때 쓰는 동사이다.

중국의 공문서에서는 똑같은 "받다"라는 뜻을 나타낼지라도 목적어가 무엇이냐에 따라 서로 다른 동사를 썼다. 상급 아문으로부터 하행문서를 받았을 때는 "蒙"이나 "奉", 동급 아문으로부터 평행문서를 받았을 때에는 "准", 하급 아문으로부터 상행문서를 받았을 때는 "據"를 사용하였다. "欽差鎭守遼東摠兵官都督同知"는 관직을 나타내며, "歐"는 이름에서 姓만 쓴 것이다. 이처럼 공문서에서는 姓만 표시하는 것이 일반적이다. "批文"은 하행문서의 일종이다. "前事"는 이 "批文"의 안건으로 ⓐ에 보이는 "爲走回人口事"를 가리킨다. 다시 말해서, 遼東都指揮使司가 수령했던 "批文"의 원문에는 "爲走回人口事"라고 적혀 있었겠지만, 여기에서는 중복을 피하기 위해 "前事"라고만 쓴 것이다.

다른 아문에서 보낸 문서를 받았다는 말 다음에는 그 내용이 인용된다. 여기에서는 "抄蒙…歐批文"을 "… 歐의 批文을 베껴 받았습니다"로 번역하고, 그 내용의 인용은 한 단계 들여쓰기 하였다. 인용되는 "批文"의 제목에 해당하는 "前事"를 다음 줄로 보내어 인용문의 첫머리로 처리할 수도 있지만, 원래 제목을 그대로 밝힌 것이 아닌 까닭에 앞 문장에 붙여 "批文을 베껴 받았는데, 위의 일이었습니다"로 번역하는 편이 더 자연스럽다고 판단하였다. 이 경우와 달리 문서의 원래 제목을 밝힌 경우에는 인용문이 첫머리로 처리하는 편이 더 나을 것이다.

ⓒ 遼東都指揮使司가 "批文"의 내용을 인용한 것으로, 이 부분의 話者는 "欽差鎭守遼東摠兵官都督同知歐"가 된다. 이 문서의 '1차 화자' 遼東都指揮使司가 자신이 받은 문서를 인용한 것이므로, 이 문단의 화자는 '2차 화자'가 된다. 이에 문단 처음에 숫자 "2"를 붙여서 話者의 변경을 나타냈다. 이 책에서는 이 경우처럼 話者가 바뀔 때마다 들여쓰기 또는 내어쓰기를 하고 話者의 차수를 나타내는 숫자를 붙일 것이다.

"據"는 위에서 언급하였듯이 하급 아문으로부터 상행문서를 받았을 때 쓰는 동사이지만, 여기에서처럼 문서가 아닌 사람 또는 물건이 목적어인 경우에도 사용하였다. "據遼東都司呈送, … 員鎖貴到來"를 직역하면, "遼東都司에서 올려 보낸, … 員鎖貴가 到來한 것을 받았다"가 되겠지만, 이 책에서는 가급적 직역하되 어색한 표현은 적절히 수정하도록 할 것이다.

"發據"에서 "發"의 의미상 직접목적어는 "員鎖貴"이고, "據"의 목적어는 廣寧備禦都指揮 焦貴를 거쳐 올라온 廣寧右衛 鎭撫의 "呈"이다.

ⓓ 廣寧右衛 鎭撫의 "呈"에 포함된 내용을 인용한 것이므로, 話者는 다시 '3차 화자'로 바뀐다. 조선 사람인 員鎖貴를 심문하기 위해서는 통역이 필요했기 때문에 通事인 千戶 金林이 심문에 참여하였다. "譯審得"의 "譯"은 員鎖貴의 "供"(공술)을 얻는 과정에 통역을 거쳤음을 나타낸 것이다.

ⓔ 員鎖貴의 공술 내용을 옮긴 것이므로 話者는 '4차 화자'로 바뀐다.

ⓕ "等情"은 공술이나 하급 아문에서 올린 상행문서의 인용을 마칠 때 쓰는 어구이다. "等情" 같은 어구는 인용자가 삽입한 것이므로, 여기서부터는 話者가 '3차 화자'로 바뀐다고 보아야 한다. 즉, 員鎖貴로부터 공술을 받은 廣寧右衛 鎭撫가 이 구절의 話者이다. 단, "等情"을 비롯해서 인용의 종결을 나타내는 어구는 우리말로 옮기지 않았다. 이런 어구는 오늘날의 인용부호에 해당하는데, 이 책에서는 인용이 끝나면 내어쓰기를 해서 인용의 종결을 표시하였기 때문이다.

"據供備呈"에서 "據"는 "…에 의거하여"로 번역해도 의미가 통하지만, 위에서 설명한 것처럼 "받다"라는 뜻의 동사로 보는 편이 더 낫다.

ⓖ 話者가 다시 '2차 화자'인 "欽差鎭守遼東摠兵官都督同知歐"로 바뀌었기 때문에 한 단계 내어쓰기를 하였다. 위의 "等情"처럼 廣寧右衛 鎭撫의 "呈"이 어디에서 끝났는지 명시해 주는 어구는 없지만, 廣寧右衛 鎭撫는 "欽差鎭守遼東太監葉", "贊理軍務兼巡撫右副都御史彭"과 "會同"하여 의논할 수 있는 지위에 있지 않기 때문에 話者가 바뀌었다고 보지 않을 수 없다. 여기에 더하여, ⓕ 말미의 "備呈"은 인용된 呈文의 끝에 종종 등장하는 어구이므로 "備呈"으로도 呈文 인용이 끝난 것을 알 수 있다.

"議得"은 "회의하여 다음과 같은 결과를 얻었다"는 의미이다. "除另行具題外"에 보이는 "除…外"는 "…의 조치를 취한 외에"라는 뜻으로 공문서에 빈번히 등장하는 구문이다. "合將本人"의 "合"은 "마땅히 …해야 한다"는 뜻이고, "將"은 목적어를 도치시킬 때 쓰는 말로 "…를" 또는 "…에 대해서는"으로 번역하면 된다. "爲此"는 사안에 대한 판단을 내린 다음에 어떤 조치를 취할지 서술할 때 쓰는 어구로, "이를 위하여" 또는 "이에" 정도로 번역할 수 있다. "今批仰本司"에서 "仰"은 하행문서에서 "바라건대 …

하라"는 뜻으로 쓰는 말이고, "批"는 "仰" 이하의 지시를 담은 문서의 종류를 나타낸다. 이 부분의 話者인 "欽差鎭守遼東摠兵官都督同知歐"가 遼東都指揮使司에 보낸 문서가 "批文"이라는 점을 상기하기 바란다.

ⓗ 話者가 문서의 발신자이자 '1차 화자'인 遼東都指揮使司로 바뀌었기 때문에 다시 내어쓰기를 하였다. "欽差鎭守遼東摠兵官都督同知歐"의 "批文" 내용이 어디서 끝나는지 명시하는 어구는 없지만, 첫머리의 "蒙此"가 ⓑ의 "蒙…批文"과 짝을 이루는 어구라는 사실로부터 "批文"의 인용이 끝나고 話者가 遼東都指揮使司로 바뀌었음을 파악할 수 있다.

"案照"는 과거에 처리한 바 있는 관련 사안을 살펴보았다는 의미로, "살피건대" 정도로 번역하면 무난하다. "去後"는 "어떤 조치를 취한 뒤로"라는 의미로, 이 책에서는 "그 후" 정도로 번역할 것이다. "今蒙前因"에서 "前因"은 보통 문서의 앞에 인용된 바 있는 문서, 특히 상급 아문에서 보낸 하행문서를 가리킬 때 쓰는 말인데, 여기에서는 "欽差鎭守遼東摠兵官都督同知歐"의 "批文"을 가리킨다. "煩請"은 咨文과 같은 평행문서에서 상대방에 어떤 조치를 취해 줄 것을 요청할 때 쓰는 공손한 표현이다. 마지막의 "須至咨者"는 咨文의 본문 끝에 쓰는 관용어구로 글자 그대로 번역할 필요는 없다. 이 책에서는 번역문 말미에 "須至咨者"를 번역하지 않은 채 그대로 둘 것이다.

ⓘ "右咨"는 "이상 …에게 자문을 보냄"이라는 의미이지만 굳이 번역할 필요가 없기 때문에 "須至咨者"와 같은 방식으로 처리할 것이다. "右咨"의 목적어는 문서의 수신자이다. 문서의 원본에서라면 "右咨" 이하는 본문과 상당한 간격을 띠고 적혀 있었을 것이다.

ⓙ "朝鮮國王"은 "右咨"의 목적어로 문서의 수신자를 나타낸다. 문서 원본에서 "右咨" 다음에 반드시 줄을 바꾼다는 점을 반영하여 여기에서도 줄을 바꾸었다.

ⓚ 문서의 발신 날짜이다. 문서의 첫머리인 ⓐ에 표점을 하지 않은 것처럼 문서의 말미인 ⓘ~ⓚ에도 표점을 하지 않기로 하였다.

어휘 해설

이 책의 번역문에서는 현재 잘 쓰지 않는 한자 어휘를 사용하거나 원문의 한자를 그대로 노출시킨 경우가 적지 않다. 우리말로 완전히 풀어서 쓸 경우 의미를 정확히 전달하기 어렵다고 판단했기 때문이다. 특히 『吏文』 수록 외교문서를 포함한 전통시대 공문서에는 한 글자 한 글자가 매우 구체적인 행정 절차를 반영하는 용어가 자주 등장하는데, 이런 어휘는 과감히 의역하기도 어렵고 그렇다고 생략할 수도 없다. 그래서 일종의 고육책으로 번역문에 한자 어휘를 그대로 노출시키는 대신에, 여기에서 『吏文』의 빈출 어휘를 몇 가지 범주로 나누어 그 의미를 설명해두기로 하였다. 또 이런 어휘의 대부분은 처음 등장하는 번역문의 각주에도 그 뜻을 밝혀 두었다. 아래의 어휘 해설은 기본적으로 『吏文輯覽』에 의거하는 외에 『吏學指南』이나 『古今釋林』 등도 아울러 참고하였다.

1. 문서의 서식 관련 어휘

(1) 황제 관련 문서

황제 관련 문서는 크게 두 종류로 나눌 수 있다. 첫째는 황제가 발신자인 하행문서, 즉 황제의 명령을 담은 문서로 詔書와 勅書가 대표적인 예이다. 둘째는 황제가 수신자인 상행문서, 즉 넓은 의미의 上奏文으로 奏本과 題本이 이에 속한다.

○ 詔 : 국가의 大事, 예컨대 황제의 즉위, 황후나 황태자의 책봉, 大赦 등이 있을 때 황제가 내리는 문서로, 수신자를 특정하지 않고 대개 천하의 臣民 전체를 대상으로 한다.

○ 勅: 황제가 특정 사안과 관련하여 특정 지역 또는 특정 臣民을 대상

으로 내리는 문서이다.

○ 聖旨: 보통 皇帝가 하달한 명령을 가리킨다. 황제의 口語를 가리키기도 하고, 그것을 문서화한 것을 지칭하기도 한다. '吏文'에서는 보통 "삼가 聖旨를 받들었습니다"라는 뜻의 "欽奉聖旨" 다음에 聖旨 내용을 직접 인용하고, "欽此" 라는 말로써 聖旨의 인용이 끝났음을 나타낸다. 신료의 上奏에 대하여 처리 방안을 구체적으로 지시한 경우도 있지만, "是(그렇게 하라)"처럼 아주 짧은 것도 적지 않다.

○ 表: 정월 초하루와 같은 명절이나 황제의 생일, 황자의 탄생, 황태자의 책봉 등과 같이 특별히 축하할 일이 있을 때 황제에게 올리는 것으로 의례적 성격이 강한 문서이다.

○ 奏: 원래는 어떤 사안에 대해서 신하가 황제에게 보고하는 행위를 가리키는 동사이다. 이로부터 의미가 확장되어 황제에게 올리는 문서를 가리키거나 그 문서를 제출하는 행위를 뜻하기도 한다. 그러나 좁은 의미로는 신하가 직무와 무관하게 개인 신상에 관한 일로 황제에게 올리는 문서인 奏本을 가리키거나 奏本을 올리는 행위를 뜻하기도 한다. 전자의 경우 동사 "具"와 결합하여 "具奏"라는 표현을 많이 썼다. 한편, 문서의 서식을 가리키는 어휘는 일반적으로 문서의 명칭을 가리키기도 하고 그 문서를 보내는 행위를 뜻하는 동사로도 쓰인다.

○ 題: 신하가 직무와 관련하여 황제에게 올리는 문서인 題本을 가리킨다. "具奏"와 마찬가지로 "具題"라는 표현이 많이 쓰였다. "題"가 동사로 쓰이는 경우도 있다.

(2) 아문 또는 관료 간의 문서

아문과 아문, 관료와 관료, 혹은 아문과 관료 간에 주고받는 문서는 발신자와 수신자 간의 통속관계 여하에 따라 하행문서 · 상행문서 · 평행문서로 나눌 수 있다. 하행문서는 발신자와 수신자가 상호 통속관계에 있는 경우 상급자가 하급자에게 내리는 문서이고, 상행문서는 반대로 하급자가 상급자에게 올리는 문서이다. 관료가 아닌 민간인이 관료에게 올리는 문서는 상행문서, 관료가 민간인에게 내리는 문서는 하행문서에 속한다고 할 수 있다. 한편, 평행문서는 발신자와 수신자가 상호 통속관계에 있지 않을 때 쓰는 문서이다. 『吏文』에 등장하는 문서 가운데 평행문서에는 咨・照會・手本・付 등이 있고, 하행문서에는 箚付・案驗 등이, 상행문서에는 呈・申・案呈 등이 있다.

○ 咨: 2품 이상의 아문이나 관료 간에 주고받는 평행문서이다. 예컨대 禮部(정2품)에서 兵部(정2품)로, 兵部(정2품)에서 遼東都指揮使司(정2품)로 문서를 보낼 때에는 咨文을 썼다. 『吏文』에는 高麗・朝鮮의 國王과 明의 禮部・遼東都指揮使司가 주고받은 咨文이 많이 등장한다. 또한 '咨'는 咨文을 보내는 행위를 가리키는 동사로도 쓰인다.

○ 照會: 상호 통속관계가 없는 관계에서 2품 이상의 상급 아문이 하급 아문에 보내는 문서이다. 예컨대 五軍都督府(정1품)에서 六部(정2품)에, 承宣布政司(종2품)에서 提刑按察司(정3품)에 문서를 보낼 때에는 이 서식을 썼다. 『吏文』에서는 遼東都指揮使司가 高麗의 都評議使司에 보낸 문서의 서식으로 등장한다.

○ 手本: 상호 통속관계가 없는 두 아문의 屬司가 실무 차원에서 주고받는 문서이다. 예컨대 兵部가 禮部에 업무상 협조를 구할 경우 禮部로 咨文을 보낼 수도 있지만, 실무진 차원에서 兵部의 屬司인 職方淸吏司가 禮部의 屬司인 主客淸吏司로 手本을 보낼 수도 있었다.

○ 付: 六部의 각 淸吏司가 같은 部 안의 다른 淸吏司에 문서를 보낼 때, 혹은 都督府 등의 六房 중 하나가 같은 도독부 안의 다른 房에 문서를 보낼 때에 쓰는 문서이다. 『吏文』에서는 遼東都司의 禮房이 兵房에 보낸 付가 보인다.

○ 箚付: 상호 통속관계가 있는 경우 상급자가 하급자에게 하달하는

문서이다. 예컨대 左軍都察院가 遼東都指揮使司에 문서를 보낼 때에는 箚付를 썼다.

○ 案驗: 황제로부터 감찰 임무를 부여받아 지방에 파견된 北京의 관원이 관할 내의 관원에게 보내는 문서이다. 『吏文輯覽』에 따르면, 六部의 淸吏司 관원, 六科의 給事中, 都察院의 御史 등이 지방에 나갔을 때 소속 각 府·衛·州·縣에 문서를 보낼 때 案驗을 사용하였다. 또한 御史가 五府의 經歷司나 六部의 淸吏司에 문서를 보낼 때나 按察司의 分巡官이 관할 府·州·縣에 문서를 보낼 때에도 案驗을 썼다.

○ 呈: 상호 통속관계가 있을 때 하급 아문이 상급 아문에 올리는 상행 문서의 일종이다. 『吏文輯覽』에 따르면, 각 아문의 수령이나 관원, 里老·軍民 등은 모두 印章 없이 呈을 올릴 수 있었다고 한다.

○ 申: 상호 통속관계가 있을 때 하급 아문이 상급 아문에 올리는 상행 문서의 일종이다. 『洪武禮制』의 규정에 따르면, 申은 주로 呈에 비해 상하간 관품의 차이가 큰 경우에 사용한 것으로 보인다. 예컨대 遼東都指揮使司 휘하의 東寧衛는 바로 위의 遼東都指揮使司에는 牒呈을 올렸지만, 그보다 상위의 左軍都督府에는 申을 제출하도록 규정되어 있었다.

○ 案呈: 동일 아문 안에서 屬司가 당상관에게 올리는 기안 문서를 가리키거나, 기안 문서를 올리는 행위를 뜻한다. 예컨대 禮部의 主客淸吏司가 禮部에, 戶部의 山東淸吏司가 戶部에 문서를 올릴 때에는 案呈을 썼다. 案呈의 말미에는 보통 "可也"라는 어구를 썼다.

○ 科抄: 科抄는 황제에게 보고된 어떤 사안의 내용과 그에 대한 황제의 명령을 六科에서 베껴 六部에 전달한 문서를 가리킨다. 六科(吏科, 戶科, 禮科, 兵科, 刑科, 工科)의 주된 기능은 六部의 업무 수행에 대한 감찰과 부당한 황제의 명령에 대한 封駁이었다. 六科가 이런 기능을 수행하기 위해서는 六部에서 어떤 사안의 처리를 맡게 되었

는지 알고 있어야 했다. 이 때문에 六科는 어떤 사안이 황제에게 보고되어 六部에 배당되는 과정에 개입하였고, 이로부터 科抄가 작성되었다. 예컨대, 遼東의 변경에서 여진 부족과 전투를 벌였다는 보고가 올라와서 황제가 兵部에 검토를 명령하였다면, 兵科에서 그 사안의 내용과 황제의 명령을 베낀 科抄를 작성하여 兵部로 보냈다. 『吏文』에 종종 등장하는 "…科抄出"은 바로 科抄를 인용할 때 쓰는 어구로, 어느 部가 어느 科에서 보낸 科抄를 받았다는 의미이다.

2. 문서의 인용 · 전달 관련 어휘

'吏文'의 가장 큰 특징은 해당 문서를 작성하기까지 오고간 여러 문서를 거듭 인용한다는 점을 들 수 있다. 문서가 다루는 사안이 기존의 어떤 안건과 관련이 있는지, 그리고 그 책임은 누구에게 있는지를 밝히기 위한 방법이었을 것이다. 오늘날처럼 인용부호를 쓰지는 않았지만, '吏文'에서는 몇몇 특수 어휘를 통해서 어디서부터 어디까지가 누구의 이야기를 파악할 수 있다. 예컨대, 朝鮮國王이 明의 禮部에서 받은 咨文을 인용할 때에는 "准禮部咨, ……, 准此"라는 구문을 써서 "……" 부분에 예부 자문의 원문이나 그 요약을 써 넣었다. 인용하는 문서가 상행인지 평행인지 하행인지에 따라서 각기 다른 어휘를 사용하였다.

- ○ 欽奉: 황제의 명령을 받았을 때 쓰는 동사이다. 대개 "欽奉聖旨," "欽奉勅" 등의 어구에 보인다. 황제의 말을 인용한 다음에는 "欽此"라는 어휘를 붙였다.
- ○ 准: 평행문서를 수신하였을 때 쓰는 동사이다. "准朝鮮國王咨," "准主客淸吏司手本" 등과 같이 쓰인다. 인용을 마치고 다음 내용으로 넘어갈 때에는 보통 "准此(이를 받고)"를 쓴다.

○ 奉: 상급 아문에서 보낸 하행문서를 수신하였음을 나타내는 동사로, "奉左軍都督府箚付"와 같이 쓰인다. 인용을 마치고 다음 내용으로 넘어갈 때에는 보통 "奉此(이를 받고)"를 쓴다.

○ 蒙: 상급 아문에서 보낸 하행문서를 수신하였음을 나타내는 동사로, 용법은 '奉'과 차이가 없다.

○ 據: 하급 아문이 올린 상행문서를 접수하였음을 나타내는 동사이다. "據議政府狀啓," "據經歷司案呈" 등과 같이 쓰인다. 인용을 마치고 다음 내용으로 넘어갈 때에는 보통 "據此"나 "得此"를 쓴다.

○ 備: 보통 휘하 관원이 올린 문서를 다시 상부로 전하는 경우에 등장하는 표현이다. 접수한 문서를 첨부해서 전달한다는 의미를 담고 있는 것 같다.

○ 抄蒙: 상급 아문에서 보낸 하행문서를 베껴서 수신하였음을 뜻하는 동사이다. 예컨대 지방에 파견된 중앙의 관원이 보낸 案驗을 관할 지방 관원이 베껴서 수신하였을 때 쓰는 말이다. 이때 문서를 베끼는 이유는 해당 문서가 복수의 수신자를 대상으로 한 관계로 각 수신자가 문서를 베껴서 관련 조치 실행의 근거로 삼아야 했기 때문으로 보인다. "抄奉"은 "抄蒙"과 용법이 같다.

○ 送: 단순히 "보내다"라는 뜻의 동사로도 쓰이지만, 어떤 아문에서 특정 사안에 관한 문서를 접수한 후 이를 屬司에 보내는 행위를 지칭하는 경우가 많다. 예컨대, 兵部가 어떤 사안과 관련하여 문서를 접수하였는데 그 사안이 휘하 職方淸吏司의 업무라면 職方淸吏司에 대책 마련을 지시하면서 해당 문서를 보낸다. 문서상에서 이런 행위를 표현한 것이 '送'인데, 이때 職方淸吏司는 "奉本部送"이라는 표현 다음에 해당 문서를 인용하게 된다. 단, '送' 자체는 문서 서식은 아니므로 "本部에서 送한 것을 받았다"는 정도로 옮기면 된다.

○ 連送: 기본적인 용법은 '送'과 같지만, 특히 문서와 사람을 함께 보내는 경우에 '連送'을 쓴다. "奉本部連送"은 "本部에서 連送한 것

을 받았다” 정도로 번역하면 된다.

○ 開: 인용의 개시를 표시하는 어구이다. 대체로 평행문서나 하행문서를 인용할 때 쓴다. 이런 경우 “開”는 따로 번역할 필요가 없다. “內”와 결합하여 “…內開”로 쓰는 경우가 많다. 오늘날의 인용부호에 상응하기 때문이다. 또한 “開”는 “열거하다”는 의미로도 자주 쓰인다.

○ 稱: 인용의 개시를 표시하는 어구로, 보통 상행문서를 인용할 때 쓴다.

○ 等因: 인용의 종결을 표시하는 어구이다. 이 책의 표점 원문에서는 “等因”을 인용문 바깥에 위치시켰는데, 이는 인용자가 인용의 종결을 나타내기 위하여 삽입한 것이기 때문이다. “等情”은 “等因”과 마찬가지로 인용의 종결을 나타내는데, 대체로 “等因”은 하행문서나 평행문서를 인용할 때, “等情”은 상행문서나 供述을 인용할 때 쓴다. 이 책에서는 “等因”처럼 인용의 종결을 표시하는 어구를 따로 번역하지 않았다.

○ 到: 문서 등의 도달을 나타내는 말이다. 어떤 문서의 인용을 마친 다음에 “到司”, “到部” 등의 형태로 많이 등장한다. “(이상의 문서가) 司에 도착하였다”, “(이상의 문서가) 部에 도착하였다”는 의미이다.

○ 行移: 보통 문서를 작성하여 보내는 행위를 가리킨다. 한 글자로 쓸 때에는 대개 “行”만 쓴다. 어떤 문서를 수신하여 단순히 전달하는 것이 아니라, 해당 사안의 처리를 위하여 문서를 작성하여 보내는 일련의 행위를 가리킨다.

○ 繳: 사전적인 의미는 “반납하다”이다. 상급 아문에서 하급 아문에 문서를 보내면서 어떤 사안에 대한 처리를 지시하였을 때 하급 아문에서 문서를 받은 뒤 回報하면서 원래 받은 문서를 반납하는 행위를 가리킨다. 『老乞大輯覽』은 “상급 아문에서 하급 아문으로 보낸 문서에 반드시 기한을 세워서 이르기를, ‘어느 날까지 回繳하라’고 하는데, 하급 아문에서 회보하는 것을 가리켜 繳報라고 한다”라

고 설명하였다.

3. 기타 상용 어휘

○ 欽遵: "欽"은 황제와 관련이 있는 경우에만 쓰는 말이다. "欽遵"은 "(황제의 명령을) 삼가 준수하다"라는 뜻이다. 주로 聖旨를 인용한 뒤에 나오는 "除欽遵外"라는 구문에 등장하는데, 이 책에서는 대개 "삼가 준행하는 외에" 정도로 번역하였다.

○ 照得: "照"는 "살피다" 정도의 뜻인데, 구체적으로는 주어진 사안과 관련된 기존의 문서를 조사하여 살핀다는 의미가 있다. "得"은 동사의 뒤에 쓰여 "…한 결과 다음의 결론을 얻었다"는 정도의 뜻을 더해 주는 말이다. "照得"은 "살피건대" 정도로 옮기면 무난하다. 마찬가지로 "議得"은 "논의하건대", "看得"은 "살펴보건대", "聽得"은 "듣건대", "査得"은 "조사하건대" 등으로 번역하면 된다.

○ 案照: 주어진 사안과 관련하여 과거의 사안을 조사하였음을 뜻하는 말이다. "조사하건대" 또는 "살피건대" 정도로 옮길 수 있다.

○ 該. 내용의 생략이 있음을 나타내는 말이다.

○ 節該: "該"와 비슷하지만, "節該"는 보통 다음에 이어지는 인용 내용이 요약임을 나타낸다. 이 책의 표점 원문에서는 "節該"나 "該"를 인용문 안에 포함시켰고, 번역문에서는 "그 내용은 다음과 같았다" 정도로 옮겨서 인용문 바깥에 위치시켰다. 예컨대 "欽奉聖旨節該…"는 표점 원문에서 "欽奉聖旨, '節該, …'"로 끊어 읽고, 번역문에서 "삼가 성지를 받았는데, 그 내용은 다음과 같았다. '…'"로 옮겼다.

○ 合行: "마땅히 …해야 한다"는 뜻이다. 이 책에서는 "마땅히" 정도로 옮겼다. 예컨대 "合行移咨"는 "마땅히 咨를 보내니"로 번역하였다. "合行"을 줄여서 "合"만 쓴 경우나 "擬合"처럼 쓴 경우도 많은

데, 역시 "마땅히" 정도로 옮겼다. "理合"도 마찬가지 뜻인데, 淸代 문서에서는 상행문서에만 쓰는 말이지만 명대에는 구별 없이 사용한 것으로 보인다. 또 "不合"은 "마땅하지 않다"는 뜻인데, 『吏文』에 등장하는 "不合"은 모두 범죄와 관련된 사안이므로 "부당하게도" 정도로 옮겼다.

○ 合無: "…하는 것이 마땅한지 아닌지"라는 의문을 뜻하는 말이다. 어떤 사안에 대한 처리 방침을 제안할 때 쓰는 말로, "…하는 것이 어떨까 합니다" 혹은 "마땅히 …하는 것이 어떻겠습니까" 정도로 번역하면 된다.

○ 緣係: 문서의 말미에 종종 등장하는 어구로 "…이기 때문에"라는 뜻이다.

○ 除外: 보통 "除…外"의 형태를 취하여 "…의 조치를 취한 외에" 정도의 의미로 쓰는 말이다. 해당 사안과 관련하여 취한 조치 중에서 문서의 수신자와는 직접 관련은 없더라도 고지해 둘 필요가 있는 것을 서술할 때 "除…外" 구문을 사용하였다. 목적어 없이 "除外"만 쓴 경우는 대개 해당 내용을 생략한 것인데, "시행하는 외에" 정도로 옮기면 무난할 것이다.

○ 爲此: 어떤 사안에 대한 검토를 마친 다음에 어떤 조치를 취할지 서술하기 시작할 때 쓰는 어구이다. "이에" 또는 "이를 위하여"로 번역할 수 있다.

○ 煩: 咨文과 같은 평행문서에서 상대방에게 어떤 조치를 취해줄 것을 요청할 때 쓰는 표현으로 "번거롭겠지만" 정도로 번역할 수 있다.

○ 乞: 대개 문서의 마지막 부분에서 수신자에게 요청하는 바를 나타낼 때 쓴다. '乞' 뒤의 구절을 목적어로 보아 "…하시기를 바랍니다"로 해석하기보다는 "바라건대 …하십시오" 정도로 옮기는 것이 더 매끄럽다.

○ 差: 누군가에게 어떤 임무를 부여하는 행위를 가리킨다. 원래 "差"

는 어디까지나 임무를 맡기는 행위만 가리킨다. 그래서 "差發"이나 "差遣"처럼 '보내다'는 뜻이 있는 "發"이나 "遣" 등의 동사가 함께 쓰이는 경우가 많다. 이 책에서는 "差"를 대개 '差定'이라고 옮겼다. "欽差"는 皇命으로 차정한 것, "批差"는 批文으로 차정한 것을 뜻한다.

○ 伴送: 떠나는 사람을 따라가면서 배웅한다는 뜻이다. 주로 사신에게 수행원이나 호송 관원 등을 붙여서 함께 가도록 할 때 쓰는 말이다.

○ 會同: 문자 그대로 어떤 사안에 관계된 아문 또는 관원이 함께 모이는 행위를 가리킨다.

○ 問擬: 죄인을 심문하고 刑律에 따라 죄를 정한다는 의미이다.

○ 廩給: 공무로 여행하는 관원이나 외국에서 파견한 사신에게 지급하는 식량을 가리킨다.

○ 口糧: 관원이나 사신의 수행 인원에게 지급하는 식량을 말한다.

○ 脚力: 수레나 말과 같은 "탈것"을 가리키기도 하고 "짐꾼"이라는 人力을 의미하기도 한다. 『吏文』에서는 두 가지 용례가 모두 보인다.

이문 역주【상】

吏文譯註(上)

An Annotated Translation of *Imun*

祭祀山川立碑中書省咨

발신일자 洪武 3년(恭愍王 19년) 1월 10일 (1370년 2월 6일)
발신기관 中書省
수신기관 高麗國王
서 식 咨

■ 문서내용 고려의 산천에 명에서 직접 제사를 지내기 위해 祭物과 함께 道士 徐師昊를 파견하니, 이를 시행할 것을 요구하였다.

原文

1 中書省①

1 據尚書禮部呈②.

2 洪武③二年十二月二十一日, 本省楊右丞・陳參政・侯參政, 禮部崔尚書, 於金水橋中道④, 欽奉⑤聖旨內一款⑥.

3 安南⑦・高麗・占城⑧, 既來歸附. 其各國山川, 合於洪武三[1]年過正朝後, 擇日齋戒降香.

2 開具⑨該用⑩祝版・香幣・金香盒[2]・紵絲⑪・幡, 幷收買犧牲大牢・猪・羊・香燭⑫・酒醴・段疋, 及差去[3]人銀兩・衣服等物. 洪武三[4]年正月初四日, 文武百官, 於戟門中座, 早朝⑬, 楊右丞・

1) 想白J에는 三, 想白I・奎古5700・前間本에는 參.
2) 想白J에는 盒, 想白I・奎古5700・前間本에는 合.
3) 想白J・想白I・奎古5700에는 去, 前間本에는 出.
4) 想白J에는 三, 想白I・奎古5700・前間本에는 參.

陳叅政・候叅政，右司⑭滕郎中，禮部崔尙書，奏奉聖旨．

3 准．⑮

2 欽此．

2 呈乞施行．⑯

1 得此⑰，又據本部呈．

2 考究到⑱安南・高麗・占城[5]山川名號，當日奏奉聖旨．

3 只寫高麗山川之神・安南山川之神・占城山川之神，各於本處城南，設壇致祭．

2 欽此．

2 除欽遵外⑲，呈乞施行．

1 得此，都省除外⑳，今差朝天宮㉑道士徐師昊，欽賫御香・祝幣，幷香盒[6]・紵絲・幡，及收買犧牲・香燭・段疋等前去，欽依致祭外，合行移咨㉒，請照驗欽依施行．須至咨者．㉓

1 右咨

1 高麗國王

1 洪武三年正月初十日

이문
집람

○ 咨：二品以上官，行同品衙門之文．又上項各衙門，各與堂上官行．
2품 이상의 관원이 같은 품급의 아문에게 행이하는 문서. 또한 위 각 아문들이 각각 堂上官과 주고받는다.

5) 想白J에는 占城 있음, 想白I・奎古5700・前間本에는 없음.
6) 想白J에는 盒, 想白I・奎古5700・前間本에는 合.

○ 奏: 大小人臣奏上之文. 卽所謂奏本也.

대소 신료들이 皇上에게 아뢰는 문서. 즉 이른바 奏本이다.

○ 申: 卑衙門及屬司, 行上司衙門之文.

낮은 아문이나 屬司에서 상급 아문에 상달하는 문서.

○ 呈: 與申同. 但各衙門無印首領官, 及各有職役官吏・里老・軍民人等, 卽皆行無印呈. 俗稱無印呈曰白頭呈文.

申과 같다. 다만 각 아문의 印章이 없는 首領官 및 각각 職役을 가진 관리・里老・軍人・民人 등이 모두 인장을 찍지 않은 呈을 발행한다. 인장을 찍지 않은 呈을 俗稱 白頭呈文이라고 한다.

○ 照會: 上司行下司之文. 如五軍都督府行六部, 各布政司行按察使之類.

상급 아문에서 하급 아문에 행이하는 문서. 五軍都督府에서 六部에 행이하거나, 각 布政司에서 按察使에 행이하는 등의 종류이다.

번역자 주 이상 咨・奏・申・呈・照會 다섯 단어는 『吏文』 본문이 시작하기 전, 內題의 바로 뒤에 기재되어 있는데, 『吏文輯覽』에 그 해설이 실려 있다. 『吏文輯覽』 원문의 기재 방식을 최대한 살려, 吏文 본문의 단어에 해당하는 해설 앞에 첨부한다.

① 中書省: 卽古之丞相府, 今革.

즉 예전의 丞相府인데, 지금은 혁파되었다.

② 據尚書禮部呈: 尙, 平聲, 主也. 加尙書於禮部上者, 唐宋以來官㘅如此, 洪武初, 因而不改, 今革.

'尙'은 平聲으로 '主'이다. 禮部의 앞에 尙書를 붙이는 것은 唐宋 이래 官銜이 이와 같았는데, 洪武 초에는 그대로 써서 고치지 않았으나 지금은 혁파되었다.

③ 洪武: 高皇帝年號, 元年爲戊申歲.

高皇帝[明 太祖]의 연호로, 원년은 戊申年(1368년)이다.

④ 金水橋中道: 金水橋, 在奉天門前. 凡奏事者, 皆跪於本橋前御路上.

金水橋는 奉天門의 앞에 있다. 무릇 사안을 奏達할 일이 있는 자는 모두 이 다리 앞의 御路 위에 꿇어 앉는다.

⑤ 欽奉: 凡奉聖旨, 必加欽字. 欽此・欽遵・欽依・欽差・欽賚・欽捧等語, 皆倣此.

무릇 聖旨를 받든다는 표현에는 반드시 '欽'자를 더한다. 欽此・欽遵・欽依・欽差・欽賚・欽捧 등의 용어는 모두 이를 따른 것이다.

⑥ 一欵: 猶一條也.

一條와 같다.

⑦ 安南: 國名, 古交趾國. 今在南海中.

國名으로 옛날의 交趾國이다. 지금은 南海 가운데에 있다.

⑧ 占城: 國名, 在南海中.

國名으로 南海 가운데에 있다.

⑨ 開具: 開, 猶列也. 謂開列具備也.

'開'는 '列'[나열하다, 열거하다]과 같다. 열거하여 갖추다는 말이다.

⑩ 該用: 該, 備也, 當也. 言當用也.

'該'는 '備'[갖추다]이고, '當'[마땅하다]이다. "마땅히 사용해야 할 것"을 말한다.

⑪ 紵絲: 段子也.

段子이다.

⑫ 香燭: 香及燭也. 上旣有御降之香, 而又使買香者, 山川若多, 則御香恐不足故也.

香과 燭이다. 황제가 이미 친히 내려준 香이 있는데, 또한 香을 사게 한 것은 (제사를 올릴) 山川이 만약 많으면 御香이 부족할까 우려했기 때문이다.

⑬ 戟門中座早朝: 戟門, 則奉天門也. 列戈戟於門內左右扇之後, 故云. 每月初一, 十五日, 及賀禮時, 則御奉天殿, 其餘逐日之朝, 則例御奉天門中.

戟門은 곧 奉天門이다. 창칼을 문 안쪽의 좌우 뒤쪽에 벌여놓기 때문에 그렇게 부른다. 매월 초하루, 15일 및 賀禮할 때면 (황제가) 奉天殿에 임어하고, 그 나머지 날마다의 조회는 보통 봉천문 가운데에 임어한다.

⑭ 右司: 中書省有左右二司.

中書省에 左司와 右司 두 司가 있다.

⑮ 奏奉聖旨准: 准, 猶依允也.

'准'은 "그대로 윤허한다"는 뜻이다.

⑯ 呈乞施行: 此謂將上件之語, 呈于某官, 而請乞施行也.

이는 "위에 언급된 사안에 관한 말을 某官에 呈하니, 청컨대 施行하시기 바랍니다"는 것을 말한다.

⑰ 得此: 凡受申・呈及狀告, 例曰得此, 亦曰據此. 若罪人招詞, 則只曰據此.

무릇 申・呈 및 狀告를 수신하였을 때 일반적으로 '得此'라고 하고, 또한 '據此'라고도 한다. 만약 죄인의 招詞이면 다만 '據此'라고 한다.

⑱ 考究到: 考究, 相考也. 到, 謂相考而出來之意. 選到·取到·弔到之到, 皆倣此.

'考究'는 '相考'[상고하다]이다. '到'는 상고하여 결론을 냈다는 뜻을 말한다. '選到'·'取到'·'弔到'의 '到'는 모두 이를 따른 것이다.

⑲ 除欽遵外: 此言除本部旣已遵行聖旨之外, 亦當移咨于某處云云. 他倣此.

이 말은 "本部에서 이미 聖旨를 준행하는 외에 또한 마땅히 某處에 咨를 보낸다"는 것을 말한다. 다른 곳의 "除…外"도 이를 따른 것이다.

⑳ 都省除外: 都省, 卽中書省, 總理六部, 故謂之都省. 除外, 謂除都省亦已遵行之外, 今差某官云云.

'都省'은 즉 中書省으로, 六部를 총리하므로 '都省'이라고 부른다. '除外'는 "都省에서 또한 이미 준행하는 외에, 이제 某官을 차정한다"는 것을 말한다.

㉑ 朝天宮: 道觀也. 洪武中, 置道錄司于朝天宮, 職專道敎之事.

'道觀'이다. 홍무 연간에 道錄司를 朝天宮에 설치하였는데, 담당업무로는 道敎의 사무를 전담하였다.

㉒ 合行移咨: 行, 猶爲也, 言合爲移咨也. 他倣此.

'行'은 '하다'라는 뜻으로 "이에 자문을 보낸다"는 뜻이다. 다른 곳의 '行'도 이를 따른 것이다.

㉓ 須至咨者: 須要送至咨文也.

"모름지기 이 자문이 이르기를 바란다"는 뜻이다.

祭祀山川立碑中書省咨

번역문

1 中書省[1](에서 자문을 보냅니다.)

1 尙書禮部의 呈을 받았습니다.

2 洪武 2년(1369, 고려 공민왕 18) 12월 21일, 本省 楊 右丞[2]·陳 叅政[3]·候 叅政, 禮部[4] 崔 尙書[5]가 金水橋 中道에서 삼가 聖

1) 中書省: 明初의 중앙 최고아문. 明은 건국 이전, 朱元璋이 吳王에 올랐던 시기부터 元朝의 제도에 따라 中書省을 설치하여 정무를 총괄하게 하였고, 對高麗 外交 업무도 건국 초기에는 中書省에서 관장하였다. 그러나 中書省은 홍무 13년(1380) 폐지되었고, 이에 따라 외교업무도 禮部로 이관되었다. 中書省의 연혁과 명초 정치제도에 관해서는 다음의 논고를 참조. 山根行夫, 「明太祖政權の確立期について ― 制度史的側面にみた」, 『史論』 13, 1965; 萩原淳平, 「明朝の政治體制」, 『京都大學文學部硏究紀要』 11, 1967; 檀上寬, 「明王朝成立期の軌跡 ― 洪武朝の疑獄事件と京師問題をめぐって ―」, 『明朝專制支配の史的構造』, 汲古書院, 1995; 阪倉篤秀, 「中書省の設置とその變遷」, 『明王朝中央政治機構の硏究』, 汲古書院, 2000; 全淳東, 「明王朝의 성립과 君主權强化」, 『明王朝成立史硏究』, 도서출판 개신, 2000.

2) 右丞은 中書省의 정2품 관직으로, 명 건국 당시에 左右丞은 정1품의 左右相國, 종1품의 平章政事에 다음 가는 지위였다. 『明太祖實錄』 권14, 甲辰(1364년) 正月 丙寅 참조.

3) 參政은 參知政事의 약칭으로 중서성의 종2품 관원이다.

4) 禮部는 명 건국 초기에 中書省 휘하의 아문으로 그 장관인 尙書의 품계는 정3품이었다. 홍무 13년 中書省이 폐지되면서 禮部의 지위가 격상되어 정2품 아문으로 승격되었다. 이 문서가 작성된 당시에는 정3품이었다.

5) 禮部 崔 尙書는 崔亮을 가리킨다. 崔亮은 원대에 浙江行省의 서리로 있다가 1366년 朱元璋 집단에 투항하여 등용되었다. 홍무 원년 12월에 禮部 尙書로 발탁되었다. 『明太祖實錄』 권28下, 홍무 원년 12월 辛巳 참조.

旨를 받았는데, 그 가운데 한 건은 다음과 같았습니다.

3 安南[6]·高麗·占城[7]이 이미 歸附해왔다. 그 각국의 山川은 모두 홍무 3년 正朝가 지난 후 날을 택하여 齋戒하고 香을 내려 주라.[8]

2 써야 할 祝版·香幣·金香盒·紵絲·幡을 갖추어 적고, 아울러 犧牲에 쓸 큰 소·돼지·양·香燭·酒醴·段疋, 사신으로 보낼 사람들의 銀兩·衣服 등 물건을 사들였습니다. 홍무 3년 정월 초4일에 문무백관이 戟門 안에 앉아 아침 조회를 할 때, 楊 右丞·陳 叅政·候 叅政, 右司 滕 郎中, 禮部 崔 尙書가 上奏하고 성지를 받들었습니다.

---

6) 安南: 지금의 베트남 북부에 위치했다. 明은 건국 직후 高麗를 비롯해서 安南·占城 등 주변 지역에 건국의 정당성을 알리고 귀부를 종용하는 사절을 파견하였다(『明太朝實錄』 권37, 洪武 원년 12월 壬辰). 이에 安南은 다음해 곧바로 사절을 파견하여 '奉表稱臣'할 뜻을 명에 전달했고, 이에 홍무제는 '安南國王'의 印章을 사여했다. 이로써 명과 안남은 정식으로 책봉-조공관계를 형성하였다(『明太祖實錄』 권43, 洪武 2년 6월 壬午).

7) 占城: 지금의 베트남 남부에 위치했나. 占城도 安南과 마찬가지로 명의 건국 소식을 접한 직후 사절을 파견하여 명에 귀부하였다(『明太祖實錄』 권39, 洪武 2년 2월 己巳). 명도 곧바로 占城國王에게 詔書를 내려 외교관계를 수립하였다(『明太祖實錄』 권39, 洪武 2년 2월 辛未).

8) 『明太祖實錄』 권47, 洪武 2년 12월 壬午에서 확인되는 洪武帝의 지시는 다음과 같다. "今安南·高麗, 皆臣附. 其國內山川, 宜與中國一體致祭." 홍무제의 이 명에 따라서 홍무 3년 정월 11일, 고려와 동시에 安南·占城에도 산천 제사를 지내기 위한 사절이 파견되었다(『明太祖實錄』 권48, 洪武 3년 正月 庚子). 이러한 홍무제의 명령에서 明의 건국에 대한 홍무제의 인식과 天下觀이 엿보인다. 즉 산천에 致祭하는 것은 明의 건국이 天命에 의한 것이므로 그에 보답하는 차원에서 시행하겠다는 것이다. 또한 책봉국의 산천에까지 황제의 주관 하에 致祭를 하겠다는 것은 온 천하가 자신의 판도 내에 포섭되었음을 강하게 선포하는 의미를 갖는다. 岩井茂樹, 「明代中國の禮制覇權主義と東アジアの秩序」 『東洋文化』 85, 2005 및 최종석, 「여말선초 명(明)의 예제(禮制)와 지방 성황제(城隍祭) 재편」, 『역사와 현실』 73, 2009, 221~227쪽 참조.

3 그렇게 하라.

2 呈을 올리니, 바라건대 시행하십시오.

1 이를 받고,[9] 또 禮部의 呈을 받았습니다.

2 安南・高麗・占城의 山川 이름을 자세히 살펴, 당일에 주달하였고 성지를 받들었습니다.

3 다만 "高麗山川之神"・"安南山川之神"・"占城山川之神"이라고만 써서 각자 본처 성의 남쪽에 壇을 설치하고 제사를 지내라.

2 삼가 준행하는 외에, 呈을 올리니 바라건대 시행하십시오.

1 이를 받고, 都省에서는 준행하는 외에, 이제 朝天宮[10] 道士 徐師昊[11]를 차정하여 御香・祝幣, 그리고 香盒・紵絲・幡 및 사들인

---

9) 得此: "得此"는 下司로부터 상행문서를 접수한 것을 표시하는 말이다. 이와 유사하게 上司로부터의 하행문서를 접수한 것은 "奉此," 동등한 품격의 아문으로부터 평행문서를 접수한 것은 "准此," 下司로부터 상행문서를 접수한 것은 "據此" 등으로 표현하였다(『吏文輯覽』 및 『吏學指南』(태학사 영인본, 2002), 『古今釋林』 권39 <元明吏學>(奎12253)의 해당 항목 참조). 이는 고려・조선시대의 고문서에서라면 "爲有置有等以[*하잇두이신들로*](하였다 하였으므로)" 등과 같이 吏讀로 표현되었을 부분이다.

10) 朝天宮: 명초 南京에 위치했던 道觀. 현전하는 朝天宮은 홍무 17년(1384)에 중건하면서 처음으로 '朝天宮'이라는 명칭을 사용하기 시작한 것으로(『明太祖實錄』 권163, 홍무 17년 7월 戊戌), 현재는 중국 南京市博物館으로 사용되고 있다. 그 기원은 전국시대 吳王 夫差 때까지 거슬러 올라간다고 하며, 이후 여러 차례의 개축을 거치면서 唐代에는 太淸宮, 宋代에는 祥符宮, 元代에는 玄妙觀, 大元興永壽宮으로 불렸다. 그러나 그 홍무 17년의 중건 이전에도 그 명칭이 實錄에서 확인되는 것으로 보아, '朝天宮'이라는 道觀 자체는 이전부터 존재했던 것으로 보인다. 명 건국 이전부터 朱元璋 집단은 道教와 밀접한 관계를 갖고 있었다고 하는 것으로 보아(오함 지음, 박원호 옮김, 『주원장전』 제4장 「개국 황제」, 지식산업사, 2003 참조), 특히 山川 祭祀와 같은 업무를 道教 집단에 맡겼을 것임은 쉽게 추측된다.

11) 徐師昊는 명측의 기록에서는 확인되지 않으나, 그가 고려에 와서 남긴 행적은 『高麗史』에 비교적 구체적으로 전해진다. 예컨대 恭愍王은 徐師昊가 왔을 때 道士가 壓勝術을 쓰지 않을까 의심하여 병을 칭탁하고 나가지

犧牲・香燭・段疋 등을 가지고 가서 황제의 뜻에 따라 제사지내게 하는 외에 마땅히 咨를 보내니, 청컨대 잘 살피시어 황제의 뜻에 따라 시행하십시오. 須至咨者.[12)]

1 右咨

1 高麗國王

1 洪武 3년(1370, 고려 공민왕 19) 정월 초10일[13)]

않았다고 한다. 『高麗史』 권42, 공민왕 19년 4월 庚辰 참조.

12) "合行移咨, 請照驗欽依施行. 須至咨者"는 『洪武禮制』 「署押體式」에 규정된 明代 관문서의 結辭 부분 양식과 일치한다. 『洪武禮制』 「署押體式」에는 명시적으로 "請照驗施行"이라고 표시되어 있지만, "照驗" 자리에는 문서에서 결론적으로 요구하는 사항을 압축해서 넣는 경우가 많다.

13) 이 문서를 휴대한 사절은 문서 발신일(정월 10일)보다 하루 뒤인 정월 11일(庚子)에 남경을 출발하였다(『明太祖實錄』 권48, 洪武 3년 正月 庚子). 이 문서가 고려에 전해진 것은 『高麗史』 권42, 恭愍王 19년 4월 庚辰에서 확인된다.

행문 과정 ▌

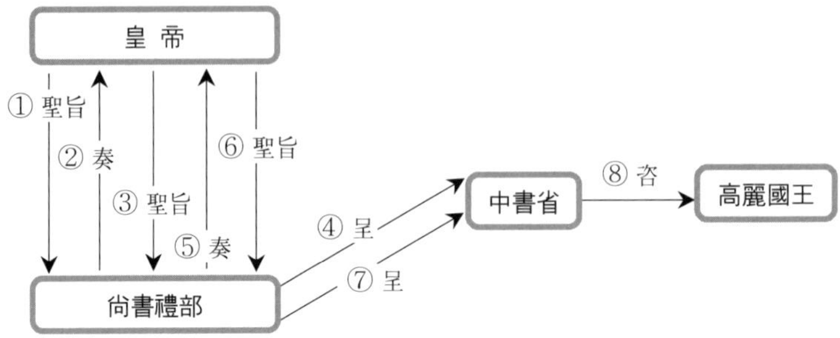

① 皇帝가 尙書禮部에 聖旨: 安南・高麗・占城의 산천에 致祭할 것 지시 (홍무 2년 12월 21일).
(이후 상서예부에서 제물, 희생 등을 준비).
② 尙書禮部에서 皇帝에게 奏: 준비 상황을 보고(홍무 3년 1월 4일).
③ 皇帝가 尙書禮部에 聖旨: 그대로 시행하라고 지시(홍무 3년 1월 4일).
④ 尙書禮部에서 中書省에 呈: ①~③의 내용을 보고.
⑤ 尙書禮部에서 皇帝에게 奏: 安南・高麗의 山川 이름을 상고하여 보고.
⑥ 皇帝가 尙書禮部에 聖旨: 安南・高麗의 南郊에 檀을 설치하고 致祭할 것 지시.
⑦ 尙書禮部에서 中書省에 呈: ⑤~⑥의 내용을 보고.
⑧ 中書省에서 高麗國王에게 咨: 위의 상황 전달(홍무 3년 1월 10일).
徐師昊 일행 출발(홍무 3년 1월 11일, 『明太祖實錄』 권47).
徐師昊 일행 고려에 도착(홍무 3년 4월 20일, 『高麗史』 권42).

前原平章劉益投順中書省咨

발신일자	洪武 4년(恭愍王 20년) 2월 23일 (1371년 3월 10일)
발신기관	中書省
수신기관	高麗國王
서　　식	咨

■ 문서내용　명 중서성에서 元의 잔여세력으로 遼陽行省의 平章이던 劉益이 명에 귀순해왔음을 고려국왕에게 통보하고, 변경의 수비군에 알려 충돌하는 일이 없도록 할 것을 요구하였다.

原 文

1 中書省見爲①撫安事

1 洪武四年二月二十日, 有遼陽行省②前原③平章劉益, 差右丞董遵・僉院④楊允賢, 齎擎表文, 貢獻馬匹, 將得利嬴城⑤, 幷金・復・海・蓋⑥等處城池・軍民, 及槩管地方投順. 爲此⑦, 奏奉聖旨.

2 開設遼東衛指揮使司. 將前平章劉益, 改除本衛指揮同知⑧, 鑄與印信, 頒降誥命. 仍差大都督府斷事官⑨吳立, 同黃儔・王哈剌不花, 親齎段匹, 前去賞勞⑩, 就行點視⑪城池軍馬.

1 欽此.

1 除欽遵外, 照得⑫, 遼陽得利嬴城, 金・復・海・蓋等處地面⑬, 接連高麗國, 擬合⑭行移知會⑮. 爲此, 都省合行移咨, 請照驗, 煩爲⑯行下所屬接連遼陽邊界守禦頭目⑰, 一體知會施行. 須至咨者.

1 右咨

[1] 高麗國王

[1] 洪武四年二月二十三日

이문집람

① 見爲: 見, 猶云現今也. 爲去聲. 凡奏啓本文移, 頭辭曰爲某事之爲, 皆從去聲.
'見'은 '現今'[현재]이라는 뜻이다. '爲'는 去聲이다. 무릇 奏本・啓本 문서 등에서 起頭에 쓰는 말로 "爲某事"라고 할 때의 '爲'는 모두 去聲이다.

② 遼陽行省: 元置行中書省於各路, 大明革去.
元은 行中書省을 각 路에 설치했는데, 大明이 혁파했다.

③ 前原: 原, 本元字. 以高皇帝諱元章, 故代作原字.
'原'은 본래 '元' 字이다. 高皇帝[明太祖]의 諱가 '元章'이므로 대신하여 '原'자를 쓴 것이다.

④ 僉院: 元朝官名.
元朝의 官名이다.

⑤ 得利嬴城: 在復州衛東八十里. 元季士人築之, 以避兵.
復州衛의 동쪽 80리에 있다. 원 말에 士人이 築城하여 兵亂을 피하였다.

⑥ 金復海盖: 四州名, 屬遼東.
네 곳의 州名으로, 遼東에 속해 있다.

⑦ 爲此: 猶言爲此事也. 凡公文結語, 例曰爲此, 他倣此.
"이 사안을 위하여"라는 말이다. 무릇 公文의 結語에 일반적으로 '爲此' 라고 하는데, 다른 곳의 '爲此'도 이를 따른다.

⑧ 本衛指揮同知: 遼東都指揮使司, 有都指揮使一員, 階正二品, 都指揮同知一員, 階從二品, 都指揮僉事一員, 階正三品. 所謂三大人也.
遼東都指揮使司에는 都指揮使가 1員으로 품계는 정2품이고, 都指揮同知가 1員으로 품계는 종2품이며, 都指揮僉事가 1員으로 품계는 정3품이다. 이른바 '三大人'이다.

⑨ 大都督府斷事官: 大明初, 置大都督府, 後分爲五軍都督府. 斷事官屬都督

府, 職掌軍官・軍人刑名. 又各都司, 皆有斷事官.

大明 초에 大都督府를 두었는데, 후에 나누어 五軍都督府가 되었다. 斷事官은 都督府에 속하며, 직무로는 軍官・軍人의 刑名을 관장하였다. 또 각 都司에도 모두 斷事官이 있었다.

⑩ 賞犒: 謂設宴饋勞也.

연회를 베풀어 음식을 주어 위로하는 것이다.

⑪ 就行點視: 就行, 猶言卽爲也. 點, 點考也. 視, 巡視也.

'就行'은 '卽爲'[바로 시행하다]와 같은 말이다. '點'은 點考이다. '視'는 巡視이다.

⑫ 照得: 具見始末曰照, 謂照而得之也. 凡文移發語, 例曰照得. 他倣此.

일의 시말을 갖추어 보는 것을 '照'라고 하니, "살펴서 얻는다"는 말이다. 무릇 문서에서 문장을 여는 말로서 일반적으로 '照得'이라는 말을 사용한다. 다른 곳의 '照得'도 이를 따른다.

⑬ 地面: 指地土也.

땅[지역]을 가리킨다.

⑭ 擬合: 事未施行, 而預擬其事. 合, 當如此也.

일을 아직 시행하기 전에 미리 그 일을 헤아리는 것이다. '合'은 "이와 같이 하는 것이 마땅하다"이다.

⑮ 知會: 會, 亦知也. 猶言使之知悉也.

'會'는 역시 '알다'는 뜻이니, 말하자면 "그로 하여금 모두 알게 한다"는 뜻이다.

⑯ 煩爲: 煩, 猶本國簡牘常用恐煩之煩. 咨文中, 例用請照・煩爲・咨請等語.

'煩'은 말하자면 우리나라의 簡牘에서 일반적으로 사용하는 '恐煩'의 煩과 같다. 咨文 중에는 일반적으로 '請照'[청컨대 살피시어]・'煩爲'[번거롭겠지만]・'咨請'[咨를 보내니 청컨대] 등의 용어가 쓰인다.

⑰ 頭目: 領衆居首者之稱.

무리를 거느리는 우두머리 노릇 하는 자의 칭호이다.

前原平章劉益投順中書省咨

번역문

1 中書省에서 최근의 撫安에 관한 일(로 자문을 보냅니다.)

1 洪武 4년(1371, 고려 공민왕 20) 2월 20일, 前元[1)]의 遼陽行省 平章政事 劉益이 右丞 董遵과 僉院 楊允賢[2)]을 차정하여 表文과 貢獻할 馬匹을 가지고 와서, 得利嬴城[3)]과 아울러 金・復・海・蓋[4)]

1) 前原: 『吏文輯覽』의 설명과 같이, 明 太祖 朱元璋의 이름 글자를 피휘하여, '元'을 '原'으로 고쳐 쓴 것이다. 『高麗史』 권46, 恭讓王 3년 4월 己卯. "避帝諱, 禁用元字, 代以原."

2) 『明太祖實錄』에는 그 人名을 '楊賢'으로 기록하고 있다.

3) 得利嬴城: 得利嬴城에 대한 崔世珍의 해설은 『大明一統志』 권25 및 『遼東志』 권1의 그것과 일치한다. 그러나 和田淸은 『明實錄』에 "蓋州之利嬴城"이라고 서술되고 있는 점과 『遼東志』 권1의 蓋州衛 항에 "得利山城, 城東南二十里"이라고 기록된 점 등에 비추어 蓋州 일대일 것으로 파악하였다. 이 경우 明이 설치한 遼東衛指揮使司의 治所가 최세진이 이해했던 것보다 훨씬 북상하게 되는 셈이다. 和田淸, 「明初の滿洲經略」, 『東亞史研究』(滿洲篇), 東洋文庫, 1955, 272~273쪽 참조. 한편 윤은숙은 得利嬴城을 현재의 요녕성 復縣 得利寺로 비정했다. 尹銀淑, 「나가추의 활동과 14세기말 동아시아 政勢」, 『明淸史研究』 28, 2007, 8쪽.

4) 金・復・海・蓋: 金州는 요동반도의 최남단에 위치해 있다. 金州로부터 復州・蓋州・海州로 이어지는 선을 연장하면 遼陽에 이르게 된다. 劉益의 귀부를 계기로 遼東衛指揮使司가 설치되면서 이 선은 명의 요동진출 최전선이 되었다. 명이 홍무 20년(1387, 고려 우왕 13) 설치하였다가 곧바로 移設한 三萬衛와 鐵嶺衛의 위치도 이 선의 연장선상에 위치한다. 홍무 연간에 설치된 요동의 衛所 위치를 표시한 지도는 박원호, 「鐵嶺衛 설치에 대한 새로운 관점」, 『韓國史研究』 136, 2007, 109쪽 및 南義鉉, 「遼東都司 設置와 방어체계 정비」, 『明代遼東支配政策研究』, 강원대학교출판부, 2008,

등의 城池와 軍民 및 관할 지방을 바치며 귀순하였습니다.[5)] 이에 奏하고 聖旨를 받들었습니다.

2 遼東衛指揮使司를 개설하라. 前平章政事 劉益을 本衛의 指揮同知로 바꾸어 제수하고 印信을 주조해주며, 誥命을 주어라. 또 大都督府의 斷事官 吳立을 차정하여 黃儔[6)]·王哈剌不花와 함께 몸소 段匹을 가지고 가서 노고를 치하하고, 곧바로 城池와 軍馬를 점고하도록 하라.

1 삼가 준행하며, 살피건대 遼陽의 得利嬴城과 金·復·海·盖 등 지방은 高麗國과 맞닿아 있으므로 마땅히 문서를 보내어 알려주어야 하겠습니다. 이에 都省에서는 자문을 보내니, 청컨대 잘 살피시어 번거롭겠지만 遼陽과 맞닿아 있는 소속 변경의 守禦頭目에 지시하시어 모두 알려주시기 바랍니다. 須至咨者.

1 右咨

1 高麗國王

1 洪武 4년(1371, 고려 공민왕 20) 2월 23일[7)]

64쪽 참조.

5) 劉益이 귀부한 사실과, 이에 따라 遼東衛指揮使司를 개설하라는 詔令이 내려진 사실은 『明太祖實錄』 권61, 홍무 4년 2월 壬午에 기록되어 있다.

6) 黃儔는 이에 앞서 홍무 3년(1370) 9월, 홍무제의 명으로 요동 일대의 원의 잔존세력을 회유하기 위해 파견된 적이 있다. 『明太祖實錄』 권56, 홍무 3년 9월, 是月 條의 기사에 따르면 洪武帝는 斷事官 黃儔를 파견하여 "遼陽等處官民"에게 詔를 내려 회유하였다. 詔書에서는 명 건국의 정당성을 天意에 따른 것이라고 역설하고, 明軍의 북벌에 의해 북원의 應昌이 함락되었으며, 원 順帝도 병사하였고, 고려 출신 奇皇后의 소생의 태자 아유시리다라[愛猷識里達臘]도 도망하였다는 정세를 설명하며, 귀순을 종용하였다.

7) 『高麗史』 권43, 恭愍王 20년 4월 戊戌 條에 中書省에서 이 咨文을 보낸 사실이 간략하게 기록되어 있다. "中書省咨告, 前元遼陽行省平章劉益, 以金·復·盖·海等地, 歸順."

행문 과정 ▌

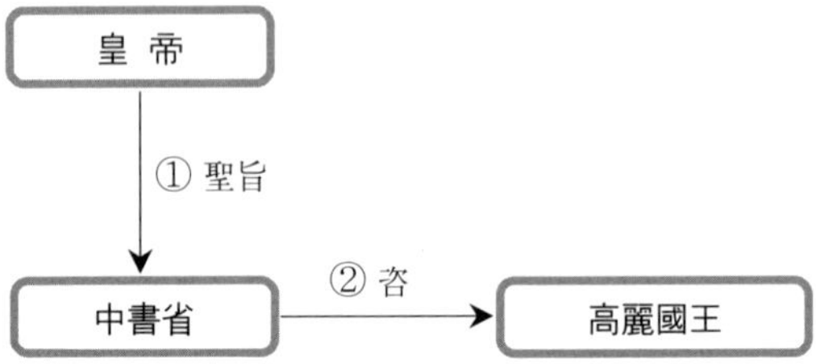

　劉益 귀부, 奉表(홍무 4년 2월 20일).
① 皇帝가 中書省에 聖旨: 遼東衛指揮使司 개설을 지시.
② 中書省에서 高麗國王에 咨: 劉益의 귀부 사실 통보(홍무 4년 2월 23일).
　고려에서 중서성 자문 접수(홍무 4년 4월 16일, 『高麗史』 권42).

蘭秀山叛賊干連人高伯一發回咨[1]

발신일자 洪武 3년(恭愍王 19년) 10월 9일 (1370년 10월 28일)
발신기관 中書省
수신기관 高麗國王
서　　식 咨

■ 문서내용　1368년 초 舟山列島 일대에서 반란을 일으킨 蘭秀山의 반란군 가운데 일부가 고려의 全羅道 일대로 도망쳐서 高伯一이라는 자의 집에 머물게 되었다. 명에서 관원을 파견하여 蘭秀山 반란군의 잔당과 함께 高伯一을 체포하여 명으로 끌고 갔는데, 조사 결과 高伯一은 고려 사람이므로 도로 고려에 송환한다는 내용이다.

原文

1 中書省

1 據刑部呈.

2 見欽奉聖旨, 爲分揀審決蘭秀山逆賊事①.

2 除欽依審決外, 爲是林寶一等所供②, 情未盡實, 再行問責得林③寶一狀供④.

3 係昌國縣富七保⑤住民. 洪武元年正月二十四日, 本保里長⑥盧子中, 租賃⑦莽張百戶⑧艚船⑨一隻, 雇募⑩寶一等, 充梢水⑪, 裝運官鹽⑫赴京. 於斜浦⑬, 修船完備. 忽有莽張百戶, 到來對說⑭. "蘭山葉演三[2]・長塗王元帥・秀山陳元帥等船, 都下海

1) 想白J・想白I・前間本에는 제목 있음, 奎古 5700에는 제목 없음.

了，教我快趕船來⑮，同打明州⑯.” 令伊男⑰張子安，與寶一等行船，趕到招寶山，接見陳元帥. 莽張百戶船，敗陣前來，就撥⑱寶一等船隻，於定海港⑲守把⑳. 至三月初七日，有首賊陳魁四，提船等候㉑，攔截㉒大軍. 至四月十八日，到於崎頭㉓，迎見吳都督軍船，對敵敗退，夏山趓[3]避㉔. 後於六月初八日，開洋㉕，至十二日，到於耽羅㉖. 寶一收買海菜㉗，自趁本處洪萬戶船，到高麗. 遇見陳魁五等，將布五匹雇倩㉘，肩駝㉙緜布，到於古阜，就留伊家使喚. 洪武三年五月二十四日，有朝廷差丁百戶等官到來. 先將陳魁五捉獲，各賊家小㉚，俱各逃避. 陳魁八與寶一，前去蒸山，藏避於隣人高伯一家，做飦喫食，將蘇木㉛等物，與訖㉜本人. 至二十八日，寶一思忖得，陳魁八必是逃走，又見本賊身畔㉝，藏帶金銀等物，貪圖取要㉞. 窺伺陳魁八睡着㉟，用大石塊，於本人胷堂㊱上，打訖二下，身死，將伊身畔金銀物件，盡行收要入己㊲. 是實.

2 及責得㊳高伯一供.

3 係高麗人氏. 見於全羅道住坐. 洪武三[4]年五月二十八日，有陳魁八・林寶一到家，將鍋做飦[5]㊴，與訖蘇木・白礬，幷衣帶八條㊵. 後見林寶一，不見陳魁八. 問得林寶一說稱，陳魁八往鎭浦去了㊶. 後又與訖玉色紗裙一條・白苧布衣二件. 除外，別不知謀逆事情. 是實.

2 得此，洪武三年九月二十八日，奏奉聖旨.

3 林寶一，旣曾從逆拒敵官軍，敎處重了㊷. 高伯一，發回高麗去.

2 欽此.

---

2) 想白J・奎古5700・前間本에는 三，想白I에는 二.

3) 想白J에는 趓，想白I・奎古5700・前間本에는 軃. 『吏文輯覽』에는 趓.

4) 想白J에는 三，想白I・奎古5700・前間本에는 二. 내용상 三이 맞음.

5) 『吏文』의 모든 판본에는 飦，『吏文輯覽』에는 飯.

2 除欽依, 將林寶一, 移付都官部㊸, 處重外, 據發回高麗一名, 高伯一, 具呈, 照驗施行.

1 得此, 除將高伯一, 就令高麗國差來左使姜師贊等, 收領前去外, 都省合行移咨, 請照驗施行. 須至咨者.

1 右咨

1 高麗國王

1 洪武三年十月初九日

이문 집람

① 分揀審決蘭秀山逆賊事: 詳情再問而決者, 謂之審決也. 蘭秀, 二山名, 强賊二起, 各據二山竊發者也. 此謂將高伯一, 分揀發回, 而將林寶一等審決也.
정황을 자세히 조사하고 재차 조사하여 처결하는 것을 '審決'이라고 한다. '蘭秀'는 두 산의 이름으로, 强賊 두 무리가 각각 두 산에 근거하여 강노싯을 했다는 것이다. 이는 高伯一을 분간하여 돌려보내고, 林寶一 등은 심리하여 처결하라는 것을 말하는 것이다.

② 所供: 供, 卽供招. 國俗所謂侤音也.
'供'은 즉 供招이다. 國俗에서 이른바 侤音[다짐]이라고 하는 것이다.

③ 再行問責得: 再行, 猶言再爲也. 問責得, 謂審問詰責, 而得其情也. 凡用得字, 皆倣此.
'再行'은 "다시 하다"는 뜻이다. '問責得'은 "審問, 詰責하여 그 정황을 알아내다"는 뜻이다. 무릇 '得'자를 쓰는 것은 모두 이를 따른다.

④ 狀供: 元情招詞也.
정황을 진술한 招詞이다.

⑤ 富七保: 保, 卽鄕中二十五家爲保之類也. 富七卽保名.
'保'는 鄕中에서 25家를 保라고 하는 것이다. '富七'은 保의 이름이다.

⑥ 里長: 猶本國里正.

우리나라의 里正과 같다.

⑦ 租賃: 租, 價也. 賃, 僦也. 言以價雇賃也.

'租'는 '價'[값]라는 뜻이다. '賃'는 '僦'[빌리다]라는 뜻이다. 값을 지불하고 빌리는 것을 말한다.

⑧ 莽張百戶: 方言謂麁猛者謂莽.

方言으로 거칠고 사나운 자를 가리켜 莽이라고 한다.

⑨ 艚船: 大船也.

큰 배이다.

⑩ 雇募: 雇, 亦顧賃之義. 募, 取自願也.

'雇'는 역시 "임금을 주고 고용하다"는 뜻이다. '募'는 "자원자를 받아들이다"는 뜻이다.

⑪ 梢水: 梢, 梢工, 水, 格軍也.

'梢'는 梢工[뱃사공. 노를 이용하여 젓는 배를 부리는 사람]이고, '水'는 格軍[水夫. 사공을 보조하는 노꾼]이다.

⑫ 裝運官鹽: 凡以物載船曰裝. 官鹽, 大明制, 榷鹽, 不許私煮, 故云.

무릇 물건을 배에 싣는 것을 '裝'이라고 한다. '官鹽'은 大明의 제도에 榷鹽法을 시행하여 사사로이 소금을 고는 행위를 금지했기 때문에 그렇게 부르는 것이다.

⑬ 斜浦: 浦名.

浦의 이름이다.

⑭ 對說: 向對而說也.

~에게 말하는 것이다.

⑮ 快趕船來: 快, 速也. 趕, 逐也, 驅也, 及也. 此謂速驅船而來也.

'快'는 '速'[빠르다]이다. '趕'은 '逐'[쫓다]이고, '驅'[몰다]이며, '及'[이르다]이다. 이는 빨리 배를 쫓아서 오라는 것을 말한다.

⑯ 同打明州: 猶言同往明州也. 卽今之寧坡府, 屬浙江布政司.

"함께 明州로 가다"는 뜻이다. (明州는) 즉 지금의 寧坡府로, 浙江布政司에 속한다.

⑰ 伊男: 伊, 與彼同.

'伊'는 '彼'[3인칭, 그]와 같다.

⑱ 就撥: 就, 卽也. 撥, 差發也.

'就'는 '卽'[곧바로]이다. '撥'은 '差發'[뽑아 보냄]한다는 뜻이다.

⑲ 定海港: 水中行船時, 避風小浦曰港. 定海卽港名也.

바다에서 배를 운항할 때 바람을 피해 잠시 머무는 작은 포구를 '港'이라고 한다. '定海'는 港의 이름이다.

⑳ 守把: 守備把截也.

수비하고 막아세우는 것이다.

㉑ 等候: 等, 亦待也.

'等'은 ('候'와 마찬가지로) 역시 '待'[기다리다]의 뜻이다.

㉒ 攔截: 攔, 遮也. 截, 斷也.

'攔'은 '遮'[막다]의 뜻이다. '截'은 '斷'[끊다]의 뜻이다.

㉓ 崎頭: 崎, 曲岸, 言海岸之頭也. 一說地名.

'崎'는 "해안이 굽은 곳"으로, 해안의 튀어나온 부분을 말한다. 일설에는 地名이라고 한다.

㉔ 趓避: 趓, 避也. 通作躱.

'趓'는 '避'[피하다]이다. 통상 '躱'로 쓴다.

㉕ 開洋: 發船曰開. 洋, 卽海也.

배를 띄우는 것을 '開'라고 한다. '洋'은 곧 '海'[바다]이다.

㉖ 耽羅: 本國濟州.

우리나라의 濟州이다.

㉗ 海菜: 卽本國鄕名메육.

즉 우리나라의 鄕名으로 '메육'[미역]이다.

㉘ 雇倩: 亦雇賃之義. 倩, 借其力也.

또한 "임금을 주고 고용하다"는 뜻이다. '倩'은 "그 힘을 빌리다"는 뜻이다.

㉙ 肩駝: 以肩荷擔也. 凡載物負物, 皆曰駝, 如馱同.

어깨로 짐을 지는 것을 말한다. 무릇 짐을 싣거나 짐을 질 때 모두 '駝'라고 하니, '馱'와 같다.

㉚ 家小: 家屬也.

家屬이다.

㉛ 蘇木: 丹木也.

丹木이다.

㉜ 與訖: 與, 卽給也. 給與已畢, 故曰與訖. 凡用訖者, 皆倣此.

'與'는 즉 '給'[주다]이다. 주는 행위를 이미 마쳤으므로 '與訖'이라고 한 것이다. 무릇 '訖'자를 쓰는 것은 모두 이를 따른다.

㉝ 身畔: 猶言身上也.

'身上'과 같다.

㉞ 取要: 要求貪取之義.

탐욕을 부려 취하고자 한다는 뜻이다.

㉟ 睡着: 着, 謂眠睡深重之義. 或曰語詞.

'着'은 수면이 깊어졌다는 뜻이다. 혹은 語詞라고도 한다.

㊱ 胷堂: 卽胷也. 堂本膛字.

즉 '가슴'이다. '堂'은 본래 '膛'[가슴]字이다.

㊲ 收要入己: 收取而爲己有也.

거두어들여 자기의 소유로 삼는다는 뜻이다.

㊳ 責得: 與問責得同義.

"問責得"[問責하여 알아내다]과 같은 뜻이다.

㊴ 將鍋做飫: 鍋音過, 炊飯之器. 猶本國小釜也.

'鍋'의 音은 '過'[과]로 밥을 짓는 그릇이다. 우리나라의 작은 솥과 비슷하다.

㊵ 衣帶八條: 衣帶, 鄕言골홈. 八條, 卽八箇也.

'衣帶'는 鄕言으로 '골홈'[옷고름]이다. '八條'는 곧 '여덟 개'이다.

㊶ 往鎭浦去了: 往, 猶向也. 鎭浦, 地名.

'往'은 '向'[향하다]과 같다. '鎭浦'는 지명이다.

㊷ 敎處重了: 敎, 平聲, 猶使也. 言以重罪處決也. 凡問擬罪人, 非死刑, 不用處字.

'敎'는 平聲으로, '使'[시키다, 하게 하다]의 뜻이다. "중죄로서 처결하다"는 말이다. 무릇 죄인을 심문하여 판결할 때에 사형이 아니면 '處'자를 사용하지 않는다.

㊸ 都官部: 洪武初, 於刑部設四部, 曰憲部・比部・司門部・都官部.

홍무 연간 초년에 刑部에 네 部를 설치하였는데, 憲部・比部・司門部・都官部라 하였다.

蘭秀山叛賊干連人高伯一發回咨

번역문

1 中書省(에서 자문을 보냅니다.)

1 刑部의 呈을 받았습니다.

2 현재 삼가 聖旨를 받들었는데, 蘭秀山의 역적[1)]을 분간하여 심의하고 처결하라는 일입니다.

2 삼가 이에 의거하여 심의·결정하는 외에, 이 林寶一 등이 진술한[2)] 정황 가운데에 확실하지 않은 부분이 있었기 때문에 다시 문책하여 林寶一의 공초장[狀供]을 받아냈습니다.

3 (저는) 昌國縣 富七保의 주민입니다. 홍무 원년(1368, 고려 공

1) 蘭秀山의 亂은 1368년 초에 발생한 舟山列島 일대 해상 세력의 반란을 말한다. 1367년부터 주원장 세력이 남진하여 당시 浙江 일대에 세력을 구축하고 있던 方國珍을 공격하여 항복시켰다. 그러자 원대 이래 船戶로서 漕運 활동을 펼치며 方國珍 세력에 협력하던 舟山列島 인근의 해상 세력들이 明州 점거를 염두에 두고 반란을 일으켰다. 이들의 반란은 吳禎의 토벌로 3개월여 만에 진압되었다. 明은 건국 초기 이러한 해상 세력의 발호를 차단하고 왜구를 진압하기 위해서 철저한 海禁 정책을 펼치게 되었다. 蘭秀山의 亂에 대해서는 藤田明良, 「蘭秀山の亂」と東アジア海域世界 －14世紀の舟山群島と高麗・日本－」, 『歷史學硏究』 698, 1997 참조. 명초의 海禁 정책 실시의 배경에 대해서는 佐久間重男, 「明朝の海禁政策」 및 「明代前期の海禁と對外的影響」, 『日明關係史の硏究』, 吉川弘文館, 1992 참조.

2) 所供: 『吏文輯覽』에서 '供', 즉 供招의 번역어로 언급하고 있는 侤音은 "죄인이 범죄의 사실을 고백한 자술서를 이르는 말"로 吏讀式 표현이다. '侤'로도 표현되는데, 역시 [다짐]으로 읽으며 '侤音'의 '音'은 [짐]이라는 음가를 표시할 뿐이다.

민왕 17) 정월 24일 本保의 里長 盧子中이 망나니 張 百戶의 艚船 한 척을 돈을 주고 빌리고는 저[寶一] 등을 모집, 고용하여 梢水로 충당하고 官鹽을 싣고 운반하여 京師에 가고자 하였습니다. 斜浦에서 배를 고쳐 완비했습니다. 홀연 망나니 張 百戶가 와서 말하였습니다. "蘭山의 葉演三・長塗의 王 元帥・秀山의 陳 元帥[3] 등[4]의 배가 모두 바다로 나아가면서 나에게 속히 배를 몰아 함께 明州[5]로 가자고 하였다." 그의 아들 張子安을 시켜 저[寶一] 등과 함께 배를 몰아가게 하여 쫓아가 招寶山[6]에 도착해서 陳 元帥를 접견하였습니다. 망

3) 陳元帥는 『高麗史』에서 蘭秀山의 亂의 주동자로 지목하고 있는 陳君祥일 것으로 추측된다. 『高麗史』 권42, 공민왕 19년 6월 辛巳.

4) 蘭秀山・長塗 등은 모두 舟山 열도의 일부를 이루는 섬의 이름이다. 蘭秀山을 蘭山과 秀山으로 분리해서 기술하고 있지만, 실제로는 같은 섬의 두 봉우리로, 난산이 서남쪽에, 수산이 동북쪽에 위치한다고 한다. 다만 같은 섬 안이라도 지형적으로 둘로 확연히 분리되어, 독자적인 세력들이 장악하고 있었기 때문에 별개의 명칭으로 불렸다고 한다(藤田明良, 앞의 논문, 24쪽 참조). 葉演三, 王 元帥, 陳 元帥 등 반란을 주도했다고 하는 인물들은 원대 이래로 강남에서 大都로의 漕運을 담당하던 해상의 土豪들로 보인다. 원은 13세기 말부터 大都로의 稅糧 수송을 제일의 목표로 삼고 해운체제를 정비했는데, 그 결과 완성된 것이 船戶 제도이다. 그것은 조운에 필요한 약 1,800척의 선박을 江蘇・浙江 연안에 설정한 약 8,000호의 船戶로부터 고용하는 형식이다. 이 船戶는 직접 船員을 고용하여 자신 소유의 배를 漕船으로 제공하였는데, 모두 近海의 유력자들이었다. 원말에는 張士誠과 方國珍이 강남에서 독자적인 세력을 키워가면서도, 원 조정과의 관계를 유지하면서 大都로의 稅糧 수송을 끝까지 담당하였는데, 모두 이들 海上 土豪들의 힘에 의지한 것이었다(藤田明良, 앞의 논문, 25~26쪽 참조). 蘭秀山의 亂이 발발하게 된 것도 결국 方國珍의 몰락 이후 이들 강남의 해상세력들이 새로운 구심을 찾지 못한 채 주원장 세력에 반발했기 때문이었던 것으로 볼 수 있다. 이들이 띠고 있는 元帥라는 官銜도 方國珍 정권으로부터 수여받은 것으로 보인다.

5) 明州: 明州는 宋・元代에는 慶元으로, 명 중기 이후로는 寧波로 불리던 곳으로 일찍부터 해상무역의 중심지였던 곳이다. 특히 송・원대에는 市舶司가 설치되어 고려・일본 등과의 대외교역의 중심지가 되었다.

나니 張 百戶의 배가 패하여 오니 곧 저[寶一]의 배 등을 뽑아 定海港에서 지키도록 하였습니다.[7] 3월 초7일에 이르러 우두머리 도적 陳魁四가 배를 이끌고 때를 기다려 대군을 막았습니다. 4월 18일에 이르러 崎頭에 도착하여 吳 都督[8]의 군선을 맞이하여 대적하였으나 패퇴하여[9] 夏山으로 피하였습니다. 이후 6월 초8일에 바다로 나아가 12일에 이르러 耽羅에 도착하였습니다.[10] 저는 海菜[11]를 사들여서 그곳 洪

6) 招寶山은 明州를 가로질러 바다로 들어가는 甬江의 입구에 위치한다. 첨부한 지도 2 <舟山列島附近> 참조.

7) 定海港은 招寶山의 바로 아래, 즉 明州를 가로질러 바다로 들어가는 甬江의 입구에 위치한다. 첨부한 지도 2 <舟山列島附近> 참조. 즉 定海港을 지킨다는 것은 明州를 고립시키는 봉쇄선을 설치함을 의미한다. 당시 蘭秀山 반란 세력의 목표가 明州를 차지하는 데에 있었음을 보여준다고 할 수 있다. 藤田明良, 앞의 논문, 22~23쪽 참조.

8) 吳都督은 吳禎을 가리킨다. 吳禎은 그 형 吳良과 함께 주원장 집단이 처음 봉기할 때부터 從軍하여 강남 일대를 석권하는 데에 많은 전공을 세웠다. 1367년 朱元璋의 명으로 湯和와 함께 方國珍을 항복시키고, 그대로 福建 지방으로 원정하였다. 당시 그의 직함은 僉都督府事였다. 이때의 공훈으로 靖海侯로 被封되었다. 그 후에는 遼東 일대에서 納哈出을 비롯한 원의 遺將들을 구축하는 작전에서 활약하기도 하여, 그의 이름은 이후에도 『吏文』에 자주 등장한다. 『明史』에 立傳되어 있다. 『明史』 권131, 列傳19, 吳禎.

9) 蘭秀山의 叛賊이 吳禎의 함대에게 격퇴된 것은 이 반란에 큰 전환점을 가져다주었던 것 같다. 이후 반란군의 일부는 이 진술을 하고 있는 林寶一과 같이 高麗・濟州 등으로 대피했고, 일부는 본토로 상륙하여 明州의 남쪽 象山縣에서 재차 반란을 일으켰다. 『明太祖實錄』 권32, 홍무 원년 5월 庚子 참조.

10) 근래 일본 학계에서는 14~15세기, 동중국해를 둘러싸고 많은 인구와 물자들이 국경을 넘어 오고가는 이른바 '海域世界'가 존재했음을 강조하는 연구가 활발하게 이루어지고 있다. 중국 강남의 舟山列島 인근에서 반란을 일으킨 해상세력들이 바다를 건너 濟州에까지 이르렀던 이 사건도 그러한 海域世界의 존재를 대변하는 단적인 사례로 꼽히고 있다. 이에 관해서는 藤田明良, 「蘭秀山の亂」と東アジア海域世界 ―14世紀の舟山群島と高麗・日本―」, 『歷史學硏究』 698, 1997 및 高橋公明, 「해역세계 가운데 제주도와 고려」, 『島嶼文化』 20, 2002 참조. 국경을 넘어서는 해역세계의 존재에 대한 대표적인 연구는 村井章介, 『中世倭人傳』, 岩波書店, 1993 참조.

萬戶의 배를 타고 고려에 이르렀습니다. 陳魁五 등을 만나 포 5필에 고용되어 縣布를 어깨에 지고 古阜에 이르러 그 집에 머물면서 부림을 받았습니다. 홍무 3년 5월 24일 (명의) 朝廷에서 丁 百戶 등의 관리를 차정해 도착해 왔습니다.[12] 먼저 陳魁五를 잡자, 각 도적의 가솔들은 모두 각기 도피하였습니다. 陳魁八과 林寶一은 燕山으로 가서 이웃사람인 高伯一의 집에 숨어서 밥을 지어 먹고 蘇木[13] 등의 물건을 그 사람[고백일]에게 주었습니다. 28일에 이르러 저는 陳魁八이 반드시 도주할 것이라고 생각하였고, 또 이 도적[진괴팔]이 신상에 금은 등의 물건을 몰래 감추어 가지고 있는 것을 보고는 탐내어 취하고자 하였습니다. 陳魁八이 잠들기를 기다려 몰래 엿보다가 큰 돌덩어리로 그의 가슴을 두 번 내리쳐서 죽이고 그의 금·은 물건을 모두 거두어 들여 차지하였습니다. 이것이 사실입니다.

2 그리고 高伯一[14]을 심문하여 공술을 받았습니다.

---

11) 海菜: 『吏文輯覽』에는 특수한 사례로 『吏文』에 등장하는 단어의 鄕名, 즉 한국식 발음을 표현한 경우가 종종 눈에 띈다. 이 경우 '海菜'를 설명하면서 鄕名이 [메육]이라고 표시하였는데, 이 밖에도 같은 이문 2-3의 輯覽에 '衣帶'를 설명하는 말로 "衣帶 鄕言골흠: '衣帶'는 鄕言으로 골흠이다"는 내용 등이 보인다. 『吏文輯覽』이 저술된 것이 1539년이므로, 16세기 중반 당시의 언문 표기법을 이해하는 데에 약간의 도움을 준다.

12) 明에서 고려로 피신한 蘭秀山 叛賊을 수색하기 위해 百戶 丁志·孫昌甫 등을 파견한 사실이『高麗史』에 실려 있다.『高麗史』 권42, 공민왕 19년 6월 辛巳.

13) 蘇木: 『吏文輯覽』에서는 이를 丹木이라고 해설하였다. 정확히 말하자면 蘇木은 丹木의 붉은 속살을 가리키는 것으로, 피를 멎게 하는 효험이 있어 외과 약재로 쓰였는데, 원산지는 동남아시아이다. 일찍부터 동남아시아에서 산출된 蘇木·紫檀木 등의 목재는 중국을 거쳐 한반도·일본에 많이 수입되었다. 1975년 신안 앞바다에서 발굴된 이른바 신안선에도 향료용·건축자재용의 자단목이 1,017본이나 적재되어 있었던 것으로 유명하다.

14) 高橋公明은 古阜 인근 해안에 살고 있던 高伯一의 성이 高氏인 점에 착안하여 그가 제주도 출신일 가능성도 있다고 조심스럽게 추정하였다. 高橋

3 (저는) 고려인입니다. 현재 全羅道에서 살고 있습니다. 홍무 3년 5월 28일 陳魁八과 林寶一이 집에 이르러 솥에 밥을 지어 먹고 蘇木·白礬, 그리고 衣帶 8개를 주었습니다. 후에 林寶一은 보이는데 陳魁八은 보이지 않았습니다. 물어보니 林寶一이 말하기를 "陳魁八이 鎭浦[15]로 가버렸다고 하였습니다. 후에 또 옥색 비단 치마 한 벌과 백저포옷 두 벌을 주었습니다. 이 외 반역을 도모한 사정에 대해서는 별도로 알지 못합니다. 이것이 사실입니다.

2 이를 받고, 홍무 3년 9월 28일에 奏하고 聖旨를 받들었습니다.

3 林寶一은 일찍이 반역자를 좇아 官軍에 항거하고 대적하였으므로 중죄로 처벌하라. 高伯一은 고려로 돌려보내도록 하라.

2 삼가 준행하여 林寶一은 都官部에 전달하여 중죄로 처벌하는 외에, 고려사람 1명 高伯一을 돌려보내고자 呈文을 갖추어 올리니, 살펴 시행하시기 바랍니다.

1 이를 받고, 高伯一을 고려국에서 사신으로 온 左使 姜師贊[16] 등에게 주어 데리고 가게 하는 외에, 都省에서 마땅히 咨를 보내니, 청컨대 살펴 시행하시기 바랍니다. 須至咨者.

1 右咨

1 高麗國王

1 洪武 3년(1370, 고려 공민왕 19) 10월 초 9일

公明, 앞의 논문, 258쪽.

15) 鎭浦: 鎭浦는 현재의 舒川으로, 금강 하구의 충청도와 전라도 경계지점이다(『新增東國輿地勝覽』 권19, 忠淸道 舒川郡 항목 참조). 漕運路의 중요한 거점으로 고려 공민왕 말년부터 倭寇가 자주 출몰하였던 곳이다. 고려 말 倭寇의 활동 상황과 鎭浦의 위치 비정에 대해서는 이영, 「홍산·진포·황산대첩의 역사지리학적 고찰」, 『일본역사연구』 15, 2002 참조.

16) 姜師贊은 공민왕 19년(1370) 7월, 명의 책봉에 대한 謝恩使로 파견되었다가(『高麗史』 권42, 공민왕 19년 7월 甲辰) 이듬해 5월 귀국하였다(『高麗史節要』 권29, 공민왕 20년 5월).

행문 과정 ▌

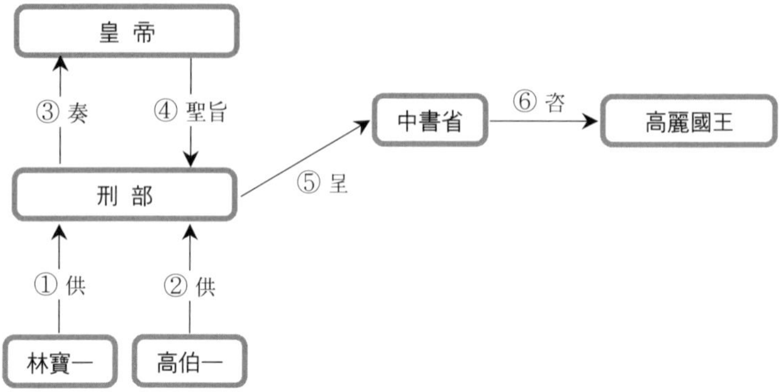

① 林寶一이 刑部에 진술(供): 범죄 사실 진술.
② 高伯一이 刑部에 진술(供): 임보일이 범죄에 연루된 정황 진술.
③ 刑部에서 皇帝에게 奏: ①~②의 내용을 보고(홍무 3년 9월 28일).
④ 皇帝가 刑部에 聖旨: 高伯一은 고려로 송환하라고 지시(홍무 3년 9월 28일).
⑤ 刑部에서 中書省에 呈: ①~④의 내용을 보고.
⑥ 中書省에서 高麗國王에게 咨: 高伯一을 송환하며, 상황 설명(홍무 3년 10월 9일).

사건 경과 ▌

ⓐ 홍무 원년(1368, 공민왕 17) 1월 24일, 張百戶가 林寶一을 끌어들여 蘭秀山의 叛賊에 가담시킴.
ⓑ 3월 7일, 陳魁四가 명의 大軍을 마주하게 됨.
ⓒ 4월 18일, 林寶一 등이 明의 都督僉事 吳禎에 의해 토벌되어 夏山으로 대피함.
ⓓ 6월 8일, 林寶一 등이 항해를 시작함.
ⓔ 6월 12일, 耽羅에 도착.
ⓕ 6월 이후, 耽羅에서 상행위를 벌이다가 古阜에 정착함.

ⓖ 홍무 3년(1370, 공민왕 19) 5월 24일, 明에서 蘭秀山 叛賊의 잔당을 수색하기 위해 파견한 百戶 丁志 등이 古阜에 이르러 陳魁五를 체포함.

ⓗ 5월 28일, 林寶一과 陳魁八이 蒸山으로 대피하여 高伯一의 집에 머물게 됨. 임보일이 진괴팔을 살해.
(이후 林寶一 체포 과정에 대한 기록은 없음)

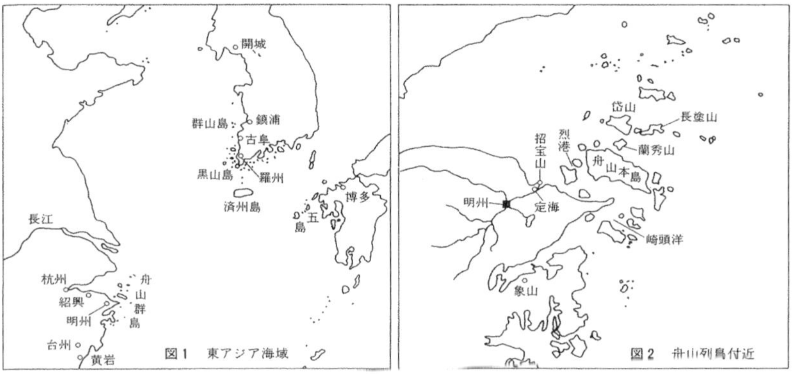

図1 東アジア海域　図2 舟山列島付近

藤田明良,「蘭秀山の亂」と東アジア海域世界 ―14世紀の舟山群島と高麗・日本 ―」, 『歷史學研究』 698, 1997, 23쪽에서 전재.

吏文 2-4

前原平章洪寶寶悖逆咨[1)]

발신일자　洪武 4년(恭愍王 20년, 1371) 5월
발신기관　遼東衛指揮使司
수신기관　高麗國王
서　　식　呈

■ 문서내용　이문 2-2의 문서에서 밝힌 것처럼 元의 遺將인 劉益이 명 조정에 귀부하였는데, 다른 원의 遺將인 洪寶寶와 그의 세력들이 劉益을 살해하였고, 이에 양 세력 사이에 분쟁이 발생하였다. 劉益의 잔여세력인 張良佐와 房暠 등이 洪寶寶 일당을 공격한 후, 이 사실을 고려에 전달하는 내용이다. 문서제목이 <前原平章洪寶寶悖逆咨>로 표기되어 있으나, 본문의 내용에서 확인되는 서식은 呈이다.

原文

[1] 遼東衛指揮使司, 承權官①張良佐・房暠

[1] 照得, 近中書省箚付②.

[2] 照得, 近爲招諭事.

[2] 該, 前原和州萬戶黃儔等, 往遼陽地面, 開諭知院納哈出等官.

---

1) 想白J・想白I・前間本에는 제목이 있음. 奎古5700에는 제목 없음.
奎章閣 소장 『吏文』 가운데 想白古貴 411.1 J773i v.2에는 이 문서의 제목을 <前原平章洪寶寶悖逆咨>라고 적어놓았고, 想白古 411.1 Im9에는 제목 부분 가운데 마지막 부분이 종이의 결락으로 확인되지 않으며, 古5700.5 v.2에는 제목이 기재되지 않았다. 그런데 문서의 結辭 부분에는 "須至呈者. 右謹具呈"이라 하였으므로 이 문서의 서식은 呈임이 분명하다. 따라서 문서제목은 <前原平章洪寶寶悖逆呈>으로 수정되어야 할 것이다.

去後, 洪武四年二月二十日回, 據黃儔等報說③.

3 納哈出已往迤北草地④面去了. 中路有得利嬴城, 平章劉益, 將金・復・海・盖四處城子歸附, 差右丞董遵・僉院楊允賢, 齎擎表文, 貢獻馬匹, 赴京朝覲.

2 洪武四年二月二十日, 左都督曹國公・中書省右丞相忠勤伯⑤・胡左丞・左司孫郎中・右司呂郎中, 同御史臺⑥・六部官・起居注⑦・給事中⑧・侍儀衛⑨指揮等官, 於奉天門, 奏聞, 欽奉聖旨.

3 開設遼東衛指揮使司, 教前平章劉益, 做指揮使同知. 恁中書省, 鑄與印信, 頒降誥命. 他部下的⑩頭目, 備細開將來.

2 欽此.

2 都省除將誥命・印信, 差令大都督府斷事官吳立, 前去頒降外, 仰欽依, 開設衙門, 到任署事. 具到任日期, 同取勘⑪部下頭目職事, 備細開申⑫施行.

1 承此⑬, 又承奉中書省劄付.

2 欽奉聖旨.

3 平章劉益, 旣已歸附, 中書省卽便發與段子五百匹, 差斷事官吳立, 同原差黃儔・王哈剌不花前去, 賞賜劉益. 他部下的頭目, 從劉益, 將段子斟酌俵賞⑭.

2 欽此.

2 都省除將段子五百匹, 責付所差斷事官吳立, 幷黃儔等, 收領前去外, 仰欽依施行. 具給賞過⑮名數, 開呈.

1 承此, 又奉大都督府劄付, 亦爲此事.

1 有本衛同知劉懷遠⑯, 欽依⑰, 於當年四月初三日, 權於得利嬴城, 開設衙門. 將御賜段匹, 眼同差來官, 一一唱名, 斟酌等第, 給散了當⑱. 攢造⑲軍馬文冊間, 於當月⑳二十一日辰時, 有本衛同知劉懷遠, 將引從事人員出營, 前去洪平章處探病. 不移時, 有元引伴當㉑黃聚, 帶傷回營㉒, 報說.

2 有官人㉓, 到於洪平章宅北草房內[2]坐地間㉔, 不期㉕, 洪平章伏藏伊壻京家奴, 幷姪荅蘭帖木兒, 頭目金完者帖木兒·汪伯等二十餘人, 自房後突入, 將官人抱住㉖, 各用亂刀, 砍傷命盡㉗. 及將根隨㉘伴倘何禮·黃忠等, 俱各殺死. 聚等跳寨㉙, 逃命㉚來了.

1 得此, 隨有前原右丞張良佐·文從古·董遵·左丞房暠·彭敏·鎖南·樞密同知信童·參政黃俊·張革·李德·副樞㉛焦隅·薛順·楊權·趙德·韓漑·張得山·呂岩·張得峪㉜·相虎·周時·沈溥·李禎·廉訪僉事㉝李戊·僉院劉陽·朱彬·楊鐸·梁成武·徹徹禿·楊允賢·趙企賢·撒列不花·鄭敏道·同僉㉞員得成·胥克敏·都事劉士傑等, 大小將士, 發憤各說.

2 咱弟兄每㉟, 根隨平章, 征戰十數餘年, 跋涉萬里, 至于遼東. 繼而審識天時人事, 率領我輩, 幷金·復·海·盖土地人民, 歸附我大明聖朝, 已受爵賞. 今被奸人謀殺, 何不用心戮力, 以雪讐恨.

1 於是, 歃血同盟, 共推張良佐·房暠, 承權衛事, 以固人心. 隨整㊱馬步官軍, 擒捕逆賊洪保保等. 去後, 除臨陣殺死外, 本賊敗潰, 乘亂逃遁. 擒到叛賊洪平章下㊲軍人, 俱說. "洪平章·馬平章, 送了俺一寨子人性命."㊳ 本衛首目㊴·軍士憤怒, 欲要擒捉. 當有㊵同謀首賊馬平章, 引領男壻幷伴倘, 將齎僞榜㊶, 擅惑人衆, 結聚群黨, 乘亂鬨搶㊷. 大營㊸督兵, 向前相殺, 不伏擒捉㊹, 以致軍人亂鎗扎死㊺. 及於本賊房內, 搜出號樣一紙㊻, 又有僞榜二道. 於上諺[3]寫, "國公平章洪光祿·平章馬榮祿, 與司徒平章八丹·知院僧兒·兀魯思·伯台台·院使㊼璋保和尙等同謀, 定計殺害" 字樣㊽. 隨將上項, 同謀賊人八丹, 幷內應反叛賊人塔失帖木兒等, 俱各擒獲, 取訖各各

2) 『吏文』의 모든 판본에는 內 있음. 『吏文輯覽』에는 內 없음.

3) 想白J에는 諺, 나머지 판본에는 該. 내용상 '該'가 맞음.

略節招詞㊾. 除將賊人八丹・僧兒・璋保和尙・兀魯思・伯台台・塔失帖木兒・華嚴奴, 行枷杻手㊿, 責令(51)前原斷事官劉鐸, 押管呈解(52), 及懇請朝廷差來斷事官吳, 停驛(53)綜理(54)事務, 以安人心, 具呈中書省・大都督府, 照詳添發軍馬, 前來策應(55)外, 合行具呈, 伏乞高麗國王, 照詳施行. 須至呈者.

1 右謹具呈

1 洪武四年五月日

이문 집람

① 承權官: 卽權任官.
즉 '權任官'[임시로 직무를 맡은 관리]이다.

② 箚付: 大槩與照會同, 但上司行所屬衙門居多. 如五軍都督府行經歷司, 都察院行御史道, 六部行各淸吏司之類.
대개 照會와 같은데 다만 上司에서 소속 아문에 행이할 때에 많이 사용한다. 五軍都督府에서 經歷司에, 都察院에서 御史道에, 六部에서 각 淸吏司에 행이하는 경우가 그러하다.

③ 回據黃儔等報說: 黃儔等回來之後, 據其報說也.
"黃儔 등이 돌아온 후, 그 보고하여 말한 것을 받았다"는 뜻이다.

④ 迤北草地: 迤北, 謂迤邐向北也. 草地, 謂不知地名, 只有荒草之地也.
'迤北'은 "줄지어서 북쪽을 향하다"라는 뜻이다. '草地'는 그 지명을 알 수 없고 단지 황량한 풀밭만 있는 땅을 말한다.

⑤ 曹國公忠勤伯: 大明官制, 設公侯伯三爵, 皆正一品. 必有勳功, 然後授之.
大明의 官制에 公・侯・伯의 세 爵位를 두었는데, 모두 정1품이다. 반드시 공훈이 있은 연후에 수여하였다.

⑥ 御史臺: 國初置御史臺, 後改爲都察院.
(明의) 國初에 御史臺를 두었는데, 나중에 고쳐서 都察院으로 하였다.

⑦ 起居注: 官名, 卽今翰林院官.

官名이다. 즉 지금의 翰林院官이다.

⑧ 給事中: 卽六科給事中也. 各科俱有都給事中, 皆正七品, 左右給事中, 皆從七品, 給事中, 皆正九品.

즉 六科 給事中이다. 각 科에는 모두 都給事中이 있는데 모두 정7품이고, 左右給事中은 모두 종7품이고, 給事中은 모두 정9품이다.

⑨ 侍儀衛: 今鴻臚寺.

지금의 鴻臚寺이다.

⑩ 他部下的: 他, 彼也, 其也. 部下, 管下也.

'他'는 '彼'[그]이고, '其'[그]이다. '部下'는 '管下'[관하]이다.

⑪ 取勘: 言取其磨勘也.

"그 磨勘[관원의 근무 평가서]을 취하다"는 뜻이다.

⑫ 開申: 開, 謂開列而書也. 申, 見上.

'開'는 "開列하여 쓰다"를 말한다. '申'은 앞을 보라.

⑬ 承此: 凡受箚・帖・照會者, 例曰承此, 亦曰奉此.

무릇 箚付・帖・照會를 받을 때 일반적으로 '承此'라고 표시하고, 또는 '奉此'라고도 한다.

⑭ 俵賞: 俵, 散也.

'俵'는 '散'[나누다]이다.

⑮ 給賞過: 凡已施行之事, 例用過字. 奏過・啓過, 皆倣此.

무릇 이미 시행한 일에는 일반적으로 '過'자를 쓴다. '奏過'[奏하였다]・'啓過'[啓하였다]가 모두 이를 따른다.

⑯ 懷遠: 元朝有懷遠將軍職事, 今仍. 盖劉益嘗爲懷遠將軍.

元朝에 懷遠將軍이라는 직사가 있었는데, 지금도 그대로이다. 아마 劉益이 일찍이 懷遠將軍이었을 것이다.

⑰ 欽依: 欽依, 有兩義, 此謂下人欽遵也. 皇帝允准之事, 亦曰欽依.

'欽依'에는 두 가지 의미가 있는데, 여기서는 "아랫사람이 (황제의 뜻을) 삼가 준행한다"는 뜻이다. 皇帝가 윤허한 일 또한 '欽依'라고 한다.

⑱ 了當: 事之已整齊者, 例曰了當. 猶言了畢其事, 歸於合當也.

일이 이미 가지런히 정리된 것을 일반적으로 '了當'이라고 한다. 즉 "이미 그 일을 마쳐 합당하게 되었다"는 뜻이다.

⑲ 攢造: 攢, 聚也. 謂類聚而造冊也.

‘攢’은 ‘聚’[모으다]이다. “類聚하여[분류별로 모아서] 책을 만들다”는 말이다.

⑳ 當月: 猶言其月・本月也. 他倣此.

‘其月’[그달]・‘本月’[이달]을 말한다. 다른 것도 이를 따른다.

㉑ 元引伴當: 謂當初率行之伴當也.

당초에 데리고 갔던 ‘伴當’[하인]을 말한다.

㉒ 帶傷回營: 帶其傷處, 而回到本營也.

“상처를 입고 本營으로 돌아왔다”이다.

㉓ 有官人: 官人, 指劉益也.

‘官人’은 劉益을 가리킨다.

㉔ 草房坐地間: 草房, 草家也. 華人總稱大小家舍, 皆曰房, 地與的同, 語辭.

‘草房’은 草家이다. 華人[중국인]은 크고 작은 집을 총칭하여 모두 ‘房’이라 하는데, ‘地’는 ‘的’과 같으며, 語辭이다.

㉕ 不期: 猶言不意也.

“뜻하지 않게”[혹은 “갑자기”]라는 뜻이다.

㉖ 抱住: 謂抱持而留住也.

“붙잡아서 머물게 하다”는 뜻이다.

㉗ 砍傷命盡: 砍, 斫也. 謂斫傷命絶也.

‘砍’은 ‘斫’[베다]이다. “베어서 상처를 입혀 목숨을 끊다”는 뜻이다.

㉘ 根隨: 根與跟同. 亦隨行之意.

‘根’은 ‘跟’과 같다. 역시 隨行한다는 뜻이다.

㉙ 跳寨: 跳, 越也. 寨, 木城也.

‘跳’는 越[넘다]이다. ‘寨’는 木城[나무로 만든 울타리]이다.

㉚ 逃命: 避其死命也.

죽을 뻔한 상황에서 도망쳤다는 뜻이다.

㉛ 副樞: 官名.

관명이다.

㉜ 張得峪: 峪, 音欲.

‘峪’의 음은 ‘欲’[욕]이다.

㉝ 廉訪僉事: 官名.

관명이다.

㉞ 同僉: 官名.

관명이다.

㉟ 咱弟兄每: 咱, 音자, 我也. 弟兄, 儕輩相尊親之語. 每, 平聲, 猶等也.
'咱'의 音은 [자]이며, '我'[우리]이다. '弟兄'은 같은 무리가 서로 존중하며 친밀함을 나타내는 말이다. '每'는 平聲으로 '等'[들]과 같다.

㊱ 隨整: 隨卽也.
'隨卽'[곧바로]이다.

㊲ 洪平章下: 平章, 官名. 洪平章, 卽洪保保也. 下, 卽部下也.
'平章'은 관명이다. '洪平章'은 즉 洪保保이다. '下'는 즉 部下이다.

㊳ 送了俺一寨子人性命: 俺, 我也. 言送我一寨人性命于事也.
'俺'은 '我'[우리]이다. "우리 한 城寨의 사람들의 생명을 죽음으로 몰았다"는 뜻이다.

㊴ 首目: 猶言頭目.
'頭目'과 같다.

㊵ 當有: 當卽也.
'當卽'[곧바로]이다.

㊶ 僞榜: 叛賊之榜, 故云僞榜.
叛賊의 방이므로 따라서 '僞榜'[거짓 방]이라고 한 것이다.

㊷ 鬨搶: 言相戰而槍刺也.
"서로 싸우며 창으로 찌르다"는 뜻이다.

㊸ 大營: 卽劉益本營也.
즉 劉益의 본영이다.

㊹ 不伏擒捉: 不肯順服於擒捉也.
체포하는 데에 순순히 항복하지 않는다는 뜻이다.

㊺ 扎死: 扎, 刺也.
'扎'은 '刺'[찌르다]이다.

㊻ 號樣一紙: 號樣, 謂僭號字樣也. 一紙, 一張也, 凡文書一張, 必稱一紙.
'號樣'은 참월한 호칭의 문서이다. '一紙'는 한 장으로, 무릇 문서 한 장을 반드시 '一紙'라고 칭한다.

㊼ 院使: 元朝官名, 今仍. 階正五品.
元朝의 관명으로 지금도 그대로이다. 품계는 정5품이다.

㊽ 字樣: 所書文字之體樣也.
쓰여 있는 문자의 문체와 양식이다.

㊾ 取訖各各略節招詞: 取其各人大略招辭也.

그 각각의 대략적인 招辭를 취했다는 것이다.

㊿ 行枷杻手: 械在首曰枷, 在手曰杻. 行枷, 鄕語云行次枷也.

刑器로서 머리에 씌우는 것을 '枷'[칼]이라고 하고, 손에 채우는 것을 '杻'[수갑]이라고 한다. '行枷'[칼을 씌우다]를 鄕語로는 '行次枷'[枷를 행차하다]라고 한다.

51 責令: 責, 鄕言당부햐다.

'責'은 鄕言으로 '당부햐다'이다.

52 押管呈解: 押管, 猶押領也. 呈解, 呈文解送也.

'押管'은 '押領'[압송하다]와 같다. '呈解'는 "정문으로 해송하다"이다.

53 停驛: 止其行驛而留住也.

그가 역참을 다니는 것을 멈추게 하여 머물러 있게 하는 것이다.

54 綜理: 綜核治理也.

속속들이 따져 다스리는 것이다.

55 策應: 設策應援也.

대책을 세워 응원하는 것이다.

前原平章洪寶寶悖逆咨

번역문

1 遼東衛指揮使司 承權官 張良佐・房暠[1](가 정문을 올립니다.)

1 살피건대 최근에 中書省의 箚付를[2] 받았습니다.

2 살피건대 최근의 招諭에 관한 일로 그 내용은 다음과 같다.

2 前元[3] 和州萬戶 黃儔 등이 遼陽 지방에 가서 知院[4] 納哈出[5]

---

1) 張良佐・房暠는 원대 遼陽行省의 右丞과 左丞으로, 즉 平章 劉益의 부하였다. 문서의 내용에 서술되어 있듯이 劉益이 귀순한 직후 洪保保 등에게 살해당하자 무리를 모아 이를 퇴치하고, 임시로 遼東衛의 업무를 계승하여 명 조정에 관련 사실을 보고하였다. 이와 관련된 사실은 『明太祖實錄』 권66, 홍무 4년 6월 壬寅에 자세히 기술되어 있다. 이 보고를 접한 홍무제는 두 사람을 遼東衛指揮僉事로 임명하여 임시로 요동 지역의 방비를 담당하게 하였다.

2) 箚付: 『吏文輯覽』의 설명과 같이 箚付는 하행문서의 일종으로, 照會가 통속관계과 없는 아문 사이에서 상급 아문이 하급 아문에 보내는 문서식으로 쓰였던 데에 비해 箚付는 상위관청에서 소속아문에 행이할 때에 주로 사용되었다. 『吏文輯覽』에서 예로 들고 있는 五軍都督府와 經歷司의 관계, 都察院과 御史臺의 관계, 六部와 淸吏司의 관계가 모두 통속 관계이다. 箚付를 비롯한 명대 공문서의 행이체식은 홍무 14년에 제정・반포된 『洪武禮制』의 「行移體式」 항목에 매우 상세하게 규정되어 있다.

3) 원문의 原은 元으로, 朱元璋의 이름 글자를 피휘한 것이다.

4) 知院: 元代 遼陽行樞密院의 知樞密院事를 가리킨다.

5) 納哈出[나하추]: 몽골제국 건국공신인 무칼리[木華黎]의 후손으로, 무칼리가 칭기스칸으로부터 興安嶺 방면의 鎭撫로 임명된 이후 대대로 요동방면의 지배를 맡아왔다. 1362년부터는 瀋陽을 근거로 하여 遼陽行省 丞相으로서 고려의 동북면에도 침입하는 등, 원말의 정세에서 요동의 가장 유력한 실력자로 부상하였다. 명 건국 이후에도 오랫동안 세력을 유지하여, 1373

등 관원을 효유하였다. 그 후 홍무 4년(1371, 고려 공민왕 20) 2월 20일에 돌아왔는데, 黃儔 등의 보고를 받았다.

3 納哈出은 이미 이북의 초지로 가버렸습니다. 中路에 得利嬴城이 있는데, 平章 劉益이 金·復·海·蓋 네 곳의 성[6]을 가지고 귀부하고자 右丞 董遵·僉院 楊允賢을[7] 차정하여 표문과 공헌할 마필을 가지고 京師로 가서 朝覲한다고 합니다.[8]

2 홍무 4년 2월 20일, 左都督 曹國公[9]·中書省右丞相 忠勤伯[10]·

년에는 요동진출을 위한 명군의 보급기지이던 牛家莊을 공격하여 군량 10여만 석을 불태워, 명의 요동진출을 저지하기도 하였다. 1387년 명에 귀부하여 海西侯로 책봉되었고, 이후 雲南 정벌에 나섰다가 병사하였다. 그의 행적은 『國初群雄事略』 권12, 「海西侯納哈出」에 자세히 전해지며, 『明史』에도 立傳되어 있다(『明史』 권129, 列傳17, 納哈出). 그의 활동과 요동의 정세에 대해서는 和田清, 「明初の滿洲經略」, 『東亞史研究』(滿洲篇), 東洋文庫, 1955, 268~282쪽 및 尹銀淑, 「나가추의 활동과 14세기말 동아시아 政勢」, 『明清史研究』 28, 2007 참조.

6) 金州·復州·海州·盖州의 위치 및 지정학적 성격에 대해서는 이문 2-2 ＜前原平章劉益投順中書省咨＞의 해당 항목을 참조.

7) 『明太祖實錄』에는 그 人名을 '楊賢'으로 기록하고 있다.

8) 『明太祖實錄』 권61, 홍무 4년 2월 壬午 條에 劉益이 귀순한 사실이 전한다. 『明太祖實錄』의 기사에 근거하여 당시의 遼東 정세를 살펴보면, 遼陽行省의 원의 舊將이었던 高家奴는 老鴉山에, 劉益은 蓋州의 得利嬴城에 근거하여 서로 응원하면서 金州-復州-蓋州에 이르는 방어선을 구축하고 요동을 차지하던 상황이었다.

9) 曹國公: 李文忠. 字는 思本으로 明太祖의 누이와 李貞攜 사이의 아들이다. 어려서 전란 틈에 부모가 죽자 朱元璋이 거두어들여 양자로 삼고 賜姓하여 朱文忠이라고 하였다. 주원장 세력의 起兵 초기 많은 戰功을 세웠다. 홍무 원년에는 李氏로 復姓되었고, 홍무 3년에는 北元 정벌 후 개선하여 曹國公에 봉해졌다. 홍무 17년(1384) 46세로 사망하였다. 岐陽王으로 追封되었으며, 시호는 武靖이었다. 太廟에 配享되었는데, 그 위계가 제3위였다. 『明史』 권126, 列傳14, 李文忠 참조.

10) 忠勤伯: 汪廣洋. 字는 朝宗으로 高郵 출신이다. 朱元璋이 南京을 점령한 직후 불러들여 사환하였으며, 주로 中書省 관료로서 활약하였다. 洪武 3년(1370)에 忠勤伯에 봉해졌다(『明太祖實錄』 권58, 洪武 3년 11월 乙卯). 홍무 11년 12월, 海南島로 추방되었는데, 뒤따라간 勅使에 의해 주륙되었다.

胡 左丞[11]·左司 孫 郎中·右司 呂 郎中이 御史臺[12]·六部의 관원·起居注[13]·給事中[14]·侍儀衛指揮 등 관원과 함께 奉天

『明史』 권127, 列傳15, 汪廣洋 참조.

11) 胡 左丞: 左丞 胡惟庸. 淮西 定遠 출신으로, 李善長의 뒤를 이어 주원장 정권에서 강남 지주관료계층의 수장이 되었다. 中書省의 관료로 오랫동안 활동하였으며, 특히 홍무 6년 이후 중서성의 전권을 장악하면서부터 막강한 재상권으로 황제권을 위협할 정도가 되었다. 홍무 13년에 이른바 '胡惟庸의 獄'으로 그를 비롯하여 淮西 관료집단은 물론 기병 이래의 功臣, 宿將들이 대거 숙청되었다. 그런 의미에서 '胡惟庸의 獄'을 계기로 명의 皇帝專制體制가 완전히 성립된 것으로 파악되기도 한다(山根行夫, 「明太祖政權の確立期について — 制度史的側面にみた」, 『史論』 13, 1965). 胡惟庸의 獄에 대해서는 오함 저, 박원호 역, 「통치계급의 내부모순」, 『주원장전』, 지식산업사, 2003 및 吴含, 「胡惟庸档案考」, 『燕京学报』 15期, 1934; 檀上寛, 「明王朝成立期の軌跡 －洪武朝の疑獄事件と京師問題をめぐって－」, 『明朝專制支配の史的構造』, 汲古書院, 1995 참조.

12) 御史臺: 御史臺는 감찰의 업무를 맡는 기관으로, 원대의 관제를 모방하여 朱元璋이 吳王에 즉위했던 1364년에 설치하였다. 이후 胡惟庸의 獄을 계기로 中書省이 폐지되는 등 중앙관제가 크게 개변될 때에 御史臺도 혁파되고, 그 업무는 都察院이 계승하게 되었다. 명초의 관제 개편에 대해서는 山根行夫, 「明太祖政權の確立期について — 制度史的側面にみた」, 『史論』 13, 1965; 萩原淳平, 「明朝の政治體制」, 『京都大學文學部硏究紀要』 11, 1967 등의 논고를 참조.

13) 起居注: 起居注는 史官職으로서 황제 주변의 일을 기록하는 업무와 황제에 대한 간쟁과 봉박을 담당한 諫官의 역할을 담당하였다. 給事中과 함께 1364년 처음 설치되었다(『明太祖實錄』 권14, 甲辰年 3월 丁卯). 吳 元年(1367) 관질은 정5품으로 정해졌다가, 洪武 4년 정7품, 6년에는 종6품으로 변경되었다. 홍무 14년 혁파되어 이후 萬曆 연간까지는 翰林院官이 그 업무를 담당하였다. 『明史』 권73, 職官志2, 翰林院 참조.

14) 給事中: 給事中은 六科의 관리로, 六科는 皇帝를 侍從하며 六部의 업무를 분장하여 자문에 응하고 처결을 전달하는 역할, 즉 皇帝와 六部 사이의 매개 역할을 담당하였다. 특히 황제와의 문서행이과정을 매개하였는데, 내외의 아문에서 상신되는 奏本과 題本은 모두 六科를 거쳐 奏達되었으며, 그 가운데 六部의 업무와 관계되는 것은 六科에서 해당 部에 抄出하여 전달하였다. 給事中은 起居注와 함께 건국 전인 1364년부터 설치되었는데, 처음에는 六科로 나뉘지 않았다가 洪武 6年(1373)에 이르러 六科로 업무를 分掌하고 각 科 마다 급사중 2人씩 총 12人을 두었다. 『明史』 권74, 職官志

門에서 奏聞하고 삼가 성지를 받들었다.

3 遼東衛指揮使司를 개설하고 前平章 劉益으로 하여금 指揮使同知를 맡게 하라. 너희[15] 中書省에서 印信을 주조해주고, 誥命을 내려주라. 그 관하의 頭目[16]은 자세히 갖추어 보고하라.

2 都省에서는 誥命・印信을 大都督府 斷事官 吳立에게 맡겨 보내어 내려주니, 바라건대 황제의 뜻을 받들어 衙門을 개설하고, 부임하여 사무를 맡아 보라. 도임 일자와 아울러 그 부하 두목들의 職事에 대한 근무 평가를 취하여 자세히 갖추어 적어 申으로 보고하라.[17]

1 이를 받고,[18] 또 中書省의 箚付를 받았습니다.

2 삼가 聖旨를 받들었다.

3 平章 劉益이 이미 귀부하였으니 중서성은 즉시 段子 500필을 주어 斷事官 吳立을 차정하여 원래 차정되었던 黃儔・王哈剌不花와 함께 보내 劉益에게 상으로 주라. 그 관하의 두

3, 吏戶禮兵刑工六科 참조.

15) 원문의 '恁'은 '너'라는 뜻으로 2인칭을 직접 가리키는 명대 백화문의 독특한 단어이다.

16) 頭目: 이 문서에서 쓰인 頭目이란 정식 관직명을 일컫는 것은 아니지만 首長의 부하들 가운데서 일정 정도의 지위를 갖춘 인물들을 지칭하는 듯하다. 다른 용례를 찾아보면 『高麗史節要』 권20, 忠烈王 5년 5월, 압록강 안쪽에 伊里干[국왕과 公主가 元에 入朝할 때에 供役을 담당하는 民戶 집단] 설치를 논의하는 내용 중에서 "刷各道富民二百戶徙居之, 擇副戶長別將等, 爲之頭目, 各管五十人"이라 하여, 특정 집단 내에서 副戶長・別將 등 일정 정도의 지위에 있는 자를 '頭目'이라고 통칭했음을 엿볼 수 있다.

17) 開申: 『吏文輯覽』에서는 '開'를 '開列'이라고 해설하였다. 開列은 목록을 나열하여 작성하는 것을 말한다. 이 경우에는 관원을 임명할 때, 인사담당 부서에서 이름을 나열하여 적은 후 임명권자[국왕, 혹은 황제]에게 보이는 것을 말한다.

18) 承此: 承此는 箚付・照會 등 하행문서를 받았을 때, 즉 下司에서 上司의 명령문서를 접수했음을 뜻하는 말이다. 상행문서를 받았을 때에는 '據此', 평행문서를 받았을 때에는 '得此'를 쓰는 것이 일반적이다.

목들은 劉益이 段子를 등급을 헤아려 나눠주어 포상하라.

2 都省에서는 段子 500匹을 차임된 斷事官 吳立과 아울러 黃儔 등에게 책임을 지워 지급하여 가지고 가게 하니, 바라건대 황제의 뜻에 따라 시행하라. 상을 나누어준 대상의 이름과 수량을 갖추어 呈文으로 보고하라.

1 이를 받고, 또 大都督府의 箚付를 받았는데 역시 이에 대한 일이었습니다.

1 本衛의 同知 劉 懷遠이 황제의 뜻을 받들어 올해 4월 초3일 임시로 得利嬴城에 衙門을 개설하였습니다. 황제께서 하사하신 段匹은 차정되어 온 관원과 함께 한 명씩 이름을 불러 그 등급을 헤아려 모두 나누어 주었습니다. 軍馬와 관련된 文册을 모아 만들고 있던 가운데, 그 달 21일 辰時에 本衛의 同知 劉 懷遠이 일 부리는 人員을 이끌고 營을 나서서 洪 平章[19]의 처소로 병문안을 하러 갔습니다. 곧이어 (유익이) 원래 데리고 갔던 伴當 黃聚가 상처를 입고 營으로 돌아와서 보고하였습니다.

2 官人[劉益]께서 洪 平章 댁 북쪽 草家에 도착하여 앉아 있던 사이에, 갑자기 洪 平章이 그 사위 京家奴와 조카 答蘭帖木兒, 頭目 金完者帖木兒, 汪伯 등 20여 명을 숨겨두었다가 집 뒤에서 돌입하여 官人을 붙잡아두고 각자 어지러이 칼을 쓰고 베어 상처를 입히고 살해했습니다. 그리고 시종인과[20] 하인[21]

---

19) 洪 平章: 洪保保. 원 말에 遼陽行省 平章政事에 임명되었다. 원 말의 정세에서 고려와도 자주 접촉했던 것으로 보이는데, 1368년 1월 明이 아직 大都를 점령하기 이전에 고려에 사신을 보내어 명의 兵勢가 강성하므로 방비에 힘쓸 것을 당부하기도 하였다. 『高麗史』 권41, 恭愍王 17년 1월 戊子.

20) 根隨: 『吏文輯覽』에서는 '跟隨'와 같다고 해설하였다. 跟隨는 "사람의 뒤를 따라가다"는 뜻에서 비롯되어, 수행원이라는 일반명사로 쓰인다. 조선시대에 根隨・跟隨는 일반적으로 跟隨奴를 가리키는 것으로, 조정에서 고위관료 개인에게 지급하여 배속시키는 수행원을 가리킨다. 『經國大典』 권5,

何禮・黃忠 등도 모두 죽였습니다. 저희는 울타리를 넘어 달아나 살아서 돌아왔습니다.[22)]

1 이를 받고, 곧바로 前元 右丞[23)] 張良佐・文從古・董遵・左丞 房暠・彭敏・鎖南・樞密同知 信童・參政 黃俊・張革・李德・副樞 焦隅・薛順・楊權・趙德・韓熙・張得山・呂岩・張得峪・相虎・周時・沈溥・李禎・廉訪僉事[24)] 李戊・僉院 劉陽・朱彬・楊鐸・梁成武・徹徹禿・楊允賢・趙企賢・撒列不花・鄭敏道・同僉 員得成・肖克敏・都事 劉士傑 등 대소 將士들이 분개하여 각기 말하였습니다.

2 우리 형제들이[25)] 平章을 따라 전쟁터를 다닌 지 십수여 년에

刑典,「根隨」 및 「諸司差備奴根隨奴定額」항에는 관품에 따른 根隨의 定額이 규정되어 있다. 그러나 본 문서에 쓰인 根隨는 이러한 법제적 신분으로서의 그것이 아니라 단지 '수행원'이라는 의미이 일반명사로서 쓰인 것으로 보인다.

21) 伴倘: 伴當과 같으며, '하인'이라는 뜻으로 해석될 수 있다. 조선시대에 伴倘은 원래 宗親, 儀賓, 功臣, 宰相 등에게 분급되어 이들의 사환이나 扈從人 같은 역할을 수행하던 力役의 일종으로, 각기 일정한 수가 규정되어 있었고, 遞兒職을 받고 祿俸도 지급받는 軍卒이었다(『經國大典』 권4, 兵典, 「伴倘」). 그러나 여기서는 根隨와 마찬가지로 법제적 신분을 가리키는 것으로 보기는 어려우며, 劉益과 사적이고 개별적으로 관계를 맺고 있는 私屬人 정도로 보는 것이 타당할 것이다.

22) 洪保保 등이 劉益을 살해한 사실은 『明太祖實錄』 권65, 홍무 4년 5월 丙寅 條에도 전해진다.

23) 右丞: 前元 遼陽行省의 관직 가운데 右丞을 가리키는 듯하다. 이하 등장하는 관직명도 동일한 것으로 보인다. 예컨대 樞密同知는 遼陽行樞密院의 同知樞密院使, 參政은 遼陽行中書省의 參知政事, 副樞는 遼陽行樞密院의 副樞密院使를 각각 가리키는 것으로 보인다.

24) 廉訪僉事: 廉訪司는 肅政廉訪司의 약칭으로 元代 지방 監察과 勸農 등의 사무를 관장하는 官署이다. 元 世祖 至元 초년에 지방감찰기구로 提刑按察司가 설치되었다가 지원 28년(1291) 肅政廉訪司로 고쳐졌다. 行御史臺의 하위에 편제되어 行中書省과는 별도의 지휘계통에 따라 운영되었다. 僉事는 肅政廉訪司의 관직으로 관질은 정5품이다. 『元史』 권86, 百官志2, 肅政廉訪司 참조.

만 리를 거쳐 돌아다니다가 遼東에 이르렀다. 계속해서 天時와 人事를 살피어서 우리 무리와 아울러 金州·復州·海州·盖州의 土地와 人民을 거느리고 우리 大明 聖朝에 귀부하여 이미 爵과 賞을 받았다. 지금 奸人에게 모해를 입어 살해당하였으니, 어찌 마음을 쓰고 힘을 다하여 원수의 한을 풀지 않겠는가.

1 이에 피를 마시며 함께 맹세하고, 모두 張良佐·房暠를 추대하여 衛의 일을 임시로 맡게 하고 인심을 굳게 하였습니다. 곧 馬步官軍을 정비하여 역적 洪保保 등을 잡으러 갔습니다. 그 후에 싸움에 임하여 적을 베었더니, 이 賊이 패배하여 무너지고 어지러운 틈을 타 달아났습니다. 반적 洪 平章의 부하 군인들을 사로잡았는데, 다들 이렇게 말하였습니다. "洪 平章·馬 平章이 우리 寨 사람들의 性命을 죽음으로 내몰았습니다." 本衛의 수령과 軍士들이 분노하여 (洪 平章·馬 平章을) 사로잡고자 하였습니다. 곧 공모한 적의 수괴 馬 平章이 아들과 사위 그리고 하인들을 이끌고 거짓 榜文을 가지고 와서 멋대로 사람들을 현혹하여 무리를 모아 난을 틈타서 서로 싸우고 소란을 피웠습니다. 大營에서 병사들을 독려하여 나아가 죽였는데, (적들이) 체포하는 데에 순순히 응하지 않았기에 군인들이 어지러이 창을 찔러 죽이기에 이르게 되었습니다. 이 적의 집안에 이르러 참월한 호칭이 쓰인 한 장의 종이를 찾았으며, 또 거짓 방문 두 통이 있었습니다. 그 내용에,[26] "國公 平章 洪 光祿[27]·平章 馬 榮祿[28]이 司徒 平章 八

25) 咱弟兄每: '每'는 '些'와 함께 복수를 나타내는 접미사로 쓰인다.

26) 想白J에는 諺, 나머지 판본에는 該로 기록되어 있다. 내용상 '該'로 보아, "그 내용에"로 해석하였다.

27) 國公 平章 洪 光祿: 洪保保를 가리키는 것으로, 國公은 정2품의 勳爵을, 平章은 관직인 遼陽行省 平章政事를, 光祿은 文散階로서 종1품의 光祿大夫를 의미하는 것으로 보인다. 『元史』 권91, 百官志7, 勳爵 및 散官 文散官 참조.

丹・知院 僧兒・兀魯思・伯台台・院使 璋保和尙 등과 더불어 함께 모의하여 살해하기로 계책을 세웠다”라는 글자가 쓰여 있었습니다. 곧바로 위에 언급된 함께 모의한 賊人 八丹과 내응하여 모반한 賊人 塔失帖木兒 등을 모두 각각 사로잡아 각각의 대략적인 招詞를 작성했습니다. 賊人 八丹・僧兒・璋保和尙・兀魯思・伯台台・塔失帖木兒, 華嚴奴에게 칼과 수갑을 채워 前元 斷事官 劉鐸을 시켜 압령하여 呈文과 함께 解送하게 하고, 조정에서 차정되어 온 斷事官 吳立에게 역에 머물면서 事務를 두루 처리함으로써 인심을 안정시키도록 간청하였으며, 中書省과 大都督府[29]에 呈을 올려 잘 살피어 軍馬를 추가로 일으켜 보내 대응토록 하는 외에, 마땅히 呈을 보내니, 엎드려 바라건대 高麗國王께서는 잘 살피시기 바랍니다. 須至呈者.

1 右謹具呈

1 洪武 4년(1371, 고려 공민왕 20) 5월 일[30]

---

28) 馬 榮祿: 『明太祖實錄』에는 그의 인명이 馬彦翬라고 기록되어 있다(『明太祖實錄』 권65, 홍무 4년 5월 丙寅 등). 榮祿이란 文散階로서 종1품의 榮祿大夫이다.

29) 大都督府: 명초의 최고 군사기관. 주원장 집단이 起兵한 이후 최초로 설치한 군무기관은 樞密院으로 원의 관제를 답습한 것이었다. 1361년에 추밀원을 大都督府로 변경하였다(『明太祖實錄』 권9, 辛丑年 3월 丁丑). 1364년에 대도독부의 관제를 확정하여 大都督을 종1품으로 삼았다(『明太祖實錄』 권14, 甲辰年 3월 戊辰). 다시 吳 元年에는 大都督을 폐지하고 左右都督을 정1품의 장관으로 삼았다(『明太祖實錄』 권27, 吳 元年 11월 乙酉). 이후로는 관제상에 큰 변화가 보이지 않다가, 홍무 13년(1380) 胡惟庸의 獄을 계기로 軍權이 한 곳에 집중되는 것을 피하고자 하여 大都督府를 폐지하고, 中・前・後・左・右의 五軍都督府로 나누어 전국의 군무를 맡도록 하였다. 『明史』 권76, 職官志5, 五軍都督府 참조. 大都督府의 연혁과 명초의 정치제도 개편에 대해서는 山根幸夫, 「明太祖政權の確立期について ― 制度史的側面にみた」, 『史論』 13, 1965 참조.

30) 『高麗史』에는 이 문서가 고려에 전달되었음을 전하는 기사가 보이지 않는다.

행문 과정

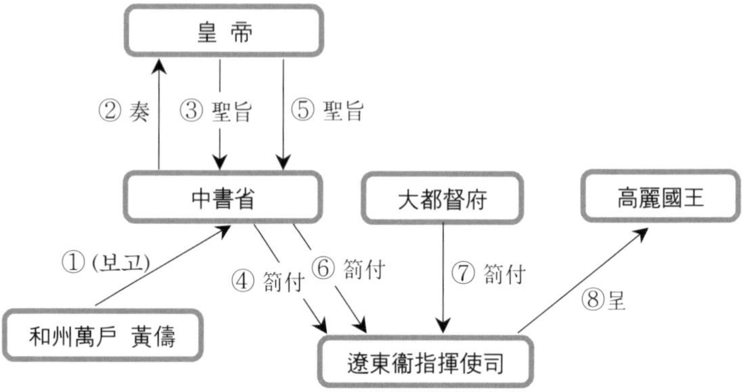

① 和州萬戶 黃儔가 中書省에 보고: 遼陽 일대를 효유하고 돌아와서 劉益이 귀부할 것임을 보고(홍무 4년 2월 20일).
② 中書省에서 皇帝에게 奏: 劉益의 귀부 사실 보고(홍무 4년 2월 20일).
③ 皇帝가 中書省에 聖旨: 遼東衛指揮使司를 개설할 것 지시(홍무 4년 2월 20일).
④ 中書省에서 劉益에게 箚付: 遼東衛指揮使司 개설 업무를 시행할 것 지시.
⑤ 皇帝가 中書省에 聖旨: 斷事官 吳立을 차정하여 劉益 등을 포상할 것 지시.
⑥ 中書省에서 劉益에게 箚付: 劉益 등을 포상.
⑦ 大都督府에서 劉益에게 箚付: ⑥과 같은 내용.
(홍무 4년 4월 3일, 遼東衛指揮使司 개설).
(홍무 4년 4월 21일, 劉益이 洪寶寶에 의해 살해됨).
(劉益 집단이 張良佐・房暠를 承權官으로 추대).
⑧ 遼東衛指揮使司 承權官 張良佐・房暠가 中書省・大都督府 및 高麗國王에 呈: 劉益이 살해된 사실 보고 (홍무 4년 5월).

洪寶寶軍馬聲息呈

발신일자　洪武 4년(恭愍王 20년, 1371) 7월
발신기관　遼東衛指揮使司
수신기관　高麗國王
서　　식　呈

■ 문서내용　요동의 지방관이 達達人 察罕이란 자를 체포하여 심문한 결과, 納哈出와 洪保保 등이 홍무 4년 7월 중에 남하하여 요동 일대를 공격할 것이라는 첩보를 입수하였다. 遼東衛指揮使司에서 이 보고를 접하고 고려에 문서를 보내 변방의 방비를 강화하여 대응할 것을 요구하는 내용이다.

原文

1 遼東衛指揮使司

1 准①閘河②守禦官彭敏關.③

2 據鎭撫司④呈.

3 備守把東門官⑤前經歷張文擧呈.

4 七月初三日日暮時, 却有今知名⑥達達察罕⑦, 獨自從東前來. 就盤問⑧得, 本人語言荒速, 不能隱諱, 說稱.

5 係是故洪院判軀男⑨. 因爲召安在逃洪賽因人等, 根隨脫里不花達魯花赤⑩, 齎榜到營東二百五十里地阿失呵寨⑪, 得見洪賽因. 當有脫里不花, 向洪賽因處, 說知召誘緣由, 本官不肯聽從. 除脫里不花落後, 隨卽使令察罕前來本營, 偸取本人幷洪賽因老少[1]⑫.

4 聽此所說，就將察罕捉拿赴官，呈乞照驗.

3 得此，就責得達達察罕狀招.

4 洪武四[2]年六月十四日，察罕根隨脫里不花達魯花赤，賫閘河守禦官文榜，前去召募洪賽因，就行根尋⑬本營被盜馬匹. 到於營東二百五十里地，阿失呵山寨，覩見洪賽因，引領裵千戶等男婦約有⑭一百餘口，聚集就彼，安營駐扎⑮. 當有脫里不花向洪賽因處言說.

5 如今，有閘河守禦官，差我賫榜召安恁每⑯來，也根尋⑰偸盜馬三疋.

4 道罷. 其洪賽因等，不肯聽從，亦不前來. 以此，脫里不花不曾回還，住至當月不記日期⑱，忽有迤北納哈出平章，差來使臣耨兒丁達魯花赤等三名，騎坐⑲馬疋，背夯宣匣⑳前來. 當有耨兒丁，向洪賽因等[3]處言說.

5 如今，國王丞相大尉平章，約會哈剌知院，幷洪保保，通撥軍馬四萬，往南來取劉平章營寨，多有海船物件，約定七月中軍馬動行. 不須要高平章軍馬，交他隄備，哨探㉑東邊高麗軍馬.

4 說罷. 有耨兒丁，與洪賽因約定.

5 七月初六[4]日回還，前去開元㉒丞相根前㉓，回話㉔.

4 道罷. 至當月二十七[5]日，有脫里不花，使令察罕幷不知名漢兒㉕男子四名，前來本營，偸取脫里不花幷洪賽因等老少. 當日後晌㉖時起程，到來斡[6]蘭寨，石百戶家內宿. 至七月初

---

1) 『吏文』의 모든 판본에는 少，『吏文輯覽』에는 小.

2) 想白J에는 四，想白I·奎古5700·前間本에는 肆.

3) 想白J·想白I·奎古5700에는 等 있음. 前間本에는 없음.

4) 想白J·奎古5700·前間本에는 六，想白I에는 陸.

5) 想白J·奎古5700에는 二十七，想白I·前間本에는 貳拾柒.

6) 想白J·想白I에는 斡，奎古5700·前間本에는 幹.

三[7]日早晨㉗，有石百戶，對察罕等處言說.

5 恁這㉘四[8]人回去. 則怕有人知覺㉙.

4 說罷. 有同伴不知名四[9]人回去. 察罕獨自於當日日暮時分，到來本營，以致把門官捉拿到官. 罪犯是實.

3 得此，備呈，照詳.

2 得此，除已整槊[10]㉚軍馬，嚴加備禦，及將犯人察罕，監收㉛聽候㉜外，關請照驗.

1 准此，除已移文各處守禦等官，整飭部伍，嚴加隄備，及差人出遠哨探，緩急另行㉝外，合行具呈，高麗國王照詳，乞賜多撥軍馬，於瀕江上下住扎，聲援㉞策應施行. 須至呈者.

1 右謹具呈

1 洪武四[11]年七月日

이문 집람

① 准: 凡同品衙門，受咨・關者，例稱准.
무릇 같은 관품의 아문들이 咨・關을 받은 것을 일반적으로 准이라고 한다.

② 閘河: 閘，音雜，字作牐. 是漕河兩岸作門，設版障水，待其水滿，開版以通舟船，此卽水門也. 今自通州潞河，至南京有之.

---

7) 想白J・奎古5700・前間本에는 三，想白I에는 參.
8) 想白J・奎古5700・前間本에는 四，想白I에는 肆.
9) 想白J・奎古5700에는 四，想白I・前間本에는 肆.
10) 『吏文』의 모든 판본에는 槊，『吏文輯覽』에는 搠.
11) 想白J・奎古5700에는 四，想白I・前間本에는 肆.

閘의 음은 '雜'[잡]이고, 글자로는 '牐'이다. 이는 漕河의 양안에 문을 만들어 版을 설치하여 물을 막았다가, 물이 가득 차기를 기다려 판을 열어서 배가 통하게 하는 것으로, 이는 곧 水門이다. 지금 通州 潞河에서 南京에 이르는 곳에 있다.

③ 關: 三品以下, 凡品級相同衙門, 相通之文也.

3품 이하의, 무릇 품급이 서로 같은 아문이 서로 주고받는 문서이다.

④ 鎭撫司: 都司及各衛, 皆有鎭撫司.

都司 및 각 衛에 모두 鎭撫司가 있다.

⑤ 守把東門官: 猶本國守門將之類.

본국의 守門將과 같은 부류이다.

⑥ 却有今知名: 却, 猶反也, 又與又字同義. 今知名, 謂前不知何人, 而今始知名也.

'却'은 '反'과 같고, 또 '又'자와 같은 뜻이다. '今知名'은 전에는 어떤 사람인지 몰랐는데 지금 비로소 이름을 알게 되었다는 것이다.

⑦ 達達察罕: 達達, 卽達子也, 察罕, 人名.

'達達'은 즉 '達子'[몽골인]이고, '察罕'은 인명이다.

⑧ 盤問得: 盤問, 謂再三審問也.

'盤問'은 "두 번, 세 번 심문하는 것"을 말한다.

⑨ 軀男: 軀, 與驅通, 謂家內使喚之人也. 女曰軀女.

'軀'는 '驅'[종]와 통하여, "집안에서 사환하는 사람"을 말한다. 여자는 '軀女'라고 한다.

⑩ 達魯花赤: 元時指使臣之稱.

원 때에 使臣을 가리키던 칭호이다.

⑪ 阿失呵寨: 寨名.

寨의 이름.

⑫ 老小: 家屬也.

家屬이다.

⑬ 根尋: 根, 與跟同. 言追蹤而推尋也.

'根'은 '跟'[따르다]과 같다. "자취를 좇아가서 推尋하다"는 것을 말한다.

⑭ 約有: 不能的知其數, 而擧其大略曰約.

그 수를 정확히 알 수 없어서 그 대략을 들 때 '約'이라고 한다.

⑮ 安營駐扎: 安, 安排也. 扎, 與紮通, 止也.

‘安’은 ‘安排’[병영을 배치하다]이다. ‘扎’은 ‘紮’[머무르다]과 통하여 ‘止’[머무르다]이다.

⑯ 恁每: 恁, 汝也.

‘恁’은 ‘汝’[너]이다.

⑰ 也根尋: 也, 又也.

‘也’는 ‘又’[또]이다.

⑱ 不記日期: 不能追記其日期也.

“그 날짜를 더듬어 기억할 수 없다”이다.

⑲ 騎坐: 卽騎也.

즉 ‘騎’[말을 타다]이다.

⑳ 背夯宣匣: 夯, 音向, 負荷也. 宣匣, 藏宣諭之匣也.

‘夯’의 음은 ‘向’[향]이며 ‘負荷’[짐을 지다]이다. ‘宣匣’은 “宣諭를 넣은 匣”이다.

㉑ 交他隄備哨探: 交, 與教同. 隄, 防也. 哨, 巡哨也. 哨有潛行探問之義. 凡行兵, 先鋒日前哨, 左右翼日左哨右哨, 與嘯字同.

‘交’는 ‘教’[시키다, ~하게 하다]와 같다. ‘隄’는 ‘防’[방어하다]이다. ‘哨’는 ‘巡哨’[순찰하며 망을 보다]이다. ‘哨’에는 “몰래 가서 탐문하다”는 뜻이 있다. 무릇 병사를 움직임에 先鋒을 ‘前哨’라고 하고, 左右翼을 ‘左哨右哨’라고 하니, ‘嘯’자와 같다.

㉒ 開元: 城名, 在二萬衛西門外. 今廢.

성채의 이름으로, 三萬衛의 西門 바깥에 있다. 지금은 폐지되었다.

㉓ 根前: 鄕言그앏픠.

鄕言의 ‘그 앏픠’[그 앞의]이다.

㉔ 回話: 回報所說也.

“말한 바를 돌아가서 보고하다”이다.

㉕ 漢兒: 卽漢人也.

즉 ‘漢人’이다.

㉖ 後晌: 午後也. 晌音尙, 上聲.

‘午後’이다. ‘晌’의 음은 ‘尙’[상]이며, 上聲이다.

㉗ 早晨: 早朝也.

“이른 아침”이다.

㉘ 恁這: 這, 此也.

'這'는 '此'[이: 지시대명사]이다.

㉙ 則怕有人知覺: 則, 與只同. 言但恐有人知覺也.

'則'은 '只'[다만]과 같다. "다만 다른 사람이 알아챌까 두렵다"는 것을 말한다.

㉚ 整搠: 搠, 音朔. 猶整齊之意.

'搠'의 음은 '朔'[삭]이다. '整齊'와 같은 뜻이다.

㉛ 監收: 監囚也.

"감시하며 가두다"이다.

㉜ 聽候: 謂待候而聽其教令也.

"기다렸다가 그 教令을 듣다"이다.

㉝ 另行: 另, 音令, 去聲. 別也.

'另'의 음은 '令'[령]으로 거성이다. '別'[별도]이다.

㉞ 聲援: 以聲勢救援也.

"聲勢로써 구원하다"이다.

洪寶寶軍馬聲息呈

번역문

1 遼東衛指揮使司[1](에서 정문을 올립니다.)

1 閘河 守禦官 彭敏의 關을 받았습니다.

2 鎭撫司[2]의 呈을 받았습니다.

3 東門을 파수하는 관원인 前經歷[3] 張文擧의 呈을 받았습니다.

4 7월 초3일 날이 저물 무렵, 이제야 비로소 이름을 알게

---

1) 遼東衛指揮使司: 1368년 주원장은 명을 세운 뒤, 중국을 중심으로 하는 중화질서를 회복하기 위해 요동지역을 중심으로 주변 여러 세력, 즉 고려·몽골·兀良哈 三衛 및 여진에 대한 다양한 대외정책을 전개하였다. 명은 요동 및 북방에 대한 통제권을 장악하기 위해 몽골에 대한 여러 차례의 정벌을 단행하고, 衛所제도를 통해 여진 및 올량합 삼위를 招撫하며, 조선을 견제하는 등의 정책을 성공적으로 수행하여, 동아시아의 중심국으로 역할을 수행할 수 있는 국가로서 자리잡고자 하였다. 그러나 원의 조정이 北走한 뒤에도 일부 北元 세력들은 서북과 요동지역에서 상당수의 군사력을 유지하면서 여전히 명을 위협하고 있었다. 서북과 甘肅지역에는 擴郭帖木兒가, 요동지역에는 劉益이, 遼陽에는 洪保保, 開原에는 也先不花, 金山에는 納哈出 등이 세력을 잡고 명의 변방을 위협하고 있었다. 이러한 세력들에 대해 철저한 통제정책을 내세웠던 명은 1371년에 요동을 초무하여 원의 요양행성을 접수하고, 이를 계기로 요동에 遼東衛指揮使司를 설치할 수 있었다. 이어서 1377년에는 요동 서남부에 遼東都司를 설치하면서 遼東衛指揮使司를 대체하게 하였다.

2) 鎭撫司: 명대 각 都指揮使司에 설치된 아문. 鎭撫司에는 정5품의 都鎭撫와 정6품의 副鎭撫가 설치되어 있었다. 『明史』 권76, 職官志5, 都司 참조.

3) 經歷: 명대 都指揮使司에 설치된 정6품의 관원. 『明史』 권76, 職官志5, 都司 참조.

된 達達[4)]사람 察罕이 홀로 동쪽으로부터 왔습니다. (그를) 심문하였더니, 그의 말이 거칠고 빨라 거리끼거나 감추지 못하고 다음과 같이 말하였습니다.

5 (저는) 옛 洪 院判[5)]의 軀男[종]입니다. 도망 중에 있는 洪賽因 등을 불러들이는 일로 脫里不花 達魯花赤[다루가치][6)]을 수행하여 榜文을 가지고 營의 동쪽 250리 되는 곳에 있는 阿失呵寨에 이르러 洪賽因을 만날 수 있었습니다. 그때 脫里不花가 洪賽因에게 그를 불러들이고자 하는 연유를 설명하여 알려주었으나, 本官[홍새인]이 따르려고 하지 않았습니다. 脫里不花는 뒤에 남아 있으면서 즉시 저[察罕]를 시켜 本營으로 가서 본인[脫里不花]

---

4) 達達: 族名으로 韃靼으로 표기하기도 하며, tatar의 音譯으로 몽골족을 가리키는 범칭으로 쓰인다. 唐代 중기에 '三十姓韃靼', '九姓韃靼' 등의 이름으로 처음 史書에 등장한다. 遼~金代에도 북변의 여러 유목민족의 범칭으로 쓰였는데, 특히 漠北의 蒙古部를 黑韃靼, 漠南의 汪古部를 白韃靼, 삼림지대의 수렵부락을 生韃靼, 동북지방에서 漁獵 생활을 하던 여진인을 水達達 등으로 불렀다. 元代에는 漠南・北의 몽골 諸部 및 몽골 본토를 達達울루스라고 칭하기도 했고, 당시 서방에서도 몽골 諸部 및 중국 북방의 여러 민족을 韃靼이라고 통칭하였다.

5) 院判: 前元 遼陽行省의 관직 가운데 院判을 가리키는 것으로 보인다. 院判은 遼陽行樞密院의 樞密院判事이다.

6) 達魯花赤: 元의 관직명으로 몽골어 daruqachi의 音譯이다. 그 의미는 鎭守官으로 漢譯으로는 '宣差'가 되며, 주로 정권 중앙에서 파견되어 각 영지의 민정 통치관, 행정장관으로서의 업무를 수행하는 관직을 지칭한다. 본래 '우두머리[頭目]'를 가리키는데 칭기스칸 18년에 처음 설치되었으며, 世祖 때 官制로서 정착되었다. 元代에는 지방의 각 路・府・州・縣 등에 宣撫司・總管府・萬戶府 등을 설치하고 각각에 다루가치를 두었는데, 모두 몽골인이 맡았다. 품계는 路의 總督, 府와 州의 尹, 縣의 令과 같았으나 실권은 동급의 관원보다 강했다. 중앙에도 다수의 행정기관과 군대 지휘기관에 모두 다루가치를 두어 일을 주관하게 했다. 至元 2년(1265)에 명확히 규정하기를, 각 路의 達魯花赤은 몽골인으로 충당하고, 漢人은 總管을 맡으며, 回回人이 同知를 맡는다고 하였다.

과 洪賽因의 가속을 몰래 데려오게 하였습니다.

4 이렇게 말하는 것을 듣고, 察罕을 사로잡아 관에 보내며 모을 올리니 잘 살피시기 바랍니다.

3 이를 받고, 곧바로 몽골인 察罕을 취조하여 공초장을 받았습니다.

4 洪武 4년(1371, 고려 공민왕 20) 6월 14일, 저[察罕]는 脫里不花 達魯花赤을 수행하여 鬧河 守禦官의 榜文을 가지고 洪賽因을 불러오러 갔으며, 가는 길에 또한 本營에서 도둑맞았던 마필을 찾고자 했습니다. 營의 동쪽 250리 되는 곳에 있는 阿失呵 산채에 이르러 洪賽因을 보았는데, 裴千戶 등 남녀 약 100여 口를 인솔하여 그곳에 모여 있으면서 兵營을 설치하여 주둔하고 있었습니다. 그때 脫里不花가 洪賽因에게 말하였습니다.

5 지금 鬧河 守禦官이 나를 보내어 榜文을 가지고 너희를 불러오게 하였고, 또 도둑맞은 말 3필을 찾아오게 하였다.

4 그러나 洪賽因 등은 따르려고 하지 않았으며, 또 오려고 하지도 않았습니다. 이 때문에 脫里不花는 일찍 돌아오지 못하고 이달 언제인가까지 머물러 있었는데 갑자기 북쪽의 納哈出[7] 平章이 차정하여 보낸 사신 耨兒丁 達魯花赤 등 3명이 말을 타고 宣諭[8]가 담긴 상자를 메고 왔습니다. 耨兒丁이 洪賽因 등에게 말하였습니다.

5 지금 國王 丞相 太尉 平章[9]이 哈剌 知院[10] 및 洪保保와

7) 納哈出: 나하추에 대해서는 이문 2-4 ＜前原平章洪寶寶悖逆咨＞의 해당 항목을 참조.

8) 宣諭: 일반적으로 皇帝의 말을 가리키며, 그것을 文書로 기록한 것을 지칭하기도 한다. 이 경우 北元 황제의 선유를 가리킨다.

회합하여 전체 軍馬 4만을 징발하여 남쪽으로 가서 劉 平章[11] 營寨에 있는 많은 海船과 물건을 취하기로 약속하고, 7월중 군마를 움직이기로 약정하였다. 高 平章[12]의 군마는 군이 필요하지 않으니 그로 하여금 방비를 갖추고 동쪽 高麗의 軍馬를 정탐하게 하도록 하라.

4 耨兒丁과 洪賽因이 약정하였습니다.

5 7월 초6일에 회환하겠으니 開元[13] 丞相에게 돌아가 전해주십시오.

4 이달 27일에 이르러 脫里不花가 察罕과 이름을 알지 못하는 漢人 남자 네 명을 시켜 본영으로 가서 脫里不花와 洪賽因 등의 家屬을 몰래 데려오게 하였습니다. 당일 오후에 길을 떠나 幹蘭寨에 이르러 石 百戶의 집에서 묵었습니다. 7월 초3일 이른 새벽에 이르러 石 百戶가 察罕 등에게 말

9) 國王 丞相 太尉 平章: 나하추를 가리킨다. 원은 北走하면서 당시 요동 일대에서 가장 강력한 군사력을 가지고 있었던 나하추에게 높은 지위의 관직을 계속 내려주었다. 順帝 토곤테무르가 大都를 떠나 北走하던 당시의 상황을 기록한 『北巡私記』에 따르면, 至正 28년(1368) 8월 7일에는 左丞相 失烈門이 죽자 遼陽行城 좌승상 也速不花를 中書左丞相으로 삼았고, 그 대신에 당시 平章이었던 나하추를 요양행성 좌승상으로 삼았다. 곧이어 8월 17일에는 나하추에게 다시 太尉의 직을 더해줬다. 劉佶, 「北巡私記」, 『明代蒙古漢籍史料匯編』 第一輯, 內蒙古大學出版社, 2006, 3쪽.

10) 哈剌 知院: 哈剌張. 『明太祖實錄』의 기록에 따르면 당시 瀋陽에 웅거해 있었다(『明太祖實錄』 권66, 홍무 4년 6월 壬寅). 知院은 元代 遼陽行樞密院의 知樞密院事를 가리킨다.

11) 劉 平章: 前 遼陽行省 平章政事 劉益. 平章은 元代 遼陽行省 平章政事를 말한다. 劉益에 대해서는 이문 2-3 <前原平章劉益投順中書省咨>를 참조.

12) 高 平章: 前 遼陽行省 平章政事 高家奴. 당시 遼陽에 웅거해 있었다(『明太祖實錄』 권66, 홍무 4년 6월 壬寅).

13) 開元: 명대의 開元은 현재의 開原 老城鎭이다. 홍무 21년(1388) 開元을 開原으로 고쳤다. 요동의 女眞 각 부와 서북의 兀良哈 3위를 통제하는 중요한 鎭의 역할을 하였다.

하였습니다.

5 너희들 이 네 명은 돌아가라. 다른 사람이 알아챌까 두렵다.

4 함께 갔던 이름을 알지 못하는 네 명은 돌아갔습니다. 저는 혼자서 그날 해가 저물 무렵 본영에 이르렀다가 문을 지키는 관원에게 잡혀서 관에 이르렀습니다. 죄를 범한 것이 이와 같습니다.

3 이를 받고, 갖추어 呈을 올리니 잘 살피시기 바랍니다.

2 이를 받고, 이미 軍馬를 정돈하여 방비를 더욱 엄하게 하고, 범인 察罕은 가두고 감시하면서 처분을 기다리는 외에 關을 보내니 잘 살피시기 바랍니다.

1 이를 받고, 이미 각처의 守禦官 등에게 문서를 보내어 군대의 대열을 정비하고 방비를 더욱 엄하게 하도록 하며, 또한 사람을 차정하여 멀리 보내 정탐하게 하고, 일의 완급을 나누어 따로따로 시행하는 외에, 마땅히 정문을 보내니, 고려국왕께서는 상세히 살피시고 軍馬를 많이 징발하여 강 연안의 위아래에 주둔하여 성원하며 대응하시기 바랍니다. 須至呈者.

1 右謹具呈

1 洪武 4년(1371, 고려 공민왕 20) 7월 일[14]

---

14) 이 사건이 보고되기 직전인 홍무 4년 6월, 명 태조는 斷事官 黃儔를 納哈出에게 파견하여 명이 천하의 대권을 장악한 상황을 말하면서 귀부를 종용하였다. 그러나 納哈出은 黃儔를 돌려보내지 않았다고 한다. 『明太祖實錄』 권66, 홍무 4년 6월 是月. 이에 명은 劉益의 귀부로 얻은 요동 진출 기회를 공고히 하고, 納哈出의 공격을 방어하기 위해서 다음 7월 馬運・葉旺 등을 파견하여 定遼都衛指揮使司를 개설하였다. 『明太祖實錄』 권67, 홍무 4년 7월 辛亥 및 『國初群雄事略』 권12, 海西侯納哈出 참조.

행문 과정 ▌

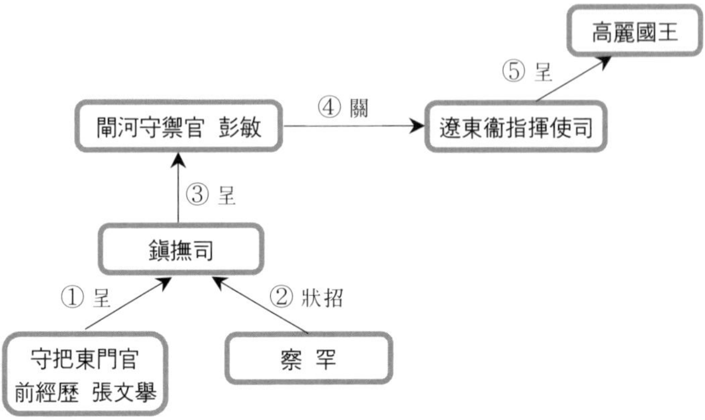

① 守把東門官 前經歷 張文擧가 鎭撫司에게 呈: 察罕을 체포한 사실을 보고.
② 察罕의 狀招: 洪賽因을 회유하러 왔다가 체포되기까지의 과정 진술.
③ 鎭撫司가 閘河守禦官 彭敏에게 呈: 察罕을 체포하게 된 경위과 그 공초 내용을 보고.
④ 閘河守禦官 彭敏이 遼東衛指揮使司에게 關: ①~③의 상황을 전달.
⑤ 遼東衛指揮使司에서 高麗國王에게 呈: 洪保保의 동태를 보고하며, 邊防에 유념할 것을 당부.

사건 경과 ▌

ⓐ 홍무 4년(1371) 6월 14일, 察罕이 脫里不花를 따라 洪賽因을 회유하러 阿失呵寨에 옴.
ⓑ 6월, 𦓤兒丁과 洪賽因이 회합. 7월 6일 회환하기로 약정.
ⓒ 6월 27일, 脫里不花가 察罕과 4명을 시켜 脫里不花 및 洪賽因 등의 가속을 몰래 취하게 함. 察罕 등 斡蘭寨에 와서 石 百戶의 집에서 머무름.
ⓓ 7월 3일, 察罕이 본영에 이르렀다가 사로잡힘.
ⓔ 이후 문서행이과정을 거쳐, 7월 중 고려에 전달됨.

逃軍梢陳均祥等起取咨呈[1]

발신일자 洪武 5년(恭愍王 21년) 7월 9일 (1372년 8월 8일)
발신기관 定遼衛都指揮使司
수신기관 高麗國王
서　　식 咨呈

■ 문서내용　南京에서 北平으로 군량을 운반하던 배가 선단에서 이탈하여 고려의 수도 인근 해역으로 표류하였다가 난파되는 일이 있었다. 배를 몰던 군인과 梢工 등이 물과 땔감을 구하겠다고 하고 상륙하였다가 그대로 도망쳤고, 이들을 수색하러 왔던 명의 관군과 장교 등도 고려군에게 체포되었다. 定遼衛에서 고려국왕에게 이들을 붙잡아 송환해줄 것을 요구하는 내용이다.

原文

1 定遼衛都指揮使司

1 據令史①羅南山呈.

2 洪武五[2]年七月初五日, 抄蒙②總兵官③征虜副將軍榮祿大夫④吳相府⑤左相靖海侯[3]案驗⑥.

3 該, 爲糧儲事.

3 着據⑦金州戍禦官定遼衛都指揮僉事王才, 起取⑧橫海衛千戶劉文・百戶汪名到官, 問責得各人狀供.

1) 想白J・想白I・前間本에는 제목이 있음. 奎古5700에는 제목 없음.
2) 想白J・奎古5700에는 五, 想白I・前間本에는 伍.
3) 想白J・前間本에는 侯, 想白I・奎古5700에는 候.

4 乘駕順字四號海船⑨, 裝載官糧一仟玖佰[4]玖十碩, 根隨本衛指揮楊沂等, 儹運⑩北平粮儲. 洪武五[5]年四月初二日, 大[6]倉⑪開洋行使. 至當月二十日, 失離船宗⑫, 因値颶風⑬. 有梢工林轉五等, 故將粮船使開⑭, 飄至高麗王京地面山島灣泊⑮. 當有梢工陳均祥・張順保, 軍人林得九・余成五・林進, 登岸取討⑯柴水在逃. 隨令百戶汪名, 將引小旗⑰計成, 軍人陳寶七・金貟一根尋, 被本處馬軍三十餘騎, 帶四角笠子⑱, 將計成等, 捉拿前去. 當有梢工林轉五, 將船開使, 至五月二十日, 到金州馬胸島, 於石礁上⑲, 打碎船隻, 所裝官粮, 俱各飄流, 渰死⑳軍人二名.

3 得此, 除將梢工林轉五取問, 明正典刑, 外據逃梢工軍人陳均祥等五名, 被捉旗軍計成等三名, 必合勾取㉑. 爲此, 仰令定遼衛令史, 抄案㉒呈衛, 行移高麗國, 卽便根勾㉓在逃梢工陳均祥等到官, 差人牢固管押, 幷被捉旗軍計成等, 一同伴送赴定遼軍前, 聽調㉔施行.

2 奉此, 呈乞施行.

1 得此, 今差奏差㉕程忠前去, 合行咨呈, 伏請照驗, 煩爲根勾在逃軍梢陳均祥等到官, 差人牢固管押, 發來轉解施行. 須至咨呈㉖者.

1 右咨呈

1 高麗國王

1 洪武五年七月初九日

4) 想白J・想白I・前間本에는 佰, 奎古5700에는 百.

5) 想白J・奎古5700에는 五, 想白I・前間本에는 伍.

6) 想白J・想白I에는 大, 奎古5700・前間本에는 太. 『吏文輯覽』에는 太.

이문 집람

① 令史: 各衛及布政司有之. 如本國錄事之類.

각 衛 및 布政司에 있다. 본국의 錄事와 같은 유이다.

② 抄蒙: 抄, 謄寫也. 蒙, 猶受也. 言謄寫來文而受也. 凡受案驗者, 例皆首曰抄蒙, 尾曰蒙此.

'抄'는 謄寫하는 것이다. '蒙'은 '受'[받다]와 같다. "온 문서를 등사해서 접수하다"는 말이다. 무릇 案驗을 받는 행위를 말할 때 일반적으로 첫머리에 '抄蒙'이라고 하며, 文尾에는 '蒙此'라고 한다.

③ 總兵官: 公侯伯及都督府僉事以上官出鎭者.

公・侯・伯 및 都督府 僉事 이상의 관원으로서 出鎭한 자.

④ 榮祿大夫: 正一品初授之階.

正 1품에 처음 주는 官階.

⑤ 吳相府: 以相府左相, 封靖海侯者, 其姓吳也.

相府左相으로 靖海侯에 봉해진 자로, 그 성이 吳씨이다.

⑥ 案驗: 各部淸吏司幷給事中等官出外, 及御史在外, 行移所屬各府・衛・州・縣, 又各御史道行五府經歷司, 及六部該司, 又按察司分巡官行府・州・縣之文, 皆曰案驗.

각 部이 淸吏司 및 給事中 등의 관원이 지방에 나갔을 때, 그리고 御史가 지방에 있으면서 소속 각 府・衛・州・縣에 행이하거나, 또는 각 御史道에서 五府의 經歷司 및 六部의 해당 司에 행이하거나, 또 按察司 分巡官이 府・州・縣에 행이하는 문서를 모두 '案驗'이라고 한다.

⑦ 着據: 着, 使也. 此言使王才, 起取劉文等, 到官問責, 而據其狀供也.

'着'은 '使'[하여금]이다. 이는 "王才로 하여금 劉文 등을 데리고 와서, 官에 이르러 심문하여 그 狀供을 받았다"는 말이다.

⑧ 起取: 起發而取來也.

"출발시켜 데리고 오다"이다.

⑨ 乘駕順字四號: 駕, 亦乘也. 凡船隻皆有字號, 字號之中, 又有一二次第也.

'駕'는 역시 '乘'[타다]이다. 무릇 배에는 모두 字號가 있고, 字號 중에 또한 1, 2의 순서가 있다.

⑩ 儹運: 儹, 催也, 積也

'儹'는 '催'[재촉하다]이고, '積'[모으다]이다.

⑪ 太倉: 倉在蘇州府崐山東四十里, 城內有太倉衛.

창고는 蘇州府 崐山 동쪽 40리에 있고, 성 안에는 太倉衛가 있다.

⑫ 船宗: 宗, 與粽通. 十船爲一粽.

'宗'은 '粽'[선단]과 통한다. 배 열 척이 1粽을 이룬다.

⑬ 颶風: 四方風一時俱作, 謂之颶風

사방의 바람이 일시에 함께 일어나는 것을 가리켜 '颶風'이라고 한다.

⑭ 故將粮船使開: 律有故敗粮船之罪. 使開, 卽開船行使也.

律에 고의로 粮船을 침몰시킨 죄(에 관한 규정)가 있다. '使開'는 즉 '開船行使'[배를 몰아가다]이다.

⑮ 灣泊: 卽泊船也. 凡泊船, 必於灣回處, 故云.

즉 '泊船'[배를 정박하다]이다. 무릇 배를 정박함에는 반드시 灣으로 둘러싸인 곳에서 하기 때문에 이렇게 부르는 것이다.

⑯ 取討: 討, 求也, 尋也.

'討'는 '求'[구하다]이고, '尋'[찾다]이다.

⑰ 小旗: 大明之制, 十軍立一小旗, 五十軍一總旗, 兩總旗一百戶, 十百戶一千戶, 千戶有正有副. 千戶以上有指揮, 指揮有使, 有同知, 有僉事. 皆世襲之官也.

大明의 제도에 군인 10명에 小旗 1명을 세우고, 군인 50명에 總旗 1명을 두며, 두 總旗가 1百戶가 되고, 10개 百戶가 1千戶가 되며, 千戶에는 正과 副가 있다. 千戶 위에는 指揮가 있고, 指揮에는 指揮使가 있고, 指揮同知가 있으며, 指揮僉事가 있다. 모두 세습하는 관직이다.

⑱ 四角笠子: 卽本國鄕吏笠子.

즉 본국 鄕吏의 笠子.

⑲ 石礁上: 礁, 水中尖石也.

'礁'는 물속의 튀어나온 돌이다.

⑳ 渰死: 渰, 溺也.

'渰'은 '溺'[빠지다]이다.

㉑ 勾取: 勾, 執也, 喚也.

'勾'는 '執'[잡다]이고, '喚'[부르다]이다.

㉒ 抄案: 在外各衙門, 將上司所移之案驗內各條下, 有本官該行之事抄騰也.

在外의 각 衙門이 上司에서 보낸 案驗 내의 각 조항 가운데, 本官에서

행해야 할 해당 사항을 베껴서 쓰는 것이다.

㉓ 根勾: 根尋而勾取也.

찾아서 잡아오는 것이다.

㉔ 聽調: 聽其調發號令也.

그 조발 호령을 듣는 것이다.

㉕ 奏差: 掾屬人之職名, 如令史之類.

掾屬人의 職名으로, 令史와 같은 유이다.

㉖ 咨呈: 二品衙門行上司之文. 如六部行五府, 各布政司行六部之類.

2품 아문에서 上司에 행이하는 문서이다. 6部에서 5府에, 각 布政司에서 6部에 행이하는 유이다.

吏文 2-6

逃軍梢陳均祥等起取咨呈

번역문

1 定遼衛都指揮使司[1](에서 자정을 올립니다.)

1 令史 羅南山의 呈을 받았습니다.

2 洪武 5년(1372, 고려 공민왕 21) 7월 초5일에 總兵官[2] 征虜副將軍 榮祿大夫 吳相府 左相 靖海侯[3]의 案驗을 베껴 받았는데,

---

1) 定遼衛都指揮使司: 洪武 4년 劉益이 귀부하자 명은 우선 遼東衛指揮使司를 설치하여 요동 진출의 발판을 마련하였다. 그러나 劉益이 洪保保 등에 의해 살해당하고, 納哈出이 金山 방면에 웅거하면서 남하할 기미를 보이면서 명의 요동 진출은 곤란을 겪게 되었다. 이에 홍무 5년 7월, 명은 중앙에서 馬運・葉旺 등을 파견하여 定遼衛都指揮使司를 개설하였다(『明太祖實錄』 권67, 홍무 4년 7월 辛亥). 명초 요동 방면으로의 진출과 遼東都指揮使司의 설치 연혁에 대해서는 和田清, 「明初の滿洲經略」, 『東亞史研究』(滿洲篇), 東洋文庫, 1955 및 南義鉉, 「遼東都司 設置와 방어체계 정비」, 『明代遼東支配政策研究』, 강원대학교출판부, 2008 참조.

2) 總兵官: 중앙에서 파견한 관원으로 전시에만 동원되는 비상설 관직이었으나, 명 초기부터 전쟁이 끊이지 않아 군무를 총괄하는 고정된 관직으로 변하였으며 鎭守라고도 칭하였다. 永樂시기 지방과 변방을 방어하는 임무가 중요해지면서 武官을 총병관으로 파견하여 지방과 변방을 방어하도록 하였다. 총병관은 조정으로부터 파견되었으며, 처음에는 도지휘사사의 지방관과 그 위치가 비슷하였으나, 점차 그 지위와 권력이 확대되면서 도지휘사가 총병관에게 예속되어 갔다.

3) 總兵官 征虜副將軍 榮祿大夫 吳相府 左相 靖海侯: 吳禎을 가리킨다. 그에 대한 자세한 설명은 이문 2-3 <蘭秀山叛賊干連人高伯一發回咨>의 해당 항목을 참조. 吳禎은 洪武 3년 11월의 논공행상에서 開國輔運推誠宣力武臣 榮祿大夫 柱國 吳王相府左相의 직위를 받고, 靖海侯로 책봉되었다(『明太祖實錄』 권58, 홍무 3년 11월 丙戌). 이후 홍무 5년(1372) 정월, 수군을 이끌

그 내용은 다음과 같았습니다.

[3] 군량 저축하는 것에 대한 일.

[3] 金州戍禦官 定遼衛都指揮僉事 王才가 橫海衛 千戶 劉文과 百戶 汪名을 잡아와 관에 이르러 심문하여 각각의 공초장을 받아냈다.

[4] 順字 4호 海船을 타고 官粮 1,990석을 싣고 本衛 指揮 楊沂 등을 따라 北平의 저장용 양곡을 운반했습니다. 홍무 5년 4월 초2일 大倉에서 바다로 나와서 길을 나섰습니다. 이달 20일에 이르러 선단을 잃어버리고 떨어져나와 큰 바람을 만났습니다. 梢工 林轉五 등은 고의로 粮船을 몰고 나아가 표류하여, 高麗 王京 지역의 山島에 이르러 정박하였습니다. 그런데 梢工 陳均祥·張順保, 軍人 林得九·余成五·林進이 해안에 올라 땔감과 물을 구하겠다고 하고는 노망하였습니다. 곧 百戶 汪名을 시켜 小旗 計成과 軍人 陳寶七·金眞一을 이끌고 가서 찾게 하였는데, 四角笠子를 두른 그곳의 馬軍 30여 기가 計成 등을 잡아갔습니다. 梢工 林轉五가 배를 출발시켰는데, 5월 20일에 金州 馬胸島에 도착하였으나 암초에 걸려 선박이 파선되고 실려 있던 官粮은 모두 각각 떠내려갔으며, 빠져 죽은 군인이 2명입니다.

[3] 이를 받고, 梢工 林轉五를 잡아 심문하여 典刑을 밝고 바르게 하는 외에, 도망 중인 梢工 軍人 陳均祥 등 5명과 사로잡힌 旗軍 計成 등 3명을 반드시 모두 데려와 취조해야겠다. 이에 바라건대 定遼衛 令史로 하여금 案驗을 베껴 衛에

고 요동에 軍糧을 수송하라는 명을 받고 출진하였다(『明太祖實錄』 권71, 홍무 5년 정월 甲戌). 그의 개략적인 행적에 대해서는 『明史』 권131, 열전 19, 吳禎 참조.

呈을 올리게 해서 高麗國에 행이하게 하여, 곧 도망중인 梢工 陳均祥 등을 찾아 관에 이르게 하고 사람을 차정하여 가두어 管押하며 아울러 사로잡힌 旗軍 計成 등과 함께 호송해서 定遼軍前으로 보내어 취조할 수 있도록 시행하라.

2 이를 받고, 呈을 올리니 바라건대 시행하십시오.

1 이를 받고, 지금 奏差 程忠을 차정하여 보내며, 마땅히 咨呈을 보내니, 엎드려 바라건대 잘 살피시어 번거로우시겠지만 도망 군인 陳均祥 등을 찾아서 잡아 관에 이르게 하고 사람을 차정하여 가두어 압송해와서 전해주도록 시행하여 주십시오. 須至咨呈者.

1 又咨呈

1 高麗國王

1 洪武 5년(1372, 고려 공민왕 21) 7월 초9일

행문 과정 ▌

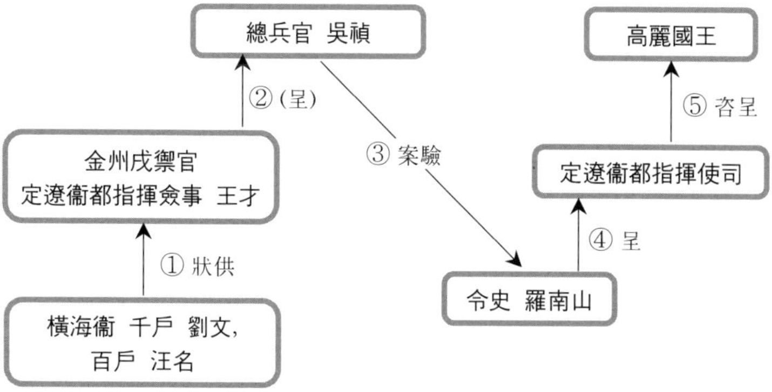

① 橫海衛 千戶 劉文, 百戶 汪名이 金州戍禦官 王才에게 狀供: 군량 운반 도중 고려로 표류했다가 돌아온 사정을 진술.
② 金州戍禦官 定遼衛都指揮僉事 王才이 總兵官 吳禎에게 呈: ①의 내용 보고.
③ 總兵官 吳禎이 令史 羅南山에게 案驗: 고려에서 도망친 초공·군인을 송환해 줄 것을 고려에 요청하라고 지시.
④ 令史 羅南山이 定遼衛都指揮使司에게 呈: ③의 내용 보고.
⑤ 定遼衛都指揮使司에서 高麗國王에게 咨呈: 도망친 군인 진균상 등 송환 요청.

사건 경과 ▌

ⓐ 홍무 5년(1372) 4월 2일, 1,990석의 식량을 실은 선박[海船 順字 4호]이 太倉에서 출발.
ⓑ 4월 20일 표류, 고려 지역의 섬에 정박.
ⓒ 5월 20일 金州 馬胸島에서 다시 파선.
ⓓ 7월 5일 總兵官 征虜副將軍 榮祿大夫 吳相府 左相 靖海侯의 案驗을 抄蒙.
ⓔ 7월 9일 定遼衛都指揮使司가 고려 국왕에게 咨呈.

吏文 2-7 賀平蜀兼請子弟入學咨[1]

발신일자 洪武 5년(恭愍王 21년, 1372) 4월
발신기관 中書省
수신기관 高麗國王
서　　식 咨

■ 문서내용　고려에서 명이 蜀 지방을 평정한 것을 축하하고 명의 國學에 고려의 子弟들을 유학시키기를 원한다는 뜻의 문서를 보냈다. 이에 대해 洪武帝는 완곡하게 거절의 의사를 밝혔으므로, 이를 중서성에서 고려국왕에게 통보하는 내용이다.

原文

1 中書省

1 准來咨.

2 差密直司同知洪師範等, 進賀平蜀表文.

1 禮部隨卽進奏, 觀其臣意專切, 文理條暢, 援引典故, 甚是得宜, 上意歡欣. 又表一通, 爲請子弟入學, 欽奉聖旨.

2 高麗國王, 欲令子弟來國學讀書. 我曾聞, 唐太宗時, 高麗國亦嘗教子弟來入學, 這的是件盛事①. 又想這子弟每, 遠來習學呵②, 在這裏③, 或住半年, 或住一年, 或住年半, 要回去, 交他回去. 雖然④聽從其便, 但爲本國, 遠處海東, 比至京師, 水路經涉海洋, 陸路不下一萬餘里. 隔離鄉土, 爲父母必懷其子, 爲人子必思其

1) 想白J · 想白I · 前間本에는 제목 있음. 奎古5700에는 제목 없음.

親，此人之常情．恁中書省回文書去⑤，交高麗國王，與他臣下每⑥，好生⑦熟議．若是那⑧爲父母的，願令子弟入學，爲子的，聽受父母之命來學者，交高麗國王，差人好生送將來⑨．省家⑩回的文書，要說的明白．

1 欽此．

1 都省合行移咨，請照驗，欽依施行．須至咨者．

1 右咨

1 高麗國王

1 洪武五年四月日

이문 집림

① 這的是件盛事: 言此乃與唐時入學，俱爲一件盛事也.

"이는 唐나라 때에 入學한 것과 함께 모두 하나같이 좋은 일이다"라는 말이다.

② 習學呵: 呵，語詞，與則字同義.

'呵'는 語詞로, '則'자와 같은 뜻이다.

③ 這裏: 猶言此處.

'此處'[이곳]과 같은 말이다.

④ 雖然: 連下文讀.

아래의 문장과 이어서 읽는다.

⑤ 回文書去: 言回報文書而去也.

"문서로써 回報하여 보내다"는 말이다.

⑥ 與他臣下每: 他，指高麗國王.

'他'는 高麗國王을 가리킨다.

⑦ 好生: 言至極也.

'至極'[지극히]을 말한다.

⑧ 若是那: 那, 去聲, 彼也.

'那'는 去聲으로, '彼'[저]이다.

⑨ 送將來: 將來, 語辭

'將來'는 語辭이다.

⑩ 省家: 省, 中書省也. 凡聖旨指各衙門, 必曰家, 六部曰部家.

'省'은 中書省이다. 무릇 聖旨에서 각 아문을 가리킬 때 반드시 '家'라고 하여, 六部는 '部家'라고 한다.

賀平蜀兼請子弟入學咨

번역문

1 中書省(에서 자문을 보냅니다.)

1 (고려에서) 보내온 咨를 받았습니다.

2 密直司同知 洪師範 등을 보내어 蜀을 평정한 것을 축하하는 表文을 올립니다.

1 禮部에서 곧바로 進奏하였는데, 그 臣[고려국왕]의 뜻이 매우 간절하고 文理가 아름다우며, 典故를 인용한 것이 매우 적합함을 보시고, 上께서 기뻐하셨습니다. 또 表文 한 통은 子弟의 入學을 청하는 것이었는데, (이에 대해) 삼가 聖旨를 받들었습니다.

2 高麗國王이 子弟들을 國學에 보내서 讀書하게 하기를 원한다고 한다. 내가 일찍이 들으니 唐 太宗 때에도 高麗國이 子弟를 보내와서 入學하게 하였다고 하는데, 이것은 분명히 좋은 일이다. 또 생각하건대, 이 子弟들이 멀리까지 와서 배우고 익히고자 한다면 여기에서 혹은 반 년, 혹은 1년, 혹은 1년 반을 머무르게 하고, 돌아가고자 하면 돌려보낸다. 그러나 비록 그들의 편의를 들어주고자 하여도, 그 나라는 멀리 海東에 있어, 京師에 이르기까지는 水路로는 큰 바다를 건너야 하고 陸路로도 1萬여 里보다 가깝지 않다. 고향 땅을 떠나왔기에 父母된 자는 반드시 그 자식 생각을 품을 것이며 자식된 자는 반드시 그 부모를 생각할 것이니 이것이 人之常情이다. 너희 中書省은 文書로써 회보하여 高麗國王으로 하여금 그의 신하들과 더불

어 신중히 논의하라고 하라. 만약 저 부모된 자가 그 子弟를 入學시키고자 하고, 자식된 자가 부모의 命을 받들어 와서 공부하고자 한다고 하면 高麗國王으로 하여금 사람을 시켜 잘 호송해 보내도록 하게 하라. 中書省[省家]은 돌려보내는 文書에서 (朕의 뜻을) 명백하게 설명하라.

1 都省은 마땅히 咨文을 보내니 청컨대 살펴 황제의 뜻에 따라 시행하십시오. 須至咨者.

1 右咨

1 高麗國王

1 洪武 5년(1372, 고려 공민왕 21) 4月 日

행문 과정

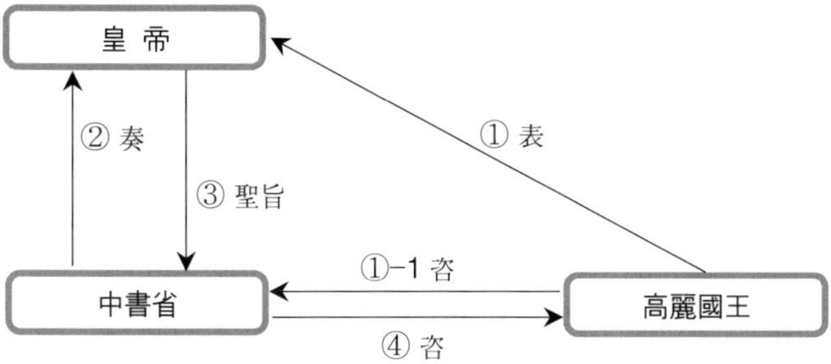

① 高麗國王이 皇帝에게 表: 蜀 평정 축하. 明의 國學에 고려의 子弟를 입학시켜 줄 것을 요청.

①-1 高麗國王이 中書省에 咨: ①의 表를 보냈음을 통고.

② 中書禮部에서 皇帝에게 奏: ①의 表의 내용을 보고. 子弟入學에 관한 처리방침 문의

③ 皇帝가 中書省에 聖旨: ①의 요청을 승인했음을 高麗國王에게 통지할 것 지시.

④ 中書省에서 高麗國王에게 咨: ②의 성지 전달.

吏文 2-8

朝正禮物發回咨[1)]

발신일자　洪武 7년(恭愍王 23년) 5월 8일 (1374년 6월 18일)
발신기관　中書省
수신기관　高麗國王
서　　식　咨

■ 문서내용　고려에서 禮物을 진공한 데에 대해, 洪武帝가 方物의 양을 줄이고 貢期도 3년 1공으로 줄일 것을 명령하였다. 중서성에서 이 사실을 전달하고, 아울러 고려에서 보낸 문서 가운데 '太府監'이라는 명칭이 있었다는 것, 貢馬의 진공에 잘못이 있었다는 것 등을 질책하는 내용이다.

原文

1 中書省

1 洪武七年五月初四日，准來咨.

2 差陪臣同知密直司事鄭庇等，進賀正朝表箋，貢獻禮物. 又差監門衛上護軍周誼，進謝恩表文.

1 當月初七日早朝，禮部官奏聞，將引來使，於奉天門朝見訖.[2)] 嘗聞以小事大者，畏天者也，畏天之實，在盡其誠，比年本國遣使來貢. 欽奉聖旨.

2 節該①，古來中國，諸侯於天子，比年一小聘，三年一大聘. 至如

1) 想白J에는 제목이 <朝正禮物發回咨>로, 想白I·前間本에는 <正朝禮物發回咨>로 되어 있고, 奎古5700에는 제목 없음.
2) 『高麗史』에는 여기까지의 서술이 생략되어 있음.

九州之外藩[3]邦遠國, 只每世一見②. 其所貢獻, 不過納贄表誠而已. 今高麗, 去中國稍近, 敎他依着③三年一聘之禮, 將來的方物, 只土產布子, 不過三五對④表意, 其餘的物, 都休將來.

1 欽此.

1 已經行移本國, 欽依施行. 去後[4], 今來使[5]鄭庇齎至禮物, 過於常貢, 似有未喩旨意. 兼, "數內⑤白苧三百, 送大[6]府監⑥," 上項衙門, 係元朝舊名. 爾國數遣使來, 豈不知本朝[7]未嘗設置. 貢出無名, 實非事大以誠之禮. 況我朝, 四海一家, 豈資小邦之貢. 又去年, 本國遣陪臣[8]金甲雨, 獻馬五十匹云, 道亡者二, 旣至京師, 存者四十有九. 所言俱係進上之數, 以大[9]僕寺試之, 皆非可乘之騎. 內一匹, 來使金[10]甲雨稱爲己物, 欲自進於東宮. 其中虛謀詭詐, 灼然可知. 不審出王之意, 抑臣下之不誠. 欽蒙上位以手詔諭王, 冀王有以自處. 我朝一視同仁, 是以不較區區之過. 今王遣使涉海遠來, 不無難險[11]. 於所貢物內, 受布六對, 餘物付來使領還⑦. 今後合宜欽依聖旨事意, 三年一貢. 物不在多, 惟在志[12]誠[13]. 爲此, 合行移咨, 請照驗施行. 須至咨者.

1 右咨

---

3) 想白J에는 藩, 想白I・奎古5700・前間本・『高麗史』에는 蕃.
4) 『高麗史』에는 "欽依施行去後" 부분이 생략되어 있음.
5) 『高麗史』에는 "來使" 부분이 생략되어 있음.
6) 想白J・想白I・前間本・『高麗史』에는 大, 奎古5700・『吏文輯覽』에는 太.
7) 『高麗史』에는 "本朝"가 "國家"로 바뀌어 기재되어 있음.
8) 『高麗史』에는 "本國遣陪臣" 부분이 생략되어 있음.
9) 想白J・想白I・前間本에는 大, 奎古5700・『高麗史』에는 太.
10) 『高麗史』에는 "來使金" 부분이 생략되어 있음.
11) 想白J・想白I・奎古5700・『高麗史』에는 難險, 前間本에는 艱難.
12) 『吏文』의 모든 판본에는 志誠. 『高麗史』에는 至誠.
13) 『高麗史』에는 이 뒤로 "其餘金銀・器皿・彩席・苧麻布・豹獺皮, 及送大府監白苧布三百匹, 並付庇送還"이라는 부분이 추가되어 있고, "爲此" 이후의 結辭 부분은 생략되어 있음.

[1] 高麗國王

[1] 洪武七年五月初八日

이문집람

① 節該: 凡略載聖旨及公文, 必加節該二字於首. 節, 卽略節也.

무릇 聖旨와 公文을 요약해서 실을 때 반드시 '節該' 두 글자를 맨 앞에 붙인다. '節'은 즉 '略節'[요약하다]이다.

② 每世一見: 父子相繼爲一世.

父子가 서로 이으면 1世가 된다.

③ 依着: 着, 語詞.

'着'은 語詞이다.

④ 三五對: 對, 一雙也.

'對'는 한 쌍이다.

⑤ 兼數內: 兼, 又也.

'兼'은 '又'[또]이다.

⑥ 太府監: 宋置太府寺, 元改寺爲監. 掌邦國財用錢穀. 大明革.

宋은 太府寺를 두었고, 元이 寺를 고쳐 監으로 하였다. 나라의 財用과 錢穀을 관장하였다. 大明에서 혁파하였다.

⑦ 領還: 領受回還也.

"수령해서 돌아가다"이다.

朝正禮物發回咨

번역문

1 中書省(에서 자문을 보냅니다.)

1 洪武 7년(1374, 고려 공민왕 23) 5월 초4일 (고려에서) 보내온 咨文을 받았습니다.

2 陪臣 同知密直司事 鄭庇[1)] 등을 차정하여 새해를 축하하는 表箋을 올리고, 禮物을 貢獻합니다.[2)] 또 監門衛 上護軍 周誼를 차정하여 謝恩表文을 올립니다.[3)]

---

1) 鄭庇: 고려 후기의 무신. 공민왕 22년 密直副使로서 進獻使가 되어 명나라에 말을 바치러 가는 도중 定遼城에 이르렀는데, 수문관이 입성을 허락하지 않아서 되돌아왔다(『高麗史』 권44, 공민왕 22년 정월 庚寅). 다음해 密直副使로서 判事 禹仁烈과 함께 賀正使로 명나라에 가서, 육로를 통하여 조공할 것과 방물을 본래대로 할 것을 청하였고(『高麗史』 권44, 공민왕 23년 2월 甲子), 홍무제의 手詔와 중서성의 자문을 가지고 돌아왔다(『高麗史』 권44, 공민왕 23년 6월 壬子).

2) 『高麗史』 권44, 공민왕 23년 2월 甲子에 密直副使 鄭庇와 判事 禹仁烈을 보내 賀正하며, 명과의 내왕에 육로로 통행케 할 것을 청하였다는 사실을 전한다. 이때 전해진 表文은 『高麗史』 같은 일자에 전하며, 동시에 中書省에 전달된 咨文이 이문 2-10 <請通朝貢道路咨>이다. 호군 周誼로 하여금 친서를 보내준 데에 대하여 사례하게 하였다.

3) 『高麗史』 권44, 공민왕 23년 2월 甲子에 密直副使 鄭庇와 判事 禹仁烈과 함께 上護軍 周誼를 謝恩使로 삼아 璽書를 내려준 것에 대해 사은하게 하였다. 본문에 언급된 '謝恩表文'이 『高麗史』에 실려 있는데, 다음과 같다. "綸音方降, 寶訓惟明, 捧讀以還, 兢惶罔措. 竊念, 小邦自朝鮮之啓土, 必中夏而歸, 王歷世受封, 常恪勤於侯度, 畏天事大, 幸遭逢於聖朝. 臣學識庸虛, 性資愚陋, 顧被蕃宣之寄, 濫承錫賚之榮, 始之以印信・曆書, 繼之以禮服・樂器・

1 그 달 초7일 아침 조회에서 禮部의 관원이 황제께 아뢰고 파견되어온 사신을 이끌고 奉天門에서 朝見하였습니다. 일찍이 듣건대 작은 나라로서 큰 나라를 섬기는 것은 天을 두려워하는 것이고, 天을 두려워하는 실제는 그 정성을 다하는 데에 있다고 하는데, 해마다 고려에서는 사신을 보내 공물을 바치고 있습니다. 삼가 聖旨를 받들었으니 그 내용은 다음과 같습니다.

2 예부터 中國에서 諸侯는 天子에게 해마다 한 번 小聘하고 3년마다 한 번 大聘한다. 九州의 바깥에 있는 藩邦과 멀리 있는 나라에 대해 말하자면, 다만 한 세대에 한 번 입조한다.[4] 그 공물을 바치는 것은 폐백을 들여 정성을 표시하는 것에 지나지 않는다. 지금 高麗는 中國에서 조금밖에 떨어져 있지 않으니, 그들로 하여금 3년마다 한 번 來聘하는 예에 따르도록 하게 하고, 가지고 오는 方物도 단지 土産 布子 3~5對로 성의를 나타내는 데에 지나지 않게 하며, 그 외의 물건은 모두 가지고 오지 못하게 하라.[5]

紗羅・錦段, 每隨使命以疊來, 經籍・藥材, 皆出下情之非望, 既儀制, 許從於本俗, 抑俘虜, 聽還於其家. 至於姪女之流離, 資送尤厚, 濟州之反側, 處置以宜, 賤价覆舟, 而免其風濤, 讒夫伺隙, 而銷其貝錦. 矧今特垂於詔諭, 而又曲賜於懷綏. 皇帝陛下, 志在固存, 仁敦字小, 憫臣無幾微之見, 俾臣知禍福之端, 臣敢不益感上恩, 倍殫忠懇, 庶勉修於職貢, 恒奉祝於康寧."

이때 鄭庇와 周誼 등이 入朝한 사실은 『明太祖實錄』 권89, 홍무 7년 5월 壬申에도 기록되어 있다. 여기에는 명에서 접수한 表文이 모두 5통이었다고 하며, 각각 <請仍舊每歲入貢> <請陸路由定遼入貢> <謝金甲雨回蒙賜璽書> <謝姜仁裕回蒙宣諭> <謝賙恤覆舟之人>이라고 한다.

4) 『周禮』 秋官, 司冠下, 大行人에서는 天子에 대한 諸侯의 朝見 빈도와 貢納의 내용을 기재하고 있다. 즉 邦畿로부터의 거리 5백리마다 侯服・甸服・男服・衛服・要服의 구분이 있는데, 要服까지는 말하자면 國內[九州]의 범위 안쪽으로, 그 바깥은 蕃國으로 규정하고 있다. 『周禮』에서 朝와 貢은 봉건제 하의 제후가 행하는 왕에 대한 臣從의 의례이다. 國外[九州의 外]의 蕃國의 군주에게는 정기적인 조공을 요구하지 않고, '世一見', 즉 國君의 교체마다 한 번만 來朝하고, 方物을 貢納시켰다.

1 이미 고려에 行移하여 聖旨대로 시행하도록 하였습니다. 그 후 이번에 온 사신 鄭庇가 가지고 온 禮物이 일반적인 공물보다 과한 것을 보니 황제의 뜻을 깨우치지 못한 듯합니다. 또 "수량 가운데 白苧 300필은 太府監[6]에 보냅니다"라고 하였는데, 이 衙門은 元朝의 옛 이름입니다. 당신네 나라는 자주 사신을 보내오면서도 어찌 本朝가 일찍이 이 관청을 설치하지 않은 것을 모릅니까?[7] 貢物이 명분 없는 데에서 나왔으니 이것은 실로 정성으로써 큰 나라를 섬기는 禮가 아닙니다. 하물며 우리 왕조는 四海를 一家로 삼았으니 어찌 작은 나라의 공물에 기대겠습니까? 또 지난해에 고려가 陪臣 金甲雨를 파견하여 말 50필을 바치면서

---

5) 여기에 인용된 洪武帝의 聖旨는 『明太祖實錄』 권88, 홍무 7년 3월 癸巳에서도 확인된다. 그 全文을 인용하면 다음과 같다. "詔中書禮部曰, '古者中國, 諸侯於天子, 比年一小聘, 三年一大聘, 九州之外番邦遠國, 則每世一朝. 其所貢方物, 不過表誠敬而已. 高麗稍近中國, 頗有文物禮樂, 與他藩異, 是以命依三年一聘之禮, 彼若欲每世一見, 亦從其意. 其他遠國, 如占城・安南・西洋瑣裏・爪哇・浡尼・三佛齊・暹羅斛・眞臘等處, 新附國土, 入貢既頻勞, 費太甚, 朕不欲也. 令遵古典而行, 不必頻煩. 其移文使諸國知之.'"

6) 太府監: 원대에 錢帛의 出納을 총괄하던 재정기관으로 관질은 정3품. 中統 4년(1263)에 처음 설치되었다가 至元 4년(1267)에 宣徽太府監으로 개편되어 內藏庫・右藏・左藏 등을 총괄하였다. 『元史』 권90, 百官志6, 太府監 참조. 명대에는 설치되지 않았다.

7) 고려에서 太府監에 백저포를 진헌한 것이 명 조정에서 논의된 일에 대해 『明太祖實錄』 권89, 홍무 7년 5월 壬申에서는 다음과 같이 기록하고 있다. "中書省臣奏, '往年高麗入貢白苧布三百匹, 具於方物中. 今乃稱禮送大府監, 按元時有大府監, 主收進貢方物, 本朝未嘗設. 此高麗入貢已久, 豈不知此而妄言之, 意涉不誠.' 上命還其貢, 因賜王顓璽書曰, '王使者至, 陳其貢禮, 王事大之心見矣. 表言, '守侯服於東隅, 祖朝鮮之苗裔, 自五季以來, 常事中國.' 王之言是矣. 然朕觀古昔, 自侯甸綏服之外不治, 令其國人自治之. 蓋體天道以行仁, 惟欲其民之安耳. 不爲誇詐, 不寶遠物, 不勞夷人, 聖人之心弘矣哉. 朕雖不德, 未嘗不察王之忠, 而却來誠之美. 若漢唐之夷彼・隋君之東征, 在朕今日, 苟非詐侮於我, 安肯動師旅以勞遠人. 若不守己分, 妄起事端, 禍必至矣. 自今, 寧使物薄而情厚, 勿使物厚而情薄, 王其思之.' 仍令中書咨其國, 責以大府監之失."

말하기를 오는 도중에 죽은 것이 2필이라고 하였는데, 이미 京師에 도착했을 때에 살아남은 것이 49필이었습니다. 말한 바에 따르면 모두 進上하는 말의 수량이라고 하였는데, 太僕寺[8]로 하여금 시험해보게 했더니, 모두 탈 수 없는 말이었습니다. 그 중 1필은 사신 金甲雨가 자기 소유라고 하고서는 스스로 東宮에 진상하려고 하였습니다.[9] 그 가운데 허위와 사기가 있음을 불을 보듯 알 수 있습니다. 이것이 왕의 의사에서 나온 것인지, 아니면 신하가 진실되지 못한 까닭인지 알 수 없습니다. 황제께서 手詔로써 王을 諭示하셨으니 바라건대 왕은 스스로 조처하는 바가 있기를 바랍니다. 우리 왕조는 一視同仁[10]하므로 구구한 지난 일들은 따지지 않겠습니다. 지금 왕께서 사신을 파견하여 바다를 건너 멀리 오게 하니, 어려운 점이 없지 않을 것입니다. 조공으로 바친 물건 가운데 布 6對는 접수하고 나머지 물건은 사신으로 하여금 가지고 돌아가게 하겠습니다. 앞으로는 마땅히 聖旨의 事意에 따라 3년마다 한 번씩 朝貢하십시오. 물건은 많은 것이 중요하지 않고, 오직 지극한 성의를 바치는 것이 중요합니다. 이를 위하여 마땅히 咨를 보내니 청컨대 살펴서 시행하

8) 원문의 大僕寺란 太僕寺를 가리킨다. 太僕寺는 명대에 馬政을 총괄하는 아문으로, 洪武 4년(1371)에 설치되었다. 官秩은 종3품. 屬司로 主簿廳·常盈庫 등이 있었다. 『明史』 권74, 職官3 太僕寺 참조.

9) 金甲雨 사건의 자세한 전말에 대해서는 이문 2-11 <金甲雨盜買馬名咨> 참조.

10) 一視同仁: 一視同仁이란 "(聖人이) 천하의 모든 것을 동등하게 어진 눈으로 바라본다"는 뜻이다. 원래는 唐代의 韓愈가 지은 <原人>에 처음 등장하는 말로 문장은 다음과 같다. "天者日月星辰之主也, 地者草木山川之主也, 人者夷狄禽獸之主也, 主而暴之不得其爲主之道矣, 是故聖人一視而同仁, 篤近而擧遠." 이후 一視同仁은 중국 역대 황제들이 천하에 시혜를 베푼다는 뉘앙스로 누차 사용되었다. 특히 明太祖 朱元璋은 이 용어를 통해 중국 국내뿐만 아니라 국외에 이르는 온 천하에 황제의 敎化를 퍼뜨리겠다는 의지를 자주 천명하였다.

십시오. 須至咨者.

1 右咨

1 高麗國王

1 洪武 7년(1374, 고려 공민왕 23) 5月 8日[11]

11) 이 문서에서 문제가 되고 있는 고려의 貢期에 대한 양국의 관계에 대해서는 末松保和, 「麗末鮮初における對明關係」, 『青丘史草』 1, 1967, 제4장 ＜責讓の宣諭と貢路・貢期＞ 참조.

吏文 2-9

金義叛逆都評議使司申[1)]

발신일자	洪武 7년(恭愍王 23년) 12월 25일 (1375년 1월 27일)
발신기관	高麗國 都評議使司
수신기관	中書省
서　　식	申

■ 문서내용　명에서 고려의 貢馬를 받아오기 위해 사신 林實周와 蔡斌을 파견하였다. 이들이 돌아갈 때 고려에서는 密直副使 金義를 호송사로 동행시켰다. 그런데 金義가 압록강을 건넌 직후 蔡斌을 살해하고 林實週를 인질로 하여 納哈出에게 도망하는 사건이 발생하였다. 이 문서는 일행 가운데 일부가 살아서 도망쳐오자 고려에서 이들의 진술을 토대로 조사하여 명의 中書省에 사건의 전말을 보고하는 내용이다. 당시는 恭愍王이 시해된 직후로, 禑王은 아직 명의 책봉을 받지 못했으며 직접 정무를 주관하기 어려운 상황이었으므로 都評議使司가 직접 문서를 보내었다.

原文

1 高麗國都評議使司

1 照得, 先國王①未薨逝時, 洪武七年四[2)]月十三日, 准中書省咨.

2 洪武七年二月初三日, 欽奉聖旨.

3 節該, 爲征進②馬匹, 差禮部主事③林實週・孳牧所大使④蔡斌前來, 起取耽羅好馬二千匹, 陸續⑤送至定遼衛, 轉解赴京⑥.

2 施行.

---

1) 想白J・想白I・前間本에는 제목 있음. 奎古5700에는 제목 없음.
2) 想白J에는 四, 想白I・奎古5700・前間本에는 肆.

1 准此, 劄卽⑦, 差同知密直司事[3]韓邦彦, 前往耽羅濟州, 欽依聖旨事意, 起取馬匹. 有濟州達達牧子⑧肖忽禿不花・石帖里必思, 權萬戶⑨觀音保等, 違背聖旨, 止與馬三百五十四, 其餘馬匹, 不伏起取. 以此, 於兩使臣處計稟過.

1 欽依洪武五年七月, 已奉聖旨, "節該, 耽羅牧子無狀, 不可因循被侮, 其速發兵以討"事意, 差贊成事崔瑩等官, 前去問罪之後, 將已過海⑩馬三百五十四數內, 除瘦弱一百五十四, 餧養⑪另行外, 將堪中⑫馬二百匹, 差人押領. 根隨使臣起行間, 有蔡大使, 面對國王言說.

2 我聽得, 陪臣密直副使金義, 好生弓馬熟閑. 可差他押馬護送我去.

1 以此, 依准⑬, 移文差遣金義, 於九月初三日起行. 至西京地面, 不期國王於九月二十三日薨逝. 遺旨令嗣男⑭襲位. 報達使臣知會間, 節次⑮, 據義州・泥城・江界防禦官吳季男・裵彦・朴普老等狀報.

2 體探⑯得, 遼陽邊江去處⑰, 有高鐵頭・胡拔禿⑱等人軍馬, 往來聲言, 欲要阻截⑲回還朝廷使臣, 幷起解征進馬匹.

1 得此, 未委⑳虛實, 因此遷延. 至十一月二十二日, 蒙使臣將引, 金義押馬, 過義州鴨綠江. 去後, 至十二月初八日, 據押馬官前護軍周龍劍狀告㉑.

2 洪武七年八月二十四日, 蒙差一同宗簿副令趙原寶等, 根同密直副使金義, 將引人夫㉒, 押領征進馬二百匹, 護送朝廷差來官林主事・蔡大使. 於十一月二十二日, 過江往定遼衛去, 二十四日到只孫站, 各打窩鋪㉓宿頓㉔. 至二十五日早未明時分, 有金義帶領梯己㉕伴倘[4]人等叛亂, 將蔡大使幷伴倘殺害. 其時龍劍急走, 對同行進表使張子溫說知㉖. 登時㉗有金義不知名伴倘六七名,

3) 想白J에는 事, 想白I・奎古5700・前間本에는 使.

4) 想白J에는 倘, 想白I・奎古5700・前間本에는 當. 이하 伴倘은 모두 동일.

持杖前來，將林主事幷伴倘，捉拿綁縛㉘．龍劍當見金義行兇㉙言說．

3 蔡大使在安州時分，撒酒㉚，將我脫剝要殺．已後累次嗔怪[5]㉛，必定要殺我．比及他手裏去㉜，如今我先下手殺了他．林主事是好人，我存他性命，一答裏[6]行㉝．我不回高麗去．若回去呵，本國肯饒我那㉞．

2 聽此．龍劍懼怕，只得依隨．至二十六日，到松夫里地面止宿，寅夜㉟，同養馬人金天用等二名，騎坐官馬四匹逃走．至二十七日，回到本國靜州㊱來了．告乞施行．

1 得此，又據逃回養馬人魯彦・申起等告稱．

2 蒙差餧養官馬．於十一[7]月二十四日，到只孫站止宿．二十五日早未明時分，有押領馬匹護送官金義，將使臣蔡大使幷伴倘殺害，又將林主事幷伴倘，捉拿綁縛．憜勒㊲彦等，赶馬根隨，往納哈出㊳處去．於二十六日夜，到松夫里地面止宿．至二十七日早晨，金義因見當夜多有人夫逃走，卽將不知名軍人二名殺死．行至六十里地面止宿，當晚又將人夫一名殺死，至二十八日早間，又將人夫一名殺死．爲此，各各人夫懼怕，不敢在逃．至三十日，到不知名草地，金義與林主事一處宿頓．當夜魯彦騎坐官馬一匹，申起步行，一同逃走，回還來了．

1 得此，及據節次逃來人趙原[8]寶等所告，相同．

1 又准密直使張子溫關．

2 該，洪武七年九月初一[9]日，敬蒙先王差遣，齎擎謝恩表文一道．

---

5) 『吏文』의 모든 판본에는 怪，『吏文輯覽』에는 恠．
6) 想白J에는 里，想白I・奎古5700・前間本에는 裏．『吏文輯覽』에는 里．
7) 想白J에는 一，想白I・奎古5700・前間本에는 二．내용상 一이 맞음．
8) 想白J・想白I・奎古5700에는 原，前間本에는 彦．
9) 想白J에는 一，想白I・奎古5700・前間本에는 二．

又於十一月十一日, 敬蒙王大妃差委, 一同典工判書閔伯萱, 齎擎先王訃[10]音表文一道・請諡表文一道・請襲表文一道, 根隨朝廷差來官林主事・蔡大使, 及本國差委押領征進馬匹官, 密直副使金義等, 於十一月二十二日, 過義州鴨綠江. 至二十四日, 到只孫站, 各打窩鋪宿頓. 至二十五日早未明時分, 子溫與林主事伴坐間, 有押馬官周龍劍, 對子溫等說. "蔡大使幷伴倘, 被金義殺了." 說未畢, 有金義不知名伴倘六七名, 持杖前來, 將林主事幷伴倘, 捉拿綁縛. 又有不知名伴倘一名, 對子溫說. "金宰相喚你來." 子溫根去見金義, 披掛㊴持刀行兇說道.

3 蔡大使累次要殺我, 我如今先下手殺了他. 林主事是好人, 存他性命, 和我一荅裏行. 我不回高麗去. 若回去呵, 本國肯饒我那. 我將這馬匹, 赶往納哈出那里[11]去㊵. 你每兩箇宰相, 自回高麗去. 我且這里[12]屯住幾日.

2 說罷, 金義發號施令, 團聚㊶人夫. 將子溫等伴倘人等, 拘管㊷不放, 及將隨身盤纏㊸衣服口糧, 盡行奪要㊹, 不容前赴定遼衛. 以此, 懼怕只得依隨. 子溫同閔伯萱二人, 親擎上項表文馳走, 於當日夜二更時分, 過義州江, 回還來了. 關請照驗.

1 准此. 爲恐不實, 行據司平巡衛府, 取責得周龍劍一干人等招證㊺, 相同.

1 參詳㊻, 小邦自臣事聖朝以來, 別無違貳, 不擬㊼承差護送押馬人金義, 變生惡逆, 殺害天使, 刼奪官馬, 叛入他境. 擧國臣民, 負罪莫訴. 除將叛賊金義親母妻子, 籍沒囚禁, 幷周龍劍等牢固監收, 張子溫・閔伯萱, 羈管㊽聽候外, 啓奉王大妃言語.

2 金義叛逆事理, 卽目㊾孫男王禑, 權署國事㊿, 不敢徑直咨稟. 恁

10) 想白J・前間本에는 訃, 想白I・奎古5700에는 計.
11) 想白J에는 里, 想白I・奎古5700・前間本에는 裏. 『吏文輯覽』에는 里.
12) 想白J에는 里, 想白I・奎古5700・前間本에는 裏.

都評議使司差人申達朝廷, 明降[51]施行.

1 敬此.

1 今差判宗簿寺事崔源, 馳驛齎擎上項表文前去. 所據[52]元行差官取問, 濟州肖忽禿不花等罪名一節, 已行論決. 起取訖先過海馬九百三十四匹數內, 爲風濤渰沒九十三匹, 見到八百三十七匹, 幷前未解餧養瘦弱馬[53]一百五十四匹, 通計見在馬九百八十七匹, 欲便起解. 緣道路見被高站頭・胡拔禿, 與金義結黨作梗, 擬候稍寧, 陸續解送定遼衛交割外, 爲此, 卑司合行申覆[54], 伏乞照詳[55]轉達, 明降施行. 須至申者.

1 洪武七年十二月二十五日

이문 집람

① 先國王: 恭愍王也.

恭愍王이다.

② 征進: 卽征討也. 戰必務進, 故曰征進.

곧 征討이다. 전쟁에서는 반드시 나아감에 힘쓰므로, '征進'이라고 하였다.

③ 禮部主事: 六部皆有主事, 階正六品.

6부에 모두 主事가 있으니, 품계는 정6품이다.

④ 孳牧所大使: 孳牧所, 司名, 大使, 官名.

孳牧所는 官司의 이름이고, 大使는 관직 이름이다.

⑤ 陸續: 連續也.

連續의 뜻이다.

⑥ 轉解赴京: 轉遞解送于京師也.

연이어 전달해서 경사로 解送하는 것이다.

⑦ 劃卽: 劃亦卽也.

‘剴’ 또한 ‘卽’이다.

⑧ 濟州達達牧子: 元置牧馬場于濟州, 差韃靼人, 爲牧子.

元에서 濟州에 牧馬場을 설치하고, ‘韃靼人’[몽골인]을 차정하여 牧子로 삼았다.

⑨ 權萬戶: 權, 權任官也.

‘權’은 ‘權任官’[임시직]이다.

⑩ 過海: 過, 涉也. 凡涉水必稱過.

‘過’는 ‘涉’[건너다]이다. 무릇 물을 건너는 것은 반드시 ‘過’라고 칭한다.

⑪ 餧養: 餧, 與喂同.

‘餧’는 ‘喂’[먹이다]와 같다.

⑫ 堪中: 中, 去聲, 猶言堪用□.

‘中’은 去聲으로, ‘堪用□’[쓰기에 적합한]과 같다.

⑬ 依准: 言遵依聽受也. 此與先具依准之依准不同.

“(명령을) 준수하여 하라는 대로 하다”는 말이다. 이는 “先具依准”의 ‘依准’과는 같지 않다.

⑭ 嗣男: 卽辛禑.

즉 辛禑이다.

⑮ 節次: 連次也. 猶鄕言먹디검.

‘連次’[연이어]이다. 鄕言의 ‘먹디검’[未詳]과 같다.

⑯ 體探: 體訪而探聽之也.

“몸소 찾아가서 탐문하여 듣다”이다.

⑰ 去處: 猶言處所也.

‘處所’와 같은 뜻이다.

⑱ 高鐵頭・胡拔禿: 高鐵頭・胡拔禿, 二人名. 胡元遺種, 不服大明, 而在於遼東迤北之地者也.

高鐵頭・胡拔禿 두 사람의 이름이다. 胡元의 남은 무리로, 大明에 복속하지 않고 遼東 이북 지역에 있던 자들이다.

⑲ 阻截: 隔斷也.

가로막고 끊다는 뜻이다.

⑳ 未委: 委, 猶諳也.

‘委’는 ‘諳’[알다]과 같다.

㉑ 周龍劒狀告: 卽告狀也. 軍民男婦人等行本管之文, 若有職役者, 則止令家人

訴告. 今周龍劒狀告, 與華制不同.

즉 '告狀'이다. 軍人・民人・남자・부녀 등이 本管[자신을 관할하는 관청]에 행이하는 문서는, 만약 職役이 있는 자는 다만 家人으로 하여금 고소하게 한다. 지금 周龍劒의 狀告는 중국의 제도[華制]와 같지 않다.

㉒ 人夫: 夫役之人也.

부역하는 사람이다.

㉓ 各打窩鋪: 打, 猶造也. 窩鋪, 草幕也.

'打'는 '造'[만들다]와 같다. '窩鋪'는 '草幕'이다.

㉔ 宿頓: 頓, 止也.

'頓'은 '止'[머물다]이다.

㉕ 梯己: 猶言私己也.

'私己'[자기 소유]와 같다.

㉖ 說知: 以言說之, 而使之知也.

"말로 이야기해주어 그로 하여금 알게 하다"이다.

㉗ 登時: 卽時也.

'卽時'[즉시]이다.

㉘ 綁縛: 綁, 亦縛也.

'綁' 또한 '縛'[묶다]이다.

㉙ 行兇: 殺害人命也.

"인명을 살해하다"이다.

㉚ 撒酒: 撒音殺, 使酒也.

'撒'의 음은 殺[살]이며, "술에 취하다"이다.

㉛ 嗔恠: 嗔, 怒也. 恠, 恨也.

'嗔'은 '怒'[성내다]이다. '恠'는 '恨'[한을 품다]이다.

㉜ 比及他手裏去: 言我若爲其手所殺害, 不若我先殺彼云云.

"내가 만약 그의 손에 살해된다면, 내가 먼저 그를 죽이는 것만 같지 못하다"는 말이다.

㉝ 一答里行: 猶言一處同行也. 里, 與裏同, 後里字同.

"한 곳으로 함께 가다"는 뜻이다. '里'는 '裏'[~에]와 같으며, 뒤의 '里'字도 같다.

㉞ 肯饒我那: 饒, 寬宥之意. 那, 去聲, 語辭.

'饒'은 관대하게 용서한다는 뜻이다. '那'는 去聲으로 語辭이다.

㉟ 寅夜: 猶言昏夜也.

'어두운 밤'과 같다.

㊱ 静州: 在義州, 今廢.

義州에 있었는데, 지금은 폐지되었다.

㊲ 愶勒: 愶, 與脅同.

'愶'은 '脅'[위협하다]와 같다.

㊳ 納哈出: 胡人名, 北元承相.

胡人의 이름으로, 北元의 승상이다.

㊴ 披掛: 披, 着也. 掛, 甲也

'披'는 '着'[입다]이다. '掛'는 '甲'[갑옷]이다.

㊵ 赶往納合出那里去: 那, 去聲, 彼也. 餘解見上.

'那'는 去聲으로 '彼'[저]이다. 나머지 해석은 위를 보라.

㊶ 團聚: 團, 亦聚也.

'團' 또한 '聚'[모으다]이다.

㊷ 拘管: 拘執收管也.

"잡아서 관리하다"이다.

㊸ 盤纏: 行路所費, 謂之盤纏.

길을 가는 데에 드는 비용을 가리켜 '盤纏'이라고 한다.

㊹ 奪要: 刼奪而要得也.

"겁탈해서 가려 하다"이다.

㊺ 招證: 招辭證佐.

招辭[진술]와 證佐[증거]이다.

㊻ 參詳: 子細尋究也.

"자세히 조사하다"이다.

㊼ 不擬: 猶言不意也.

'不意'[뜻하지 않게]와 같다.

㊽ 羈管: 將罪人, 寄留人家, 使不得他往.

죄인을 人家에 머무르게 하되 다른 곳으로 갈 수 없게 하는 것.

㊾ 即目: 猶言即今也.

'即今'[지금]과 같다.

㊿ 權署國事: 時未有誥命, 故曰權署.

이때 아직 誥命이 없어서 '權署'라고 한 것이다.

㉛ 明降: 明命降下也. 卽取上裁決之意.

"밝은 명이 내려오다"이다. 즉 上의 裁決을 받는다는 뜻이다.

㉜ 所據: 謂時所取據之事. 如本國吏語中向前之意, 亦曰所有.

당시 취하여 의거한 바의 일을 말한다. 本國 吏語 가운데 '向前'[안전](앞서, 지난 번, 위의 등)의 뜻으로, 또한 '所有'라고도 한다.

㉝ 未解餧養瘦弱馬: 時未解送, 而留彼喂養之瘦弱馬也.

이때 아직 解送하지 못하고 그곳에 남겨두어 먹이고 있던 마르고 약한 말이다.

㉞ 申覆: 申, 卽申交也. 覆, 詳審之意.

'申'은 즉 '申交'이다. '覆'은 '詳審'[상세히 심의하다]의 뜻이다.

㉟ 照詳: 謂照察而詳審也. 凡文移結語, 例稱乞照詳云云.

"비추어 살피고 상세히 심의하다"를 말한다. 무릇 文移의 結語에 일반적으로 "乞照詳云云"이라고 칭한다.

金義叛逆都評議使司申

번역문

1 高麗國 都評議使司[1](에서 신문을 올립니다.)

1 살피건대, 先國王이 薨逝하기 전 洪武 7년(1374, 고려 공민왕 23) 4월 13일에 中書省의 咨를 받았습니다.

2 洪武 7년 2월 초3일에 삼가 聖旨를 받들었는데, 그 내용은 다음과 같습니다.

3 정벌에 쓸 마필을 위하여 禮部主事 林實週[2]와 孳牧所[3] 大使 蔡斌을 차정하여 보내, 耽羅의 좋은 말 2,000필을 이끌고 연달아 定遼衛[4]에 보내어, 京師에 전달하게 하

1) 都評議使司: 고려 후기의 재상 合坐 기구로 都堂이라고도 하며, 관질은 종1품이다. 고려 초 설치된 都兵馬使가 충렬왕 5년에 都評議使司로 개칭되었다. 원 간섭기 이후로는 僉議府와 密直司의 합좌 기구로 운영되었다(『高麗史』 권77, 百官志2, 諸司都監各色, 都評議使司). 공식적으로 고려 말의 최고 관부는 中書門下省이었으나 원 간섭기 이후 합좌기구인 都評議使司[都堂]가 실질적인 최고 관부의 역할을 담당했다(邊太燮, 「高麗都堂考」, 『歷史教育』 11・12, 1969; 『高麗政治制度史研究』, 一潮閣, 1971에 재수록). 『吏文』에 수록된 문서 가운데 고려・조선 측의 행이주체는 國王이 대부분이며, 그 외에 官府 가운데에는 都評議使司가 몇 차례 확인된다.

2) 『高麗史』에는 '林密'로 기재되어 있다. 어떤 이유로 기재 상에 혼란이 있었는지는 불명확하지만, 자료의 성격상 1차 자료인 외교문서에 기재된 인명이 더 정확한 것으로 판단된다.

3) 孳牧所: 洪武 연간에 光祿寺 소속으로 설치되었던 목장으로, 大使 1인[종구품], 副使 1인[未入流]을 두었다. 홍무 10년에 司牧司로 개칭하고 뒤에 司牧局으로 개칭하였다(『明史』卷74, 職官志3; 『大明會典』 권217, 光祿寺).

4) 定遼衛: 즉 定遼衛都指揮使司. 이에 대해서는 이문 2-6 <逃軍梢陳均祥等

라.[5]

1 이를 받고, 즉시로 同知密直司事[6] 韓邦彦[7]을 차정하여 耽羅 제주에 가서 삼가 聖旨의 事意에 따라 마필을 가지고 오게 하였습니다. 제주 達達牧子 肖忽禿不花・石帖里必思, 임시 萬戶[8] 觀音

起取咨呈>의 해당 항목 참조.

5) 본문에는 “施行”이라고만 기록되어 있는데, 이는 中書省에서 보낸 咨의 結辭 부분을 압축하여 기록한 것으로, 원문은 추측건대 “欽此. 除欽遵外, 合行移咨, 請照驗施行”과 같은 형식이었을 것이다. 혹은 ‘施行’ 자체가 홍무제의 聖旨의 마지막 구절이었을 수도 있다. 이 경우 중서성의 자문의 結辭는 완전히 생략된 셈이 된다. 이상의 中書省 咨文과 함께 禮部主事 林密 등이 고려에 도착한 사실은 『高麗史』 권44, 공민왕 23년 4월 戊申에 기록되어 있다. 이후 같은 해 9월 林密과 金義 일행이 고려를 출발하기까지, 약 5개월 동안 林密의 행적이 『高麗史』의 곳곳에 기록되어 있다.

6) 密直司: 密直司는 왕에게 올리는 문건을 접수하며 왕의 명령을 전달하는 일을 담당하거나, 宿衛・軍機에 관계되는 정사를 맡아 보는 관서이다. 성종 10년(991) 中樞院을 처음 설치하여 고려 전기에는 주로 中樞院이 그 기능을 담당하였다. 이후 改置를 반복하다가 충렬왕 원년(1275)에 密直司로 고쳤고, 24년(1298), 충선왕 첫 재위기간에 충선왕이 光政院이라고 고쳤다가 얼마 안 되어 다시 밀직사로 고쳤다. 34년(1308)에 재차 즉위한 충선왕이 폐지했다가 곧 복구하고 判司事를 더 두었다. 2년에 밀직사를 승격시켜 僉議府와 같게 하고 이 두 관아를 兩府라고 부르게 하였다. 공민왕 5년(1356)에 다시 추밀원으로 개칭하여 정원과 품계는 모두 문종 때의 옛 제도를 회복하였다. 11년에 또다시 밀직사로 고쳐 설치되었다(『高麗史』 권76, 百官志1, 密直司). 同知密直司使는 密直司의 종2품 관원이다.

7) 韓邦彦: 고려 후기의 무신으로 공민왕 때에 군기감을 역임했고, 공민왕 10년 홍건적의 침입으로 서울이 함락당하자 이를 수복하는 데 공을 세워 12년 2등공신이 되었다(『高麗史』 권40, 공민왕 12년 3월 乙酉). 공민왕 23년 명나라가 北元 원정을 위해 사신 林密을 보내 말 2,000필을 요구했는데, 이때 門下評理로서 貢馬를 가져오기 위해 제주에 파견되었다. 그러나 몽고관리들이 말의 인도를 거부해 겨우 300필만 받아 왔다. 이에 조정에서는 책임을 물어 유배를 보냈다(『高麗史』 권44, 공민왕 23년 4월, 8월). 우왕 원년에 다시 同知密直副使으로 임명되었고, 이후로 침입이 빈번했던 왜구를 격퇴하는 데에 많은 공을 세웠다(『高麗史』 권133, 우왕 원년 2월).

8) 萬戶: 고려후기~조선초기, 巡軍萬戶府와 지방의 萬戶府에 두었던 무관벼슬이다. 몽골식 명칭으로서 충렬왕 7년(1281) 고려와 元의 연합군이 일본 출병을 준비할 때에 中軍・左軍・右軍에 3개의 만호를 두었던 데에서 비

保[9] 등이 聖旨를 어기고 단지 말 350필을 내어주고, 그 나머지 말은 가지고 오는 데에 따르지 않았습니다. 이 내용을 두 사신에게 計稟한 바 있습니다.

1 홍무 5년 7월에 이미 삼가 성지를 받았는데, 그 내용에 "耽羅의 牧子가 난폭하여 계속 모멸당할 수 없으니, 속히 군사를 일으켜 토벌하라"[10]라고 하신 뜻에 따라, 贊成事[11] 崔瑩[12] 등의 관원을 차정해 보내서 죄를 묻게 한 후,[13] 이미 바다를 건넌 말 350여 필 중에 파

롯되었다. 그 후 開京의 巡軍萬戶를 비롯하여 合浦・全羅・耽羅・西京 등에 5개 만호가 증설되었다. 그러나 지방의 萬戶는 거느리는 군대도 없이 金符만을 차고 다니는 유명무실한 것으로 변질되었다. 본래 萬戶・千戶・百戶 등은 그 통할하는 民戶의 수를 표시하는 말이었으나, 후에는 그 민호의 수효와는 관계없이 다만 鎭將의 품계를 나타내는 말로 변하였다. 육군에서보다는 水軍에서 이 관직명이 오래 남아 있었다. 조선 전기에는 만호・副萬戶・천호・백호 등의 관직을 두었으나, 점차 정리되었다. 수군의 萬戶는 육군의 兵馬同僉節制使와 같이 종4품 무관직이다.

9) 『高麗史』의 기록에는 石迭里必思・肖苦禿不花 등으로 기재되어 있어 표기에 차이가 난다. 관음보의 경우, 임시직으로 만호를 맡고 있었기 때문에 權萬戶로 적혀 있다.

10) 耽羅의 토벌을 고려의 재량에 맡기겠다는 洪武帝의 위와 같은 聖旨는 『明太祖實錄』 권75, 홍무 5년 7월 庚午에 기록되어 있다. 고려에는 같은 해 9월에 전달되었다. 『高麗史』 권43, 공민왕 21년 9월 壬戌 참조.

11) 贊成事: 고려 후기 門下府의 정2품 관직. 충렬왕 원년에 中書侍郎平章事와 中書平章事를 각각 僉議侍郎贊成事・僉議贊成事로 고치고, 충선왕 원년에는 中護로, 공민왕 5년에는 다시 平章事로 고치고, 11년에 僉議贊成事로 고쳤다가 18년에 門下贊成事로 다시 고쳤다.

12) 崔瑩: 고려후기의 무신이다. 왜구와 홍건적을 토벌하는 데 많은 공을 세웠다. 1374년 명나라가 제주도의 말 2,000필을 요구하였는데, 제주도의 胡牧이 300필만 보내왔다. 이에 제주도를 치기로 하고, 楊廣全羅慶尙道都統使가 되어 도병마사 廉興邦과 함께 전함 314척과 군사 25,600명을 지휘, 제주도를 평정하였다. 『高麗史』 권44, 공민왕 23년 7월 기축, 8월 辛酉 및 권113, 열전26, 崔瑩 참조.

13) 탐라의 몽골인 牧戶 반란과 그 토벌에 대해서는 이문 2-12 <濟州行兵都評議使司申> 참조. 탐라에는 원 황실 직영의 牧場이 개설되어 있었는데, 그 귀속 문제를 둘러싸고 고려와 명 사이에 분쟁이 있었다. 이에 대해서는

리하고 약한 말 150필은 먹여 기르도록 따로 처리하는 외에, 쓸 만한 말 200필은 사람을 차정하여 押領하게 하였습니다. 사신을 수행하여 출발할 무렵, 蔡 大使가 국왕을 面對하고 말하였습니다.

2 내가 듣건대 배신 密直副使 金義[14]가 弓馬에 매우 익숙하다고 합니다. 그 사람을 시켜 말을 끌고 우리를 호송하도록 하게 하시면 좋겠습니다.

1 이에 따라 이를 받아들여, 문서를 보내 金義를 차정하여 9월 초3일에 출발하였습니다.[15] 西京 지방에 이르렀을 때, 뜻하지 않게 국왕이 9월 23일에 홍서하였습니다.[16] 遺旨에서 아들로 하여금 왕위를 잇도록 하였습니다. 사신에게 전달하여 보고하는 무렵, 곧이어 義州・泥城[17]・江界[18] 등의 防禦官 吳季男・裴彦・朴普

末松保和, 「麗末鮮初における對明關係」, 『青丘史草』 1, 1967, 제3장 <耽羅問題> 및 김순자, 「여말선초 명과의 말무역」, 『한국 중세 한중관계사』 혜안, 2007 참조.

14) 金義: 고려 후기의 무신으로 본명은 也列哥이다. 본래 胡人으로 고려에 귀화하여 공민왕 말년에 밀직부사・동지밀직사사 등을 역임하였다. 공민왕 23년에 명나라 사신 林密・蔡斌 등이 말을 구해 돌아갈 때, 공마를 호송하는 임무를 맡게 되었는데, 임밀과 채빈은 요구하는 마필의 수가 부족하고, 자신에 대한 접대가 부실하다는 이유로 가는 곳마다 행패를 부리며 김의를 죽이려 하였다. 이때 이인임은 명나라 조정에서 공민왕의 변고를 질문할까 염려하여 安師琦를 보내서 비밀히 김의에게 사신 채빈 등을 살해하여 입을 막으라고 지시하였다. 김의는 開州站에 이르러 채빈을 죽이고 임밀을 납치, 군사 300명과 말 200필을 이끌고 納哈出에게 투신했다. 이 사건으로 오랫동안 명나라와의 외교관계가 경직되었다. 그의 재산은 몰수되었고, 어머니와 처는 尙州의 관비가 되었으며, 형인 전 판사 金彦은 하옥되었으나 탈옥하여 도주했다. 그 후 金義는 명나라에 귀순하여 指揮가 되었으며 南蠻을 정벌하기도 했다. 『高麗史』 권131, 열전44, 반역5, 金義 참조.

15) 『高麗史』에는 임밀・채빈 일행의 출발 일자를 왕 23년 9월 甲子로 기록하였는데, 이는 초2일에 해당한다. 이문의 기록과는 하루의 차이가 있다.

16) 『高麗史』에는 공민왕이 홍서한 날짜를 왕 23년 9월 甲申으로 기록하였는데, 이는 22일에 해당한다. 역시 이문의 기록과는 하루의 차이가 있다.

17) 泥城: 泥城府는 安北大都護府에 있는 지역으로 공민왕 18년 萬戶府를 설

老 등이 狀으로 보고하였습니다.

2 직접 알아보니 遼陽 邊江 근처에 高鐵頭·胡拔禿[19] 등의 軍馬가 왔다갔다 하며 공언하기를, 회환하는 조정의 사신과 발송한 戰馬를 가로막고자 한다고 합니다.

1 이를 받고, 아직 허실을 알지 못하여 이로 인해서 지연되었습니다. 11월 22일에 이르러 사신이 이끄는 대로 김의가 말을 끌고 義州 鴨綠江을 건너갔습니다. 그런 뒤 12월 초8일에 이르러 押馬官 前護軍[20] 周龍劍의 狀告를 받았습니다.

2 홍무 7년 8월 24일, 宗簿副令[21] 趙原寶 등과 함께 密直副使 金義를 수행하여, 人夫를 인솔하여 戰馬 200필을 압령하고, 조정에서 차정되어 온 관원 임 주사·채 대사를 호송하도록 차정되었습니다. 11월 22일에 강을 건너 定遼衛로 향하는데, 24

치했다. 원래 林土와 碧團 지역은 모두 여진족들이 살던 곳인데 공민왕 6년에 泥城 만호 金進 등을 보내 그들을 좇아낸 후 林土를 陰童으로 고치고 碧團은 여기에 소속시켰으며, 남방 백성들을 이곳에 이주시켰다. 『高麗史』 권58, 地理志3, 安北大都護府 참조.

18) 江界: 江界府는 공민왕 10년에 禿魯江萬戶라고 불리다가 18년에 江界로 고치고 萬戶府로 삼았다. 『高麗史』 권58, 地理志3, 安北大都護府 참조.

19) 『高麗史』에는 그 人名을 '古提豆' '胡拔都' 등으로도 표기하고 있다. 『吏文輯覽』의 해설과 같이 원의 잔여세력으로, 공민왕 말년에서 우왕 연간에 걸쳐 고려의 泥城·江界 등을 침입하였다는 기록이 몇 차례 보인다. 『高麗史』 권43, 공민왕 21년 정월 甲戌; 2월 辛丑 등. 특히 호발도와 李成桂의 접전 상황이 『高麗史』 권116, 열전29, 李豆蘭傳에 매우 자세히 묘사되어 있다.

20) 護軍: 鷹揚軍·龍虎軍 등 중앙군의 정4품 官職. 고려 전기에는 두 군에 정3품 上將軍·종3품 大將軍·정4품 將軍을 두었으나, 공민왕대에 將軍의 명칭을 護軍으로 변경하였다. 『高麗史』 권77, 百官志2, 西班, 鷹揚軍 참조.

21) 宗簿寺: 종부시는 宗室에 관계되는 일 및 王氏의 족보를 맡아보는 관서이다. 목종 때에 殿中省을 설치했다가 후에 殿中寺로 고쳤다. 충렬왕 24년에 宗正寺로 고치고 충선왕 2년에 宗簿寺로 고쳤다. 공민왕 5년에 다시 宗正寺라고 고친 뒤 종부시와 종정시로 다시 개칭되었다가 21년에 종부시로 복구했다. 宗簿副令은 宗簿寺의 종4품 관직. 『高麗史』 권76, 百官志 1, 宗簿寺 참조.

일 只孫站에 이르러 각자 움막을 만들어 묵었습니다. 25일 일찍 아직 날이 밝기 전에 김의가 자기 수행원 등을 거느리고 반란을 일으켜서 채 대사와 아울러 그 수행원을 살해하였습니다. 그 때 저[龍劍]는 급히 달려가 동행하던 進表使 張子溫[22]에게 말하여 알려 주었습니다. 곧바로 김의의 이름을 알지 못하는 수행원 6~7명이 몽둥이를 가지고 저희에게 와서 임 주사와 아울러 그 수행원을 체포하여 포박했습니다. 저[龍劍]는 김의가 사람을 죽이며 이렇게 말하는 것을 보았습니다.

[3]채 대사가 安州에 있을 때에 술에 취해서 나를 잡아 옷을 벗기고 죽이려고 하였다. 이후 누차 화를 내고 분을 품으며 반드시 나를 죽이겠다고 하였다. 그의 손에 죽임을 당하느니 지금 내가 먼저 손을 써서 죽여 없앴다. 임 주사는 좋은 사람이니 나는 그의 목숨을 살려주고 같이 갈 것이다. 나는 고려로 돌아가지 않을 것이다. 만약 돌아간다면 본국에서 나

---

22) 張子溫: 고려 후기의 문신이다. 공민왕 13년 호군으로 원에 갔다가 공민왕을 復位시키고 崔濡를 檻에 넣어 압송하라는 황제의 명령을 가지고 돌아왔으며(『高麗史』 권40, 공민왕 13년 9월 己巳), 공민왕 17년 禮儀判書로서 吳王[명나라 태조인 朱元璋]을 방문하였고, 이듬해에는 工部尙書로 南京에 가서 新正을 하례하고 『本國朝賀儀注』를 청해 다음해 그 1책을 가지고 돌아오는 등 사신으로서 활약했다(『高麗史』 권41, 공민왕 18년 8월 戊辰; 권42, 공민왕 19년 6월 甲戌 등). 공민왕 21년 民部尙書로 명에 가서 耽羅를 토벌할 것을 요청했고(『高麗史』 권43 공민왕 21년 4월 壬寅), 이듬해 명나라와의 국교관계가 순조롭지 못하자 民部判書로 定遼衛에 가서, 앞서 鄭庇가 명에 바친 말을 받아들이지 않은 일에 대해 조사했으나 성과를 거두지 못하고 돌아왔다(『高麗史』 권44, 공민왕 22년 정월 庚寅). 우왕 14년 첨의찬성사로 명나라에 사은하러 들어갔다가 고려에서 보낸 말이 열등품이라는 이유로 錦衣衛에 갇혀 옥사하였다(『高麗史』 권137, 우왕 14년 2월). 그는 고려말 대표적인 대명외교 전문가로 평가된다. 그의 외교활동에 대해서는 박원호, 「고려와 주원장의 첫 교섭에 관한 소고」, 『북방사논총』 3, 2005, 213~218쪽을 참조.

를 용서하겠는가?

2 이를 듣고, 저는 두려워서 단지 따라 갈 수밖에 없었습니다. 26일에 이르러 松夫里 지방에 도착하여 묵었는데, 한밤중에 말 먹이는 사람 金天用 등 2명과 함께 官馬 4필을 타고 도주하였습니다. 27일에 이르러 돌아와 본국 靜州에 도착했습니다. 아뢰오니 시행하시기 바랍니다.

1 이를 받았고, 또 도망해 돌아온 養馬人 魯彦・申起 등이 고하여 말하였습니다.

2 官馬를 먹여 기르는 일에 차정되었습니다. 11월 24일에 只孫站에 도착하여 묵었습니다. 25일 일찍 날이 밝기 전에 押領馬匹護送官 김의가 사신 채 대사와 아울러 수행원들을 살해하였고, 또 임 주사와 수행원을 체포하여 포박했습니다. 저희를 협박하여 말을 몰고 그를 따라서 納哈出[23]에게 가도록 하였습니다. 26일 밤에 松夫里 지방에 도착하여 묵었습니다. 27일 이른 새벽, 김의가 그날 밤에 인부들이 많이 도주한 것을 보고, 즉시 이름을 알 수 없는 군인 2명을 잡아 죽였습니다. 이동하여 八十里 시역에 이르러 묵었는데, 그날 밤 또 인부 1명을 잡아 죽였고, 28일 일찍 다시 인부 1명을 죽였습니다. 이 때문에 각

---

23) 納哈出에 대해서는 이문 2-4 <前原平章洪寶寶悖逆咨>의 해당 항목을 참조. 고려말 고려와 나하추의 관계를 개략적으로 살펴보면, 공민왕 11년에 동북면의 토착세력이었던 趙小生이 納哈出을 꾀어들여서 三撒・忽面의 땅에 침입하였고, 동북면 도지휘사가 패퇴하자 이성계가 나서서 싸워 이겼다(『高麗史』 권40, 공민왕 11년). 이후에는 고려에게 방물을 바치고 벼슬을 구하기도 했다(『高麗史』 권41, 공민왕 16년, 10월; 『高麗史』 권42, 공민왕 19년 2월). 그러나 공민왕 21년과 22년에 泥城과 江界 등지를 침범하기도 하였다. 이후에 명의 요동경략에 최대 걸림돌이 되는 등 원명교체기 북원세력을 대표하는 세력으로 평가된다. 그의 활동과 요동의 정세에 대해서는 和田淸, 「明初の滿洲經略」, 『東亞史硏究』(滿洲篇), 東洋文庫, 1955, 268~282쪽 및 尹銀淑, 「나가추의 활동과 14세기말 동아시아 政勢」, 『明淸史硏究』 28, 2007 참조.

각의 인부들이 두려워하여 감히 도주하지 못했습니다. 30일에 이르러 이름을 알 수 없는 草地에 이르렀는데 金義와 임 주사가 한 곳에서 묵었습니다. 그 밤에 노언은 관마 1필을 타고, 신기는 걸어서 함께 도주하여 돌아왔습니다.

1 이를 받았고, 또 연이어 도망해 온 趙彦寶 등이 고한 바를 받았는데, 서로 같았습니다.

1 密直使 張子溫의 關[24]을 받았는데, 그 내용은 다음과 같았습니다.

2 홍무 7년 9월 초1일, 삼가 선왕께 차정되어 謝恩表 한 통을 받들고 갔습니다.[25] 또 11월 11일에 삼가 왕대비께 위임을 받아 典工判書[26] 閔伯萱[27]과 함께 선왕 訃音表文 한 통・請諡表

---

24) 關: 官文書 가운데 평행문서의 일종으로, 『洪武禮制』의 「行移體式」에 따르면 3품 이하 아문에서 사용하였다. 조선시대에도 널리 쓰인 관문서의 서식으로, 동등한 관부 상호간이나 상급관청에서 하급관청에 보내는 문서식으로 쓰였다. 下級에서 上級으로 올리는 문서로는 牒呈을 사용했다. 關의 내용은 대개 두 官廳 사이에 관련이 있는 事務를 '相考'하여 시행하기 위한 것이다. 동등한 관아 사이의 關文을 '平關'이라 한다. 高麗로부터 朝鮮초까지는 '出納'이라 쓰던 것을 太宗 초년부터 '關'으로 바꿔 쓰게 되었다. 關은 關文 혹은 關子라 하기도 한다(崔承熙, 『(증보판)韓國古文書硏究』, 지식산업사, 2006 참조). 주목되는 것은 고려 말에 국내 관문서 양식 가운데 關이라는 문서식은 없었다는 점이다(고려시대 관문서의 서식에 대해서는 박재우, 「고려시대의 관문서와 전달체계」, 『古文書硏究』 33, 2008 참조). 여기서 명에 전달된 문서에서는 고려 자체의 문서를 인용할 경우에도 명의 관문서식에 따라 그 명칭과 문체를 변경했음을 알 수 있다(鄭東勳, 「高麗-明 外交文書 書式의 성립과 배경」, 『韓國史論』 56, 2010, 173~174쪽 참조).

25) 『高麗史』 권44, 공민왕 23년 9월 甲子. "又遣同知密直司事張子溫, 謝通朝貢道路, 又請冠服・謝通道路表曰, (하략)." 이 기사를 통해 張子溫의 임무는 <謝通道路表>를 전달하는 것과 冠服을 청하는 것 두 가지였음을 알 수 있다.

26) 典工司: 고려전기의 尙書工部로, 충렬왕 원년에 폐지하였다가 24년에 충선왕이 다시 설치하여 工曹라고 하였다. 공민왕 5년에 工部로, 11년에 典工司로 개칭하였다가, 18년에 工部, 21년에는 다시 典工司로 하였다. 典工判書는 典工司의 정3품 관직이다. 『高麗史』 권76, 百官志1, 工曹 참조.

27) 閔伯萱: 고려 후기의 문신이다. 典工判書・密直副使・知門下商議 등의 벼슬을 역임하였다. 우왕 즉위년 密直司使 張子溫과 함께 명나라에 공민왕의

文 한 통·請襲表文 한 통을 받들고[28] 조정에서 보내온 임 주사·채 대사 및 본국에서 보내 위임한 押領征進馬匹官 密直副使 金義 등을 따라 11월 22일에 의주 압록강을 건넜습니다. 24일에 이르러 지손참에 도착하여 각자 움막을 만들어 묵었습니다. 25일 일찍 아직 밝기 전에 저와 임 주사가 함께 앉아 있는데, 압마관 주용검이 저희에게 말하였습니다. "채 대사와 아울러 그 수행원들이 김의에게 살해되었습니다." 말을 채 마치기 전에 金義의 이름 모를 수행원 6~7명이 몽둥이를 들고 와서는 林 주사와 수행원을 체포하여 포박하였습니다. 또 이름 모를 수행원 1명이 저에게 말하였습니다. "김 재상께서 너를 불러 오라고 하신다." 제가 따라가서 김의를 보았는데, 갑옷을 입고 칼을 차고 살인을 한 일을 말하였습니다.

3 채 대사가 누차 나를 죽이려고 하여 내가 지금 먼저 손을 써서 그를 죽였다. 임 주사는 좋은 사람이니, 그의 목숨을 살려주어 나와 함께 같이 갈 것이다. 나는 고려로 돌아가지 않을 것이다. 만약 돌아가면 본국에서 나를 용서하겠는가? 나는 이 마필을 이끌고 納哈出에게로 갈 것이다. 너희 두 재상은 알아서 고려로 돌아가라. 나도 또한 여기에 며칠 머무를 것이다.

2 말을 마치고 김의가 명령을 내려 인부들을 모았습니다. 저희의 수행원 등을 잡아서 놓아주지 않았고, 또 몸에 지니고 있던 노자[盤纏]·의복·양식을 모두 빼앗아서 定遼衛로 가는 것을

訃音을 고하고, 시호를 내려줄 것과 왕위계승을 청하러 가던 중, 金義의 반역사건으로 돌아왔다. 우왕 6년 왜구가 光州 및 綾城·和順 등지를 침입하자 원수 崔公哲·金用輝·李元桂·金斯革·鄭地·吳彦·王承寶·都興 등과 함께 전라도에서 왜구를 방어하였고, 이 해 10월 西京都副元帥가 되어 왜적을 방어하였다(『高麗史』 권134, 우왕 6년 3월).

28) 『高麗史』 권133, 우왕 즉위년 11월, "遣密直使張子溫·典工判書閔伯萱, 如京師, 告訃, 請賜, 謚承襲."

허용하지 않았습니다. 이 때문에 두려워서 단지 시키는 대로 할 수밖에 없었습니다. 저와 閔伯萱 두 명은 위의 표문을 친히 받들고서 달아나, 그날 밤 2경에 義州江을 건너 돌아왔습니다. 關을 보내니 바라건대 상세히 살피십시오.

1 이를 받고, 사실이 아닐까 우려되어 司平巡衛府[29]로 하여금 周龍劍과 일체의 관련자들의 진술과 증거를 조사하게 하였더니 서로 같았습니다.

1 살피건대, 小邦은 신하로서 聖朝를 섬긴 이래로 어긋남이 없었는데, 뜻하지 않게 호송압마관 김의를 보냈다가 惡逆의 변이 생겨 天使를 살해하고 관마를 겁탈해서 배반하여 남의 경계로 들어갔습니다. 온 나라의 신민이 죄를 지어 호소하지도 못하겠습니다. 반적 金義의 친모와 처자를 籍沒하여 가두고, 아울러 周龍劍 등을 가두고 감시하며, 張子溫·閔伯萱은 집에서 나가지 못하게 하며 명을 기다리게 하는 외에, 왕대비께 啓[30]하고 삼가 말씀을 받들었습니다.

2 金義가 반역한 일은 지금 손자인 禑[31]가 국사를 임시로 맡아

---

29) 司平巡衛府: 고려 충렬왕 때 원나라의 직제를 본떠서 설치한 巡軍萬戶府로 防盜禁亂을 담당하던 관서. 都萬戶·上萬戶·萬戶·副萬戶·鎭撫·千戶·提控 등의 직책이 있었으나, 공민왕 18년에 司平巡衛府로 고치고 提調 1명·판사 3명·參詳官 4명·巡衛官 6명·評事官 5명을 두었다. 이후 禑王 초 李仁任 등의 親元세력이 강화됨에 따라 다시 순군만호부로 개편하게 되었다(『高麗史』 권77, 百官志2, 諸司都監各色, 巡軍萬戶府). 조선 태종 2년(1402) 6월 巡衛府, 이듬해 6월 義勇巡禁司 등으로 명칭이 변경되었다가 태종 14년 義禁府로 되었다.

30) 啓: 臣下가 政務에 관하여 國王에게 上奏하는 文書이다. 崔承熙, 『(증보판)韓國古文書研究』, 지식산업사, 2006 참조.

31) 『吏文』에는 '王諱'라고 기록되어 있다. 문서의 원문에서는 '王禑'라고 적혀 있었을 것이나, 왕의 이름자를 避諱한 것으로 볼 수 있다. 이는 이 문서가 謄錄된 것이 禑王 재위 당시였음을 엿볼 수 있게 한다. 즉 『吏文』의 저본이 되었던 『吏文謄錄』이나 혹은 적어도 대중국 외교문서의 謄錄이 이미 고려 말부터 작성되고 있음을 알려주는 것이다.

[權署國事] 감히 곧바로 咨稟할 수 없다. 너희 도평의사사에서 사람을 보내 조정에 申을 보내어 밝은 명을 내리도록 시행하라.[32]

1 지금 判宗簿寺事 崔源을 보내 말을 달려 위의 표문을 받들어 가지고 가도록 합니다.[33] 지난 번에 원래 관원을 차정하여 물어오셨던 바, 제주 肖忽禿不花 등의 죄명에 관한 사안은 이미 論決했습니다. 이미 취하여 먼저 바다를 건넌 말 930여 필 가운데 파도 때문에 빠진 것이 93필로, 현재 도착한 것이 837필이고, 아울러 전에 아직 보내지 않은 왜소하고 파리하여 먹여 기르던 말이 150필로, 모두 계산하여 현재 말 987마리가 있는데, 이번에 발송하려 합니다. 그러나 도로는 지금 高站頭·胡拔禿이 金義와 더불어 당을 지어 못된 행실을 부리고 있기에, 조금 평안해지기를 기다려 연이어 定遼衛로 보내어 교부하는 외에, 이를 위해 卑司에서[34] 申覆[35]하니 엎드려 바라옵건대 상세히 살펴 전달하여 밝은 명을 내리시도록 시행하십시오. 須至申者.[36]

1 洪武 7년(1374, 고려 공민왕 23[우왕 즉위년]) 12월 25일

---

32) 敬此: 諸王이나 왕세자 등으로부터 鈞旨를 받았거나, 황후나 태후·王妃의 懿旨를 받았을 때에는 맺는 말로 "敬此"를 사용한다. 『吏學指南』(태학사 영인본, 2002), 『古今釋林』 권39 「元明吏學」(奎12253)의 해당 항목 참조.

33) 이 문서를 비롯해서 請諡表·請承襲表 등을 전달하기 위해 崔源이 파견되었다는 사실은 『高麗史』 권133, 우왕 원년 정월에서 확인된다.

34) 卑司: 문서의 발급주체인 도평의사사가 낮추어 말하는 것이다.

35) 申覆: 공문제도에서 '覆'자는 이전에 아뢴 사항에 대해 거듭 아뢰는 경우, 혹은 이전에 받은 문서에 대한 답장을 보내는 경우에 사용하는 것이 일반적이다.

36) "須至申者" 이후의 結辭로 "右申 某衙門"이 기재되어 있었을 것이나, 여기서는 생략되어 있다. 수신자가 명기되어 있지 않지만, "申覆"이라는 말이 이 문서가 기본적으로 답장의 성격을 가지는 것임을 알려주고 있으므로 본문의 내용에서 처음 인용된 中書省의 咨에 대한 답장으로 작성된 것이었음을 알 수 있다.

행문 과정

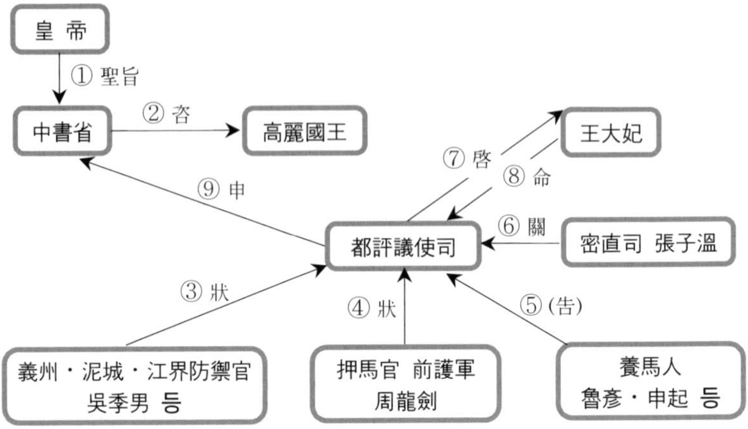

① 皇帝가 中書省에 聖旨: 고려에 사신을 보내 탐라 말 2천 마리를 끌고 올 것 지시(홍무 7년 2월 3일).
② 中書省에서 高麗國王에게 咨: 사신을 파견하면서 황제의 성지 전달(홍무 7년 4월 13일).
(이후 탐라에서 말을 조발하여 개경에 도착).
(사신 일행, 김의와 함께 출발. 공민왕 홍서).
③ 義州・泥城・江界防禦官 吳季男 등이 都評議使司에 狀: 압록강 이북의 정세 불안 보고.
④ 押馬官 前護軍 周龍劍이 都評議使司에 狀: 金義가 사신 蔡斌 등을 살해한 사실 보고(12월 8일).
⑤ 養馬人 魯彥・申起 등이 都評議使司에 (告): 金義가 사신 蔡斌 등을 살해한 사실 보고.
⑥ 密直司 張子溫이 都評議使司에 關: 金義가 사신 蔡斌 등을 살해한 사실 보고.
⑦ 都評議使司에서 王大妃에게 啓: 사건 처리 방침 문의.
⑧ 王大妃가 都評議使司에 命: 都評議使司 명의로 명에 통지할 것 지시.
⑨ 都評議使司에서 中書省에 申: 金義가 사신 蔡斌 등을 살해한 사실 보고(12월 25일).

사건 경과

ⓐ 홍무 5년(1372, 공민왕 21) 7월, 洪武帝가 탐라를 공격하라는 聖旨를 내림.

ⓑ 7년 2월 3일, 예부주사 임실주·자목소대사 채빈을 보내 濟州馬 2,000필을 가져오라는 聖旨가 발령됨.

ⓒ 7년 4월 13일, ②의 聖旨를 중서성에서 고려에 전달함. 고려 접수.

ⓓ 9월 1일, 張子溫, <謝通道路表>를 가지고 출발.

ⓔ 9월 3일, 蔡斌·金義 일행 개경 출발.

ⓕ 9월 23일(甲申), 恭愍王 薨逝, 일행은 西京 도착. 의주·이성·강계방어관이 遼陽邊江의 혼란상을 狀報.

ⓖ 11월 11일, 張子溫·閔伯萱, <先王訃音表>, <請謚表>, <請襲表>를 가지고 출발.

(이후 渡江하기 전에 蔡斌·金義 일행과 합류한 듯).

ⓗ 11월 22일, 蔡斌·金義·張子溫 등의 일행, 압록강 도강. 24일 只孫站 도착.

ⓘ 11월 25일 새벽, 김의가 채빈 등을 살해. 당일 장자온과 민백훤은 放還. 임실주는 포로로 삼음.

ⓙ 26일, 松夫里에 도착. 그날 밤 押馬官 周龍劍 등 3명 도주.

ⓚ 27일, 김의가 인부들의 도주를 확인하고 군인 2명 살해, 六十里에 도착. 주용검 일행은 靜州에 도착.

ⓛ 30일, 養馬人 魯彥·申起 등 도주.

ⓜ 12월 8일, 주용검이 狀告로 사건을 조정에 알려옴.

ⓝ 이후 司平巡衛府에서 주용검 등을 조사. 도평의사사에서 김의의 가족 처벌, 장자온·민백훤 覊管. 왕대비에게 보고.

ⓞ 12월 25일, 고려국 도평의사사 명의로 중서성에 申을 보내어 사건 보고.

吏文 2-10

請通朝貢道路咨[1]

발신일자 洪武 7년(恭愍王 23년) 2월 28일 (1374년 4월 10일)
발신기관 高麗國王
수신기관 中書省
서　　식 咨

■ 문서내용　홍무 5년에 고려의 사절이 바닷길을 거쳐 귀국하던 중 익사하는 사건이 발생하자 홍무제는 海路로 入貢하는 것을 금지하였다. 그 후 고려에서는 遼東을 통하는 육로로 사절을 보냈으나, 遼東都司에서는 고려 사신의 入境을 금지한다는 홍무제의 聖旨를 들어 통과를 허용하지 않았다. 이에 고려국왕이 中書省에 조공로를 다시 개통해줄 것을 요청하는 내용이다.

原 文

1 高麗國王

1 據都評議使司[2]申.

2 照得, 洪武六年六月二十日, 差官進賀聖節・千秋, 及洪武七年正朝, 幷進獻濟州馬匹. 伺候風汛①過海, 爲倭賊攔截海口, 未能開船間, 當年七月十三日, 欽奉聖旨.

3 節該, 今後我生日不要進表, 東宮生日亦不要進箋. 惟正朝表文類進②將來.

2 欽此.

---

1) 想白J・想白I・前間本에는 제목 있음. 奎古5700에는 제목 없음.
2) 想白J에는 司 있음. 想白I・奎古5700・前間本에는 司 없음.

2 又奉聖旨.

3 節該, 高麗國去中國稍近, 敎他依着三年一聘之禮, 或欲每世[3] 一見, 亦可.

2 欽此.

2 又准贊成事姜仁裕等關.

3 該, 洪武五年十二月, 欽奉宣諭聖旨.

4 節該, 恁每如今連三年, 依舊累來之後, 可三年一遭③來進貢.

3 欽此.

3 洪武六年四月十四日, 又奉宣諭聖旨.

4 節該, 去年, 姓洪的海面上壞了船, 見海上難過. 敎恁往登州過海, 今後休要海裏來.

3 欽此.

2 除欽遵外, 當月二十五日, 止差密直副使鄭庇, 進賀洪武七年正朝, 及差判繕工寺事周英贊, 進獻馬匹, 經由定遼衛驛道.

2 去後, 回准鄭庇關.

3 該, 九月初一日, 到頭館站地面, 見榜文, 該寫.

4 遠方使臣到來, 卽仰回還. 毋擅入境.

3 蒙此, 不敢前進, 令通事姜師德等, 赴定遼衛計禀. 有黃知印, 看訖差箚④, 入城去, 一同錢鎭撫出來言說.

4 衛官說將來⑤, 咱這裏無脚力⑥, 一來⑦金州有倭賊, 又無船隻, 這道子上難行, 早些回本國, 打水路裏去⑧.

3 姜師德等回言.

4 近間, 本國使臣奉聖旨, "今後休要海裏來," 如今不打這路

---

3) 想白J에는 世, 想白I・奎古5700・前間本에는 歲. 이문 2-8 ＜朝廷禮物發回咨＞ 등에 의거하면 世가 맞음.

上去, 打那里[4]去⑨.

3 錢鎮撫說.

4 恁那崔通事⑩, 打衛里[5]過, 曾對衛官說來⑪. 這是恁本國使臣, 如何准得他的話⑫.

3 庇聽此, 當同周英贊, 親到本衛城外, 有張千戶, 說道.

4 昨日, 兩箇通事, 說話已了. 衛官教宰相回去.

3 庇等回言.

4 俺是進奉去的人. 更奉聖旨, "休要海里來," 如何阻當⑬我.

3 張千戶再說.

4 恁聽來的聖旨, 只是崔通事說來, 俺這里[6]無聖旨. 恁便上馬去.

3 聽此, 回還來了. 關請照驗.

2 准此, 又據周英贊所呈, 相同.

2 得此, 爲朝貢重事, 慮恐失悞未便. 擬合先甘罪責⑭, 權行經由海道, 咨稟中書省聞奏, 許於定遼衛往來, 明降相應⑮. 因鄭庇患病, 將周英贊, 升充密直副使, 齎擎賀正表文, 幷陳情謝恩表文, 及差判繕工寺事禹仁烈, 管領進獻馬匹, 一同鄕試擧人金潛等三名, 坐駕海船, 前[7]赴京師.

2 去後, 至十一月十六日, 據禹仁烈狀呈.

3 蒙差管領進獻馬二十四匹・騾子二匹, 一同進賀洪武七年正朝表文差官周英贊等, 坐駕海船, 前赴京師. 於十一月初二日開洋, 至初三[8]日, 忽値颶風大作, 損壞船桅, 任風漂流. 至初五

4) 想白J에는 里, 想白I・奎古5700・前間本에는 裏. 『吏文輯覽』에는 里.
5) 想白J에는 里, 想白I・奎古5700・前間本에는 裏.
6) 想白J에는 里, 想白I・奎古5700・前間本에는 裏.
7) 想白J・想白I・奎古5700에는 前 있음. 前間本에는 없음.
8) 想白J에는 三, 想白I・奎古5700・前間本에는 參.

日, 斫折船檣, 當夜三更時分, 到全羅道地面曹元島, 巖石上破碎本船. 其時在船人等, 各自救命到岸. 至初六日, 點知在海渰死, 密直副使周英贊, 通事姜師德・尹方吉, 押馬官金天贊, 擧人金潛・曹信, 打軍⑯張吉・安仁守, 幷各官伴倘・養馬人等二十四名, 梢水六[9]名, 馬二十四匹, 騾子二匹. 及渰失各各表文・公文・禮物, 幷無存留. 當得捕魚船到來, 將仁烈, 幷司宰副令金寶生等七十二[10]名, 裝載到羅州下岸. 具呈照詳.

2 得此, 叅詳, 正朝朝賀, 禮不敢違. 近因定遼衛阻當驛道, 權由海道進貢, 其所駕船隻, 旣已損壞, 卽目氷凍時月, 難以發船. 以此, 再行依式⑰修錄原進各各表文, 改差密直副使張子溫, 齎擎懇求定遼衛通路, 趂期赴京.

2 去後, 回准本官關.

3 該, 洪武六年十一月二十八日, 蒙差馳驛, 於十二月初三日, 到定遼衛南門. 見把門官張總旗, 說與差來事因. 將差箚分付⑱本官, 將齎入城. 去後不多時⑲, 回付差箚. 有同來鄒千戶言說.

4 兩指揮說將來, 今年正月, 奉聖旨, "今後高麗使臣, 休要相通往來," 如今再不曾有聖旨, 怎麽⑳與你相通, 教宰相疾忙回去.

3 卑職回言.

4 旣是不容我入城, 通路前去, 有下本衛的㉑三件公文, 可收將去.

3 鄒千戶等說.

4 我如何敢收你的公文. 明日你到東門來說話.

3 聽此, 初四日早, 到東門, 見鄒千戶・張摠旗, 說道.

9) 想白J에는 六, 想白I・奎古5700・前間本에는 陸.

10) 想白J・奎古5700・前間本에는 二, 想白I에는 一.

4 我每稟了指揮, 教宰相早些回去, 休要停住.

3 卑職再三告訴進貢重事, 本官等堅執不聽. 以此, 無可奈何, 回還來了. 關請照驗.

2 准此, 叅詳, 小邦自臣事聖朝, 欽受封爵, 奉行正朔. 凡是朝廷來使, 及本國差去人員, 或從海, 或從陸, 往來五年, 别無違貳. 近蒙聖慮, 垂愍洪師範在海渰歿, "今後休要海裏來," 特令姜仁裕等, 自驛還國. 因此, 差鄭庇・周英贊等, 經由定遼衛朝貢, 不期本衛阻當驛道. 以此, 只差周英贊, 幷禹仁烈, 權由海道前去, 致有周英贊等在海溺死. 爲冰凍時月, 再難發船, 改差張子溫, 懇求定遼衛通路, 仍復推阻㉒不許. 切緣事大重禮, 理難自絶, 宜甘違禁過海之罪, 差官經由海道, 將原行各各表文・公文. 備咨中書省, 定奪聞奏, 許容朝貢往來道路, 明降相應. 謹錄申聞.

1 據此, 除差同知密直司事鄭庇, 替代張子溫, 及差判繕工寺事禹仁烈等, 坐駕海船, 齎擎洪武七年正朝, 及乞貢方物表文二道・謝恩陳情表文三道前去外, 合行移咨, 伏請照詳, 聞奏施行. 須至咨者.

1 右咨

1 中書省

1 洪武七年二月二十八日

이문 집람

① 風汛: 汛, 音信, 潮水也.
'汛'의 음은 信[신]으로, 潮水이다.

② 類進: 類聚而進來也.
"같은 類를 모아서 진헌해오다"이다.

③ 一遭: 猶一番也.

'한 번'과 같다.

④ 差箚: 差委之箚付也.

差委[파견] 명령을 담은 箚付이다.

⑤ 說將來: 將來, 語詞, 漢語如此.

'將來'는 語詞로, 한어에서는 (語辭를) 이와 같이 한다.

⑥ 脚力: 使客往來時, 無職人所乘騾驢, 謂之脚力.

사신단이 왕래할 때 직역이 없는 자가 타는 나귀와 노새를 가리켜 脚力이라고 한다.

⑦ 一來: 猶一面也.

'한편'과 같다.

⑧ 早些回本國打水路裏去: 些, 語詞, 打, 向也. 此謂早回本國, 向水路去也.

'些'는 語詞이고, '打'는 '向'[~로 향하다]이다. 이는 "빨리 본국으로 돌아가서 水路로 가라"는 말이다.

⑨ 打那里去: 那, 上聲. 此謂向何處去乎.

'那'는 上聲이다. 이는 "어느 곳으로 가겠는가"라는 말이다.

⑩ 恁那崔通事: 那, 去聲, 彼也.

'那'는 去聲으로, '彼'[그]이다.

⑪ 說來: 來, 語詞.

'來'는 語詞이다.

⑫ 准得他的話: 准, 信也. 他, 指崔通事.

'准'은 '信'[믿다]이다. '他'는 崔 通事를 가리킨다.

⑬ 阻當: 阻, 隔也. 當, 塞也.

'阻'는 '隔'[가로막다]이다. '當'은 '塞'[막다]이다.

⑭ 先甘罪責: 權由海道, 非聖旨, 故先甘於罪責而往也.

"임시로 바다길을 경유하는 것은 聖旨가 아니므로, 우선 죄를 책망받을 것을 감수하고 가다"이다.

⑮ 相應: 應, 當也.

'應'은 '當'[마땅하다]이다.

⑯ 打軍: 謂爲軍伍之人也.

軍伍의 사람을 가리킨다.

⑰ 依式: 依原行式樣也.

“원래 행했던 양식에 의거하다”이다.

⑱ 分付: 卽交付之意.

즉 交付하다는 뜻.

⑲ 不多時: 未久也.

“오래지 않아서”이다.

⑳ 怎麽: 怎, 何也, 麽, 語辭, 猶乎字之意.

‘怎’은 ‘何’[어찌]이고, ‘麽’는 語辭로, ‘乎’자의 뜻과 같다.

㉑ 有下本衛的: 下, 投下也.

‘下’는 ‘投下’이다.

㉒ 推阻: 推託而阻當也.

“핑계를 대고 가로막다”이다.

請通朝貢道路咨

번역문

1 高麗國王(이 자문을 보냅니다.)

1 都評議使司의 申을 받았습니다.

2 살피건대, 洪武 6년(1373, 고려 공민왕 22) 6월 20일에 관원을 차정하여 聖節·千秋節[1] 및 홍무 7년 正朝를 진하하고 아울러 제주의 마필을 진헌하도록 했습니다. 바람을 타고 바다를 건너고자 기다리는데, 倭賊이 바다어귀를 가로막아 배를 출발시키지 못하던 무렵, 그해 7월 13일에 삼가 성지를 받았는데, 그 내용은 다음과 같습니다.

3 지금 이후로 나의 생일에는 (따로 사절을 파견해서) 表文[2]을 올리지 말고, 동궁[황태자]의 생일에도 또한 (따로 사절을 파견해서) 箋文을 올리지 마라. 오직 正朝 表文에 모아서 함께 가지고 오라.

2 또한 삼가 성지를 받았는데, 그 내용은 다음과 같았습니다.

3 高麗는 中國에서 꽤 가까우니 그들로 하여금 삼 년마다 한

---

1) 聖節使는 명 황제의 생일에, 千秋使는 황태자의 생일에 보내는 사신 명칭이다. 正朝使·冬至使와 함께 정기사행의 하나이다.

2) 表文: 명대 이후 공문제도가 정비되면서 표문은 賀禮 사항에 한정되어 황제에게 제출된 문서를 가리키게 되었다. 구체적인 외교 사안에 관련해서는 주문·자문 등을 이용하다. 본문에서는 언급되는 표문은 聖節表文을 비롯한 正朝表文·冬至表文 등을 말한다.

번씩 조공하는 예에 따르도록 하고, 혹 한 세대에 한 번 입조하기를 원한다면, 그렇게 해도 좋다고 하라.

2 또 贊成事 姜仁裕[3] 등의 關을 받았는데, 그 내용은 다음과 같았습니다.

3 홍무 5년 12월에 삼가 宣諭聖旨를 받았는데, 그 내용은 다음과 같았습니다.

4 너희는 지금과 같이 3년은 종전대로 여러 번씩 오고, 그 후에는 3년에 한 번 와서 조공을 바쳐도 좋다.

3 홍무 6년 4월 14일에 또 선유성지를 받았는데, 그 내용은 다음과 같습니다.

4 지난해에 洪씨 성을 가진 자가 바다에서 배가 부서졌으니,[4] 바다로 건너오기 어렵다는 것을 알겠다. 너희로 하여금 登州[5]로 가서 바다를 건너도록 하나, 금후로는 바다로 오지 말라.

2 삼가 준행하고, 그 달[홍무 6년 7월] 25일에 密直副使 鄭庇[6]를

---

3) 姜仁裕: 여말선초의 문신이다. 공민왕 때 贊成事로 있으면서 여러 차례 명나라에 사신으로 다녀왔다. 공민왕 21년 8월에도 남경에 가서 채단을 보내준 것에 대해 사례하고, 다음해 7월에 돌아왔다. 『高麗史』 권44, 공민왕 22년 7월 壬子 참조.

4) 공민왕 21년 4월에 鄭夢周가 洪師範과 함께 명나라 서울에 가서 중서성의 자문 2통을 받았다. 그 중 하나는 蜀 지역을 평정한 사실과 자제를 입학시키는 일에 관한 것이고, 다른 하나는 雅樂의 鍾과 磬에 관한 것이었다. 8월에 許山까지 돌아왔을 때 풍랑을 만나 파선하여 홍사범은 익사하고 자문은 잃어버렸으므로, 정몽주가 다시 명나라 서울에 가서 자문을 베껴 왔으나, 종과 경에 관한 자문은 중서성의 관원이 그 초고를 분실하였으므로 베끼지 못하고 촉나라 땅의 평정과 자제의 입학에 관한 자문만 베껴 써 가지고 왔다. 『高麗史』 권44 세가 44, 공민왕 7, 공민왕 22년의 해당 항목 참조.

5) 登州: 지금의 山東 蓬萊. 고대부터 중국의 화북지방과 요동을 잇는 海運의 중간기지 역할을 담당했으며, 한반도 왕조와의 교통 거점으로도 기능했다.

차정하여 홍무 7년 정조를 진하하고 判繕工寺事 周英贊[7]을 차정하여 마필을 진헌함에 定遼衛의 驛道를 경유하도록 하였습니다.

2 그런 후, 鄭庇의 관문을 받았는데, 그 내용은 다음과 같았습니다.

3 9월 초1일에 頭館站[8] 지면에 도착하여 榜文을 보니 다음과 같이 쓰여있었습니다.

4 遠方의 사신이 도착하여 오면 즉시 돌아가기 바란다. 함부로 경내로 들어오지 말라.

3 이를 보고, 감히 앞으로 나아가지 못하여 通事 姜師德 등으로 하여금 정요위로 가서 계품하도록 하였습니다. 黃 知印[9]이 차정된 箚付[임명장]를 확인하고는 성에 들어가 錢 鎭撫와 함께 이야기했습니다.

4 定遼衛의 관원이 말씀하시기를, 우리 이곳은 운송수단[脚力]이 없고, 한편 金州에 왜적이 있고 또한 선박이 없으니 이 길은 가기가 어려우므로 서둘러 본국으로 돌아가서 수로를 통해 가라고 하셨다.

3 姜師德 등이 회답하여 말하였습니다.

4 근간에 본국의 사신이 성지를 받았는데, "금후로는 바다로 오지 말라"고 하셨으니 지금 이 길로 갈 수 없다면 어디

---

6) 鄭庇: 이문 2-8 <朝廷禮物發回咨>의 해당 항목 참조.

7) 周英贊: 고려 후기의 문신이다. 공민왕 22년 判繕工寺事로 千秋使에 임명되어 명나라에 다녀와 밀직부사가 되었는데, 다시 이 해 正朝使가 되어 判繕工寺事 禹仁烈 등과 함께 명나라로 가다가 영광의 慈恩島 부근에서 풍랑을 만나 파선되어 익사하였다(『高麗史』 권44, 공민왕22년 7월, 9월, 10월).

8) 頭館站: 요동지면에 있는 역참. 요동 八站의 하나였다. 甛水站과 遼東都司 사이에 있는 역참으로 고려 말에는 정요위에 들어가기 직전에 있던 참이었다.

9) 知印: 명대 지방관청의 관직으로, 官印을 관장하는 書吏를 지칭한다. '知印承差'라 하기도 한다.

로 가겠습니까?

3 전 진무가 말하였습니다.

4 너희의 그 崔 通事가 衛를 지나가면서 일찍이 衛官께 말씀드렸다. (그러나) 이는 너희 고려의 사신인데, 어찌 그의 말을 믿을 수 있겠는가.

3 제[鄭庇]가 이를 듣고 周英贊과 함께 친히 본위의 성 밖에 이르렀는데, 장 천호[10)]가 말하였습니다.

4 어제 두 통사와 이미 이야기를 마쳤습니다. 衛官은 재상[鄭庇]에게 돌아가라고 하십니다.

3 저희가 다시 말하였습니다.

4 나는 진헌물을 받들어 가는 사람이다. 또 성지를 받들었는데, “바닷길로 오지 말라”고 하셨거늘 어찌하여 나를 가로막는가?

3 장 천호가 다시 말하였습니다.

4 당신이 들었다는 聖旨는 단지 최 통사가 말하는 것이고, 저희는 성지를 받은 바가 없습니다. 당신께서는 다시 말에 오르시지요.

3 이를 듣고, 돌아왔습니다. 關을 보내니, 청컨대 잘 살피시기 바랍니다.

2 이를 받고, 또한 周英贊이 올린 정문을 받았는데, 동일하였습니다.

2 이를 받고, 조공하는 일은 중요하므로 기일을 어겨 불편하게

---

10) 千戶: 명대 지방 군정기구인 衛所의 하위 관직이다. 衛所의 최소 단위인 百戶所에는 군호 10戶를 거느리는 小旗 10명과, 5小旗를 관장하는 總旗 2명을 두어, 총 112호를 배치하였고, 다시 백호소 10개를 합하여 千戶所라 했고, 천호소 5개가 모인 것을 衛라 하였으며, 都指揮使司를 두어 이를 관장하게 했다. 그러나 定員이 실제로 지켜진 것은 아니었다.

될까 우려되었습니다. 이에 먼저 죄를 무릅쓰더라도 임시로 바닷길을 경유하여 중서성에 咨를 보내 奏하도록 하여, 定遼衛를 왕래할 수 있게 허락하시도록 명을 받아야 마땅하겠습니다. 鄭庇가 병이 있기에 周英贊을 밀직부사로 승격시켜 賀正表文과 陳情謝恩表文을 가져가도록 하고, 判繕工寺事 禹仁烈을 차정하여 진헌할 마필을 관리하여 이끌고 가게하며, 鄕試[11] 합격자 金潛 등 3명을 함께 배를 타고 京師로 가도록 하였습니다.

2 그런 후 11월 16일에 이르러 禹仁烈의 狀呈을 받았습니다.

3 진헌할 말 24필·노새 2필을 관령하도록 차정되어, 홍무 7년 正朝를 進賀하는 표문을 가지고 갈 관원 周英贊 등과 함께 배에 올라 경사로 향해 갔습니다. 11월 초2일에 바다로 나아갔는데, 초3일에 이르러 홀연히 맹렬한 폭풍이 크게 일어 배를 파손시켰으므로 바람에 따라 표류하게 되었습니다. 초5일에 이르러 배의 돛대가 부러졌으며, 밤 3경쯤에 全羅道 지방 曹元島에 이르렀으나 암초에 걸려 배가 파손되었습니다. 그때 배에 있던 사람들은 각자 스스로 생명을 구하여 해안에 도착하였습니다. 초6일에 이르러 점검해보니 密直副使 周英贊, 通事 姜師德·尹方吉, 押馬官 金天贊, 擧人 金潛·曹信, 打軍 張吉·安仁守와 각 관의 수행원·養馬人 등 24명, 뱃사공 6명, 말 24필, 노새 2필이 바다에서 빠져 죽었습

---

11) 鄕試: 鄕試·會試·殿試로 구성된 명대 과거 제도의 하나이다. 鄕試는 각 省 단위로 치르며, 합격자의 정원이 정해져 있었다. 鄕試의 합격자를 擧人이라고 하여 중앙에서 치르는 會試와 殿試에 응시하게 하였다. 고려 역시도 명 국내의 13개 省과 마찬가지로 鄕試를 치르는 단위로 설정되어 있었다. 이 문서에서 언급되는 대로 고려의 鄕試 합격자 金潛 등이 명의 會試에 응시하고자 하였으나, 南京으로 가던 도중 익사하였고, 이후로는 고려-명 관계가 경직되어 한동안 응시자를 배출하지 못했다. 『高麗史』 권74, 選擧志2, 科目, 制科 참조.

니다. 또한 각각의 표문과 공문·예물이 물에 빠져 모두 남아 있지 않았습니다. 마침 고기잡이배가 와서 저와 司宰副令 金寶生 등 72명을 태우고 전라도 해안에 도착하였습니다. 갖추어 정문을 올리니 상세히 살피시기 바랍니다.

2 이를 받고, 살피건대, 正朝에 조하하는 예는 감히 어길 수 없습니다. 요즘 定遼衛가 역로를 가로막아 임시로 바닷길을 경유하여 진공하였는데, 그 탑승한 선박이 이미 파손되었고, 지금은 얼음이 어는 시기이므로 배를 출발시키기 어렵습니다. 이 때문에 거듭 양식에 맞추어 원래 올리려던 각각의 表文을 다시 작성하여 밀직부사 張子溫으로 바꾸어 차정하여 (표문을) 가지고 定遼衛의 길을 통해 기한에 맞추어 경사로 갈 수 있도록 간절히 요구했습니다.

2 그런 후, 張子溫의 관을 받았는데, 그 내용은 다음과 같았습니다.

3 홍무 6년 11월 28일에 차정을 받아 역로를 달려 12월 초 3일에 定遼衛의 남문에 이르렀습니다. 把門官 張 總旗를 만나 더불어 차정되어 온 사정을 이야기하였습니다. 차정된 箚付를 장 총기에게 주었더니 가지고 성에 들어갔습니다. 그 후 오래지 않아 차정된 箚付를 돌려주었습니다. 함께 온 鄒 千戶가 말하였습니다.

4 두 指揮가 말씀하시기를, 금년 정월에 성지를 받았는데, "금후로 고려사신은 통하여 왕래하지 못하게 하라"고 하였으나 이제 다시 (다른) 성지가 없으니 어찌 그들과 상통할 수 있겠느냐며, 재상께서는 서둘러 돌아가라고 하셨습니다.

3 제가 다시 말하였습니다.

4 지금 나를 성에 들여 길을 지나가게 하지 못하겠다면, 본위에 건네는 세 건의 공문은 수령할 수 있겠는가?

3 鄒 千戶 등이 말하였습니다.

4 제가 어찌 감히 당신의 공문을 받겠습니까? 내일 당신이 동문에 와서 이야기해보십시오.

3 이를 듣고, 초4일 일찍 동문에 이르러 鄒 千戶·張 總旗를 보았는데, 그들이 말하였습니다.

4 우리가 指揮께 아뢰었는데, 재상께 빨리 돌아가라고 하시며, 머물러서는 안 된다고 하십니다.

3 제가 재삼 진공의 중요함을 하소연하였지만, 그들이 고집을 부리며 듣지 않았습니다. 이 때문에 어찌할 수가 없어 돌아오게 되었습니다. 關을 보내니, 청컨대 잘 살피시기 바랍니다.

2 이를 받고, 살피건대 小邦은 신하로서 聖朝를 섬기면서부터 삼가 봉작을 받았으며 정삭을 받들어 시행하였습니다. 무릇 조정에서 오는 사신이나 본국에서 차정해서 보내는 인원은 혹은 바다를 따라 가거나 혹은 육로를 따라 왕래한 것이 5년으로 달리 어김이 없었습니다. 근래에 성상께서 洪師範이 바다에서 죽은 것을 애석하게 생각하시는 심려를 입어, "금후로는 바다로 오지 말라"고 하시고 특별히 姜仁裕 등으로 하여금 역로로 귀국하게 하셨습니다. 이에 鄭庇·周英贊 등을 차정하여 定遼衛를 경유하여 조공하고자 하였지만, 뜻하지 않게 본위에서 역로를 막았습니다. 이 때문에 周英贊과 禹仁烈을 차정하여 임시로 바닷길을 경유하여 가도록 하였는데, 주영찬 등이 바다에서 익사하는 일이 생기기에 이르렀습니다. 얼음이 어는 시기라서 다시 배를 출발시키기 어려웠기에 張子溫으로 바꾸어 차정하여 정요위를 통하는 길을 간절히 구했습니다만, 또한 가로막혀 허락받지 못했습니다. 그러나 사대의 중한 예는 이치상 스스로 끊기 어려우니, 마땅히 감히 바다를 건너기를 금한다는 죄를 어기더라도 관원을 차정하여 해로를 거쳐 원래의 각각 표문과

공문을 보내야 하겠습니다. 中書省에 자문을 갖추어 보내니, 결정하고 (황제께) 아뢰시어, 조공을 왕래하는 도로를 허용해주시도록 밝은 명을 내리셔야 마땅할 것입니다. 삼가 기록하여 申으로 아뢰옵니다.

1 이를 받고, 同知密直司事 鄭庇를 차정하여 張子溫을 대신하도록 하고, 또한 判繕工寺事 禹仁烈 등을 차정하여 배를 타고 홍무 7년 정조표문 및 조공을 요청하고 방물을 바치는 표문 두 통·謝恩陳情表文 세 통을 가지고 가게 하는 외에, 마땅히 자문을 보내니, 엎드려 청하건대 상세히 살펴 (황제께) 아뢰시기를 바랍니다. 須至咨者.

1 右咨

1 中書省

1 홍무 7년(1374, 고려 공민왕 23) 2월 28일

행문 과정

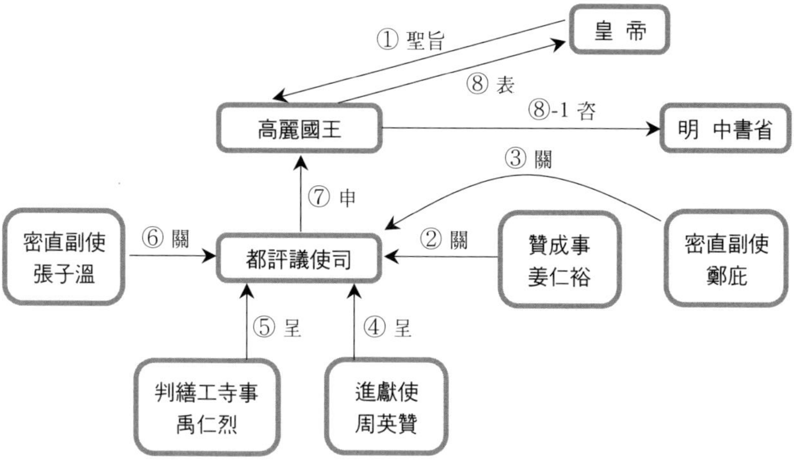

① 皇帝가 高麗國王에 聖旨: 聖節使・千秋使行을 正朝使行에 통합할 것 지시(홍무 6년 7월 13일).

② 贊成事 姜仁裕가 都評議使司에 關: 3年 1貢 할 것, 海路로는 오지 말 것을 지시한 聖旨 내용 전달.

③ 密直副使 鄭庇가 都評議使司에 關: 홍무 7년 正朝使行을 갔으나, 遼東에서 막혀 돌아온 사정 보고.

④ 進獻使 周英贊이 都評議使司에 呈: 홍무 7년 正朝使行을 갔으나, 遼東에서 막혀 돌아온 사정 보고.

⑤ 判繕工寺事 禹仁烈이 都評議使司에 呈: 홍무 7년 正朝使行을 갔으나, 바다에서 표류하여 돌아온 사정 보고.

⑥ 密直副使 張子溫이 都評議使司에 關: 遼東 貢路 폐쇄의 사정 보고.

⑦ 都評議使司에서 高麗國王에 申: 貢路 폐쇄 사실을 보고하고 개통을 요청할 것 건의.

⑧ 高麗國王이 皇帝에게 表・中書省에 咨: 貢路 개통 요청.

金甲雨盜賣馬罪名咨[1)]

발신일자 洪武 7년(恭愍王 23년) 9월 2일 (1374년 10월 7일)
발신기관 高麗國王
수신기관 中書省
서　　식 咨

■ 문서내용　고려에서 말을 진헌하기 위해 사신 金甲雨를 파견하였다. 김갑우는 貢馬 50필 이외에 사적으로 한 필의 말을 가지고 가서, 回賜品을 바라고 東宮에 바치고자 하였으나 명에서 이를 받아주지 않자 돌아오는 길에 팔아버리고 그 값을 차지하였다. 中書省에서 이 사실을 알려오자 고려에서는 이 사건에 관계된 자들을 조사, 처벌하였다. 이 문서는 김갑우 등의 공초 내용과 죄명 및 처벌 내역을 명에 알리는 내용이다.

原文

1 高麗國王

1 洪武七年六月十八日, 准中書省咨.

2 節該, 去年, 本國遣陪臣金甲雨, 獻馬五十四云, 道亡者二, 旣至京師, 存者四十有九, 所言俱係進上之數. 以大[2)]僕寺試之, 皆非可乘之騎. 內一[3)]匹, 來使金甲雨稱爲己物, 欲自進於東宮. 其中虛謀詭詐, 灼然可知, 不審出王之意, 抑臣下之不誠. 欽蒙上位,

1) 想白J・想白I・前間本에는 <金甲雨盜賣馬罪名咨>. 奎古5700에는 <金甲雨密賣馬罪名啓>.
2) 想白J・想白I・前間本에는 大, 奎古5700에는 太.
3) 想白J에는 一, 想白I・奎古5700・前間本에는 壹.

以手詔諭王，冀王有以自處．我朝一視同仁，是以不較區區之過．

咨請照驗施行．

1 准此，行據都評議使司取問金甲雨狀申①．

2 備司平巡衛府②，及委官③大司憲柳淵等呈．

3 奉劄付．

4 該，爲詐獻馬匹事，卽將金甲雨等取問，呈來．

3 奉此，責得金甲雨等招伏④，呈奉連送⑤．

4 仰再行研窮磨問，呈報⑥．

3 奉此，再行取責招伏呈禀⑦，復奉劄付．

4 洪武七年六月二十八日，入直辭⑧劉琉，傳奉王旨．

5 進獻馬匹重事．差去人金甲雨，私獻東宮，今准中書省來咨，事意難同汎常．其各人旣已招證明白，卽仰依律處斷．

4 敬此⑨．

4 仰照驗，卽將金甲雨等[4]，再行審復⑩無寃，敬依施行．

3 承此，已於犯人金甲雨名下⑪，追訖⑫馬價贓物，生絹五匹・木緜四匹・衲[5]襖⑬一件，收貯在官．洪武七年七月十四日，卑府官及委官等，一同都評議使司[6]官，將議擬⑭到金甲雨等處斷罪名，啓奉王旨．

4 恁府官及委官等，旣擬金甲雨等罪名明白，就行處斷，申報．

3 敬此．

3 除將金甲雨等，敬依啓過罪名處斷外，今將取到招詞⑮，議擬斷過罪名，逐一開坐⑯具呈，照詳聞達施行．

2 得此，謹錄申聞．

1 據此，今備前因，合行移咨中書省，伏請照詳，乞賜聞奏施行．須至

4) 想白J・想白I・奎古5700에는 等 있음. 前間本에는 等 없음.

5) 『吏文』의 모든 판본은 衲，『吏文輯覽』에는 納.

6) 想白J에는 司 있음. 想白I・奎古5700・前間本에는 司 없음.

咨者.

2 議擬斷過罪名.

2 一名. 正犯人, 金甲雨.

3 狀招.

4 年三十五歲, 無疾病, 光州附籍, 受奉順大夫・判典醫寺事職事. 從實招說.

4 委於⑰洪武五年十一月, 敬奉王旨, 差往濟州, 起取進獻馬五十匹. 至洪武六年正月初九日, 乘船到濟州. 於達達牧子肖忽禿不花等處, 選到雜色馬五十匹. 當年三月十二日, 用船裝載, 漂風到羅州地面. 有裝馬九匹船隻, 被倭賊劫去, 又馬一匹, 在船病死. 當令通事吳克忠告, 蒙都評議使行下, 按廉使⑱和買馬一[7]十匹, 輳足⑲五十匹馬數, 責付甲雨收領, 用船裝載.

4 於七月初三日, 開洋行使. 在海遭風, 倒死⑳馬二匹. 至初十日早, 收泊濟州, 下卸㉑馬匹. 有本州安撫使李下生・萬戶觀音保, 撥付㉒馬二匹, 補足五十匹馬數. 又撥馬一匹, 言道. "倘有倒損㉓, 豫備充數." 甲雨收領.

4 於八月二十四日, 裝載起離濟州. 至九月初十日, 到明州府定海縣, 下卸馬五十一匹. 爲見原承解馬㉔五十匹數外, 多餘馬一匹. 因此, 詭詐生謀, 欲將官馬, 作己馬, 獻於[8]東宮, 貪圖回賜, 與通事吳克忠謀議. 有俞摠兵・朱摠兵, 照看差箚, 言問. "數該馬五十匹, 如何多有一匹." 甲雨回言. "此馬一匹, 係甲雨己物. 欲獻於東宮." 各官聽此, 責令知縣收

7) 想白J・想白I・奎古5700에는 一 있음. 前間本에는 一 없음.
8) 想白J・想白I・奎古5700에는 於 있음. 前間本에는 於 없음.

管馬匹.

4 至第三日, 倒死棗騮騸[9]馬㉕一匹, 至鎭江, 又倒死黃花騸馬㉖一匹. 俱有告到官司地面文憑㉗. 至十月十三日, 到會同館㉘. 於次日, 將馬四十八匹, 同中書省官進獻了. 當又將沿路倒死馬皮㉙二張, 幷文憑, 於禮部交納㉚. 甲雨, 當日於丞相前瞞告㉛, 將多餘㉜貢馬一匹, 作己馬, 欲獻東宮. 蒙丞相省會㉝, 不能呈獻. 以後, 甲雨回程, 就將本馬, 到萊州㉞, 賣與沈百戶, 得到價錢㉟生絹五匹・木緜四[10]匹・紅紵絲衲襖一件, 入己用度.

4 致蒙中書省移文前來, 敬奉王旨, 行下巡衛府及委官取問. 甲雨却行隱諱實情㊱, 影射㊲己罪, 詐稱, 觀音保萬戶與馬一匹, 作盤纏, 甲雨回奉㊳了鴉青段子・緜上盖㊴一件. 如此瞞昧招伏, 以致再問, 不敢抵諱㊵. 今招前詞, 竝是的實, 卽無虛誑.

3 所有㊶甲雨招伏. 旣蒙王旨, 差往濟州, 乘船起解, 進獻馬五十匹, 因在海倒死馬二匹, 復到本州. 有安撫使李下生・權萬戶觀音保, 撥馬二匹, 補足原數. 又撥馬一匹, 以備倒損. 自合依公奉行㊷, 却不合㊸, 到明州府定海縣, 因見五十匹馬數外, 多餘貢馬一匹. 以此, 詭詐生謀, 與通事吳克忠謀議, 將多餘馬匹, 作己馬, 欲獻東宮, 貪圖回賜. 到京, 告蒙丞相省會㊹, 不獻. 將本馬, 賣得價錢, 生絹・木緜・衲襖入己. 罪犯招伏. 是實.

3 前件議得, 金甲雨職係陪臣, 僭行獻禮, 盜賣貢馬, 虛誑朝廷. 揆之律法, 當以欺罔上位科罪. 合將金甲雨處死, 諭衆施行.

---

9) 『吏文』의 모든 판본에는 騸 있음. 『吏文輯覽』에는 없음.

10) 想白J・前間本에는 四, 想白I・奎古5700에는 肆.

2 一名. 同犯人, 吳克忠

3 狀招.

4 年三十六歲, 無疾病, 受中郎將職事. 從實招說.

4 委於洪武五[11]年十一月, 蒙差㊺作通事. 隨同金甲雨, 前往濟州, 起解進獻馬五十匹. 於洪武六年七月十三日裝馬㊻, 在海漂風, 倒死馬二匹. 復到濟州, 有安撫使李下生・萬戶觀音保, 撥馬二匹, 補足原數. 又撥馬一匹, 以備倒損. 如此裝到明州府定海縣. 有金甲雨囚[12]見五十匹馬數外, 多餘貢馬一匹, 以此, 詭詐生謀. 將多餘馬匹, 作己馬, 與克忠謀議. 於朱摠兵・俞摠兵處傳說, 欲獻東宮. 到京, 於丞相前瞞告, 蒙丞相省會, 不能呈獻. 將本馬, 到萊州, 賣得價錢, 生絹五匹・木緜四匹・紅紵絲衲襖一件, 入己用度.

3 所有克忠招伏. 既蒙差委作通事, 隨同金甲雨, 往濟州, 起解進獻馬五十匹. 到明州府定海縣, 金甲雨因見五十匹馬數外, 多餘貢馬一匹, 以此, 詭詐生謀. 與克忠謀議, 將多餘馬匹, 作己馬, 欲獻東宮, 却不合同謀, 依隨傳言. 告蒙丞相省會, 不獻. 將本馬賣訖, 價錢生絹・木緜・衲襖等物. 罪犯招伏. 是實.

3 前件議得, 吳克忠出使通事, 利害所關, 譯語少差, 干係甚重. 本人與金甲雨同謀, 私獻貢馬, 皆由[13]其言而行. 詳其情犯, 合將通事吳克忠, 比依㊼金甲雨定罪, 處死施行.

2 一名. 干連人, 金祉. 年四十三歲, 受中郎將職事.

2 一名. 康守. 年四十八歲, 受郎將職事.

2 一名. 金仁哲. 年五十二歲, 受別將職事.

---

11) 想白J・奎古5700에는 五, 想白I・前間本에는 伍.

12) 想白J에는 囚, 想白I・奎古5700・前間本에는 因. 내용상 因이 맞음.

13) 想白J・想白I・前間本에는 由, 奎古5700에는 有.

2 一名. 朴天. 年五十一歲, 受中郎將職事.

2 一名. 李天. 年三十三歲, 受五尉職事.

2 一名. 石連奇. 年二十一歲, 受五尉職事.

3 連名招伏. 旣蒙差遣, 根同金甲雨, 起解進獻馬五十匹. 到明州府定海縣, 金甲雨因見多餘貢馬一匹, 詭詐生謀, 稱爲己馬, 欲獻東宮. 告蒙丞相省會, 不獻. 將本馬賣訖, 生絹·木緜·衲襖入己. 祉等明知其詐, 却不合回還本國, 不行首告. 罪犯招伏. 是實.

3 前件議得, 同行官金祉·康守·金仁哲·朴天·李天·石連奇等, 明知金甲雨等詐獻馬匹, 回還不行首告罪犯. 合將各人量情, 杖斷㊽七十下, 革去㊾.

2 一名. 干連人, 伴倘[14]徐溫. 年五十歲. 受郎將職事.

2 一名. 李光. 年四十四歲. 受別將職事.

2 一名. 金[15]仁奇. 年三十二歲. 受別將職事.

2 一名. 田順. 年三十八歲. 受散員職事.

3 連名招伏. 旣蒙差遣, 根同金甲雨, 起解進獻馬五十匹. 到明州府定海縣, 金甲雨因見多餘貢馬一匹, 詭詐生謀, 稱爲己物, 欲獻東宮. 告蒙丞相省會, 不獻. 將本馬賣訖, 生絹·木緜·衲襖入己. 溫等明知其詐, 却不合回還本國, 不行首告. 罪犯招伏. 是實.

3 前件議得, 伴倘[16]徐溫·李光·金仁奇·田順等, 明知金甲雨等詐獻馬匹, 回還不行首告罪犯. 卽係根隨人數, 合將各人, 比依金祉等, 減等, 杖斷六十下.

---

14) 想白J에는 倘. 想白I·奎古5700·前間本에는 當.

15) 想白J·想白I·奎古5700에는 金, 前間本에는 李. 내용상 金이 맞음.

16) 想白J에는 倘. 想白I·奎古5700·前間本에는 當.

1 右咨

1 中書省

1 洪武七年九月初二日

이문
집람

① 行據都評議使司取問金甲雨狀申: 行, 行下也. 都評議使司, 高麗時官府名, 今議政府也. 狀申, 都評議使司啓國王之文, 今謂之狀啓. 此言高麗國王行下都評議使司, 而據其取問金甲雨所犯之狀申也.

'行'은 '行下'[지시하다]이다. '都評議使司'는 고려시대의 관부 명칭으로 지금의 議政府이다. '狀申'은 都評議使司에서 國王에게 아뢰는 문서로, 지금은 그를 가리켜 狀啓라고 한다. 이는 "高麗國王이 都評議使司에 지시하였고, 거기서 金甲雨가 범한 죄를 취조・심문한 狀申을 받았다"는 말이다.

② 司平巡衛府: 高麗時官府名, 今義禁府.

고려시대의 관부 명칭으로, 지금의 義禁府이다.

③ 委官: 別例差委之官也.

별도로 차정하여 위임한 관원이다.

④ 招伏: 卽國俗所謂伏招也.

즉 國俗의 이른바 '伏招'이다.

⑤ 呈奉連送: 具文案及人而送曰連送. 又備載他衙門文書者, 亦謂之連送. 此謂呈于都評議使司, 而仍奉其連送也.

文案과 사람을 갖추어 보내는 것을 '連送'이라고 한다. 또 다른 아문의 문서를 갖추어 기재하는 것을 또한 일컬어 '連送'이라고 한다. 이는 "都評議使司에 呈하였고, 이어서 그 連送을 받았다"는 말이다.

⑥ 仰再行硏究磨問呈報: 仰, 去聲, 猶望也. 凡上司移文下司, 例用仰字, 如咨文中煩請, 呈文中伏乞之體文也. 深究曰硏, 盡情曰窮, 事應硏窮而問者, 謂之磨問. 此謂都評議使司, 令委官等, 將金甲雨, 硏窮磨問而呈報也.

‘仰’은 去聲으로 ‘望’[바라다]는 말이다. 무릇 上司에서 下司에 문서를 보낼 때 일반적으로 ‘仰’字를 사용하는데, 咨文에서 ‘煩請’[번거롭겠지만 청하건대], 呈文에서 ‘伏乞’[엎드려 바라건대]과 같은 體文이다. 깊이 궁구하는 것을 ‘研’이라고 하고, 정황을 다 밝히는 것을 ‘窮’이라고 하며, 일에 있어서 깊이 궁구하여 정황을 다 밝히도록 심문하는 것을 가리켜 ‘磨問’이라고 한다. 이는 “都評議使司에서 委官 등으로 하여금 金甲雨를 ‘研窮磨問’하여 呈으로 보고하라”는 말이다.

⑦ 呈禀: 禀, 卽告也.

‘禀’은 곧 ‘告’[아뢰다]이다.

⑧ 入直辭: 辭, 高麗官名, 宦官爲之. 如今之入番承傳色也.

辭는 고려의 관명으로 宦官이 그를 담당한다. 지금의 入番承傳色과 같다.

⑨ 敬此: 凡奉王旨, 例用敬字. 卽欽此之義.

무릇 王旨를 받았을 때 일반적으로 ‘敬’字를 쓴다. 즉 ‘欽此’의 의미이다.

번역자 주 본문 가운데 敬此가 몇 차례 등장하는데, 처음 보이는 것은 아래 ‘審復’보다 앞에 나온다. 그러나 『吏文輯覽』의 순서에서 ‘審復’에 대한 해설이 ‘敬此’보다 앞에 등장한다. 『吏文輯覽』의 순서와는 맞지 않지만, 본문의 순서에 따라 주석을 배치한다.

⑩ 審復: 結成文案之後, 再須詳情而問者, 曰審復.

문안을 완성한 후 다시 모름지기 정황을 상세히 하여 묻는 것을 ‘審復’이라고 한다.

⑪ 名下: 言本人名內也.

‘본인의 이름으로’라는 말이다.

⑫ 追訖: 徵納也.

‘徵納’[추징하여 거두다]이다.

⑬ 納襖: 裝綿衣也.

무늬가 있는 면옷이다.

⑭ 議擬: 擬, 照律也. 議擬謂共議而照律也.

‘擬’는 ‘照律’[律을 살펴보다]이다. 議擬는 ‘함께 의논하여 律을 살펴보다’는 말이다.

⑮ 取到招詞: 取具之招詞也.

취조하여 받아낸 招詞이다.

⑯ 開坐: 列書也.

‘열거하여 쓰다’이다.

⑰ 委於: 委, 猶實也.

‘委’는 ‘實’[실로]과 같다.

⑱ 告蒙都評議行下按廉使: 告于都評議司, 而蒙其行下, 云云.

都評議使司에 고하고, 그 行下[지시]를 받들었다는 말이다.

⑲ 輳足: 車輻聚轂曰輳. 輳足, 謂充數也.

수레의 바퀴가 가운데로 모이는 것을 ‘輳’라고 한다. 輳足은 ‘수효를 채우다’이다.

⑳ 倒死: 凡六畜死則到, 故曰倒死.

무릇 여섯 종류의 가축이 죽으면 ‘到’[‘倒’[쓰러지다]의 오류]하므로, 그런 까닭에 ‘倒死’라고 한다.

㉑ 下卸: 解下舟所載之物, 謂之卸. 去馬鞍亦曰卸.

배에 싣고 있던 물건을 풀어서 내리는 것을 ‘卸’라고 한다. 말의 안장을 제거하는 것 역시 ‘卸’라고 한다.

㉒ 撥付: 撥出馬匹而給付也.

말을 뽑아내서 주는 것이다.

㉓ 倒損: 猶言倒死也. 但損字, 亦有減損破壞之義. 此則直謂倒死也.

‘倒死’[쓰러져 죽다]와 같다. 단 ‘損’字에는 또한 줄어들고 파괴된다는 의미가 있다. 여기서는 단지 ‘倒死’를 가리킨다.

㉔ 原承解馬: 初所承領解送之馬也.

처음에 받들어 수령했던, 解送할 말이다.

㉕ 棗騮馬: 紫騮馬也.

紫騮馬[자주색의 털이 난 말]이다.

㉖ 黃花騸馬: 國俗稱高羅元羅馬.

국속으로는 ‘高羅元羅馬’라고 부른다.

㉗ 俱有告到官司地面文憑: 有公文可憑據者, 曰文憑. 此謂馬死則告于所在官司, 受出文憑內, 幷擧馬死之地. 故曰地面文憑.

공문이 있어 증빙할 수 있는 것을 ‘文憑’이라고 한다. 이는 말이 죽으면 곧 소재 官司에 고하고, 받아낸 文憑 내에 아울러 말이 죽은 지역을 적는 것이다. 그런 까닭에 ‘地面文憑’이라고 한 것이다.

㉘ 會同館: 在京之館驛, 有大使・副使, 各一員. 各處公差及外夷使臣, 皆於本館安下.

京師에 있는 館驛으로, 大使・副使 각 1員씩이 있다. 각처의 公差 및 外夷의 사신들이 모두 이 館에서 묵는다.

㉙ 倒死馬皮: 告死馬緣由於官司, 則必剝馬皮印烙給付, 以憑考驗.

말이 죽은 연유를 관사에 고할 때에는 반드시 말의 가죽을 벗겨 낙인을 찍어 제출하여 검사에 증빙으로 삼아야 한다.

㉚ 交納: 我納而彼受之, 故曰交納. 交付・交割・交與, 皆倣此.

내가 납부하고 그가 그것을 받았기 때문에 '交納'이라고 한다. '交付'・'交割'・'交與' 모두 이를 따른다.

㉛ 瞞告: 瞞, 欺誑也.

'瞞'은 '欺誑'[속이다]이다.

㉜ 多餘: 數外也.

'수효 이외'이다.

㉝ 省會: 猶言省察而知之也.

'성찰하여 알다'와 같다.

㉞ 萊州: 屬山東布政司.

山東布政司에 속한다.

㉟ 價錢: 價錢卽價也. 方言價直, 通謂之價錢.

'價錢'은 곧 '價'[값]이다. 방언의 '價直'이라는 것을 통칭하여 '價錢'이라고 한다.

㊱ 却行隱諱實情: 却, 猶又也, 行, 猶爲也. 前旣犯罪, 後又隱諱實情如此, 招伏例用却字. 如下文却不合・却□不合之類.

'却'은 '又'[또]와 같고, '行'은 '爲'[하다]와 같다. 앞서 이미 죄를 범하고서 후에 또 다시 이와 같이 실정을 숨길 때 招狀에서 일반적으로 '却'字를 사용한다. 아래 문장의 '却不合'・'却□不合'의 유도 마찬가지이다.

㊲ 影射: 律學解頤曰, "影射謂避匿也." 質正錄云, "如人姓名, 註在册內, 不當差徭價, 影射在此, 而不見人形, 故曰影射."

『律學解頤』에서 이르기를, "影射는 피하고 숨기는 것을 가리킨다"라고 하였다. 『質正錄』에 이르기를 "마치 사람의 성명이 명부 안에 적혀 있는데도 요역을 맡거나 그에 상당하는 값을 치르지 않는 것처럼, 그림자는 여기에 있는데 사람의 형상은 보이지 않는 까닭에 '影射'라고 한 것이다."

번역자 주 『律學解頤』는 명대 慈利丞・蕭思敬이 편찬한 율학에 관한 서적으로, 조선 초기에는 律科의 講書로 지정되어 있었다. 『質正錄』은 옛 글의 音韻이나 기타 制度 등에 관한 의문점을 중국에 묻기 위하여 使行을 따라 갔던 質正官이 돌아와서 질정한 것을 기록한 것을 가리킨다.

㊳ 回奉: 人贈我以物, 而我亦報之以物者, 謂之回奉.
다른 사람이 나에게 물건을 주었기에, 나 역시 그에게 물건으로 보답한 것을 가리켜 '回奉'이라고 한다.

㊴ 緜上盖: 裝絮表衣也.
무늬가 있고 솜을 넣은 겉옷이다.

㊵ 抵諱: 推托而隱諱也.
핑계를 대고 숨기는 것이다.

㊶ 所有: 猶上項之義. 與前項所據, 並同.
'上項'의 뜻과 같다. '前項', '所據'와 모두 같은 뜻이다.

㊷ 自合依公奉行: 猶言合當依公奉行也. 凡取伏罪囚, 必用自合字, 所謂招眼也.
"마땅히 公事에 의거하여 奉行해야 했다"는 말이다. 무릇 죄수를 취조하여 자복하게 함에 반드시 '自合'字를 쓰는데, 이른바 '招眼'이다.

㊸ 却不合: 此亦招眼也. 解見上.
이 역시 '招眼'이다. 해석은 위를 보라.

㊹ 告蒙丞相省會: 謂告丞相, 而蒙其省會也.
"승상에게 고하였으나 그 省會를 입었다"를 말한다.

㊺ 蒙差: 差, 差委也.
'差'는 '差委'[차정되어 위임을 받다]이다.

㊻ 裝馬: 謂裝載馬匹於船也.
"마필을 배에 싣다"이다.

㊼ 比依: 援引他律而定罪, 謂之比依.
다른 律을 끌어와서 죄를 정하는 것을 가리켜 '比依'라고 한다.

㊽ 杖斷: 決杖斷罪.
杖을 쳐서 죄를 묻는 것.

㊾ 革去: 猶言削去職事也.
職事를 삭제하는 것을 말한다.

金甲雨盜買馬名咨

번역문

1 高麗國王(이 자문을 보냅니다.)

1 洪武 7년(1374, 고려 공민왕 23) 6월 18일, 中書省의 咨를 받았는데,1) 그 내용은 다음과 같았습니다.

2 지난해에 고려[本國]가 陪臣 金甲雨를 파견하여 말 50필을 바치면서 말하기를 오는 도중에 죽은 것이 2필이라고 하였는데, 이미 京師에 도착한 것으로 살아남은 것이 49필이었으며, 말한 바에 따르면 모두 進上하는 말의 수량이라고 하였습니다. 太僕寺로 하여금 시험해보게 했더니, 모두 탈 수 없는 말이었습니다. 그 중 1필은 사신 金甲雨가 자기 물건이라고 하며 스스로 東宮에 진상하고자 한다고 하였습니다. 그 가운데 허위와 사기가 있음을 불을 보듯 알 수 있습니다만, 이것이 왕의 의사에서 나온 것인지, 아니면 신하가 진실되지 못한 까닭인지는 알 수 없습니다. 황제께서 手詔로써 王을 諭示하셨으니 왕께서 스스로 조처하는 바가 있기를 바랍니다. 우리 조정은 一視同仁

1) 여기서 말하는 中書省의 자문은 이문 2-8 <朝廷禮物發回咨>를 가리키는 것으로 보인다. 이문 2-8 <朝廷禮物發回咨>에서 발신일은 홍무 7년 5월 8일로 기록되어 있는데, 여기서 수신일은 6월 18일로 기록되어 있다. 이 자문은 같은 해 고려에서 파견된 同知密直司事 鄭庇가 가져온 것으로, 『高麗史』에도 그 復命 일자를 6월 壬子로 기록하고 있다(『高麗史』 권44, 공민왕 23년 6월 壬子).

하므로 구구한 지난 일들은 따지지 않겠습니다.[2)] 咨를 보내니 청컨대 잘 살피시기 바랍니다.[3)]

1 이를 받고, (都評議使司에) 지시하였는데, 都評議使司로부터 金甲雨를 취조한 狀申을 받았습니다.

2 司平巡衛府 및 委官 大司憲 柳淵 등의 呈을 갖추어 아뢰니다.

3 箚付를 받았는데, 그 내용은 다음과 같았습니다.

4 마필을 속여서 헌상한 일로, 金甲雨 등을 취조하여 呈으로 보고하라.

3 이를 받고, 金甲雨 등을 취조하여, 供招伏을 呈으로 올리고 連送을 받았습니다.

4 바라건대 다시 철저히 취조하여 呈으로 보고하라.

3 이를 받고, 다시 취조하여 招伏을 呈으로 아뢰었으며, 다시 箚付를 받았습니다.

4 홍무 7년 6월 28일, 入直辭 劉琉이 王旨를 전달해 받았다.

5 말을 진헌하는 것은 중요한 일이다. 차정해서 보낸 金甲雨가 사사로이 東宮에 헌상하였는데, 지금 中書省에서 보내온 자문을 받아보니 事意가 범상하지 않다. 그 각각은 이미 공초하여 증거가 명백하니, 바라건대 즉각 律에 따라 처단하라.

---

2) 여기서 언급된 中書省의 자문은 그 전체를 인용한 것은 아니다. 이문 2-8 <朝廷禮物發回咨>에는 이 뒤로 고려에 3년 1공하라는 聖旨를 전달하는 내용이 기록되어 있다. 이 문서에서는 다만 관련된 부분만을 인용하고 있을 뿐임이 확인된다. 이 부분에 대한 자세한 해석은 이문 2-8 <朝廷禮物發回咨>의 해당 항목 참조.

3) 이 문서에서는 중서성의 자문을 인용하면서 "咨請照驗施行"이라고만 기록하고 있다. 그러나 이문 2-8 <朝廷禮物發回咨>을 보면, 문서의 結辭는 "合行移咨, 請照驗施行. 須至咨者"라고 되어 있었음을 확인할 수 있다. 앞서 온 문서를 인용하면서 문제가 되는 사항만을 언급하고, 結辭는 생략하거나, 대폭 축소하여 기재하는 것이 일반적이었음을 잘 보여주는 사례가 된다.

[4]바라건대 잘 살피어, 金甲雨 등을 다시 심문하여 억울함이 없도록, 삼가 (王旨에) 의거하여 시행하라.

[3]이를 받고, 이미 범인 金甲雨의 이름으로 말 값 臟物로서 生絹 5필・木緜 4필・衲襖 1건을 추징하여, 수령하여 관에 보관해 두었습니다. 홍무 7년 7월 14일, 司平巡衛府의 관원 및 委官 등이 都評議使司의 官과 함께, 의논해서 정한 金甲雨 등을 처단할 죄명을 啓하고, 王旨를 받들었습니다.

[4]너희 司平巡衛府 관원 및 委官 등이 이미 金甲雨 등의 죄명을 결정한 것이 명백하니, 곧바로 처단을 실행하고 申으로 보고하라.

[3]金甲雨 등을 삼가 啓한 죄명에 의거하여 처단하는 외에,[4] 이제 취한 招詞와 검토・의논하여 확정한 죄명을 하나하나 적어서 모을 올리니, 잘 살피시어 아뢰어 전달하시기 바랍니다.

[2]이를 받고, 삼가 기록하여 申으로 아룁니다.

[1]이를 받고, 이제 앞의 일을 갖추어 마땅히 中書省에 咨를 보내니, 엎드려 바라건대 잘 살피시어 奏聞하여 주시기 바랍니다. 須至咨者.

[2]의논하여 결정한 죄명.[5]

---

4) 金甲雨가 馬匹進獻使로 파견된 것은 공민왕 21년(1372) 11월 壬申, 귀국한 것은 공민왕 22년 12월 癸丑, 金甲雨가 말 1필을 사적으로 東宮에게 진상하려 했다고 明 中書省에서 咨文을 보내 항의한 것은 공민왕 23년 6월 壬子, 이 죄목으로 처형된 것은 공민왕 23년 7월 辛卯이다. 中書省 咨文이 전달된 뒤 사실을 조사하고 죄명을 확정한 뒤 형을 집행하기까지 40일이 걸렸다(『高麗史』 권43~44, 恭愍王 21년~23년 관련 조항 참조. 『高麗史』 권44, 공민왕 23년 7월 辛卯, "誅金甲雨及譯語吳克忠").

5) 이 문서에 나오는 죄인은 金甲雨・吳克忠을 비롯하여 同行官 6명, 伴當 4명 등 총 12명이다. 말 50필을 진헌하는 사절의 일행이 어느 규모였는지 추정하게 한다. 그러나 이들은 모두 有職者로, 이 외에도 직접 말을 관리

2 1명. 正犯人, 金甲雨.

3 狀招.

4 나이는 35세이고, 질병은 없으며, 본관지는 光州이고, 奉順大夫[6]·判典醫寺事[7]의 職事를 받았습니다. 사실대로 진술하겠습니다.

4 홍무 5년 11월, 삼가 王旨를 받들어 차정되어 濟州에 가서 진헌할 말 50필을 가지고 오게 되었습니다. 홍무 6년 정월 9일에 이르러 배에 타고 濟州에 도착했습니다. 達達牧子 肖忽禿不花[8] 등의 처소에서 잡색마 50필을 가려냈습니다. 그해 3월 12일 배에 실었는데, 바람에 표류하여 羅州 지역에 도착했습니다. 말 9필을 싣고 있던 배는 倭賊에게 빼앗겼고, 또 말 1필은 배에서 병들어 죽었습니다. 그때 通事 吳克忠으로 하여금 고하게 하고, 都評議使司로부터 按廉使[9]가 말 10필을 和賣하여 말 50필의 수효를

하는 押馬官·馬醫, 그리고 梢工 등을 포함하면 그 규모는 훨씬 컸을 것으로 보인다. 아울러 金甲雨 狀招에서 "말 9필 싣고 있던 배는 倭賊에게 빼앗겼다"고 했으므로 9필 전후를 한 척에 태운다면 배는 5~6척 정도였을 것이다.

6) 奉順大夫: 정3품下에 해당하는 文散階(『高麗史』 권77, 百官志2, 文散階). 공민왕 대에 문산계의 명칭은 5년, 11년 18년, 21년 수시로 변동되었는데, 이에 대해서는 박용운, 『『고려사』 백관지 역주』, 신서원, 2009, 748~749쪽 참조.

7) 判典醫寺事: 典醫寺의 최고위관으로 관품은 종3품(『高麗史』 권76, 百官1 典醫寺).

8) 肖忽禿不花: 당시 제주에 파견되어 있던 元의 牧子. 이들의 활동에 대해서는 이문 2-12 <濟州行兵都評議使司申> 참조.

9) 按廉使: 5도 按察使의 명칭이 충렬왕 2년(1275) 이후 按廉使로 바뀌었다. 이후 昌王 원년(1389) 都觀察黜陟使로 변경되었다가 공양왕 4년(1392) 일시적으로 按廉使로 복구되었으나, 조선 개국 후 곧바로 觀察使로 변경되어 이후 그대로 이어졌다(『高麗史』 권77, 百官志2, 外職, 按廉使). 여기서는 羅州 소재의 全羅道按廉使를 가리킨다.

채우고, 저[金甲雨]에게 주어 수령하게 하여 배에 싣도록 하라는 지시를 받들었습니다.

[4]7월 초3일, 바다로 나갔습니다. 바다에서 바람을 만나 죽은 말이 2필이었습니다. 10일 아침에 이르러 濟州에 정박하여 말을 하선시켰습니다. 濟州 安撫使[10] 李下生[11]·萬戶 觀音保가 말 2필을 내어주어 50필의 말 수효를 채워 넣었습니다. 또 말 1필을 내어주며 말하였습니다. "혹시 말이 죽으면 숫자를 채우는 데에 대비하십시오." 저는 수령하였습니다.

[4]8월 24일, 배에 싣고서 제주를 떠나 출발하였습니다. 9월 초10일에 이르러 明州府 定海縣[12]에 도착하여 말 51필을

---

10) 安撫使: 고려의 지방관으로 安撫使가 처음 설치된 것은 顯宗 3년(1012)으로 전국에 75道 安撫使를 두었지만 곧 혁파되었다. 민간의 疾苦를 묻고, 수령의 殿最를 매기는 역할을 담당했다(『高麗史』 권77, 百官志2, 外職, 安撫使). 충렬왕 2년(1275) 巡撫使로 개칭되었으나, 이후에도 安撫使라는 명칭이 그대로 혼용되었던 것으로 보인다. 박용운, 앞의 책, 668~672쪽 참조

11) 李下生: 『高麗史』에는 '李夏生'으로도 기록되어 있다. 공민왕 17년(1368)에는 講究使로서 對馬島에 파견되기도 하였다(『高麗史』 권41, 공민왕 17년 윤7월). 다음해에는 監門衛 上護軍의 직책을 가지고, 禮部尙書 洪尙載와 함께 명의 건국을 축하하는 賀登極使로 명에 파견되었는데(『高麗史』 권41, 공민왕 18년 5월 甲子), 이는 명 건국 이후 고려에서 파견한 첫 번째 사절이었다. 공민왕 21년에는 제주민들이 반란을 일으켜 李用藏 등을 살해하자 安撫使로 파견되었다(『高麗史』 권43, 공민왕 21년 6월 戊戌). 공민왕 23년(1374) 제주의 牧胡들이 반란을 일으켰을 때에 살해되었다(이문 2-12 <濟州行兵都評議使司申> 참조). 『新增東國輿地勝覽』 권38, 全羅道 濟州牧 名宦 조에는 李夏生으로 기록되어 있으며, 행적에 관해서는 언급이 없다.

12) 明州府 定海縣: 明州府의 치소는 현재의 浙江省 鄞縣이고, 定海縣은 현재의 浙江省 鎭海縣·寧波縣 일대이다. 양자강 하류 해구에 위치하여 송대 이래 남중국의 군사·경제적 요충지로 기능하였으며, 고려와 송 사이의 海路의 중국 쪽 출입구였다. 『宣和奉使高麗圖經』을 지은 徐兢 역시 明州府 定海縣에서 출발하였다. 명이 현재의 南京에 수도를 두었던 초기, 즉 고려 공민왕대에 고려와의 통로로 이용되었다.

하선시켰습니다. 원래 지시받아 해송할 말 50필의 수 외에 말 한 필이 남게 되었습니다. 이로 인해 속일 마음으로 모의를 꾸며 官馬를 제 말로 삼고 東宮에 헌상하여 回賜를 타내고자 하여, 通事 吳克忠과 모의하였습니다. 兪摠兵[13]·朱 摠兵이 차정된 箚付를 검사하고는 물었습니다. "숫자는 말 50필인데, 어째서 한 필이 더 있는가?" 제가 대답하여 말하였습니다. "이 말 한 필은 金甲雨 저의 물건입니다. 東宮에 헌상하고자 합니다." 各官이 이를 듣고, 知縣으로 하여금 말을 수령하여 관리하도록 했습니다.

4 셋째 날에 이르러, 棘騮騸馬[14] 한 필이 죽었고, 鎭江[15]에 이르러 또 黃花騸馬 한 필이 죽었습니다. 갖추어 소재 官司에 고하고, 文憑을 받았습니다. 10월 13일에 이르러 會同館에 도착했습니다. 다음날 말 48필을 中書省 관원과 함께 진헌하였습니다. 또 길에서 죽은 말의 가죽 두 장을 文憑과 아울러 禮部에 교부하였습니다. 제가 당일 丞相[16] 앞에서 속여서 고하기를, 남은 貢馬 한 필은 저의 말로, 東宮에 헌상하고자 한다고 하였습니다. 승상의 분부를 받고 헌상할 수 없었습니다. 이후 돌아오는 길에 이 말을 가지고 萊州[17]에 도착하여 沈 百戶에게 팔아 값으로 生絹

---

13) 兪摠兵: 兪通源. 朱元璋이 起兵한 초기부터 그 휘하에서 활동하다가 平江 전투에서 전사한 兪通海의 동생으로 형의 官爵을 이었다. 홍무 3년에 南安侯에 봉해지고, 홍무 6년 전후에는 徐達 휘하에서 北元 출정에 종사하였다(『明史』 권133, 兪通海 附 通源).

14) 棘騮騸馬: 棘騮馬는 『吏文輯覽』의 설명과 같이 紫騮馬, 즉 자주색의 털이 난 말이고, 騸馬는 거세한 말을 가리킨다.

15) 鎭江: 지금의 江蘇省 鎭江市이며 長江에 연해 있다.

16) 홍무 6년 당시 우승상은 胡惟庸이다(『明史』 권109, 表10, 宰輔年表1).

17) 萊州: 지금의 山東省 萊州市. 唐代에 萊州라 하였고 몇 차례 지명이 변경되다가 元代 이래 같은 지명을 유지하였다. 고대부터 한중간의 교역로로서

5필・木緜 4필・紅紵絲 衲襖 1건을 받아 저의 용도로 넣어두었습니다.

4 中書省에서 문서를 보내오기에 이르렀고, 삼가 王旨를 받들었는데, 巡衛府[18] 및 委官에 지시하여 취조하도록 하라고 하셨습니다. 저는 도리어 실정을 숨기고 피하며, 자기의 죄를 감추려 하였고, 거짓되이 말하기를, 觀音保 萬戶가 말 1필을 주어 노자로 삼았고, 저는 鴉青段子・緜上蓋 1건으로 값을 주었다고 했습니다. 이와 같이 거짓되게 招伏함으로써 재차 심문을 받게 되었으니 감히 숨길 수가 없었습니다. 이제 앞의 공초 기록과 아울러 사실과 맞아, 헛되거나 속이는 것이 없습니다.

3 이상 金甲雨가 招伏한 내용은 다음과 같습니다. 앞서 王旨를 받아 濟州에 가서 진헌할 말 50필을 배에 실어 가지고 오게 되었는데, 바다에서 쓰러져 죽은 말이 2필이어서, 다시 濟州에 도착하였습니다. 安撫使 李下生・權萬戶 觀音保가 말 2필을 내어주어 원래 수효를 채워 넣었습니다. 또 말 1필을 내어주어 손실에 대비하도록 했습니다. 마땅히 公事에 의거하여 봉행해야 했으나, 또 부당하게도 明州府 定海縣에 도착하였을 때엔 말 50필의 수효 외에 貢馬 1필이 남게 되었습니다. 이에 속일 마음으로 모의를 꾸며 通事 吳克忠과 짜고 남는 말을 자기[金甲雨]의 말로 삼아 東宮에 헌상하여 回賜를 탐내게 되었습니다. 京師에 도착하여 승상에게 고하였으

海路로는 한반도 서해안에서 중국 山東반도의 登州나 萊州를 잇는 루트가 주로 사용되었다. 송대에도 萊州는 고려로 향할 수 있는 기점으로 지목되었다. 『宣和奉使高麗圖經』 권3, 封境 참조.

18) 巡衛府: 司平巡衛府를 가리킨다. 司平巡衛府에 대해서는 이문 2-9 <金義叛逆都評議使司申>의 해당 항목 참조.

나 분부를 받고 헌상하지 않았습니다. 이 말을 팔아서 얻은 값으로 生絹・木緜・衲襖는 자기가 가졌습니다. 죄상을 자복한 공초입니다. 이것은 사실입니다.

3 이 건을 의논한 바, 金甲雨는 직무가 陪臣으로서, 참람되이 獻禮를 행하고[19], 貢馬를 훔쳐 팔아 朝廷을 속였습니다. 律法을 헤아려보니, 마땅히 上位를 기망한 항목의 죄에 따라야겠습니다. 마땅히 金甲雨를 사형에 처하여 여럿에게 유시하도록 해야겠습니다.

2 1명. 同犯人, 吳克忠.

3 狀招.

4 나이는 36세이고, 질병은 없으며, 中郎將[20] 職事를 받았습니다. 사실대로 진술하겠습니다.

4 홍무 5년 11월, 차정되어 通事가 되었습니다. 金甲雨를 수행하여 그와 함께 濟州에 가서 진헌할 말 50필을 가지고 解送하게 되었습니다. 홍무 6년 7월 13일 말을 싣고 바다로 나갔는데 바람에 표류하여 죽은 말이 2필이었습니다. 다시 濟州에 도착하자 安撫使 李下生・萬戶 觀音保가 말 2필을 내어주어 원래 수효를 채워 넣었습니다. 또 말 1필을 내어주어 손상에 대비하도록 하였습니다. 이와 같이 싣고 明州府 定海縣에 도착하였습니다. 金甲雨가 말 50필의

19) 이 문서에서 문제가 되고 있는 사건의 핵심은 陪臣인 金甲雨가 참람되게 사적으로 東宮에게 獻禮를 행하고자 했다는 점이다. 즉 '人臣無外交'라는 오랜 관념에 비추어, 皇帝와 國王 이외의 존재들이 사적으로 통교하는 것이 엄히 금지되어 있던 당시의 상황을 반영하고 있는 것이다.

20) 中朗將: 고려시대 2군 6위 등 中央軍의 관직으로 관품은 정5품(『高麗史』 권77, 百官志2, 西班).

수효 외에 貢馬 1필이 남는 것을 보고, 이에 속일 마음으로 모의를 꾸몄습니다. 남는 말을 자기 말로 삼고 저[吳克忠]와 함께 모의하였습니다. 朱 摠兵・兪 摠兵의 처소에서 전달하여 말하기를 東宮에 헌상하고자 한다고 하였습니다. 경사에 도착하여 丞相 앞에서 속여서 고했으나, 승상의 분부를 받고 헌상할 수 없었습니다. 이 말을 가지고 萊州에 도착하여 팔아서 그 값으로 生絹 5필・木緜 4필・紅紵絲 衲襖 1건을 받아 저의 용도로 넣어두었습니다.

[3] 이상 吳克忠이 招伏한 내용은 다음과 같습니다. 通事로 차정하는 명을 받든 뒤에 金甲雨를 수행하여 그와 함께 濟州에 가서 진헌할 말 50필을 가지고 解送하게 되었습니다. 明州府 定海縣에 도착하였는데, 金甲雨가 말 50필의 수효 외에 남는 貢馬 1필이 있다고 하여, 이에 속일 마음으로 모의를 꾸몄습니다. 吳克忠과 모의하여, 남는 말을 자기 말로 삼아 東宮에 헌상하고자 하였는데, 또 다시 부당하게도 동모하여 그대로 말을 전하였습니다. 승상에게 고했으나 분부를 받고 헌상하지 않았습니다. 이 말을 팔아버려 生絹・木緜・衲襖 등을 값으로 받았습니다. 죄상을 자복한 공초입니다. 이것은 사실입니다.

[3] 이 건을 의논한 바, 吳克忠은 出使한 通事로서 이해를 관할하는데, 통역하는 작은 임무임에도 범죄를 저지른 것이 매우 무겁습니다. 그가 金甲雨와 동모하여 사사로이 貢馬를 헌상하고자 한 것이 모두 그 말에서 말미암아 시행된 것입니다. 그 범죄의 정황을 살펴보면 마땅히 通事 吳克忠을 金甲雨의 예에 비추어 죄를 정하여, 사형에 처하도록 해야겠습니다.

[2] 1명. 干連人, 金祉. 나이는 43세이고, 中郎將 職事를 받았습니다.

[2]1명. 康守. 나이는 48세이고, 郞將[21] 職事를 받았습니다.
[2]1명. 金仁哲. 나이는 52세이고, 別將[22] 職事를 받았습니다.
[2]1명. 朴天. 나이는 51세이고, 中郞將 職事를 받았습니다.
[2]1명. 李天. 나이는 33세이고, 五尉[23] 職事를 받았습니다.
[2]1명. 石連奇. 나이는 21세이고, 五尉 職事를 받았습니다.

[3](이상 6명이) 連名으로 招伏한 내용은 다음과 같습니다. 차정을 받든 뒤에 金甲雨를 수행하여 그와 함께 진헌할 말 50필을 解送하게 되었습니다. 明州府 定海縣에 도착하였는데, 金甲雨가 말 50필의 수효 외에 貢馬 1필이 남는 것을 보고, 이에 속일 마음으로 모의를 꾸며, 자기의 말이라고 칭하고는 東宮에 헌상하고자 하였습니다. 승상에게 고했으나 분부를 받고 헌상하지 않았습니다. 이 말을 팔아버리고 生絹・木緜・衲襖를 자기가 가졌습니다. 金祉 등은 그가 속였다는 것을 명백히 알았고, 또한 부당하게도 本國으로 돌아와서는 자수하여 고하지 않았습니다. 죄상을 자복한 공초입니다. 이것은 사실입니다.

[3]이 건을 의논한 바, 同行官인 金祉・康守・金仁哲・朴天・李天・石連奇 등은 金甲雨 등이 마필을 속여서 헌상하려 한 사실을 알고도 돌아와서는 자수하여 고하지 않는 죄를 범하였습니다. 마땅히 각각의 정황을 헤아려 杖 70대를 치고, 관직을 박탈해야겠습니다.

---

21) 朗將: 고려시대 2군 6위 등 中央軍의 관직으로 관품은 정6품(『高麗史』 권77, 百官志2, 西班).

22) 別將: 고려시대 2군 6위 등 中央軍의 관직으로 관품은 정7품(『高麗史』 권77, 百官志2, 西班).

23) 五尉: 伍尉의 오류로 보임. 伍尉는 尉・校尉라고도 불리며, 고려시대 2군 6위 등 中央軍의 관직으로 관품은 정9품(『高麗史』 권77, 百官志2, 西班).

[2] 1명. 干連人, 伴倘 徐溫. 나이는 50세이고, 郎將 職事를 받았습니다.

[2] 1명. 李光. 나이는 44세이고, 別將 職事를 받았습니다.

[2] 1명. 金仁奇. 나이 32세이고, 別將 職事를 받았습니다.

[2] 1명. 田順. 나이 38세이고, 散員[24] 職事를 받았습니다.

[3] (이상 4명이) 連名으로 招伏한 내용은 다음과 같습니다. 앞서 차정되어, 金甲雨를 수행하여 그와 함께 진헌할 말 50필을 解送하게 되었습니다. 明州府 定海縣에 도착하였는데, 金甲雨가 말 50필의 수효 외에 責馬 1필이 남는 것을 보고, 이에 속일 마음으로 모의를 꾸며, 자기의 말이라고 칭하고는 東宮에 헌상하고자 하였습니다. 승상에게 고했으나 분부를 받고 헌상하지 않았습니다. 이 말을 팔아버리고 生絹・木緜・衲襖를 자기가 가졌습니다. 徐溫 등은 그 잘못을 명백히 알고도 또한 부당하게 本國으로 돌아와서는 자수하여 고하지 않았습니다. 죄를 자복한 공초입니다. 이것은 사실입니다.

[3] 이 건을 의논한 바, 伴倘 徐溫・李光・金仁奇・田順 등은 金甲雨 등이 마필을 속여서 헌상하려 한 사실을 알고도 돌아와서는 자수하여 고하지 않는 죄를 범하였습니다. 즉 수행한 인원이므로 마땅히 각각을 金祉의 예에 따라 減等하고 杖 60대를 치도록 해야겠습니다.

[1] 右咨

[1] 中書省

[1] 洪武 7年 9월 2일

24) 散員: 고려시대 2군 6위 등 中央軍의 관직으로 관품은 정8품(『高麗史』 권77, 百官志2, 西班).

행문 과정

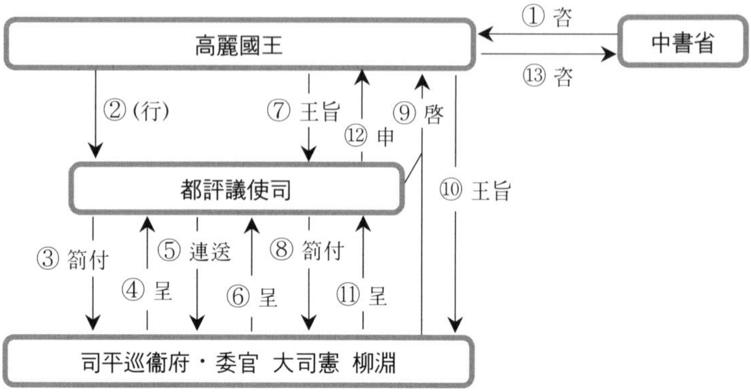

① 中書省에서 高麗國王에 咨: 金甲雨가 貢馬를 자기 것이라고 속인 사실 통고.
② 高麗國王이 都評議使司에 (行): 김갑우 조사 지시.
③ 都評議使司에서 司平巡衛府・委官 大司憲 柳淵에게 箚付: 김갑우 조사 지시.
④ 司平巡衛府・委官 大司憲 柳淵이 都評議使司에 呈: 김갑우 조사 결과 보고.
⑤ 都評議使司에서 司平巡衛府・委官 大司憲 柳淵에게 連送: 김갑우 재조사 지시.
⑥ 司平巡衛府・委官 大司憲 柳淵이 都評議使司에 呈: 김갑우 조사 결과 보고.
⑦ 高麗國王이 都評議使司에 王旨: 김갑우 사건 철저히 조사, 처벌할 것 지시.
⑧ 都評議使司에서 司平巡衛府・委官 大司憲 柳淵에게 箚付: ⑦의 왕지 전달.
⑨ 都評議使司・司平巡衛府 공동으로 高麗國王에게 啓: 김갑우 조사 결과 보고.
⑩ 高麗國王이 司平巡衛府・委官 大司憲 柳淵에게 王旨: 김갑우 처벌 지시.
⑪ 司平巡衛府・委官 大司憲 柳淵이 都評議使司에 呈: 김갑우 조사 결과, 해당 죄목 보고.
⑫ 都評議使司에서 高麗國王에게 申: ⑪의 조사 결과 보고.
⑬ 高麗國王이 中書省에 咨: 김갑우 조사・처벌 결과 전달.

濟州行兵都評議使司申[1)]

발신일자 洪武 8년(禑王 1년) 11월 9일 (1375년 12월 2일)
발신기관 高麗國都評議使司
수신기관 中書省, 中書禮部
서　　식 申

■ 문서내용 　洪武 7년에 耽羅의 말 2천 필을 가지고 오라는 洪武帝의 명령이 고려에 내려졌다. 그러나 당시 濟州에서는 몽골인 牧戶들이 세력을 떨치면서 貢馬 징발 명령을 따르지 않고 반란을 일으켰다. 이에 고려 조정에서는 崔瑩을 濟州行兵都統使로 삼아 이들을 토벌할 것을 명령했다. 치열한 전투 끝에 제주의 牧戶들을 진압하고 貢馬를 육지로 운송했으나, 다시 반란이 일어나 홍무 8년에 재차 토벌군을 보내 진압하였다. 고려국 도평의사사에서 반란과 토벌 과정 및 貢馬 발송 사실을 명의 중서성에 알리는 내용의 문서이다.

原 文

1 高麗國都評議使司

1 准濟州行兵都統使贊成事崔瑩等牒.
　2 該洪武七年七月二十五日, 敬奉王旨.
　　3 見爲欽奉聖旨, 起取耽羅好馬二千匹事. 其耽羅濟州哈赤牧子①, 肖忽禿不花・石帖里必思, 權萬戶觀音保等, 違背聖旨, 止與馬三百匹. 如今欽依洪武五年七月已奉詔旨, 節該. "耽羅牧子無狀, 不可因循被侮. 其速發兵以討" 事意, 行兵問罪施行.

1) 想白J・想白I・前間本에는 제목 있음. 奎古5700에는 없음.

2 敬此.

2 欽敬事意②, 統領官軍人等, 於八月十二日, 乘駕捕倭船三百隻, 就珍島會合行使. 到所閑・甫吉島③, 爲是風逆. 至二十四日開洋, 値惡風大作, 損壞船三十餘隻, 收入楸子島. 當月二十八日發行, 到濟州明月浦抛迫④. 差人呼喚哈赤牧子人等, 不行歸順, 輒將行去王旨文字扯毁⑤. 將先到岸船一十一隻軍人, 盡行殺死, 及將牧使李下生殺害, 聚領馬步人兵, 不計其數. 自明月村, 及冰非地面・明近吾音地面・今勿吾音地面・曉星吾音地面・延來地面・洪爐地面, 不分晝夜, 相拒交戰, 百般攻討. 其哈赤牧子人等, 拒戰不勝, 逃入虎島. 以此, 遣兵圍把⑥, 却自在於本島嶮崖⑦, 投落海水身死. 卽將肖忽禿不花・石帖里必思・觀音保等屍首⑧, 打撈⑨到岸, 斷頸示衆外, 將哈赤牧子答失蠻等一百一名, 生擒招撫間, 有答失蠻等, 復行作叛事發. 因此, 將答失蠻等, 俱行誅戮. 其餘黨類, 及本土官民人等⑩, 再行招撫安業. 敬依已奉王旨, 將朴允淸充牧使, 林完充安撫使, 金桂生・石天劒充馬畜使, 幷判官金仁柱[2]・梁天[3]生・嚴孝忠等, 管領守禦. 選揀官馬一千七百匹, 到官. 爲因惡風, 將明月浦所泊軍船四十隻, 撞石⑪破損. 此上⑫船數短少⑬, 止將馬九百三十匹, 於見在船上分載, 其餘七百七十匹, 責付安撫使林完等官, 收領隨後裝出. 當職⑭, 於九月二十二日, 乘船起離濟州行使, 至火脫伊海島, 被逆風, 打回明月浦. 於次日, 再行開洋, 到楸子島停泊. 十月初五日放洋⑮, 至鷲島, 又被惡風, 打回楸子島停留. 當月十八日放洋, 亦被惡風, 打到珍島及所閑・甫吉等處. 十一月初三日, 至全羅道木浦泊岸. 緣所載馬匹, 爲風濤渰沒, 節次倒死訖九十三

2) 想白J・想白I・奎古5700에는 柱, 前間本에는 桂.

3) 想白J에는 天, 想白I・奎古5700・前間本에는 大.

匹, 實在八百三十七匹. 今開前去, 牒請照驗.

1 准此, 差典客令金仲光, 將齎宥旨, 前往濟州安撫. 回據呈⑯.

2 該, 濟州, 自崔瑩等官行兵回還, 十月初六日, 有本土人車玄有等, 聚衆又行叛亂. 將安撫使林完・牧使朴允淸・馬畜使金桂生等殺害, 燒毁係官⑰房舍錢物, 宰食牛馬, 不計其數. 因仲光, 於洪武八年正月二十一日, 差洪孫白等, 到本州, 有土人文臣輔・星主⑱高實開・鎭撫林彦・千戶高德雨等起軍, 將車玄有等賊衆, 盡行勦捕⑲寧息.

1 得此, 就委金仲光充濟州萬戶兼牧使, 句當⑳守禦, 點監林完等, 原於崔瑩等官處所領, 未解過海馬七白七十匹見數㉑, 須要解來, 以憑施行. 去訖, 爲此, 照得, 欽奉聖旨, 起取馬匹事. 除見欽依陸續解送, 定遼衛交納外, 今據行兵取問肖忽禿不花等犯罪牒文, 及濟州人民車玄有等復叛得寧事理, 卑司合行申覆, 伏乞照詳轉達施行. 須至申者.

1 右謹具申聞, 伏乞中書禮部照驗.

1 謹申

1 洪武八年十一月初九日

이문 집람

① 哈赤牧子: 哈赤, 人名, 元時爲牧子.
哈赤은 (어떤 일을 하는) 사람의 이름으로, 원 때의 牧子이다.

② 欽敬事意: 有聖旨, 故曰欽, 又有王旨, 故曰敬.
聖旨가 있었기 때문에 '欽'이라 하고, 또 王旨가 있었기 때문에 '敬'이라 한 것이다.

③ 所閑甫吉島: 兩島名.

두 섬의 이름.

④ 拋泊: 下碇而泊船也.

닻을 내리고 배를 정박하는 것이다.

⑤ 扯毁: 扯, 上聲, 與撦同, 裂開也.

'扯'는 상성으로, '撦'[찢다]와 같아서 찢어버린다는 뜻이다.

⑥ 圍把: 把, 守把也.

'把'는 '守把'[지키다]이다.

⑦ 嶮崖: 嶮, 卽險字.

嶮'은 곧 '險'[험할 험] 字이다.

⑧ 屍首: 卽屍也. 謂之首者, 如皷謂之而, 魚謂之尾之類也.

즉 시신이다. 그를 가리켜 '首'라고 한 것은 皷를 가리켜 '而'라고 하고, 물고기를 가리켜 '尾'라고 하는 것과 같은 유이다.

⑨ 打撈: 打, 解見上. 撈以手入水取物也.

'打'는 해석이 위에 있다. '撈'는 손을 물에 넣어 물건을 취하는 것이다.

⑩ 官民人等: 官人・民人也.

官人과 民人이다.

⑪ 撞石: 撞, 擊也, 擣也.

'撞'은 '擊'[치다]이고, '擣'[찧다]이다.

⑫ 此上: 猶言以此也.

'以此'[이 때문에]와 같다.

⑬ 短少: 猶言不足也.

'不足'[부족하다]과 같다.

⑭ 當職: 通文同品衙門, 稱自己曰當職. 當去聲.

같은 관품의 아문에 문서를 보낼 때, 자기 자신을 칭하여 '當職'이라고 한다. '當'은 去聲이다.

⑮ 放洋: 謂放船於海洋也.

배를 바다에 띄움을 말한다.

⑯ 回據呈: 謂金仲光回來, 而都評議使司據其呈也.

金仲光이 돌아왔고, 都評議使司에서 그 呈을 받았음을 말한다,

⑰ 係官: 謂係屬官府之物.

官府에 속해 있는 물건을 말한다.

⑱ 星主: 新羅時, 濟州高厚來朝, 王喜, 號厚曰星主. 盖其時, 客星現, 故云. 其後高氏世稱星主.

新羅 때에 濟州의 高厚가 來朝하자, 왕이 기뻐하며 厚를 부르기를 '星主'라고 하였다. 대개 그때 客星이 나타나서, 그렇게 부른 것이다. 그 후 高氏가 대대로 '星主'라고 칭하였다.

⑲ 勦捕: 勦, 絶也, 殺也.

'勦'는 '絶'[끊다]이고, '殺'[죽이다]이다.

⑳ 句當: 皆去聲, 事也, 又掌管也.

모두 去聲으로, '事'[일삼다]이며, 또 '掌管'[관장하다]이다.

㉑ 點監林完等原於崔瑩等官處所領未解過海馬七百七十匹見數: 點, 點閱也, 監, 監守也, 此言令金仲光, 將崔瑩處所領未渡海馬之見在數, 點監也.

'點'은 '點閱'[점검하고 열람하다]이다. '監'는 '監守'[감찰하고 지키다]이다. 이는 金仲光으로 하여금 최영에게서 수령했다가 아직 바다를 건너지 못한 말의 현재 수효를 점검하고 감찰하라는 말이다.

吏文 2-12

濟州行兵都評議使司申

번역문

1 高麗國都評議使司(에서 신문을 올립니다.)

1 濟州行兵都統使 贊成事[1] 崔瑩[2] 등의 牒을 받았는데, 그 내용은 다음과 같았습니다.

2 洪武 7년(1374, 고려 공민왕 23) 7월 25일 삼가 王旨[3]를 받았습니다.

3 지금 삼가 聖旨를 받들었는데 耽羅의 좋은 말 2,000필을 가

1) 당시 崔瑩이 받았던 정식 관직은 楊廣全羅慶尙道都統使였다.

2) 崔瑩: 본관은 東州. 시호는 武愍. 공민왕 대에 누차 紅巾賊과 倭寇 토벌에 큰 전공을 세웠다. 특히 공민왕 13년(1364)에 원에서 공민왕을 폐위하고 德興君을 책봉하여 崔濡 휘하의 군사 1만을 이끌고 침입하자 西北面都巡慰使로서 義州에서 이를 격퇴하기도 했다. 1365년에는 辛旽의 견제를 받아 鷄林尹으로 좌천되고 이어서 유배되었다. 1371년 신돈이 처형되자 복직, 門下贊成事 등을 지냈다. 1374년에는 탐라 牧胡의 난을 진압하고 判三司事에 올랐다. 우왕 대에도 왜구 격퇴에 큰 공을 세워 1377년에는 安社公臣의 호를 받기도 했다. 1388년에는 守門下侍中으로서 정권을 장악하였다. 이때 明의 鐵嶺衛 설치에 반발하여 요동공격을 계획하고 八道都統使가 되어 원정군을 이끌고 출정했으나, 李成桂 등의 威化島回軍으로 실각하여, 유배되었다가 개경에서 斬刑에 처해졌다. 『高麗史』 권113에 그의 列傳이 실려 있으며, 여기에 1374년의 제주 牧戶 토벌 당시의 정황도 자세히 묘사되어 있다.

3) 이 王旨와는 별도로 제주 牧戶 토벌을 지시한 공민왕의 敎書가 『高麗史』 崔瑩傳에 보인다. 그 내용은 다음과 같다. "耽羅元屬本朝, 世修職貢, 垂五百載. 近牧胡石迭里必思・肖古禿不花・觀音保等, 殺我使臣, 奴我百姓, 罪惡貫盈. 今授瑩節鉞往征, 其督諸軍, 剋期殄殲, 賞罰用命不用命, 無憚大吏."

지고 오라는 일이었다.[4] 그 耽羅 濟州의 哈赤[5] 牧子인 肖忽禿不花・石帖里必思,[6] 權萬戶 觀音保 등은 聖旨를 어기고 겨우 말 300필만을 보내왔다. 이제 앞서 洪武 5년 7월에 삼가 詔旨를 받았는데, 그 내용에, "耽羅의 牧子가 난폭하여 계속 모멸당할 수 없으니, 속히 군사를 일으켜 토벌하라"[7] 라고 하신 뜻에 따라 병사를 내어 問罪하라.

2 삼가 (聖旨와 王旨의) 뜻을 받들어 官軍들을 통령하여 8월 12일에 捕倭船 300척에 타고, 곧바로 珍島에서 모여 출발하였습니다. 所閑島[8]・甫吉島[9]에 이르렀는데 逆風이 있었습니다. 24일

4) 탐라의 말을 가지고 오라는 홍무제의 성지를 고려에서 접수한 것은 같은 해 2월 3일의 일이다. 이문 2-9 <金義叛逆都評議使司申> 참조.

5) 哈赤: 몽골어 kachi의 音譯. 哈剌的이라고도 하며 牧子를 의미한다. 원대에 官馬는 왼쪽 넓적다리에 官印을 찍어 大印子馬라고 불렀고, 이를 방목하고 관리하는 관리를 哈赤이라고 불렀다. 『元史』 권100, 兵志3, 馬政 참조.

6) 肖忽禿不花・石帖里必思: 『高麗史』에는 그 인명을 古禿不花・石迭里必思로 기록하고 있다. 그는 공민왕 11년(1362)에 이미 星主 高福壽를 내세워 한 차례 반란을 일으킨 적이 있었다(『高麗史』 권40, 공민왕 11년 8월 丙申). 당시 고려에서 金分을 파견하여 이를 토벌하자 石迭里必思 등은 재차 원나라에 예속할 것을 청하였고, 이에 元에서는 副樞 文阿但不花를 耽羅萬戶로 임명하여 제주를 직접 관할 하에 두었다(같은 해 10월 癸巳). 이후 공민왕 17년(1368) 2월, 명의 흥기로 원 황실이 위기를 느껴 제주를 다시 고려에 돌려주고, 아울러 황실의 피난처로 삼고자 하였다(『高麗史』 권41, 공민왕 16년 2월 癸亥).

7) 耽羅의 토벌을 고려의 재량에 맡기겠다는 洪武帝의 위와 같은 聖旨는 『明太祖實錄』 권75, 홍무 5년 7월 庚午에 기록되어 있다. 고려에는 같은 해 9월에 전달되었다. 『高麗史』 권43, 공민왕 21년 9월 壬戌 참조.

8) 所閑島: 현재 이름은 所安島로, 주민들의 기개가 용맹하여 외부인들로부터 침범을 받지 않게 되었고 이로 인하여 사람들이 100세까지 살기 좋은 곳이라 해서 소안도라 했다고 한다. 완도에서 남쪽으로 17.8㎞ 지점에 있으며 면적 23.16㎢, 해안선 길이 42㎞이다. 노화도・보길도・횡간도・당사도 등의 섬과 함께 소안군도를 이룬다.

9) 甫吉島: 현재의 전라남도 완도군 보길면의 主島로 완도에서 서남쪽에 위

에 이르러 바다로 나갔습니다만 거친 바람이 크게 일어 배 30여 척이 부서졌기에 거두어 楸子島[10]로 들어갔습니다. 그달 28일에 출발하여 濟州 明月浦[11]에 도착하여 정박하였습니다. 사람을 보내 哈赤牧子들을 불렀으나 귀순하지 않고, 곧바로 보냈던 王旨 문서를 찢어버렸습니다. 먼저 해안에 도착한 배 11척의 군인들을 모두 죽여버렸고, 또한 牧使 李下生을 살해하였으며, 붙잡아간 騎兵・步兵이 그 수를 헤아릴 수 없습니다. 明月村과 冰非[12] 地面과 明近五音[13] 地面・今勿五音[14] 地面・曉星五音[15] 地面・延來 地面・洪爐 地面에서부터 밤낮을 가리지

치한다. 면적은 32.51㎢. 대부분의 지역이 해발고도 300m 이하의 산지를 이룬다. 해안선은 급경사를 이루며 일부지역에서는 암석해안이 발달해 있다. 조선 인조 때 孤山 尹善道가 머물던 유적지가 유명하다.

10) 楸子島: 제주시에서 가장 북서쪽에 위치한 군도이다. 제주해협에 있으며 총 4개의 유인도와 38개의 무인도로 이루어져 있다. 현재는 추자대교로 서로 연결되어 있는 상추자도와 하추자도 2개 섬이 가장 크고 나머지 섬들은 작은 섬들이다. 원래는 전라남도 영암군에 속하였으나, 1896년엔 완도군으로 편입되었고, 1910년부터 제주도에 편입되었다. 지리적으로도 전라남도와 가깝다.

11) 明月浦: 현재의 제주시 한림읍 동명리에 있는 포구. 1273년 삼별초의 잔여 세력을 진압하기 위해 金方慶이 이끈 여몽연합군이 상륙한 지점도 이곳이었다.

12) 冰非: 鄕名으로 표기하면 [어름비]가 된다. 현재 위치는 알 수 없다.

13) 明近五音: 鄕名으로 표기하면 [밝은 오름]이 된다. 제주시 해안동에 있는 오름으로 높이는 337m이며, 오름의 흙이 붉다는 데서 밝은오름[明岳], 또는 붉은오름[赤岳]이라 부르고 있다. 또한, 오름의 모양새가 보름달같이 환하고 반반하게 생겼다 하여 벨로오름이라고 한다.

14) 今勿五音: 鄕名으로 표기하면 [검은들먹 오름]이 된다. 제주시 애월읍 봉성리에 있는 오름으로 높이는 712m이다. 이 오름 일대에 검은 돌이 많은데다가 그것이 먹과 같다는 데서 검은돌먹오름이라 부르고, 나중에는 소리가 변하여 검은들먹오름이라고 하였다.

15) 曉星五音: 鄕名으로 표기하면 [새별 오름]이 된다. 제주시 애월읍 봉성리에 있는 오름으로 높이는 519m이다. 예로부터 새벨오름 또는 새빌오름 이라고도 하였는데 '새벨' 또는 '새빌'이 '샛별'의 제주어인지는 확실하지 않

않고 서로 맞서 교전하여, 백방으로 공격・토벌하였습니다. 그 哈赤牧子들이 맞서 싸우다가 이기지 못하자 虎島[16]로 도망해 들어갔습니다. 이에 병사를 보내 포위하자, 도리어 이 섬의 험준한 절벽에서 바다로 떨어져 죽었습니다. 곧 肖忽禿不花・石帖里必思・觀音保 등의 시신을 건져내어 해안에 이르러서는 머리를 베어 무리에게 보이는 외에, 哈赤牧子 答失蠻[17] 등 101명은 생포하여 초무하는 사이, 答失蠻 등이 다시 반란을 일으켰습니다. 이에 答失蠻 등을 모두 주륙하였습니다. 그 나머지 黨類 및 본토의 관인과 민인을 다시 초무하여 본업으로 돌아가게 하였습니다. 삼가 이미 받든 王旨에 의거하여 朴允淸을 牧使로 삼고, 林完을 安撫使로 삼으며, 金桂生・石天劒을 馬畜使로 삼고, 아울러 判官 金仁柱・梁天生・嚴孝忠 등으로 하여금 管領하여 지키게 하였습니다. 官馬 1,700필을 가려 뽑아 官에 이르게 했습니다. 거친 바람으로 인하여 明月浦에 정박해둔 軍船 40척이 바위에 부딪혀 파손되었습니다. 이에 배의 수효가 부족하여 다만 말 930필을 남아 있는 배에 나누어 싣고, 나머지 770필은 安撫使 林完에 맡겨서 거두어두었다가 뒤따라 실어 보내도록 하였습니다. 當職은 9월 22일 배에 올라 濟州를 떠나 이동하여 火脫伊 海島[18]에 이르렀는데, 逆風을

다. 한자를 차용하여 曉星岳 또는 晨星岳・新星岳이라고도 한다.

16) 虎島: 鄕名으로 표기하면 [범섬]이 된다. 서귀포시 법환동 앞바다에 있는 무인도로, 서귀포항에서 남서쪽으로 5㎞ 해상에 위치하며 주변에 새섬・문섬・서건도 등이 있다. 섬의 형태가 멀리서 보면 큰 호랑이가 웅크리고 있는 모습 같아 호도라고 하였다. 면적 0.142㎢, 둘레 약 2㎞이다. 최고점 87m이다.

17) 答失蠻: 『高麗史』 崔瑩傳에 기록된 石多時萬과 동일인으로 생각된다.

18) 火脫伊 海島: 현재 지명은 冠脫島로 大冠脫과 小冠脫 두 개의 섬으로 이루어져 있는데, 그중 大冠脫을 火脫이라고도 한다. 추자도 최남단과 제주도 사이에 있는 섬으로 제주항에서 약 30분 거리에 있다. 옛적 귀양객들이 이

만나 운항하여 明月浦로 돌아갔습니다. 다음날 다시 바다로 나가 楸子島에 이르러 停泊하였습니다. 10월 초5일에 바다로 나아가 鷲島에 이르렀는데 다시 거친 바람을 만나 운항하여 楸子島로 돌아가 머물렀습니다. 그달 18일 바다로 나아갔으나 다시 거친 바람을 만나 운항하여 珍島와 所閑島·甫吉島 등에 도착했습니다. 11월 초3일에 全羅道 木浦에 이르러 해안에 정박하였습니다.[19] 그러나 싣고 있던 마필 가운데 파도에 빠져 전후로 죽은 것이 93필로, 실제 남은 것은 837필입니다. 이제 써서 牒을 보내니 바라건대 살피십시오.

1 이를 받고, 典客令 金仲光을 차정하여 용서한다는 王旨를 가지고 濟州로 가서 安撫하게 하였습니다. 돌아와서 제출한 呈을 받았는데, 그 내용은 다음과 같았습니다.

2 濟州는 崔瑩 등이 군사를 이끌고 돌아간 이후 10월 초6일에 本土人 車玄有 등이 무리를 모아 다시 반란을 일으켰습니다. 安撫使 林完·牧使 朴允淸·馬畜使 金桂生 등을 살해하고, 官의 房舍와 錢物을 불태우며, 소와 말을 잡아먹은 것이 그 수를 헤아릴 수 없습니다. 이에 저는 홍무 8년 정월 21일에 洪孫白 등을 차정하여 本州에 도착하였는데, 土人 文臣輔·星主 高實開·鎭撫 林彦·千戶 高德雨 등이 군사를 일으켜 車玄有 등 적의 무리를 모두 토벌하고 체포하여 겨우 안정되었습니다.

1 이를 받고, 金仲光을 濟州萬戶兼牧使로 삼아[20] 수비를 담당하게

곳에 이르러 다왔다는 생각에 갓을 벗었다 해서 '관탈'이라는 지명이 붙었다. 완도-청산도-추자도-관탈도 등이 징검다리처럼 일렬로 늘어서 육지와 제주도를 연결하고 있는 셈이다. 현재는 무인도이다.

19) 『高麗史』 崔瑩傳에는 최영 등이 귀환한 시기를 10월로 기록하고 있다. "十月, 瑩與諸將班師."

20) 金仲光은 이후 濟州萬戶로서 牧胡 잔당들을 토벌하고 官馬를 운반하는 활동을 벌였음이 확인된다. 『高麗史』 권133, 우왕 2년 5월; 권135, 우왕

하고, 林完 등이 원래 崔瑩 등 관원에게서 넘겨받았던, 아직 바다를 건너 보내지 못한 말 770필을 일일이 점검하여 모두 보내오게 하도록 시행하게 하였습니다. 이를 위하여 살피건대 삼가 받든 성지는 마필을 가지고 오라는 일이었습니다. 삼가 연이어 定遼衛에 보내어 交納하는 외에, 이제 군사를 일으켜 肖忽秃不花 등이 범한 죄를 물었다는 牒文과 濟州人民 車玄有 등이 다시 반란을 일으켰는데 평안해졌다는 일에 의거하여, 卑司[都評議使司]에서는 마땅히 申覆하니, 엎드려 바라건대 상세히 살피시어 전달하십시오. 須至申者.

1 또한 삼가 갖추어 申으로 아뢰니, 바라건대 中書禮部에서는 잘 살피시기 바랍니다.

1 삼가 申함.

1 洪武 8년(1375, 고려 우왕 원) 11월 초9일[21)]

10년 8월 등.

21) 이 문서에서 문제가 되고 있는 1374년의 제주 牧胡들의 반란과 진압과정에 대해서는 末松保和, 「麗末鮮初における對明關係」, 『青丘史草』 1, 1967, 제3장 <耽羅問題> 및 高昌錫, 「元・明交替期의 濟州道 —牧胡亂을 중심으로—」, 『耽羅文化』 4, 1985 참조.

행문 과정 ▌

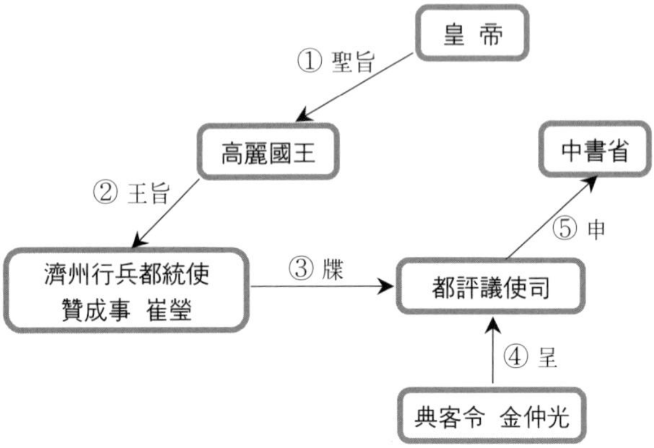

① 皇帝가 高麗國王에게 聖旨: 濟州의 말 2천 필 공납 요구.
② 高麗國王이 濟州行兵都統使 贊成事 崔瑩에게 王旨: 말 調發에 항거한 濟州 牧戶 토벌 지시.
③ 濟州行兵都統使 贊成事 崔瑩이 都評議使司에 牒: 제주 목호 토벌 전황 보고.
④ 典客令 金仲光이 都評議使司에 呈: 제주 목호의 재차 반역과 토벌 상황 보고.
⑤ 都評議使司에서 中書省에 申: 제주 목호를 토벌한 사실 및 말 공납 상황 보고.

사건 경과 ▌

ⓐ 홍무 7년(1374) 7월 25일, 崔瑩에게 탐라 토벌의 명이 내려짐.
ⓑ 8월, 최영 등이 羅州 榮山에서 열병(『高麗史』 崔瑩傳).
ⓒ 8월 12일, 승선, 珍島에서 회합하고, 所閑島・甫吉島에 도착.
ⓓ 8월 24일, 바다로 나감, 악풍을 만나 배 30여 척을 손실하고, 楸子島로 도피.
ⓔ 8월 28일, 추자도에서 출발하여 제주의 서안 明月浦에 이르러 정박 →

哈赤牧子들이 반항하여 제주 일대에서 교전, 토벌.

ⓕ 9월 22일, 승선, 제주를 출발하여 火脫伊海島에 이르렀으나 역풍을 만나 명월포로 회환.

ⓖ 9월 23일, 다시 출발하여 추자도에 이르러 정박.

ⓗ 10월 5일, 추자도에서 출발, 鷲島에 이르러 악풍을 맞아 추자도로 회환

ⓘ 10월 6일, 제주의 土人 車玄有 등이 반란.

ⓙ 10월 18일, 추자도에서 출발, 다시 악풍을 맞음. 진도·소한도·보길도 등을 경유.

ⓚ 11월 2일, 전라도 목포에 정박, 말 837필을 개경에 발송.

ⓛ 홍무 8년(1375) 1월 21일, 金仲光이 洪孫白 등을 보내 차현유 등을 토벌.

吏文 2-13

取發李緋帖里等人戶高家奴咨呈[1]

발신일자　洪武 9년(禑王 2년) 11월 26일 (1377년 1월 6일)
발신기관　守衛親軍指揮使司指揮　高家奴
수신기관　留高麗國
서　　식　咨呈

■ 문서내용　홍무 9년, 高家奴가 명에 귀부하여 관직을 수여받고 요동의 官民을 초유하는 임무를 부여받았다. 그런데 이에 앞서 胡軍의 공격으로 고려-명 경계에 살던 李緋帖里 등이 고려 경내로 도망하는 사건이 있었다. 이 문서는 高家奴가 자신에게 요동 인민의 관할권이 있음을 밝히고, 이들 인호의 송환을 요구하는 내용을 담고 있다.

原文

1 留守衛親軍指揮使司①指揮　高家奴

1 洪武九年十一月初九日，承奉②大都督府箚付.

2 洪武九年閏九月二十三日，本府官欽奉聖旨.

3 教高家奴，做京城留守衛指揮，於遼東到任③，招諭未附人民.

2 欽此.

2 仰照驗，欽依施行.

1 奉此，照得，洪武九年二[2]月二十三日，欽奉聖旨，來遼陽，招收東方舊日一應官民. 除將已歸招頭目，右丞只兒花台・參政黃伯珍・

1) 想白J・想白I・前間本에는 제목 있음. 奎古5700에는 제목 없음.
2) 想白J에는 二, 나머지 판본에는 十一. 시간 순서상으로 보면 二임이 확실함.

僉院撒兒托溫・千戶金阿兒丁・裵原奴・姚仲先等，二百餘名，幷人民老少五千餘口，具名申達朝廷，以禮存撫賞勞外，有草河・靑崖子④等處人戶李綁帖里・吉林張千戶等八十餘戶，撫安在彼屯住[3]⑤．具呈中書省，照詳，合無起取．去後，回奉都省[4]劄付．

2 奏奉聖旨．

3 從他取到遼陽來[5]．

2 欽此．

2 仰照驗，欽依施行．[6]

1 奉此，施行間，洪武九年七月十五日，據吳能成呈．

2 原招撫靑崖子等處人戶八十餘戶，除金帖里等二十三戶，計家小九十一口，已於洪武九年五月十九日，到城住坐外據，在彼人戶內，見在人戶，于令[7]史等六十五戶，爲有李綁帖里等一十九戶不見．問得當村⑥人戶朱忙哥帖木兒說稱．

3 洪武九年五月內，被胡軍頭目候史家奴等，剽掠人民．此時，忙哥帖木兒脫走不及，到被槍刺重傷．又將李末全伊，亦被傷重．因此，李綁帖里・吉林張千戶等驚疑，全眷過去江東高麗地面．

2 呈乞施行．

1 得此，除將在彼人戶，于令史等六十五戶，撫安另行外，將驚疑過江人戶，李綁帖里・吉林張千戶等一十九戶，備坐⑦，具呈中書省，照詳去訖．今照節次欽奉事理，專爲招諭人民事．所據已招人戶，李綁帖里・吉林張千戶等一十九戶，見於貴境地面住坐，未行復業．緣各戶人數，已係申達奏聞事理，若不移文取發，誠恐事有未便．爲此，今開前去，當職合行咨呈，伏請照驗施行．須至咨呈者．

---

3) 想白J・想白I・前間本에는 住，奎古5700에는 往．

4) 想白J・想白I・奎古5700에는 省，前間本에는 督．내용상 督이 맞음．

5) 想白J・想白I・前間本에는 來，奎古5700에는 禾．

6) 想白J에는 "仰照驗，欽依施行．" 나머지 판본에는 "仰欽依，照驗施行．"

7) 想白J・想白I・前間本에는 令，奎古5700에는 今．

1 右咨呈

1 高麗國

1 洪武九年十一月二十六日

이문집람

① 留守衛親軍指揮使司: 國初置都鎭撫司, 總領禁衛, 又以親軍諸衛, 分番守衛, 而改都鎭撫司, 謂留守. 五衛時常巡察. 又舊制, 設金吾前衛等十一衛, 後又添設金吾左衛等十衛. 俱稱親軍指揮使司.

국초에 都鎭撫司를 두어 禁衛를 총령하게 하였고, 또 親軍의 여러 衛로써 번을 나누어 衛를 지키게 하다가, 都鎭撫司를 고쳐 留守라고 하였다. 五衛가 수시로 순찰하였다. 또 舊制에 金吾前衛 등 11개 衛를 설치하였는데, 후에 다시 金吾左衛 등 10개 衛를 추가로 설치하였다. 모두를 칭하여 親軍指揮使司라고 한다.

② 承奉: 凡下司受上司文, 例曰承奉, 曰奉此.

무릇 하급 아문에서 상급 아문의 문서를 받았을 때 일반적으로 '承奉'이라고 하고, '奉此'라고 한다.

③ 於遼東到任: 今高家奴招諭人民, 須到遼東, 乃可施行, 故云.

이제 高家奴가 인민을 초유하려면, 반드시 遼東에 와야 비로소 시행할 수 있었기 때문에 이렇게 말한 것이다.

④ 草河青崖子: 二地名.

두 地名이다.

⑤ 屯住: 屯, 聚也.

'屯'은 '聚'[모이다]이다.

⑥ 當村: 猶言其村・本村也. 當, 去聲.

'其村'[그 마을]・'本村'[그 마을]이다. '當'은 去聲이다.

⑦ 備坐: 言備細開坐也.

'자세히 갖추어 적다'는 말이다.

取發李綁帖里等人戶高家奴咨呈

번역문

1 留守衛親軍指揮使司 指揮 高家奴[1](가 자정을 올립니다.)

1 洪武 9년(1376, 고려 우왕 2) 11월 9일, 大都督府[2]의 箚付를 받았

1) 高家奴: 원명교체기 遼陽 일대의 군벌로 상당한 세력을 갖추고 있었던 인물이다. 1360년대부터 고려와 자주 접촉하여 사신을 보내 方物을 진헌하기도 하였고, 명 건국 무렵부터는 나하추 등과 함께 고려의 북변을 침범하기도 하였다(『高麗史』 권39, 恭愍王 10년 4월 辛巳; 권40, 恭愍王 11년 4월 丙子, 5월 丁巳; 권41, 恭愍王 15년 12월 癸酉 등). 홍무 4년(1371) 劉益이 명에 귀순하자 洪保保 등이 그를 살해한 후에는 함께 명에 대항하기도 하였다(이문 2-5 <洪寶寶軍馬聲息呈>의 해설 참조). 홍무 5년에는 吳禎의 초유에 응하여 명 조정에 귀순하였다(『明太祖實錄』 권76, 홍무 5년 9월 丁巳). 그러나 이후로도 명과 고려 사이에서 왔다갔다 하는 자세를 취하여, 우왕 4년(1378)에는 군사 4만 명을 이끌고 江界에 와서 고려에 투항하기도 하였다(『高麗史』 권133, 우왕 4년 12월). 이 문서를 보낸 1376년에도 고려에 私信을 보내어 자신과 고려의 사적인 통교를 명 조정에서 눈치채고 있음에 우려를 표명하기도 하였다(『高麗史』 권133, 우왕 2년 6월). 이후 명에 완전히 귀순하여, 명과 고려 사이의 말 무역에 개입하기도 하였다(『明太祖實錄』 권179, 홍무 19년 12월 戊子; 권181, 홍무 20년 3월 癸酉).

2) 大都督府: 명초 중앙의 최고 군사기구. 주원장 정권 초기에는 최고 군사기구로 中樞院이 설치되어 있었으나 1361년에 大都督府로 개명하고 관제를 정비하였다(『明太祖實錄』 권9, 辛丑年 3월 丁丑). 吳 원년(1367) 이후 최고관직은 左右都督으로 관품은 정1품이었다(『明太祖實錄』 권27, 吳 元年 1월 乙酉). 명태조는 군사권이 大都督府에 집중되는 것을 꺼려하여, 홍무 13년(1380) 胡惟庸의 獄을 계기로 中書省과 함께 혁파하고 五軍都督府로 나누었다(『明太祖實錄』 권129, 홍무 13년 정월 癸卯). 명초의 중앙관제 개편에 대해서는 山根幸夫, 「明太祖政權の確立期について ― 制度史的側面よりみた」, 『史論』 13, 1968 참조.

습니다.

2 洪武 9년 윤9월 23일, 大都督府 관원이 삼가 聖旨를 받았다.

3 高家奴를 京城 留守衛 指揮로 삼아 遼東에서 부임하여, 아직 귀부하지 않은 인민을 초유하게 하라.[3)]

2 바라건대 잘 살펴서 성지의 뜻에 따르도록 하라.

1 이를 받고, 살피건대 洪武 9년 2월 23일, (이미) 삼가 聖旨를 받아 遼陽으로 와서 동방의 옛날 일체의 官民을 초유하여 거두고 있었습니다. 이미 귀순한 頭目으로 右丞[4)] 只兒花台·參政 黃伯珍·僉院 撒兒托溫·千戶 金阿兒丁·裵原奴·姚仲先 등 200여 명과 아울러 인민 노소 5,000여 口를 이름을 갖추어 朝廷에 申達하고, 禮로써 存撫하며 상을 주어 위로하는 외에, 草河·青崖子 등의 인민 李綁帖里·吉林의 張 千戶 등 80여 호는 안무하여 그곳에서 모여 살도록 하였습니다. 갖추어 中書省에 呈을 올리고, 불러들여야 할지 여부를 문의하였습니다. 그 후 다시 都督의 箚付를 받았습니다.

2 奏하고 성지를 받았다.

3 그들에게 遼陽으로 오라고 하라.

2 바라건대 잘 살펴서 성지의 뜻에 따르도록 하라.

1 이를 받고 시행하는 사이, 洪武 9년 7월 15일, 吳能成의 呈을

3) 당시 高家奴는 遼東 현지에 있었다. 이 聖旨는 그를 京城 留守衛의 指揮로 임명하면서, 南京으로 올 필요 없이 요동 현지에서 유수위 지휘에 부임하여 계속해서 아직 귀부하지 않은 인민의 초무를 담당하게 하라는 명령이다. 高家奴가 이 문서에서 이 성지를 가장 먼저 언급한 것은 자신의 정식 관직이 유수위 지휘이며, 요동에서 초무 공작으로 명령 받았다는 사실을 고려국왕에게 밝힌 것이다.

4) 여기에 등장하는 右丞·參政[參知政事]·僉院[行樞密院 僉事] 등의 관직은 모두 원대의 遼陽行省 및 遼陽行樞密院의 관직을 가리키는 것으로 보인다.

받았습니다.

2 원래 초무했던 靑崖子 등의 인민 80여 호 가운데, 金帖里 등 23호, 가솔 91구는 이미 홍무 9년 5월 19일에 성에 이르러 거주하도록 하는 외에, 거기에 살던 인호 가운데 현재 인호 于佥史 등 65호가 있었다고 하는데, 李綁帖里 등 19호가 보이지 않습니다. 그 마을의 인호 朱忙哥帖木兒에게 물어보았더니 그가 말하였습니다.

3 洪武 9년 5월에 胡軍 頭目 候史家奴 등이 인호를 剽掠해갔습니다. 이때 저는 도망쳤으나 미치지 못하여 창에 찔려 중상을 입었습니다. 또 李末全伊 또한 중상을 입었습니다. 이로 인해 李綁帖里·吉林 張 千戶 등은 놀라서 모두 강을 건너 동쪽 고려 지역으로 갔습니다.

2 呈을 올리니, 바라건대 시행하십시오.

1 이를 받고, 거기에 살던 인호 于 佥史 등 65호는 안무하는 외에, 놀라서 강을 건너간 인호 李綁帖里·吉林 將 千戶 등 19호를 갖추어 적어 中書省에 呈을 올려 상세히 살피시도록 하였습니다. 이제 전후로 삼가 받은 사리를 살펴보니, 모두 인민을 초유하라는 일이었습니다. 위의 이미 초유한 인호 李綁帖里·吉林 將 千戶 등 19호는 현재 귀국 경계 지역에 거주하고 있어 아직 본업에 복귀하지 못하였습니다. 각 인호의 숫자는 이미 申達하여 奏聞한 일이므로, 만약 문서를 보내 취해 오지 않으면 진실로 일이 불편해질까 우려스럽습니다. 이를 위해 이제 갖추어 적어서 當職은 마땅히 咨呈을 보내니 엎드려 바라건대 잘 살피시기 바랍니다. 須至咨呈者.

1 右咨呈[5)]

5) 이 문서에서 高家奴는 留守衛親軍指揮使司의 指揮라는 명의 관원의 입장

1 高麗國[6)]

1 洪武 9년(1376, 고려 우왕 2) 11월 26일

에서 高麗國에 문서를 보냈기 때문에 관문서인 咨呈이라는 서식을 사용하였다. 반면에 같은 해에 고려에 보낸 다른 문서에서는(『高麗史』 권133, 우왕 2년 6월) 자신과 고려의 사적인 通交를 명 조정에서 눈치챘음을 우려하면서, 고려에게 명의 總兵官 靖海侯 등에게 와서 성의를 표할 것을 권고하고 있다. 여기에는 사적인 書翰의 형식을 취하고 있다. 같은 인물이 보낸 문서에도, 사적인 지위에 입각하여 보내는 문서에서는 書翰 형식을, 관원의 입장에서는 관문서 양식을 취하고 있음을 잘 보여주는 사례라고 생각된다. 鄭東勳, 「高麗-明 外交文書 書式의 성립과 배경」, 『韓國史論』 56, 2010, 191~193쪽 참조.

6) 홍무 9년 당시 고려의 국왕은 禑王으로 아직 명에서 책봉을 받지 못한 시점이었다. 이 문서에서 수신자를 '高麗國王'으로 하지 않고 '高麗國'으로만 표시한 것은 이러한 사정 때문이었을 것으로 보인다.

행문 과정 ▌

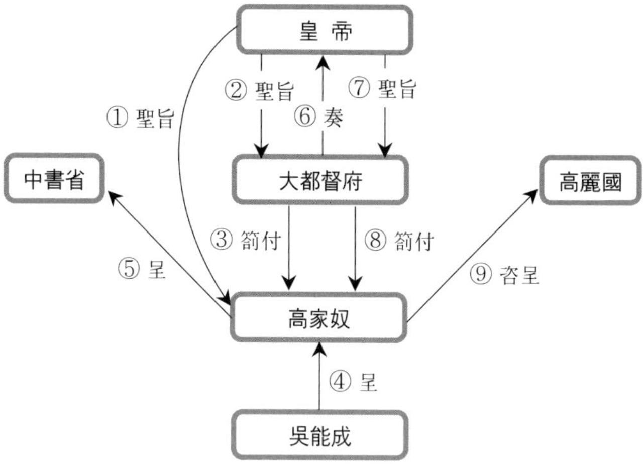

① 皇帝가 高家奴에게 聖旨: 遼陽 일대의 관민 招諭 지시.
② 皇帝가 大都督府에 聖旨: 高家奴에게 관직을 주어 효유할 것 지시.
③ 大都督府에서 高家奴에게 箚付: ①의 성지 전달.
④ 吳能成이 高家奴에게 呈: 초무한 인호의 내역과 李綁帖里의 도망 사실을 보고.
⑤ 高家奴가 中書省에 呈: 요양 일대의 관민 초유 상황 보고.
⑥ 大都督府에서 皇帝에게 奏: 고려로 이주한 李綁帖里 등 인호 해결 방침 문의.
⑦ 皇帝가 大都督府에 聖旨: 遼陽으로 불러올 것 지시.
⑧ 大都督府에서 高家奴에게 箚付: ⑦의 성지 전달.
⑨ 高家奴가 高麗國王에게 咨呈: 李綁帖里 등 송환 요구.

사건 경과 ▌

ⓐ 홍무 9년(1376) 2월 23일, 皇帝가 高家奴에게 聖旨: 요동에 와서 官民을 초무할 것을 지시.

ⓑ 5월, 胡軍 頭目 候史家奴가 青崖子 등에 침입하여 인호를 약탈. 李綁帖里 등이 고려로 도망.

ⓒ 5월 19일, 吳能成이 青崖子에 이르러 于 令史 등을 초무.

ⓓ 7월 15일, 吳能成이 高家奴에게 呈: 李綁帖里 등이 도망한 사실을 보고.

ⓔ 윤9월 23일 皇帝가 大都督府에 聖旨: 高家奴를 京城留守衛指揮로 삼아 遼東에서 부임하도록 할 것을 지시.

ⓕ 11월 9일, 大都督府가 高家奴에게 箚付: 聖旨를 전달.

ⓖ 이후, 高家奴가 中書省에 呈: 초무한 인호의 내역과 李綁帖里의 도망 사실을 보고.

ⓗ 이후, 大都督府에서 이 사실을 황제에게 奏하고, 皇帝가 大都督府에 聖旨를 내려, 李綁帖里 등을 遼陽으로 데려올 것을 지시.

ⓘ 이후, 大都督府에서 高家奴에게 箚付: 聖旨를 전달.

ⓙ 11월 26일, 高家奴가 高麗國에 咨呈: 李綁帖里 등 송환 요구.

軍人江才等告人命遼東照會[1)]

발신일자	洪武 12년(우왕 5년) 9월 12일 (1379년 10월 22일)
발신기관	遼東都指揮使司
수신기관	高麗國都評議使司
서　　식	照會

■ 문서내용　홍무 11년 12월, 定遼右衛 後千戶所에서 군인 江才의 아들 江祖俚 등을 草河라는 곳에 보내 둔전할 소를 구매해오게 하였는데, 이들 일행 6명이 누군가에 의해 살해되었다. 요동도사에서 官軍을 풀어 사건을 조사하니, 범인 일당 17명이 모두 압록강 동쪽에 살고 있다는 사실을 확인하였다. 이에 요동도사에서는 義州의 張 萬戶에게 범인을 체포해올 것을 요구하였고, 동시에 이 문서를 고려국 도평의사사에 보내 범인 수색과 송환에 협조할 것을 요청하고 있다.

原文

1 遼東都指揮使司

1 照得, 近准定遼右衛牒呈①.

2 據後千戶所, 備百戶蘆洪・胡全二所申.

3 該, 軍人江才等告.

4 近爲缺少屯種牛隻②, 洪武十一年十二月內, 蒙本所差③, 男江祖俚等, 將帶緜布, 用驢一頭馱載, 前去本境, 地名草河, 來歸人民處, 收買牛隻, 回所屯種. 至洪武十二年二月二十

1) 想白J・想白I・前間本에는 제목 있음. 奎古5700에는 제목 없음.

二日，有本所公差軍人陳魁五，草河把截，附信到來，該寫.

5 經過龍鳳站小河邊，見有死屍六軀，死驢一頭．在彼向前識認④，疑似本所，弁蘆百戶，原差買牛親丁⑤屍首.

4 得此，未委虛實，才等告蒙本所官知會，隨卽前去本處識認，果見赤體身屍六軀．近前識認，委係男江祖俚等身屍．雙手背綁，用繩各於咽喉下縊死．屍軀日久，俱被野獸傷殘．及傍有死驢半截．才等爲見男江祖俚等屍軀，暴露殘毁在彼，又兼地理寫遠⑥，不能扛回告官．以此不忍，就彼燒化了當．將帶男江祖俚等，骨殖五付⑦外，有徐細俚骨殖一付，就彼埋瘞．至三月初五日，回還到所．若不狀告，係干人命⑧，告乞.

3 備申．施行.

2 得此，照得，前事雖稱焚化骨殖到來，未爲的實．擬合委官相視⑨．及軍人江才等，認係各家親男⑩，卽合回還陳告，差官前去，相驗明白，然後焚化．今各人不詳係干[2]人命，擅自火燒，將帶骨殖回家．有此違錯，亦合收問⑪．爲此，除已差官前去，親詣已死親丁江祖俚等身死地所，相視回報，及行移定遼左等衛，幷左千戶等所鎭撫司，根捕⑫殺人賊徒，得獲另行外，開坐牒呈，施行.

1 准此，今照，所呈事理，係干[3]人命．已經故牒⑬定遼左等七衛，摘發⑭官軍，分投緝捕⑮．及箚付義州把截張萬戶，卽便挨究，原來發賣牛馬人民，韓帖木兒・金可哥等，二[4]起共五十餘名，緝捉前項作過⑯殺人正賊，得獲行枷杻手，差人牢固押解，赴司取問．去後，經今日久，不見殺人正賊取獲．催行間，今體問⑰出，本處前項殺人賊徒一十七名，俱係鴨綠江東住坐，數內已知名七名．擬合差人坐名⑱行移，取發到司，依律歸問⑲．爲此，都司除已差人，前赴義州把截

---

2) 想白J・想白I・前間本에는 干，奎古5700에는 于.

3) 想白J・想白I・前間本에는 干，奎古5700에는 于.

4) 想白J에는 二，나머지 판본은 貳.

張萬戶, 照名⑳督捕前項起內㉑原謀圖財正賊一十七名, 務要一名名㉒, 追究人贓㉓, 完備行枷杻手, 差有職役人員, 牢固押解, 赴司取問外, 合行照會, 可照驗, 卽便差官, 前赴義州把截張萬戶處, 與本司差去人, 公同督併㉔本官, 於槩管㉕地面, 照依坐去人數, 務要一名名緝捉到官, 追贓完備, 行枷杻手, 差人與差去人, 一同牢固, 管解㉖赴司取問施行. 毋得循情破調㉗遲滯. 須至照會者.

1 照會

1 高麗國都評議使司

1 洪武十二年九月十二日

이문 직락

① 牒呈: 下司呈上司之文.
하급 아문에서 상급 아문에 올리는 문서.

② 缺少屯種牛隻: 缺少, 猶言不足也. 屯種, 屯居而種田也.
'缺少'는 부족하다는 말이다. '屯種'은 '주둔하면서 밭을 耕種하다'이다.

③ 蒙本所差: 此本所指胡全也.
이 '本所'는 '胡全'을 가리킨다.

④ 識認: 認, 辨識之意.
'認'은 '분별하여 알다'는 뜻이다.

⑤ 親丁: 凡男曰親男, 女曰親女. 全江祖俚, 爲江才之子, 故曰親丁.
무릇 아들을 '親男'이라고 하고, 딸을 '親女'라고 한다. 全江祖俚가 江才의 아들이므로, 그런 까닭에 '親丁'이라고 한 것이다.

⑥ 窵遠: 窵, 音釣. 杳遠也.
'窵'의 음은 '釣'[조]이다. '아득히 멀다'이다.

⑦ 骨殖五付: 凡死人骸骨俱全, 謂之殖. 付, 與部同.
무릇 죽은 사람의 해골이 온전한 것을 가리켜 '殖'이라고 한다. '付'는

'部'[일부]와 같다.

⑧ 人命: 凡殺害等事, 皆稱人命.

무릇 살해 등의 사안은 모두 '人命'이라고 칭한다.

⑨ 委官相視: 相, 去聲, 下相驗同. 此謂差委官員, 相視其身屍也.

'相'은 거성으로 아래의 '相驗'도 동일하다. 이는 "관원을 파견하여 그 시신을 살펴보다"는 말이다.

⑩ 認係各家親男: 言辨識其各家親男也.

"분별하여 그 각 집안의 아들임을 확인했다"는 말이다.

⑪ 收問: 收拘也.

'收拘'[거두어 구속하다]이다.

⑫ 根捕: 跟尋而捕也.

"추적하여 체포하다"이다.

⑬ 故牒: 上司行下司之文, 與照會略同. 但此則三品以下官用之, 如通政司行尙寶寺, 京府行各府之類.

상급 아문에서 하급 아문에 행이하는 문서로 照會와 대략 같다. 단 이는 3품 이하의 관에서 사용한다. 通政司에서 尙寶寺에 행이하거나 京府에서 각 府에 행이하는 류이다.

⑭ 摘發: 摘, 亦發也.

'摘'은 또한 '發'[내다]이다.

⑮ 分投緝捕: 分投, 分往也. 緝, 繼蹤根尋也.

'分投'는 '分往'[나누어 가다]이다. '緝'은 '흔적을 따라 추적하다'이다.

⑯ 作過: 猶言作罪也.

'作罪'[죄를 짓다]와 비슷하다.

⑰ 體問: 訪其端由而問也.

'그 단서와 연유를 찾아 묻다'이다.

⑱ 坐名: 坐, 列也. 謂列寫其名數也.

'坐'는 '列'[열거하다]이다. '그 이름과 수효를 열거하여 적다'이다.

⑲ 歸問: 謂問罪而歸於一, 使無差異也.

"죄를 물어 하나로 귀결시켜, 거기에 차이가 없도록 하다"를 말한다.

⑳ 照名: 謂照考其名數也.

"그 名數를 조사하여 고찰하다"를 말한다.

㉑ 起內: 起, 則一起・二起之起. 猶言一運・二運也.

'起'는 즉 '一起'[첫 번째 무리]·'二起'[두 번째 무리]의 '起'이다. '一運'·'二運'과 비슷하다.

㉒ 一名名: 箇擧一名·二名, 而無所漏之意也.

하나하나 '한 명'·'두 명'을 들어서 빠지는 바가 없도록 한다는 뜻이다.

㉓ 追究人贓: 追, 徵也. 究, 詳悉問出也. 人贓, 謂犯人及贓物也.

'追'는 '徵'[거두어 들이다]이다. '究'는 '상세하게 모두 물어 알아내다'이다. '人贓'은 '범인과 장물'을 말한다.

㉔ 督併: 併, 催也.

'併'은 '催'[재촉하다]이다.

㉕ 槩管: 槩, 本該字, 音同, 故通使.

'槩'는 본래 '該'字로 음이 같아서 통용하여 사용한다.

㉖ 管解: 謂管押解送也.

'管押하여 解送하다'는 말이다.

㉗ 破調: 裝飾虛文推調之謂.

"거짓된 글을 꾸며 미루거나 거절하다"는 말이다.

軍人江才等告人命遼東照會

번역문

1 遼東都指揮使司(에서 조회를 보낸다.)

1 살피건대, 최근에 定遼右衛의 牒呈을 받았다.

2 後千戶所에서 蘆洪・胡全의 두 百戶所에서 올린 申을 갖추어 올린 것을 받았는데, 그 내용은 다음과 같았습니다.

3 軍人 江才 등이 고하였습니다.

4 최근 둔전의 농사에 쓸 소가 부족하여, 洪武 11년(1378, 우왕 4) 12월에 百戶 胡全의 차정을 받아 아들 江祖俚 등이 緜布를 나귀 한 마리에 싣고 本境의 지명이 草河라는 곳에 있는 귀부한 인민들의 처소로 가서 소를 구매하고 胡全의 所로 돌아와 둔전의 농사에 쓰고자 했습니다. 洪武 12년 2월 22일에 이르러 그 所[草河의 所]에서 차정한 군인 陳魁五가 草河를 지키다가 서신을 보내왔는데, 다음과 같이 쓰여 있었습니다.

5 龍鳳站[1] 근처의 작은 강변을 지나다가 시신 여섯 구와 나귀 한 마리의 시체를 발견했습니다. 얼마 전 그곳에서 식별해 보았는데, 아마도 本所와 蘆 百戶가 소를 구매하기 위해 보낸 아들의 시신 같았습니다.

---

1) 龍鳳站: 開州에 위치한 역참. 당시 압록강에서 요양에 이르는 길은 다음과 같았다. 驛昌站[지금의 단동] → 湯站 → 開州站[지금의 봉성] → 斜烈站 → 龍鳳站 → 連山站 → 甛水站 → 頭館站 → 遼陽.

4 이를 받고, 진위를 알지 못해 저희는 胡全의 所에 아뢰어 알려드리고, 곧바로 그곳으로 가서 알아보았더니, 과연 알몸의 시체 6구가 있었습니다. 가까이 가서 확인해 보았더니 실제로 아들 江祖俚 등의 시신이었습니다. 두 손은 등 뒤로 묶여 있었고, 각각 목 아랫부분이 끈으로 졸려 살해당한 것이었습니다. 시신이 오래되어 모두 들짐승에 의해 훼손되었습니다. 그 곁에는 죽은 나귀 반 토막이 있었습니다. 저희는 아들 江祖俚의 시신이 그곳에 방치·훼손되어 있음을 보고, 또 아울러 거리도 매우 멀었으므로, 가지고 돌아와 관에 고할 수 없었습니다. 이 때문에 차마 어찌하지 못하여 그곳에서 소각해버렸습니다. 아들 江祖俚 등의 骨殖 5付를 가져온 외에 徐細俚의 骨殖 1付를 그곳에 묻어주었습니다. 3월 5일에 이르러 所로 돌아왔습니다. 만약 狀告하지 않으면 살인 사건 처리에 관한 규정을 어기는 일이 되겠기에 고합니다.

3 申을 갖추었습니다. 시행하시기 바랍니다.

2 이를 받고, 살피건대 이 일은 비록 骨殖을 태워버리고 왔다고 하지만 아직 진위를 알 수 없습니다. 마땅히 관원을 보내 조사해야겠습니다. 또 군인 江才 등은 각 집안의 아들임을 확인하고서는 곧바로 돌아와 보고하고, 관원을 차정하여 명백히 조사한 후에 태웠어야 합니다. 지금 이들이 살해 사건과 관련되었는지 자세히 살피지 않고, 멋대로 불태우고 骨殖을 가지고 집으로 돌아왔습니다. 이러한 잘못 또한 마땅히 체포하여 죄를 물어야겠습니다. 이에 이미 관원을 차정해서 보내 직접 親丁 江祖俚 등의 시체가 있던 곳으로 가서 조사하여 보고하게 하고, 또 定遼左衛 및 左千戶所 등의 鎭撫司에 문서를 행이하여 살인한 賊徒를 추적, 체포하여 따로 처리하게 하는 외에, 이를

적어서 牒呈을 올리니, 시행하시기 바랍니다.

1 이를 받고, 이제 살피건대 呈을 올린 바의 事理는 살인사건이다. 이미 定遼左衛 등 7개 衛에 故牒을 보내 官軍을 풀어 흩어져 단서를 찾고 체포하도록 하였다. 또 義州把截 張 萬戶[2]에게 箚付를 보내 즉시 원래 牛馬를 팔았던 인민 韓帖木兒・金可哥 등 두 무리 50여 명을 샅샅이 추궁하여, 위의 살인죄를 지은 正賊을 체포하여 칼을 씌우고 수갑을 채워 사람을 보내 가두어 압송하여 都司로 보내 취조하도록 조치해달라고 했다. 그 후 지금까지 오래 지났지만 殺人 正賊을 잡지 못했다. 재촉하던 중, 이제 조사해서 알아낸 바, 그곳에서 앞의 살인을 저지른 賊徒 17명이 모두 鴨綠江 동쪽에 살고 있다고 하며, 그 가운데 이미 7명의 이름을 알게 되었다. 마땅히 사람을 보내 이름을 적어 행이하여, 이들을 불러와 都司에 보내 律에 따라 죄를 묻게 하여야겠다. 이에 都司에서는 사람을 차정하여 義州把截 張 萬戶에게 가서, 위의 재물을 도모하여 처음 모의했던 正賊 17명을 조사하고 잡아들이도록 독려하게 하여, 한 명 한 명의 죄를 밝히는 데에 힘써 범인과 贓物을 모두 색출하고, 모조리 칼을 씌우고 수갑을 채워 職役을 가진 人員을 차정하여 가두어 압송하여 都司로 보내 취조하도록 하게 하는 외에, 이에 마땅히 照會를 보내니 잘 살펴서

2) 張 萬戶: 義州 萬戶 張思吉을 가리킨다. 시호 僖襄. 의주 만호 張烈의 아들로서 대대로 의주 지방의 土豪였으며, 아버지의 뒤를 이어 만호에 올랐다. 무재가 뛰어나 같은 변방 출신인 李成桂에 의해 동생 張思靖과 함께 발탁되어 심복이 되었다. 1390년 密直副使로서 이성계의 위화도회군에 가담하여 回軍功臣이 되었으며, 이후에 왜적의 침입을 격퇴하는 데 공을 세웠다. 1392년 이성계를 추대하고 조선의 개국에 공을 세워 개국공신 1등에 올랐으며, 중추원지사로 승진하고 和寧君에 봉해졌다. 1398년 왕자의 난이 일어나자 李芳遠을 도와 定社功臣 2등에 올랐으며, 태종대에는 門下府參贊事 등을 역임하였다. 이후에 右軍摠制・議政府參贊事 등을 지냈으며, 花山府院君으로 진봉되었다.

곧바로 관원을 차정하여 義州把截 張 萬戶에게 보내 本司[遼東都指揮使司]에서 차정해 보낸 인원과 함께 本官을 독려하여, 해당 지역에서 연루된 사람의 수에 의거하여 한 명 한명을 모두 官에 잡아들이기에 힘쓰고, 贓物을 완비하여 칼을 씌우고 수갑을 채워, 사람을 차정하여 차정해 보낸 사람과 함께 가두어 압송하여 都司에 보내 취조하도록 시행하라. 情狀을 보아 사정을 흐트러뜨려 지체하지 말라. 須至照會者.

1 照會

1 高麗國都評議使司

1 洪武 12년 9월 12일

행문 과정▌

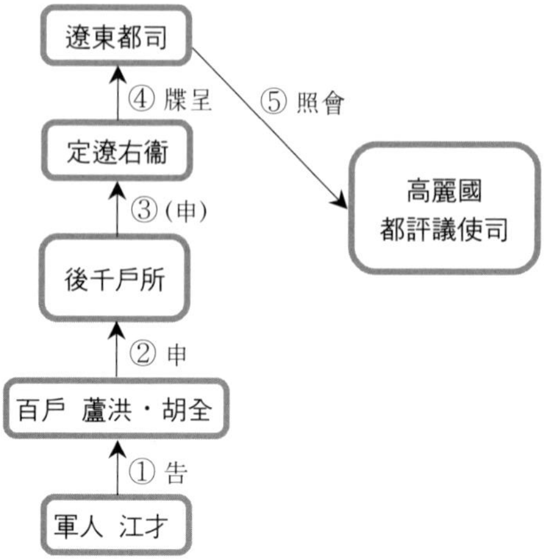

① 軍人 江才가 百戶 蘆洪・胡全에게 告: 江祖俚가 살해된 사건과 처리 과정 보고.
② 百戶 蘆洪・胡全이 後千戶所에 申: ①의 보고 전달.
③ 後千戶所에서 定遼右衛에 (申): ②의 보고 전달.
④ 定遼右衛에서 遼東都司에 牒呈: 살인 사건 조사, 범인 추적 상황 보고.
⑤ 遼東都司에서 高麗國 都評議使司에 照會: 범인 체포・압송을 요구.

사건 경과▌

ⓐ 홍무 11년(1378) 12월: 江祖俚 등이 소를 구입하러 草河로 감.
ⓑ 홍무 12년(1379) 2월 22일: 군인 陳魁五가 시체를 발견했다는 서신을 보냄.
ⓒ 이후 군인 江才 등이 현지에 가서 시체를 확인, 매장하고, 百戶 蘆洪・胡全에 보고.
ⓓ 이후 百戶 蘆洪・胡全 → 後千戶所 → 定遼右衛 → 遼東都司로 보고.
ⓔ 홍무 12년 9월 12일: 요동도사에서 고려국 도평의사사로 첩정을 보냄.

鐵嶺等處榜文張掛咨[1)]

발신일자 洪武 21년(우왕 14년) 2월 25일 (1388년 4월 2일)
발신기관 遼東都指揮使司
수신기관 高麗國王
서　　식 咨

■ 문서내용　요동도사에서 황제의 명령을 받들어 鐵嶺 동·서·북쪽 일대의 漢人·女眞·몽골인·고려인들을 遼陽에 속하게 한다는 내용의 榜文을 걸게 되었음을 고려에 통보하는 내용이다.

原文

1 遼東都指揮使司

1 承奉後軍都督府葉僉都督①箚付
2 發到戶部榜文.
3 爲戶口事.
3 洪武二十年十二月二十六日, 本部左侍郎楊靖等官, 於奉天門, 晩朝, 欽奉聖旨.
4 恁戶部出榜, 前去開原管下鐵嶺等處張掛. 但係②鐵嶺迤北·迤東·迤西, 舊屬開原所管軍民, 漢人·女直·達達·高麗, 仍屬遼陽. 若係開原·瀋陽·信州等處, 原有舊居産業, 聽從復業.

1) 想白J·想白I·前間本에는 제목 있음. 奎古5700에는 제목 없음.

3 欽此.

2 仰欽依, 多出榜示.

1 奉此, 除將發到戶部榜文, 及本司多出文榜, 責差百戶白帖木兒等, 齎領前去鐵嶺迤北・迤東・迤西, 三散・哈剌・雙城③等處大小衙門張掛, 欽依施行外, 咨請行移所屬大小衙門, 欽依遵守施行. 須至咨者.

1 右咨

1 高麗國王

1 洪武二十一年二月二十五日

이문 집람

① 葉僉都督: 都督僉事之姓葉者也.
都督僉事의 姓이 葉이다.

② 但係: 但, 凡也.
'但'은 '凡'[무릇]이다.

③ 三散哈剌雙城: 卽北靑・咸興・永興三官舊名.
즉 北靑・咸興・永興 세 官의 옛 이름이다.

鐵嶺等處榜文張掛咨

번역문

1 遼東都指揮使司(에서 자문을 보냅니다.)

1 後軍都督府[1] 葉 僉都督[2]의 箚付[3]를 받았는데, 그 내용은 다음과

1) 後軍都督府: 명초의 최고 군정기관이던 大都督府가 홍무 13년 中・左・右・前・後의 五軍都督府로 개편되었는데, 후군도독부는 그 가운데 하나이다. 五軍都督府의 관질은 정1품으로, 각 府마다 정1품의 左・右都督 각 1員씩, 종1품의 都督同知, 정2품의 都督僉事 등을 두었다(『明史』 권76, 職官志5, 五軍都督府).

2) 葉 僉都督: 後軍都督府의 都督僉事 葉昇을 가리킨다. 葉昇은 合肥 출신으로, 명의 건국을 전후하여 朱元璋 세력에 귀부하였다. 張士誠・明玉珍의 세력을 평정하고 원의 잔여세력을 공격하는 데에 누차 戰功을 세워, 홍무 12년(1379)에는 靖寧侯로 책봉되었다(『明太祖實錄』 권127, 洪武 12년 11월 甲午). 이후 延安侯 唐勝宗과 함께 遼東을 진수하며 海州・蓋州・復州 등에 城池를 쌓는 등 명의 요동진출에 활약하였다. 고려에서도 요동의 실력자로 부상하고 있던 이들에게 비공식적으로 접촉을 시도한 바 있었다(『三峰集』 권3, 書, <上遼東諸位大人書>). 그러나 당승종과 섭승은 이를 홍무제에게 보고하여, 황제로부터 '名臣'이라고 포상을 받기도 했다(『明太祖實錄』 권163, 洪武 17년 7월 己未). 그는 藍玉과 姻戚관계에 있었는데, 홍무 25년(1392)에 藍玉이 실각한 이후에 胡惟庸과 연루되었다고 하여 주살되었다(『明太祖實錄』 권220, 홍무 25년 8월 丙子). 『明史』 권131에 그의 列傳이 수록되어 있다. 都督僉事의 관질은 개국 초에는 종2품이었다가 홍무 12년 정2품으로 승격되었다. 『明史』 권76, 職官志5, 五軍都督府 참조.

3) 箚付: 하행문서의 일종이다. 照會가 통속관계가 없는 아문 사이에서 상급아문이 하급아문에 보낸 문서식으로 쓰였던 데에 비해, 箚付는 통속관계에 있는 상위관청에서 소속아문에 행이할 때에 주로 사용되었다. 예컨대 五軍都督府에서 經歷司에, 都察院에서 御史臺에, 六部에서 淸吏司에 발송하는 문서로 쓰였다. 이 경우 당시 최고 군정기관이었던 後軍都督府에서 명령관

같았습니다.

2 戶部[4)]의 榜文을 발송한다.

3 戶口에 관한 일.

3 洪武 20년(1387, 우왕 13) 12월 26일, 戶部 左侍郎 楊靖 등 관원이 奉天門에서 오후 조회에 삼가 聖旨를 받았다.

4 너희 호부에서 榜文을 내어 開原[5)] 관하의 鐵嶺[6)] 등에 가

계상 뚜렷한 소속아문이라고 볼 수 있는 遼東都司에 발송했기 때문에 하행문서로서 箚付가 쓰인 것이다. 箚付를 비롯한 명대 공문서의 행이체식은 홍무 14년에 제정·반포된 『洪武禮制』의 「行移體式」 항목에 매우 상세하게 규정되어 있다.

4) 戶部: 아래 제시할 『明太祖實錄』의 기록에 따르면, 홍무제는 철령위 설치 사실을 戶部에서 咨文을 통해 고려에 통보할 것을 지시했다고 한다(『明太祖實錄』 권187, 홍무 12년 12월 壬申). 朴元熇는 이 사안이 戶部의 咨文을 통해 전달되었다는 사실에 주목하여, 명에서는 철령위 설치를 기본적으로 영토의 귀속문제보다 人民의 관할문제로 보았을 것이라고 지적하였다(朴元熇, 「鐵嶺衛 설치에 대한 새로운 관점」, 『韓國史硏究』 136, 2006, 124~125쪽). 전체적인 의견에 동의하지만, 그러나 실제로 철령위 설치 문제를 고려에 통보한 明측의 주체가 戶部였는지는 의문이다. 본문의 문서 발신주체는 遼東都指揮使司이며, 『高麗史』에서는 명에 사신으로 갔다가 돌아온 偰長壽가 전달한 '口宣聖旨'에 의해 정식으로 통보된 것으로 기록하고 있을 뿐(『高麗史』 권137, 禑王 14년 2월), 戶部로부터 咨文을 받았다는 기록은 보이지 않는다. 또한 철령위 설치를 반대한다는 고려측의 의사도 咨文을 통해 명의 禮部에 전달되었다(『高麗史』 권137, 우왕 14년 6월). 아울러 여말선초 전체를 통틀어 명의 戶部가 고려와 문서를 주고받은 사례는 한 건도 보이지 않는다는 점에서, 철령위 설치와 같은 중대 사안이 호부의 자문을 통해서 고려에 전달되었다고는 생각되지 않는다. 다만 명 태조가 철령위 설치 문제와 관련하여 戶部에 지시를 내렸고, 그에 따라 호부에서 榜文을 작성·발행했다는 점에서, 명이 철령위 문제를 주로 人民의 귀속 문제로 생각하고 있었다는 지적은 설득력이 있다.

5) 開原: 원래 명칭은 開元으로, 朱元璋의 이름자를 피휘하여 開原이라고 표기한 것이다. 開元은 현재의 黑龍江省 東寧 일대이다. 元 太宗 7년(1235) 처음으로 開元路가 설치된 이래 계속해서 遼陽行省에 속해 있었다.

6) 鐵嶺: 鐵嶺의 위치가 어디인가에 대해서는 일찍부터 많은 연구자들이 주목하였고, 각각 다양한 의견을 제시하였다. 다만 자연지형으로서의 鐵嶺이 함경도와 강원도 경계의 鐵嶺, 즉 鐵關이라는 데에는 대체로 동의가 이루

서 내걸어라. 무릇 鐵嶺 이북・이동・이서의 예전에 開原에 속해 있던 관할 軍民으로 漢人・女眞・達達[몽골]・高麗人들은 그대로 遼陽에 속하게 한다. 만약 開原・瀋陽・信州 등에 원래 舊居[집]와 産業[토지]이 있으면 본인이 원하는 대로 본업에 복귀하도록 한다.7)

2 바라건대 황제의 뜻을 받들어 방문을 많이 내보내라.

1 이를 받고, 발송해 온 호부의 방문 및 遼東都司에서 많이 낸 榜文을, 百戶 白帖木兒 등에게 책임지워, 이를 가지고 鐵嶺 이북・이동・이서의 三散・哈剌・雙城 등 지역의 大小 衙門들에 가서 내걸게 하여, 삼가 황제의 뜻을 시행하는 외에, 자문을 보내니, 청컨대 소속 대소 아문에 행이하여 황제의 뜻을 준수하시기 바랍니다. 須至咨者.

1 右咨

1 高麗國王

1 洪武 21년(1388, 우왕 14) 2월 25일

어진 듯하다. 鐵嶺과 鐵嶺衛의 위치에 대한 기존의 연구는 朴元熇, 「鐵嶺衛의 位置에 관한 再考」, 『東北亞歷史論叢』 13, 2006, 109~116쪽에 잘 정리되어 있어 크게 참고가 된다.

7) 이상 聖旨의 내용은 『明太祖實錄』 권187, 홍무 12년 12월 壬申조에 수록된 洪武帝의 명령과 거의 일치한다. 『明太祖實錄』에는 洪武帝가 戶部에서 고려에 咨文을 보내 鐵嶺衛를 설치한다는 사실을 통보할 것을 명령했다고 기록되어 있다. 그 원문은 다음과 같다. "命戶部, 咨高麗王, 以鐵嶺北東西之地, 舊屬開元, 其土着軍民, 女直・韃靼・高麗人等, 遼東統之. 鐵嶺之南, 舊屬高麗人民, 悉聽本國管屬疆境, 旣正各安其守, 不得復有所侵越."

행문 과정 ▌

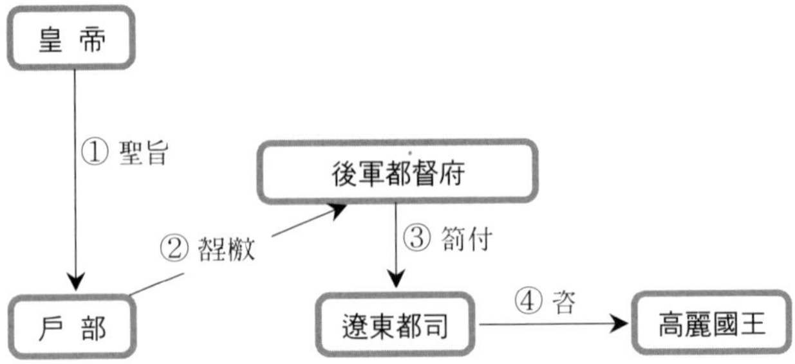

① 皇帝가 戶部에 성지: 鐵嶺衛 설치를 지시.
② 戶部에서 後軍都督府에 (咨呈): 황제의 聖旨를 전달하며 榜文을 작성·전달.
③ 後軍都督府에서 遼東都司에 箚付: 戶部의 榜文을 전달, 게시할 것 지시.
④ 遼東都司에서 朝鮮國王에 咨: 철령위 설치, 방문 게시 사실을 전달.

殺害薛興人捉獲遼東都司帖[1)]

발신일자 洪武 22년(창왕 1년) 3월 23일 (1389년 4월 19일)
발신기관 遼東都司 委官 定遼前衛 指揮僉事 耿
수신기관 高麗國 義州萬戶府
서　　식 帖

■ 문서내용　海州衛의 總旗 薛興·小旗 屈成 등이 官布를 가지고 草河市로 둔전할 소를 사들일 임무를 띠고 파견되었다. 이들은 돌아오는 길에 식량이 떨어져서 義州 일대의 고려 人家에 가서 쌀을 사들이고자 하였다. 길에서 義州 張 萬戶의 부하들을 만났는데, 이들이 薛興을 살해하고 가지고 있던 가축과 짐을 강탈하였다. 屈成이 돌아와서 이 사건을 보고하자, 遼東都司의 委官이 義州萬戶府에 문서를 보내, 薛興의 시신을 잘 간수하고 범인을 색출할 것을 요구하고 있다.

原　文

1 遼東都司委官定遼前衛指揮僉事耿

1 據海州衛千戶蔡靖呈.

2 洪武二十二年三月二十三日, 據小旗屈成狀告.

3 洪武二十二年二月內, 蒙本百戶所差, 搬運①官布, 根同前來草河市所, 收買屯牛. 爲因日久, 急缺米粮食用②. 三月十七日, 蒙總旗薛興差令, 帶領軍人駱三, 根隨前去義州萬戶府地面, 收糴米糧, 回市接用③. 到彼收糴不全④, 從義州東路, 尋探高麗人

1) 想白J·想白I·前間本에는 제목 있음. 奎古5700에는 제목 없음.

家糴用. 本月二十二日辰時分, 約離義州四十餘里, 有不知名高麗人三名, 背馱⑤布匹・弓箭, 在後趕上, 同行在路. 不通言語, 不曾問語, 一向⑥相逐, 行四五里. 約午時分, 至不知地名荒山⑦下, 見有耕熟田地. 有薛總旗言說.

4 前面人家必近, 屈旗和駱三⑧, 先去做飯等. 我趕牛・駝・行李在後, 與高麗人做伴同來.

3 有成聽說, 與駱三先行. 約離一里餘地, 迎見先不知名, 今知是, 根[2]張萬戶的金鎭撫等三人. 騎馬前來, 喝問⑨.

4 是那裏來的. 休去前面.⑩ 不放你⑪. 有文書將來看⑫.

3 成回說.

4 我是尋人家糴米. 有文書, 薛總旗帶在後面來.

3 金鎭撫言說.

4 你着人根我⑬. 尋總旗討文書⑭, 我看放你去⑮.

3 當令同行軍人駱三, 根同金鎭撫, 回路迎接薛總旗, 取討文書看覷. 成在路等候間, 只聽得駱三叫報⑯, 薛總旗被人打死在彼. 聽得叫聲, 荒忙⑰走到死人處所, 趕上金鎭撫, 得見薛總旗身屍在地, 被人打破後腦, 剝去⑱隨身衣襖, 幷原帶駝・牛・行李等物四散. 看望先曾同行高麗人三名, 不知去向. 成同軍人駱三, 驚惶撇去⑲屍首, 叫告金鎭撫救人, 根同回至義州萬戶府. 陳告明白. 爲此, 今將薛總旗身死情節⑳, 具狀告乞施行.

2 得此, 開呈施行.

1 得此, 切詳, 總旗薛興, 旣在義州地方被殺, 合着本處守禦官司區處. 文書到日, 速差軍兵, 卽將已死總旗薛興身屍, 如法苫盖, 晝夜用心看守. 務要捉獲行兇人到官, 聽候都司明降到來, 施行. 先具

2) 想白J에는 隨 없음(根張萬戶). 想白I・奎古5700・前間本에는 隨 있음(根隨張萬戶).

管不違悞依准呈來㉑. 須至帖者㉒.

1 右下

1 高麗國義州萬戶府

1 准此

1 洪武二十二年三月二十三日

이문 집람

① 搬運: 搬移也.
'옮기다'이다.

② 急缺米粮食用: 缺, 乏也. 此言米粮食用之物, 遽爲乏絶也.
'缺'은 '乏'[부족하다]이다. 이는 "쌀 등 먹을 것이 갑자기 부족해졌다"는 것이다.

③ 接用: 接, 收接也.
'接'은 '收接'[접수하다]이다.

④ 收糴不全: 糴, 音狄, 買米也. 不全, 謂不得完全也.
'糴'의 음은 '狄'[적]으로, 쌀을 사는 것이다. '不全'은 "완전하지 못하다"는 것을 말한다.

⑤ 背馱: 馱, 猶負荷也.
'馱'는 '짐을 지다'와 같다.

⑥ 一向: 猶俗言슬의여.
俗言에 '슬의여'[서로]와 같다.

⑦ 荒山: 不知地名, 故指稱荒山, 謂夷地荒蕪之山, 如稱草地之類.
지명을 알지 못하여, 그 때문에 '荒山'이라고 지칭하였으니, "夷地의 황량한 산"이라는 것을 말하며, '草地'라고 부르는 것과 같은 유이다.

⑧ 屈旗和駱三: 屈成爲小旗, 故稱屈旗. 和, 猶言一同也.
屈成이 小旗이므로 '屈旗'라고 칭한 것이다. '和'는 '一同'[함께]과 같다.

⑨ 喝問: 作聲恐嚇而問之也.

"소리를 내어 꾸짖어 묻다"이다.

⑩ 休去前面: 謂不必前去也.

"앞으로 갈 수 없다"는 것을 말한다.

⑪ 不放伱: 我今不放汝過去也.

"나는 이제 너희를 놓아주어 지나가도록 하지 않겠다"이다.

⑫ 有文書將來看: 汝有文書, 則持來. 我當看之.

"네가 문서를 가지고 있으면 곧 가지고 와라. 내가 그것을 보아야겠다."

⑬ 伱着人根我: 着, 使也. 根, 隨也.

'着'은 '使'[시키다]이다. '根'은 '隨'[따르다]이다.

⑭ 尋總旗討文書: 尋見薛總旗, 求取所持文書來.

"薛 總旗를 찾아보고, 가지고 있는 문서를 받아내라."

⑮ 我看放伱去: 此言汝使人隨我, 尋見薛總旗, 求取文書, 我看見之後, 放汝去也.

이는 "네가 사람을 시켜 나를 따라오게 하여 薛 總旗를 찾아보고, 문서를 받아내면, 내가 그것을 본 후에 너희를 놓아주겠다"는 말이다.

⑯ 叫報: 急聲呼叫而告說也.

"급한 소리로 불러 보고하다"이다.

⑰ 荒忙: 忙遽之意.

'忙遽'[갑자기]라는 뜻이다.

⑱ 剝去: 剝, 脫也.

'剝'은 '脫'[벗기다]이다.

⑲ 撇去: 撇, 棄也.

'撇'는 '棄'[버리다]이다.

⑳ 情節: 情, 事情也. 節, 節目也.

'情'은 '事情'[사정]이다. '節'은 '節目'[절목]이다.

㉑ 先具管不違悞依准呈來: 依准, 卽文狀之名也. 凡各衙門官吏奉行本管及監臨上司之文, 乃曰, "我等當管知行下之事, 不敢便有違悞"云云. 先具此意, 結成文狀而呈來也.

'依准'은 文狀의 이름이다. 무릇 각 아문의 관리가 本管이나 監臨하는 上司의 문서를 奉行함에 "저희는 마땅히 지시[行下]하신 일을 잘 알고 있으며[管知], 감히 함부로 어기거나 지연시키지 않겠습니다[我等當管知行下之事, 不敢便有違悞]"라고 한다. 먼저 이 뜻을 갖추어 文狀을 맺고서 모으로 보내는 것이다.

㉒ 須至帖者: 帖文, 大略與箚付同. 但各衙門行所屬官員居多. 如國子監行典簿廳, 按察司行照磨所之類也.

帖文은 대략 箚付와 같다. 단 각 아문이 소속 관원에게 행이할 때 많이 쓴다. 예컨대 國子監에서 典簿廳에 행이하거나, 按察使가 照磨所에 행이하는 등의 유이다.

吏文 2-16

殺害薛興人捉獲遼東都司帖[1)]

번역문

1 遼東都司 委官 定遼前衛[2)] 指揮僉事[3)] 耿(이 첩을 보낸다.)

1 海州衛 千戶 蔡靖의 呈을 받았다.

2 洪武 22년(1389, 고려 창왕 원년) 3월 23일, 小旗[4)] 屈成의 狀告를 받았습니다.

3 洪武 22년 2월에 본 百戶所에서 官布를 운반하도록 차정되어, 함께 草河市所로 와서 屯牛를 사들였습니다. 여러 날이 지나서 갑자기 쌀과 먹을 것이 떨어졌습니다. 3월 17일에 總旗 薛興의 차정을 받아, 軍人 駱三을 데리고 그[薛興]를

1) 帖: 『吏文輯覽』에서는 "대략 箚付와 같아서, 각 아문에서 소속 관원에 행이할 때에 주로 쓴다"라고 설명하고 있다. 『洪武禮制』 「行移體式」에 규정된 명대 관문서로서 帖은 하행문서의 일종으로, 外官의 경우 外衛指揮使司[정3품]에서 州縣[정5~정7품]이나 千百戶所[정5~정6품]에게 보내거나, 在外守禦千戶所[정5품]에서 각 縣[정7품]이나 소속 百戶[정6품]에 보내는 문서로 규정되어 있다. 조선에서 帖은 상급 아문에서 7품 이하 관원에게, 또는 관부의 長이 속관에게 내리는 문서 양식이다(崔承熙, 『(증보판)韓國古文書研究』, 지식산업사, 1989. 193쪽).

2) 定遼前衛: 遼東都指揮使司 하위의 위소로 홍무 8년(1375) 설치, 치소는 遼陽에 있었다. 이 시기에 遼陽에는 定遼中衛·定遼左衛·定遼前衛·定遼後衛·東寧衛 등 5개의 衛가 설치되어 있었다.

3) 指揮僉事: 都司-衛司 계통의 병제에서 衛의 지휘첨사는 정4품. 1衛에 4員씩의 지휘첨사가 있었다.

4) 明代 衛所制에서 최하급의 말단 조직을 이끄는 자로, 10명의 군인을 지휘한다. 오늘날의 분대장에 상당한다고 할 수 있다.

따라 義州萬戶府 지역으로 가서 쌀을 사들이고 草河市所로 돌아와 거두어 쓰고자 하였습니다. 그곳에 도착해보니 사들인 쌀이 충분하지 못하여 義州 東路를 따라 가서 高麗人家를 찾아내어 사들였습니다. 이번 달[3월] 22일 辰時에 義州에서 약 40여 리 떨어진 곳에서 이름을 알 수 없는 고려인 3명이 布匹과 활과 화살을 등에 지고 뒤에 있다가 좇아오기에 함께 길을 가게 되었습니다. 말이 통하지 않고 물어보는 일도 없이 서로 앞서거니 뒤서거니 하며 4~5리쯤을 갔습니다. 약 午時 쯤에 이름을 알 수 없는 민둥산 아래에 이르렀는데, 농사를 짓고 있는 田地를 보았습니다. 설 총기가 말하였습니다.

4 앞에 인가가 분명히 가까울 것이니 小旗 屈成과 駱三은 먼저 가서 밥을 짓고 기다리라. 나는 소·낙타와 짐을 가지고 뒤에서 고려인과 함께 가겠다.

3 제[屈成]가 이 말을 듣고 駱三과 함께 먼저 갔습니다. 약 1리 쯤 떨어져 가다가 처음에는 이름을 알지 못하였으나 지금은 알게 된 張 萬戶의 부하는 金 鎭撫 등 3인을 만났습니다. 말을 타고 앞으로 와서 소리쳐 물었습니다.

4 어디에서 오는가? 앞으로 오지 말라. 너를 놓아 보내지 않을 것이다. 문서를 가지고 오면 살펴보겠다.

3 제가 대답하였습니다.

4 나는 인가를 찾아 쌀을 사려고 한다. 문서가 있는데 薛總旗가 휴대하고 뒤에서 올 것이다.

3 김 진무가 말하였습니다.

4 너는 사람을 시켜 나를 따라오게 하라. 總旗를 찾아 문서를 받아서 내가 살펴보고 너희를 놓아 주겠다.

3 이에 동행한 군인 駱三으로 하여금 金 鎭撫를 따라 길을 돌

아가서 薛 總旗를 맞이하여 문서를 받아 확인하도록 하였습니다. 저는 길에서 기다리고 있었는데, 낙삼이 소리쳐, 설 총기가 사람들에게 타살되어 거기에 있다고 하는 보고를 들었습니다. 외치는 소리를 듣고 황망히 사건 현장으로 달려가서 김 진무를 따라잡으니, 설 총기의 시신은 땅 바닥에 있는데, 뒤통수를 얻어맞았고, 입고 있던 옷가지는 벗겨지고, 원래 휴대하고 있던 낙타·소·짐 등의 물건은 사방으로 흩어져 있었습니다. 앞서 동행했던 고려인 3명을 찾아보았지만 간 곳을 알 수 없었습니다. 저는 군인 낙삼과 함께 경황히 시신을 버리고, 김 진무에게 소리쳐 고하여 살려달라고 하고는, 그들과 함께 義州萬戶府로 돌아왔습니다. 아뢰어 보고하는 것이 명백합니다. 이에 이제 설 총기가 죽은 사정을 狀告를 갖추어 보고하니, 바라건대 시행하십시오.

2 이를 받고, 呈文을 작성하니 시행하십시오.

1 이를 받고, 살피건대 總旗 薛興은 이미 義州 지방에서 피살되었으니, 마땅히 그곳 守禦官司로 하여금 처리하도록 해야겠다. 문서가 도착하는 날 속히 軍兵을 차정하여 곧바로 이미 죽은 總旗 薛興의 시신을 법대로 거적으로 덮어두고, 밤낮으로 성심껏 간수하라. 살해한 자들을 잡아 관에 데려다 두도록 힘쓰고, 都司의 명이 내려오기를 기다리도록 하라. 먼저 "(지시하신 일을) 잘 알고 있으며, 어기거나 지연시키지 않겠습니다[管不違悞]"라고 갖추어 依准을 모으로 보내오라. 須至帖者.

1 右下

1 高麗國 義州萬戶府

1 准此[5]

---

5) 문서의 결사에 '准此' 혹은 '得此' 등이 적혀있는 사례는 다른 문서에서

[1] 洪武 22년(1389, 고려 창왕 원년) 3월 23일

는 찾아볼 수 없다. 여기서 '准此'라는 것은 수신자인 고려국 의주만호부에서 문서를 받아본 후 접수하였다는 뜻에서 기록해 둔 것을 『吏文謄錄』에서 그대로 기록해둔 것이 아닐까 한다. 그렇게 추정할 수 있는 근거로는 고려·조선 측에서 수신한 다른 모든 문서가 國王 또는 都評議使司 등 중앙정부로 온 것이었던 데에 비해, 이 문서는 義州萬戶府가 수신자이라는 점이다. 즉 의주만호부에서 수신한 문서가 중앙정부로 전달되어 『吏文謄錄』에 수록되었던 것이다. 따라서 이 과정에서 의주만호부는 원본 문서에다가 '准此'라고 하여 수신을 확인하는 표시를 해두었을 것으로 추정되며, 이를 중앙의 承文院에서 그대로 옮겨 『吏文謄錄』을 작성했던 것으로 볼 수 있다.

행문 과정 ▌

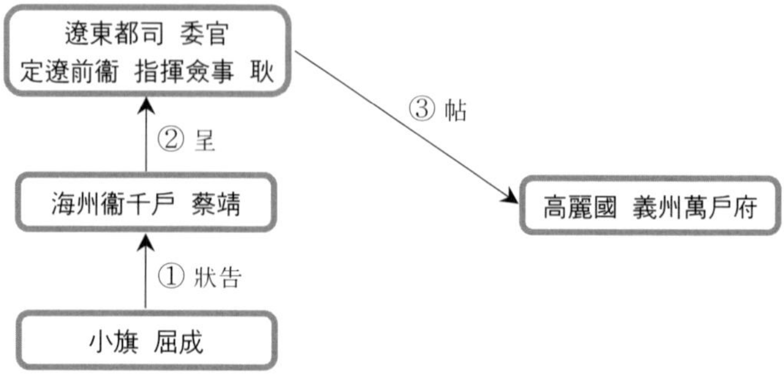

① 小旗 屈成이 海州衛千戶 蔡靖에게 狀告: 義州 인근에서 總旗 薛興이 살해된 사실 보고.
② 海州衛千戶 蔡靖이 遼東都司 委官 定遼前衛 指揮僉事 耿에게 呈: ①의 보고 전달.
③ 遼東都司 委官 定遼前衛 指揮僉事 耿이 高麗國 義州萬戶府에 帖: 總旗 薛興을 살해한 범인 체포·인도 요청.

사건 경과 ▌

ⓐ 홍무 22년(1389) 2월, 定遼前衛 海州衛 千戶 소속 某 百戶所에서 차정된 小旗 屈成 등이 草河市所로 와서 屯牛를 사들임.
ⓑ 3월 17일, 식량이 떨어져 總旗 薛興이 차정되어 軍人 駱三과 함께 義州萬戶府로 가서 쌀을 사들이고 草河市所로 돌아옴.
ⓒ 3월 22일, 식량이 온전치 못하여 義州 東路를 따라 인가를 찾던 중, 고려인 3명에게 總旗 薛興이 타살당함. 屈成·駱三 등은 義州萬戶府로 돌아감.
ⓓ 3월 23일, 小旗 屈成이 海州衛 千戶 蔡靖에게 狀告를 보냄.
ⓔ 같은 날, 海州衛 千戶 蔡靖이 遼東都司 委官 定遼前衛 指揮僉事 耿에게 呈을 보냄.
ⓕ 같은 날, 遼東都司 委官 定遼前衛 指揮僉事 耿이 高麗國 義州萬戶府에 帖을 보냄.

北清州萬戶金得卿生邊釁遼東照會[1)]

발신일자 洪武 18년(우왕 11년) 1월 15일 (1385년 2월 24일)
발신기관 遼東都指揮使司
수신기관 高麗國都評議使司
서　　식 照會

■ 문서내용　北元 太子가 고려에 보낸 사신이 哈剌 등에 있다는 첩보를 입수한 요동도사 女眞千戶인 白把把山 등이 이를 막기 위해 관군을 인솔하여 三散으로 출동했다. 그런데 고려의 萬戶 金得卿이 이들을 공격하여 말을 빼앗았기에 白把把山 등은 요양으로 후퇴하여 이 사실을 보고하였다. 이에 요동도사에서는 고려국 도평의사사에 문서를 보내 사건의 진상을 조사하고 김득경 등을 송환하며, 빼앗아 간 말을 반환하고, 아울러 북원 사신을 모두 압송해올 것을 요구하고 있다.

原文

1 遼東都指揮使司

1 洪武十八年正月十二日, 據女直等所千戶白把把山等呈.

2 洪武十七年十一月初一日, 有本所軍丁馬阿哈歹, 前去迆東嘉州, 接取家小回還, 向對說稱.

3 卽目胡太子①差來的使臣, 見在哈剌・雙城.

2 卑職隨將前因, 稟蒙遼東都司官②, 復稟奉延安侯・靖寧侯鈞旨③.

3 着令差撥官軍, 前去彼處, 邀截差來使臣.

1) 想白J・想白I・前間本에는 제목 있음. 奎古5700에는 제목 없음.

2 於當月初七日，蒙都司出給鈞批差令，與同海洋千戶王脫歡不花·南京所千戶董脫歡，將領官軍，前去三散·哈剌·雙城口子④，攔截. 至當月二十七日辰時，到三散口子，有把口官金百戶言問.

3 恁那裏來的官人每.

2 卑職回對.

3 俺不是別人，是遼東都司差來千戶，有公幹⑤. 俺引着⑥進馬宰相差來的伴倘[2)]鄭帖木兒，更有宰相僉押的文字⑦.

2 有把截金百戶道.

3 將來. 我看.

2 當時接了文字，前去報知萬戶. 至未時，金百戶回還，將引官軍，前到萬戶衙門. 卑職使令鄭帖木兒，請喚金萬戶說話. 本官不來，有守衙門金鎮撫·申鎮撫·林鎮撫·李鎮撫對說.

3 這衙門內窄狹.

2 就便分請卑職等，於四散安下⑧. 至當日三更，將官軍原騎馬匹，偸去五十二匹. 至二十八日早，金萬戶引領馬軍二百五十餘名，到來問道.

3 恁官人每，有甚事情⑨，往那里[3)]去.

2 卑職等回言.

3 俺有公幹.

2 金萬戶道.

3 我昨日問鄭帖木兒，恁官人每來的公幹，我已得知了.

2 卑職回對金萬戶說稱.

3 俺騎來的馬，緣何不見五十二匹.

2 金萬戶回言.

---

2) 想白J에는 倘，想白I·奎古5700·前間本에는 當.

3) 想白J에는 里，想白I·奎古5700·前間本에는 裏.

3 恁官人每放心. 恁馬我好生與你喂⑩. 你休煩惱⑪.

2 卑職回道.

3 你將我馬來. 俺往前拿使臣去着.

2 有金萬戶, 將前盜馬匹, 盡數送還. 就將胡太子使臣花名⑫, 火兒兀歹完者不花・者兒兀歹不花・察罕帖木兒, 納哈出使臣, 迭里必・少木里遂・皀化歡・提鷹打虎寫說, 見在漢州. 有金萬戶道.

3 先差宰相伴倘[4]鄭帖木兒, 去都體察使司報知. 你也差人⑬.

2 卑職差百戶王牙剌哈・劉德, 小旗張牙奴, 一同去訖, 卑職等於下處等候. 至本月三十日二更時分, 有金萬戶・金兵馬・李通事・劉知印, 千戶趙藥師奴, 百戶李委剌忽・李徹兒帖木・李伯塔・馬荅蘭等, 引領馬步軍人約有一千餘衆, 各帶弓箭槍刀, 將各官下處房舍圍繞, 發喊⑭放火, 搶去馬匹. 卑職等就與對殺, 原領官軍被傷, 鬨散迎敵, 出口回還. 至洪武十八年正月初八日, 到來遼陽. 開呈施行.

1 得此, 本司爲照, 高麗國旣已歸順聖朝, 節次差人進貢金銀・馬匹等項, 豈有貳心. 爲是未信其事. 特將前因, 稟覆⑮延安侯・靖寧侯. 差撥千戶白把把山等, 將領官軍, 幷高麗國原來通事鄭帖木兒, 一同前去, 本國所屬哈剌・雙城體覆, 如的有胡使在彼, 就行邀截. 去後, 有本處把截官金萬戶等, 果然不遵大國所行, 却將胡太子使臣藏匿, 反將本司差去[5]出官軍幷馬匹, 盡行殺虜, 於理不當. 未審本國曾無知否, 擬合照問⑯. 爲此, 都司除已具呈都督府照驗外, 合行照會, 可照驗, 卽爲拘取金萬戶等, 幷通事鄭帖木兒, 同原刦人馬到官, 及胡太子使臣一名名, 差人與同差去人管押, 星夜解司施行. 毋容占悋⑰破調不便. 須至照會者.

---

4) 想白J에는 倘, 想白I・奎古5700・前間本에는 當.

5) 想白J・想白I・奎古5700에는 去, 前間本에는 出.

1 照會

1 高麗國都評議使司

1 洪武十八年正月十五日

이문집람

① 胡太子: 卽北元太子也.
즉 北元의 太子이다.

② 禀蒙遼東都司官: 禀, 告也. 謂告於都司而蒙其敎令也. 下倣此.
'禀'은 '告'[고하다]이다. "都司에 고하고 그 명령을 받았다"는 말이다. 아래에도 이를 따른다.

③ 鈞旨: 凡一品官員之旨, 曰鈞旨. 下鈞批同.
무릇 1품의 관원의 명령을 '鈞旨'라고 한다. 아래의 '鈞批'도 같다.

④ 口子: 邊方出入要害之處也. 又山洞江海等處, 亦用口字.
변방에서 출입하는 요해 지점이다. 또 산골짜기, 강이나 바다 등에도 또한 '口'字를 쓴다.

⑤ 公幹: 卽公事也.
즉 '公事'[공사]이다.

⑥ 引着: 着, 語助詞. 下去着同.
'着'은 어조사이다. 아래 '着' 字를 없애도 (뜻은) 같다.

⑦ 僉押的文字: 公文年月之下, 列書姓名, 謂之僉也. 押, 卽書押也. 文字, 卽文書也.
공문의 연월 아래에 姓名을 열거하여 쓰는 것을 가리켜 '僉'이라고 한다. '押'은 즉 書押이다. '文字'는 즉 문서이다.

⑧ 安下: 謂得其下處之所, 而使之安接也.
'그 머물 곳을 얻어서 그로 하여금 편안히 있게 하다'는 말이다.

⑨ 有甚事情: 甚, 何也.
'甚'은 '何'[어떤]이다.

⑩ 與伱喂: 與, 爲也. 此言爲汝喂馬也.

‘與’는 ‘爲’[위하다]이다. 이 말은 “너를 위해 말을 먹이다”는 것이다.

⑪ 煩惱: 猶言憂愁也.

‘憂愁’[근심하고 시름하다]와 같다.

⑫ 花名: 列寫人名也.

‘인명을 열거하여 적다’이다.

⑬ 伱也差人: 謂汝亦差人也.

“너 또한 사람을 보내라”는 말이다.

⑭ 發喊: 喊, 與㘎同, 音陷, 高聲也. 凡戰陳間, 軍卒必齊發高聲, 所以振軍威也.

‘喊’은 ‘㘎’[소리]과 같아서 음은 ‘陷’[함]으로, ‘高聲’이다. 무릇 전쟁터의 軍陣에서는 군졸들이 반드시 크게 소리를 지르니, 군대의 위세를 떨치기 위함이다.

⑮ 禀覆: 猶言復禀也.

‘다시 아뢰다’와 비슷하다.

⑯ 照問: 照考而問其事也.

‘조사하고 고찰하여 그 일을 묻다’이다.

⑰ 占恡: 凡强豪攬取不當有之物, 而强爲己有, 曰占. 恡惜也.

무릇 豪强한 자가 부당하게 물건을 취하여 억지로 자기가 갖는 것을 ‘占’이라고 한다. ‘恡’은 ‘惜’[아끼다]이다.

吏文 2-17

北清州[1]萬戶金得卿生邊釁遼東照會

번역문

1 遼東都指揮使司(에서 조회를 보낸다.)

1 洪武 18년(1385, 우왕 11) 정월 12일에 女直千戶 白把把山 등의 呈을 받았다.

2 홍무 17년 11월 초1일 女直千戶所의 軍丁 馬阿哈歹가 동쪽 嘉州[2]에 가서 가솔을 데리고 와서 말하였습니다.

3 지금 胡太子[3]가 보낸 사신이 현재 哈剌[4]·雙城에 있습니다.

---

1) 北清州: 현재의 북청 지방. 다음은 『高麗史』 권58, 地理志3, 東界, 北清州府의 기사이다. "北青州府는 오랫동안 여진족이 웅거하고 있던 곳인데 9성을 쌓을 당시의 명칭은 알 수 없으며 元에 강점된 후에는 三散이라고 불렀다. 공민왕 5년에 옛 땅을 다시 찾아서 安北千戶防禦所를 두었고 21년에 지금 명칭으로 고쳐서 萬戶府로 하였다."

2) 嘉州: 평안북도 博川郡 嘉山面·兩嘉面 지역의 고려시대 행정구역. 『高麗史』 권58, 地理志3, 安北大都護府, 嘉州의 기사는 다음과 같다. "嘉州는 원래 고려의 信都郡[옛날의 德縣이라고도 한다]으로 광종 11년에 濕忽에 성을 쌓고 가주로 승격시켰으며 성종 14년에 방어사로 불렀고 고종 8년에 이 주에 반역자가 났으므로 낮추어서 撫寧이라고 불렀다. 18년에 몽고 침략군을 피하여 섬으로 들어갔다가 원종 2년에 육지로 나와서 태주, 박주, 무주, 위주 등을 모두 이 군에 소속시켜 이 5개 성을 겸임케 하였으며 후에 태주, 무주, 위주를 따로 설치하였으나 박주는 그대로 소속시켰다가 공민왕 20년에 이르러 다시 박주를 나누어서 주를 설치하였다."

3) 胡太子: 북원의 太子를 말한다. 당시 북원의 황제는 脫古思帖木兒[토구스테무르]였는데, 그의 太子가 누구였는지는 확실하지 않다. 다만 『明太祖實錄』에는 그 태자의 이름을 天保奴라고 기록한 바 있다(『明太祖實錄』 권190, 홍무21년 4월 乙卯). 元의 北走 이후 帝系를 간략히 살펴보면 다음과

2 저는[卑職] 곧바로 이런 사유를 遼東都司에 아뢰고서 (遼東都司에서) 다시 延安侯[5]·靖寧侯[6]에게 아뢰어 그 鈞旨를 받은 것을 받았습니다.[7]

같다. 1368년 당시 원의 황제였던 順帝 脫歡帖木兒[토곤테무르]는 北走 도중 1370년 병사하였고, 순제와 고려 출신 奇皇后 사이의 아들이었던 愛猷識理達臘[아유시리다라]이 繼位하였으니 이가 곧 昭宗이다. 아유시리다라가 1378년 사망하자 토구스테무르가 계위하였다. 『明史』를 비롯한 明측의 기록에서는 토구스테무르가 아유시리다라의 아들이었던 것으로 전하고 있지만(『明史』 韃靼傳 등), 실제로는 順帝 토곤테무르의 4남으로, 즉 아유시리다라의 동생이 된다. 토구스테무르는 홍무 21년(1388) 藍玉이 이끈 명군의 습격을 받고 카라코룸으로 탈출하다가 예쉬데르에게 피살되었다. 예쉬데르는 아릭부케의 5대손으로, 토구스테무르를 살해한 후 대칸의 지위에 올랐다. 이상의 북원 초기 帝系에 대해서는 和田清, 「兀良哈三衛にちする關研究」, 『東亞史研究』(蒙古篇), 1959, 195~213쪽 참조.

4) 哈剌: 함경도 咸興府의 옛 이름. 元代의 지명으로, 恭愍王 5년 다시 회복되어 咸州로 고쳐졌다.

5) 延安侯: 唐勝宗(?~1390). 당승종은 朱元璋과 동향으로, 起兵 초기부터 그에게 종사하였다. 누차 전공을 세워, 홍무 3년(1370)에 延安侯로 책봉되었다(『明太祖實錄』 권127, 洪武 12년 11월 甲午). 홍무 16년(1383) 靖寧侯 葉昇과 함께 遼東에 진수하며 요동 진출과 나하추 세력 견제에 활약하였다. 고려에서도 요동의 실력자로 부상하고 있던 이들에게 비공식적으로 접촉을 시도한 바 있었다(『三峰集』 권3, 書, <上遼東諸位大人書>). 그러나 당승종과 섭승은 이를 홍무제에게 보고하여, 황제로부터 '名臣'이라고 포상을 받기도 했다(『明太祖實錄』 권163, 洪武 17년 7월 己未). 홍무 23년(1390) 胡惟庸의 獄에 연좌되어 伏誅되었다. 『明史』 권131에 그의 列傳이 수록되어 있다.

6) 靖寧侯: 葉昇. 그에 대해서는 이문 2-15 <鐵嶺等處榜文張掛咨>의 해당 항목 참조.

7) 원문의 '稟蒙'과 '復稟奉'은 네 차례의 행문과정을 가리키는데, 그 순서는 어순과 일치하지 않는다. 먼저 첫 번째 '稟'은 白把把山이 요동도사에 아뢴 것을 말한다. 요동도사에서 이 사실을 延安侯·靖寧侯에게 아뢴 것이 두 번째로 '復稟'이 그것이다. 세 번째는 요동도사에서 延安侯·靖寧侯의 鈞旨를 받은 것으로 '奉'이다. 마지막으로 '蒙'은 白把把山이 요동도사의 명령을 받은 사실을 가리킨다. 즉 두 번의 보고가 먼저 이루어지고, 鈞旨가 요동도사로, 다시 백파파산에게 내려진 것이다. 아래 인용된 문장에서 '着令'이란 "~로 하여금 ~하게 하라"라는 의미이므로, 이 문장은 요동도사의

3 官軍을 선발, 차정하여 그곳으로 가서 오고 있는 사신을 중도에서 막으라.

2 그 달[11월] 초7일에 都司에서 내린 鈞批로써 차정되어 海洋千戶 王脫歡不花・南京所千戶 董脫歡과 함께 官軍을 인솔하여 三散[8]・哈剌・雙城의 입구로 나아가 막았습니다. 그 달[11월] 27일 辰時에 三散의 口子에 도착했는데, 口子를 지키던 관리 金 百戶가 있다가 물었습니다.

3 너희는 어디에서 오는 관인들인가?

2 제[卑職]가 대답하였습니다.

3 나는 다른 사람이 아니라, 요동도사에서 차정해서 보내온 千戶로, 公事가 있다. 나는 말을 바치러 온 宰相이 차정해서 보낸 伴倘 鄭帖木兒를 이끌고 있고, 또 재상이 僉押한 文書도 가지고 있다.

2 把截[9] 김 백호가 말하였습니다.

3 (문서를) 가져오라. 내가 보겠다.

2 그때 문서를 확인하고서는 萬戶에게 가서 보고하였습니다. 未時가 되어 김 백호가 돌아와 관군을 이끌고 萬戶 衙門으로 이끌고 갔습니다. 저는 정첩목아를 시켜 金 萬戶[10]를 불러 이야기하기를 청하였습니다. 본관은 오지 않고 아문을 지키는 金 鎭撫・申 鎭撫・林 鎭撫・李 鎭撫가 대답하였습니다.

3 이 아문 안은 좁다.

명령이 아니라 延安侯・靖寧侯의 鈞旨를 직접 인용한 것으로 볼 수 있다. 즉 이 과정에서 요동도사는 어떠한 의사결정에도 개입하지 않고, 다만 백파파산과 延安侯・靖寧侯 사이의 매개 역할만을 담당한 셈이다.

8) 三散: 북청주, 현재의 북청.

9) 把截: 要害處를 파수하여 경비하는 일. 혹은 그를 담당하는 관원.

10) 金 萬戶: 金 萬戶의 이름이 金得卿인 것은 『高麗史』에서 확인된다. 『高麗史』 권135, 禑王 10년 11월 등.

[2] 그러고는 곧 저희에게 사방으로 흩어져서 편하게 머무르라고 청하였습니다. 당일 3경에 관군이 원래 타고 온 말 중에 52필을 도둑맞았습니다. 28일 일찍, 김 만호가 마군 250여 명을 이끌고 와서 물었습니다.

[3] 그대들 관인들은 무슨 일로 어디에 가는 것인가?

[2] 저희가 대답했습니다.

[3] 우리는 公事로 왔다.

[2] 김 만호가 말했습니다.

[3] 내가 어제 鄭帖木兒에게 물어 너희 관인들이 온 公事에 대해 이미 알고 있다.

[2] 제가 김 만호에게 대답하여 말했습니다.

[3] 우리가 타고 온 말이 어찌하여 52필이나 보이지 않는가?

[2] 김 만호가 대답하였습니다.

[3] 그대들 관인들은 마음 놓으라. 너희 말들은 너희를 위해 내가 잘 먹이고 있다. 너는 걱정하지 말라.

[2] 제가 대답하였습니다.

[3] 너는 내 말을 돌려달라. 나는 가서 使臣을 잡아야 한다.

[2] 김 만호가 앞서 훔쳐간 마필을 모두 송환했습니다. 곧바로 胡太子의 사신의 이름 火兒兀歹完者不花·者兒兀歹不花·察罕帖木兒, 納哈出의 사신 迭里必·少木里逐·皀化歡·提鷹打虎를 써주며, 漢州에 있다고 하였습니다. 김 만호가 말하였습니다.

[3] 먼저 재상의 伴倘 鄭帖木兒를 차정하여 都體察使司[11]에 가서 보고하게 하였다. 너도 사람을 보내라.

[2] 제가 百戶 王牙剌哈·劉德, 小旗 張牙奴를 차정하여 함께 보

---

11) 都體察使: 국가에 변란나 비상사태가 발생하였을 때 임금의 명령을 받고 지방에 나가서 제반 軍務를 총찰하던 임시 관직. 2품 이상의 宰樞로 임명하며, 3품 이하의 관원으로 임명하면 體察使라 이른다.

내고, 저희는 머문 곳에서 기다렸습니다. 이 달[11월] 30일 2경에 金 萬戶・金 兵馬・李 通事・劉 知印, 千戶 趙藥師奴, 百戶 李委剌忽・李徹兒帖木・李伯塔・馬荅蘭 등이 馬步軍 약 1천여 명을 이끌고 왔는데, 각자 활과 화살, 창과 칼을 휴대한 채 각 관이 머물고 있는 房舍를 둘러싸고, 고함을 지르고 불을 놓으며 마필을 빼앗아 갔습니다. 저희는 곧바로 맞서 싸웠으나, 원래 이끌고 왔던 관군들은 상해를 입고 흩어져서 맞서 싸우며, 입구를 빠져나와 돌아왔습니다. 홍무 18년(1385) 정월 초8일에 遼陽에 도착했습니다. 呈文을 작성하니, 시행하십시오.

1 이를 받고, 遼東都指揮使司에서 살펴보니 고려국은 이미 聖朝에 귀순하였고, 계속해서 사람을 보내어 金銀・馬匹 등을 進貢하니 어찌 두 마음이 있겠는가. 이 때문에 그 일을 믿지 않았다. 특별히 앞의 사안을 延安侯와 靖寧侯에게 다시 보고하였다. 천호 白把把山 등을 차정하여 관군을 이끌고 고려국에서 원래 보내온 通事 정첩목아와 함께 함께 본국 소속의 哈剌・雙城에 가서 직접 조사하게 하였고, 만약 진짜로 北元의 사신이 거기에 있으면 즉시 가로막도록 하였다. 그랬더니 본처의 파절관 김 만호 등은 과연 大國[明]의 행하는 바를 따르지 않고, 도리어 胡太子의 사신을 숨겨주었으며, 오히려 본사에서 차출한 관군과 마필을 죽이고 노획하였으니, 도리에 합당하지 않다. 본국에서 일찍이 알고 있었는지 아닌지 모르겠으니, 마땅히 물어보아야겠다. 이를 위하여 都司에서는 이미 都督府에 呈文을 올려 검토하게 하는 외에, 마땅히 照會를 보내니, 잘 살피어 즉시 金 萬戶와 通事 鄭帖木兒를 잡아다가 원래 약탈해간 인마와 함께 관에 데려다 놓고, 또 胡太子 사신은 한 명씩 사람을 차정하여, 차정해 보낸 사람과 함께 압송하되, 빨리 都司로 해송하라. 차지한 것을 아까워하여 말을 꾸미거나 일부러 지연시켜 불편하게 하지 말라. 須至照會者.

1 照會

1 高麗國 都評議使司

1 洪武 18년(1385, 고려 우왕 11) 정월 15일[12)]

12) 이 문서가 高麗에 도착한 것은 우왕 11년 2월의 일이다. 『高麗史』 권 135, 禑王 11년 2월. "遼東都司遣百戶程與來, 問金得卿擊殺官軍之故."

행문 과정 ▌

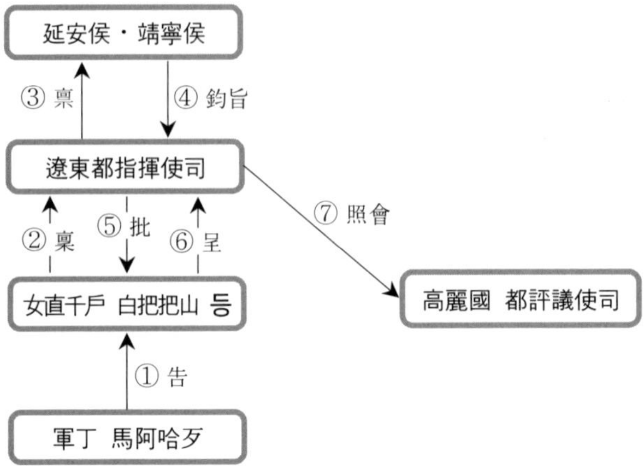

① 軍丁 馬阿哈歹가 女直千戶 白把把山 등에 稟: 胡太子의 사신이 哈剌・雙城에 있는 것을 목격했다고 보고.
② 女直千戶 白把把山 등이 遼東都司에 稟: ①의 보고 전달.
③ 遼東都司에서 延安侯・靖寧侯에게 稟: ②의 보고 전달.
④ 延安侯・靖寧侯가 遼東都司에 鈞旨: 사신을 막을 것을 지시.
⑤ 遼東都司에서 女直千戶 白把把山에게 批: 관군을 이끌고 사신을 막을 것 지시.
⑥ 女直千戶 白把把山이 遼東都司에 呈: 北淸州에서 고려군에게 공격당한 사실 보고.
⑦ 遼東都司에서 高麗國 都評議使司에 照會: 金 萬戶 등 압송・약탈해간 人馬 송환 요구.

사건 경과 ▌

ⓐ 홍무 17년(1384) 11월 1일, 女直所 軍丁 馬阿哈歹 등이 胡太子의 사신이 哈剌・雙城에 있는 것을 목격했다고 보고함.
ⓑ 11월 1일~7일 사이, 女直千戶 白把把山이 遼東都司에게 보고함. 遼東都

司는 다시 延安侯・靖寧侯 등에게 보고함.

ⓒ 11월 7일, 女直千戶 白把把山이 同海洋千戶 王脫歡不花・南京所千戶 董脫歡과 함께 官軍을 인솔하여 三散・哈剌・雙城의 입구로 출진.

ⓓ 11월 27일, 辰時, 三散에 도착, 把口官 金 百戶와 대담.
未時, 김백호가 돌아와 (女直所) 官軍을 萬戶 衙門으로 이끌고 감.
3更, 만호부에서 마필 52필을 훔쳐감.

ⓔ 11월 28일, 金得卿와 대담, 마필 송환.

ⓕ 11월 30일, 金得卿 등이 明軍을 공격하고 마필을 빼앗아 감.

ⓖ 홍무 18년(1385) 정월 8일, 요양에 도착.

ⓗ 정월 12일, 女直千戶 白把把山 등이 요동도사에 呈.

ⓘ 정월 15일, 요동도사에서 高麗國 都評議使司에 照會.

吏文 2-18

再催李朶里不歹等人戶遼東照會[1)]

발신일자 洪武 18년(우왕 11년) 10월 19일 (1385년 11월 21일)
발신기관 遼東都指揮使司
수신기관 高麗國都評議使司
서　　식 照會

■ 문서내용 　이문 2-13 <取發李綁帖里等人戶高家奴咨呈>에서 제기했던 것처럼 遼東都司에서는 元末의 동란으로 요동에 살다가 고려로 이주한 인민의 송환을 요구한 바 있다. 고려에서는 이들의 동태를 조사하여, 도망가거나 사망해서 현재 거주를 확인할 수 없다든지, 원래 그러한 인명을 가진 자가 없다는 등의 이유로 송환을 미루거나 거부하였다. 이에 요동도사에서는 이들과 관련된 인물들의 구체적인 공초를 바탕으로 해당 인물들이 고려에 살고 있음을 지적하고, 이들을 송환할 것을 재촉하는 문서를 보내고 있다.

原文

1 遼東都指揮使司

1 據高麗國都評議使司呈.

2 復業人民事.

2 取勘得, 李邦帖里等, 父祖俱係高麗州郡附籍人民, 於遼瀋①地面寓居, 近因前原喪亂, 復還本國原籍之人, 理當分揀. 將遼陽人民銀得顯等五戶, 差典農正洪龍澤管送, 幷開逃・故・幷無事故緣由, 具呈.

1) 奎古5700에는 "再催" 두 글자가 지워져 있음.

1 得此, 照得, 草河所先申.

2 "千戶焦得原明供②, 原管頭目人民曹文貴等, 先前俱被高麗裏擄去訖."

1 已經奏准, 欽依取回來立案, 照會本司[2]③, 差人坐取, 毋得占恡破故. 去後, 今據見呈, 參得, 呈內開到, "在逃李朶里不歹等六名, 身故楊春慶等三名, 並無尹尙失等二十二名." 喚據發來人民白得全等, 到官供稱.

2 李朶里不歹等, 同弟李把松・曹文貴等, 俱於本州地名色兒赤等處住坐, 不曾在逃. 楊春慶亦不曾亡故, 見於東州住坐. 尹尙失・金完你等, 亦在牛峯等所居住. 張哈剌馬等俱有, 離遠不識住址.

1 本司不曾起發, 呈內該述, "李朶里不歹等, 俱在丙午・丁未年間到來." 詳究, 各人在彼住經一十七[3]年, 未審有何緣故, 頓於洪武十八年月日不等④, 搬移走逸, 情露顯然. 及戴沙剌, "該照本京五部, 并無本人姓名人氏. 止合着落其父戴六十顯要正身⑤, 作見在數去⑥." 問得戴六十供說.

2 戴沙剌係是女壻. 見在王京勾當.

1 不曾拘起, 却作見在之數. 其阿但赤等八名, 俱係草河所原管頭目人民, 爲因前原兵革, 本國軍馬裏擄未回. 今朝歸統取回復業, 本司不以欽依爲重, 不行起送. 却"以各人先於沿江遼瀋地面, 相攙⑦居住. 繼後大尉忠宣王⑧兼封瀋王名爵, 其遼瀋人民, 比同一家. 昨因革回⑨[4], 追念父母鄕, 故復業人數不發" 一節, 今詳, 大尉忠宣王, 旣與遼瀋比同一家, 本國今已效順款附, 卽係屬邦, 何故却分彼我. 張伯顔不花又不一同起解, 止將其奴伯顔奴搪解⑩, 本人隨於介州走回去訖.

---

2) 『吏文』의 모든 판본에는 司. 『吏文輯覽』에는 國.

3) 想白J에는 七. 想白I・奎古5700・前間本에는 九. 정황상 九가 맞음.

4) 想白J・想白I・奎古5700에는 回, 前間本에는 面. 『吏文輯覽』에도 回.

1 行催間, 又據肖狗狗告稱.

2 有男肖牛兒, 於西京充郎長. 發起之時, 曾於西北面都巡問所, 告取同來, 本司不發.

1 兼照呈內, "議得, 李邦帖里等八名, 原係高麗州郡復業人民, 聽從其便, 以遂生民親親之道." 其肖狗狗旣已發來, 告帶伊男肖牛兒完聚, 拘留不與. 使其父南子東, 豈無親親之道⑪.

1 詳其前事, 蓋因都評議司恃[5]以無相統攝, 不肯發遣. 故担⑫逃・故・並無⑬各項爲辭, 占恡搪呈. 緣係欽依事理, 難准破故⑭, 合再催取. 爲此, 都司合行照會, 可照驗, 依已今⑮務要拘勾未到人數, 一名名連家小, 起送前來, 毋再占恡. 須至照會者.

1 照會

1 高麗國都評議使司

1 洪武十八年十月初九日

이문집람

① 遼瀋: 遼東・瀋陽也.
遼東과 瀋陽이다.

② 明供: 犯人明白供出自己之罪犯, 謂之明供.
범인이 자기의 죄를 명백하게 공술해 낸 것을 가리켜 '明供'이라고 한다.

③ 立案照會本國: 立案, 如本國所云置簿施行也. 已奏准, 故將欽依取回以來之事, 成立文案, 而又下照會于本國, 云云.

---

5) 想白J・想白I・奎古5700에는 恃, 前間本에는 特.

立案은 본국에서 말하는 "置簿施行"과 같다. 이미 奏하여 인준을 받았으므로 데리고 오라는 황제의 뜻으로 文案을 작성하여 다시 本國[고려]에 照會를 내렸다는 말이다.

번역자 주 이곳의 "本國"은 本文에는 '本司'라고 되어 있다. '本司'로 볼 경우와 '本國'으로 볼 경우 각각의 해석에 대해서는 번역문의 주석 참조.

④ 月日不等: 或正月, 或二月, 或一日, 或二日, 如此日月不齊, 故曰不等也.
혹은 정월, 혹은 2월이었고, 혹은 1일, 혹은 2일이어서, 이와 같이 서로 같지 않으므로, '不等'이라고 한 것이다.

⑤ 顯要正身: 今戴六十, 顯然要出其子戴沙剌之正身也.
지금 戴六十은 분명히 그 아들 戴沙剌의 正身을 대신하게 한다는 것이다.

⑥ 作見在數去: 雖無戴沙剌, 旣有戴六十, 故作現在之數而送去也.
비록 戴沙剌는 없지만, 이미 戴六十이 있으므로, 현재의 인원수에 넣어 보낸다고 한 것이다.

⑦ 相攙: 攙, 雜也. 如犬牙相含之義.
'攙'은 '雜'[섞이다]이다. 개의 이빨이 서로 맞물린다는 것과 같은 뜻이다.

⑧ 太尉忠宣王: 高麗忠烈王之子, 尙元世祖女大長公主, 拜太尉.
高麗 忠烈王의 아들로, 元 世祖의 딸 大長公主에게 장가들어 太尉를 제수받았다.

번역자 주 충선왕에 대한 『吏文輯覽』의 설명에는 오류가 있다. 충선왕은 충렬왕과 원 세조의 딸 忽都魯揭里迷失, 즉 齊國大長公主 사이의 아들로, 그 자신은 원 세조의 장자인 晉王 甘麻剌의 딸 寶塔實憐, 즉 薊國大長公主와 결혼하였다.

⑨ 革回: 元亡之後, 革其藩王封爵, 而回于本國也.
元이 망한 후 그 藩王의 封爵을 혁파하고 本國에 돌려주었다.

⑩ 搪解: 搪, 猶塞也.
'搪'은 '塞'[막다]와 같다.

⑪ 豈無親親之道: 旣謂李邦帖里爲生民親親之道, 今肖狗狗, 豈獨無親親之道.
이미 李邦帖里에게는 '백성을 살리고 親親하게 하는 도리'를 적용한다고 이야기하였는데, 이제 肖狗狗에게는 어찌 홀로 '親親하게 하는 도리'가 없는가.

⑫ 故担: 担, 飾也.

'担'은 '飾'[꾸미다]이다.

⑬ 逃故並無: 逃故, 謂逃亡身故也, 並無, 猶言本無也.

'逃故'는 '도망하거나 죽다'를 말하고, '並無'는 '원래 없다'와 같은 말이다.

⑭ 破故: 卽破調之意. 解見上.

즉 '破調'의 뜻이다. 해석은 위의 문서를 보라.

⑮ 依已今: 已, 已前, 今, 卽今也.

'已'는 '이전'이고, '今'은 '지금'이다.

再催李朶里不歹等人戶遼東照會

번역문

1 遼東都指揮使司(에서 조회를 보낸다.)

1 高麗國 都評議使司의 呈을 받았다.

2 인민을 본업에 복귀시키는 사안입니다.

2 살피건대, 李邦帖里 등은 그 부모와 조상이 모두 고려 州郡의 호적에 등재된 인민으로, 遼瀋 지역에 임시로 살다가,[1] 최근에 前元[2]의 전란으로 본국의 原籍에 다시 돌아온 사람들이니, 이치상 마땅히 분간해야 하겠습니다. 遼陽 인민 銀得顯 등 5戶는 典農寺正[3] 洪龍澤을 차정하여 관송하였고, 아울러 도망·사망·원래 없던 자는 그 연유를 낱낱이 적어서 갖추어 呈을 올립니다.

1 이를 받고, 살피건대 草河所에서 앞서 申을 보내었다.

2 千戶 焦得原이 명백히 공술하기를, "원래 관할하던 두목 인민인 曹文貴 등이 앞서 모두 고려에 사로잡혀 갔습니다"라고 하

---

1) 寓居: 남의 집이나 타향에서 임시로 몸을 붙여 삶.

2) 원문에는 '前原'으로 표기되어 있으나, 이는 명태조 朱元璋의 이름자를 避諱한 것임.

3) 典農寺: 祭享에 쓸 여러 가지 물자와 籍田에 관한 일을 맡아보던 아문. 고려 전기에는 司農寺라는 명칭이었다가, 충선왕대 이후 典農寺 혹은 司農寺 등으로 여러 차례 이름이 바뀌었다. 공민왕 21년(1372) 최종적으로 典農寺로 확정되었다. 典農寺正은 공민왕 21년에 확정된 관제에서 典農寺의 장관으로, 관질은 종3품이다. 『高麗史』 권76, 百官志1, 典農寺 참조.

였습니다.

1 이미 奏하여 승인을 받아, 데리고 오라는 황제의 뜻에 의거하여 문안을 작성해서 本司[고려국 도평의사사]에 照會를 보내,[4] 사람을 차정해서 데려오게 하였고, 차지한 것을 아까워하여 말을 꾸미지 말라고 하였다.[5] 그 후 이제 呈을 받아보고서 살피건대 呈에 열거하기를 "도망한 사람이 李朶里不歹 등 6명, 죽은 사람은 楊春慶 등 3명, 원래 없는 사람이 尹尙失 등 22명"이라고 하였다. 보내온 인민 白得全 등을 소환하니, 관에 도착하여 공술하였다.

2 李朶里不歹 등은 동생 李把松·曹文貴 등과 함께 모두 本州의 지명이 色兒赤라는 곳 등에서 살고 있으며, 아직 도망하지 않

4) "立案照會本司" 부분에서 『吏文』과 『吏文輯覽』의 글자가 각각 다르게 쓰여 있다. 『吏文』의 모든 판본에서는 '本司'로 기록되어 있고, 『吏文輯覽』에서는 '本國'으로 기록되어 있다. 이에 따라 끊어 읽기 방식과 해석에도 차이가 생겨난다. 이는 '本司' 혹은 '本國'을 '照會'의 목적어로 볼 것인지, 혹은 '差人'의 주어로 볼 것인지에 따라 달라지는 것이다. 아래와 같은 이유로 『吏文輯覽』의 '本國'은 '本司'의 오류임이 분명해 보인다. 따라서 여기서는 『吏文』 원문의 표기를 존중하여 '本司'로 보고, 이를 '照會'의 목적어로 파악하여 해석하였다.

만약 '本國'으로 볼 경우, 억지로 해석하자면 "立案照會, 本國差人"이라고 끊어 읽고서 "立案하여 照會를 보내니, 本國에서는 사람을 차정하여"라고 해석해야 할 것이다. 그러나 이러한 해석은 성립할 수 없다. 왜냐하면 요동도사에서 '本國' 즉 高麗國에 발송하는 문서는 하행 문서인 照會가 아니라 2품 이상 아문 사이의 평행문서인 咨였기 때문이다(遼東都司에서 발송한 것은 아니지만, 같은 정2품의 禮部에서도 '高麗國'을 수신자로 해서 보낸 문서는 그 서식이 咨였다. 이문 2-20, ＜倒換符驗禮部咨＞ 참조). 따라서 '本國'으로 표기하고, 그것을 '照會'의 목적어로 파악한 『吏文輯覽』의 찬자 崔世珍의 해설은 오류라고 할 수 있다.

5) 『高麗史』 권135, 우왕 11년 7월 조에 "遼東遣桑麟來, 推還元季流民李朶里不歹等四十七人"이라고 기록되어 있는데, 이 문서는 이때에 전해진 것으로 보인다. 이후 우왕 13년 2월에 보낸 表文의 내용을 살펴보면, 이 문서를 보낸 일시가 홍무 18년 6월임을 알 수 있다. 『高麗史』 권136, 우왕 13년 2월 참조.

왔습니다. 楊春慶 역시 아직 죽지 않았으며 현재 東州[6]에 살고 있습니다. 尹尙失·金完你 등도 역시 牛峯[7] 등에서 살고 있습니다. 張哈剌馬 등도 모두 있는데, 멀리 떨어져 있어서 사는 곳을 알지 못합니다.

1 高麗國 都評議使司에서는 아직 보내지 않고 呈에서 서술하기를, "李朶里不歹 등은 모두 丙午(1366)·丁未(1367) 연간에 왔습니다"라고 하였다. 자세히 살피건대, 각각은 그곳에 산 지 19년이 지났는데,[8] 어떤 연유로 갑자기 홍무 18년 어느 날 이사하여 달아났는지 알지 못하겠으나 그러한 일이 있었던 것은 분명하다. 또한 戴沙剌에 대해서는 말하기를, "살피건대 本京 5部에 본래 그런 사람의 이름이 없습니다. 다만 마땅히 그 아비 戴六十으로 하여금 正身을 대신하게 하여 현재 수를[9] 채워 보냅니다"라고 하였다. 戴六十에게 물어서 그 공술을 받았다.

2 戴沙剌는 저의 사위입니다. 현재 王京에서 일하고 있습니다.

1 아직 잡아오지 않고서, 도리어 현재의 수를 채웠던 것이다. 그

---

6) 東州: 현재의 강원도 鐵原. 弓裔의 泰封 정권의 수도였다가 고려 태조가 수도를 開京으로 옮기고 철원을 동주라고 고쳤다. 『高麗史』 권58, 地理志3, 東州 참조.

7) 牛峯: 현재의 황해도 金川. 『高麗史』 권56, 地理志1, 王京開城府 참조.

8) 상백J에는 17년으로, 나머지 판본에는 19년으로 되어 있다. 문서를 보낸 것이 홍무 18년(1385)이므로 丙午年(1366)부터 헤아리면 19년이 된다. 따라서 문맥상 19년으로 보아야 할 것이다.

9) 作見在數: 見在數라는 것은 이 문서의 처음에 인용된 高麗國 都評議使司에서 明 遼東都指揮使司에 발송한 呈에 열거한 쇄환인원의 수를 가리킨다. 앞서 遼東都司에서 高麗에 쇄환할 인원의 수를 일일이 열거하여 문서로 작성해서 보냈던 것으로 보인다. 이에 대한 답변으로 고려국 도평의사사에서는 呈을 작성하여, 도망·사망·원래 없음 등으로 항목을 나누어 事故의 연유를 밝힌 후, 원래 요구받았던 인원의 수에서 이를 제외한 나머지를 쇄환한다고 하였을 것이다. 見在數라는 것은 이 수효를 가리키며, '作'이라는 동사는 이 수효를 '채우다'는 뜻으로 사용되었다. 또한 현재 人數에 포함시켰다는 뜻이 된다.

阿但赤 등 8명은 모두 草河所에서 원래 관할하던 두목 인민인데, 前元의 병란으로 인해 고려국의 군마가 사로잡아가서 아직 돌려보내지 않았다. 지금 조정에서 귀부시켜 통할하여 데려다가 본업에 복귀시키려고 하는데, 本司[고려국 도평의사사]에서 황제의 뜻을 중히 여기지 않고 돌려 보내지 않고 있다. 도리어 "(이들은) 각자 전에 살고 있던 沿江 遼瀋 지역에 서로 섞여서 살고 있었습니다. 그 후 太尉 忠宣王[10]이 瀋王의 작위에 아울러 책봉되자,[11] 遼瀋 지방의 인민은 한 집안인 것처럼 되었습니다.[12] 지난

10) 충선왕은 원의 成宗 테무르가 붕어한 뒤 武宗 카이샨을 옹립하는 데에 공을 세워, 원 조정 내에서도 강력한 정치력을 발휘할 수 있었다. 이러한 상황은 武宗 다음의 仁宗 아유르바르와다 시기에도 그대로 유지・강화되었다. 그 덕분에 그는 高麗國王位와 瀋王位를 모두 양위하고서도 권력을 유지할 수 있었다. 두 王位를 모두 양위한 후에 忠宣王은 '太尉王'이라고 자칭했다고 한다(『高麗史』 권34, 忠宣王2, 忠肅王 3년 3월 辛亥). 그러나 仁宗 사후 1320년 英宗이 즉위하자, 충선왕의 지위는 흔들리게 되어, 결국 그해 6월 체포되어, 吐蕃으로 유배가게 되었다. 이에 대해서는 다음의 논고를 참조. 高柄翊, 「고려 忠宣王의 元 武宗擁立」, 『歷史學報』 17・18, 1962; 金庠基, 「李益齋의 在元 生涯에 對하여 －忠宣王의 侍從의 臣으로서－」, 『大東文化硏究』 1, 1963; 김광철, 「14세기초 元의 政局동향과 忠宣王의 吐蕃 유배」, 『한국중세사연구』 3, 1996.

11) 忠宣王은 1308년 瀋陽王에 책봉되었고(『高麗史』 권32, 충렬왕 34년 5월 戊寅), 1310년에는 다시 瀋王으로 進封되었다(『元史』 권23, 武宗 至大 3년 4월). 이후 충선왕은 1313년에 고려국왕위를 忠肅王에게 양위하였고, 1316년에는 瀋王位 역시 조카인 王暠에게 넘겨주었다. 이후 심왕위는 王暠를 거쳐 王暠의 손자 脫脫不花에게 이어졌다. 이에 대해서는 다음의 논고를 참조. 李昇漢, 「고려 忠宣王의 瀋陽王 被封과 在元 政治活動」, 『全南史學』 2, 1988; 金庚來, 「瀋陽王에 對한 一考察」, 『誠信史學』 6, 1988; 金惠苑, 『고려후기 瀋王 연구』 이화여자대학교 박사학위논문, 1999.

12) 忠宣王이 瀋王에 책봉된 이후 瀋陽 일대에 分封地를 가졌는지, 혹은 그에 준하는 실질적인 영향력을 행사했는지에 대해서는 논란이 분분하다. 다만 武宗이 瀋陽路 관리들에게 모든 사무를 瀋王을 통해 奏請하도록 지시했다든지(『高麗史』 권33, 충선왕 2년 2월 辛卯), '瀋陽等路高麗軍民總管府' 등의 관청이 설치되어 있었던 것을 보면(<瀋陽路城隍廟紀>(1352년), 森平雅彦, 「高麗王位下の基礎的考察 - 大元ウルスの一分權勢力としての高麗王家」, 『朝

번에 혁파되어 회수될 때 부모의 고향을 그리워 하였기에 본업에 복귀시키는 인원수에 포함시키지 않았습니다”라는 구절은,[13] 이제 생각해보건대, 太尉 忠宣王이 이미 遼瀋을 한 집안인 것처럼 하였고, 고려는 이제 이미 효순하게 귀부하였으니 곧 속방인데, 무슨 이유로 도리어 나와 너를 구분하겠는가. 張伯顔不花 또한 함께 보내오지 않았고, 다만 그의 奴 伯顔奴를 보내는 것으로 대신하였는데, 그는 곧 介州에서 달아나 돌아가버렸다.

1 재촉하는 사이 또 肖狗狗가 고하였다.

2 아들 肖牛兒가 西京에서 郎長으로 뽑혔습니다. 출발해올 때 일찍이 西北面 都巡問所[14]에 고하고 함께 오겠다고 하였습니다만, 都評議使司에서 보내주지 않았습니다.

1 또한 모의 내용을 살펴보니, “논의하건대, 李邦帖里 등 8명은 원

鮮史硏究會論文集』 36, 1998에서 재인용) 심양로 일대에 고려출신 인민들이 상당수 거주했고, 이에 대해 瀋王府에서 일정 정도의 영향력을 행사할 수 있었던 것은 사실로 인정될 수 있다. 이에 대해서는 다음의 논고를 참조. 金九鎭, 「元代 遼東地方의 高麗軍民」, 『李元淳敎授華甲紀念史學論叢』, 교학사, 1986; 梁義淑, 「元 간섭기 遼瀋地域 高麗人의 동향」, 『東國歷史敎育』 4, 1996; 森平雅彦, 「高麗王位下の基礎的考察 － 大元ウルスの一分權勢力としての高麗王家」, 『朝鮮史硏究會論文集』 36, 1998; 金惠苑, 『고려후기 瀋王 연구』 이화여자대학교 박사학위논문, 1999; 김순자, 「고려, 원(元)의 영토정책, 인구정책 연구」, 『역사와 현실』 60, 2006.

13) 원문의 ‘一節’은 “以各人 ~ 故復業人數不發” 전체를 지칭하는 것으로, 人戶 쇄환 요청에 대한 고려의 해명 부분을 遼東都司의 문서에서 간접 인용하는 부분이다. ‘今詳’ 이후 이어지는 “太尉忠宣王 ~ 何故却分彼我” 부분은 이러한 고려의 논리에 대한 명의 반박 논리이다.

14) 西北面 都巡問所: 巡問所는 고려 후기 왜구의 침략을 방비하기 위해 각 道에 설치되어 군사업무를 전담하던 기관이다. 3품 이하관이 담당하였을 때에는 巡問使, 재상급이 담당했을 때에는 都巡問使라고 불리었다. 巡問使는 공양왕 원년(1389)에 節制使로 명칭이 변경되었다. 『高麗史』 권77, 百官志2, 外職, 節制使·巡問使; 朴龍雲, 『『高麗史』 百官志 譯註』, 신서원, 2009, 690~692쪽 참조.

래 高麗 州郡으로 본업에 복귀시킨 인민이므로, 그 편의에 따를 것을 허락하여 生民들이 부모자식 간에 친하게 지내게 하는 도리를 이루었습니다"라고 하였다. 그런데 肖狗狗는 이미 보내 왔는데, 그 아들 肖牛兒를 데려다가 모여 살게 하고자 한다고 하였으나 붙잡아 두고 보내주지 않았다. 그 아비는 남쪽에 있고, 아들은 동쪽에 있게 하였으니, 어찌 이들에게는 부모자식 간에 친하게 지내게 하는 도리를 적용시키지 않는가.

1 위의 일을 상세히 살펴보니, 대개 都評議使司에서 서로 통솔하거나 간섭함이 없다는 것을 믿고서 보내오려고 하지 않기 때문이다. 그런 까닭에 도망했다, 사망했다, 원래 없었다고 각각 꾸며서 변명으로 삼아, 차지한 것을 아까워하면서 보내오는 것을 대신하고 있다. 그러나 황제의 뜻을 받든 일이므로 말을 꾸미는 것을 인정할 수 없으니, 마땅히 다시 재촉하여야겠다. 이에 都司에서는 마땅히 照會를 보내니, 잘 살피어 이전과 지금[15] 잡아들이는 데에 힘써야 했으나 아직 보내오지 않은 人戶의 수에 의거하여, 한 명 한 명을 가솔들과 함께 보내오며, 재차 차지한 바를 아까워하지 말라. 須至照會者.

1 照會

1 高麗國 都評議使司

1 洪武 18년(1385, 고려 우왕 11) 10월 9일

15) 원문의 '已今'이란 이전과 현재를 병렬시킨 표현으로 볼 수 있다. 즉 '已'란 앞서 高麗國 都評議使司에서 보내온 呈에서 도망·사망·원래 없음 등으로 항목을 나누어 쇄환할 수 없다고 하였던 인호에 포함되는 인물 가운데, 遼東都司의 조사 결과 마땅히 쇄환해야 할 것으로 결론지은 사례들로, 구체적으로는 李朶里不歹·楊春慶·尹尙失, 戴沙剌, 阿但赤 등이 이에 해당된다. 다음 '今'에 해당되는 것은, 앞선 高麗國 都評議使司의 呈에서는 언급되지 않았으나 그 이후 다시 추쇄해야 할 것으로 확인된 인호들로, 구체적으로는 張伯顔不花, 肖牛兒 등을 가리킨다.

행문 과정

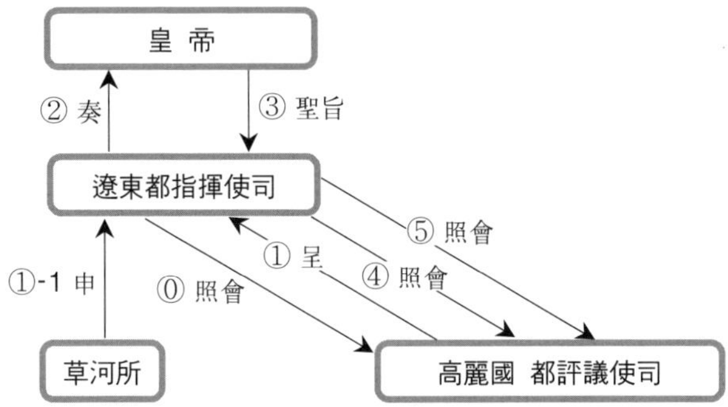

⓪ 遼東都指揮使司에서 都評議使司에 照會: 요동 인구의 쇄환 요청.
① 都評議使司에서 遼東都指揮使司에 呈: 일부 쇄환, 일부 거절.
①-1 草河所에서 遼東都指揮使司 에 申: 曹文貴 등이 고려에 被擄된 사실 보고.
② 遼東都指揮使司에서 皇帝에 奏: 쇄환 문제에 관해 고려에 문서를 보낼 것을 요청.
③ 皇帝가 遼東都指揮使司에 聖旨: 쇄환 문제에 관한 遼東都指揮使司의 건의를 인순.
④ 遼東都指揮使司에서 都評議使司에 照會: 曹文貴 등 피로인 송환 요청.
⑤ 遼東都指揮使司에서 都評議使司에 照會: 여러 항목의 인호 쇄환 요청.

해 설

이 문서에서 현안이 된 것은 모두 요동 인호의 추쇄에 관한 것이다. 문제의 발단은 원말의 병란으로 고려 출신으로서 遼瀋 지역에 살고 있던 인호들이 다시 고려 경내로 이주해온 데에 있다. 이 문서에서는 드러나지 않았지만, 명의 遼東都司에서는 이 문제를 최초로 제기하여 각각의 人戶를 열거하여 쇄환을 요청했다. 이에 대해 고려의 都評議使司에서는 각각의 人戶에 대해 일부는 송환하고, 일부는 도망・사망・원래 없음 등으로 항목을 나누어 송환을 거부했다. 고려와 명 사이에 논쟁이 되고 있는 인원들에 대해 각각의 주장을 비교해보면 다음과 같다.

대상 인호	고려의 주장	명의 주장	명의 근거
銀得顯 등 5호	요양의 人戶이므로 송환		
曹文貴		고려에 被擄되었으므로 송환 요청	千戶 焦得原의 공술
李朶里不歹 등 6명	도망했으므로 송환 불가	色兒赤에 살고 있음	白得全의 공술
楊春慶 등 3명	사망했으므로 송환 불가	東州에 살고 있음	白得全의 공술
尹尙失 등 22명	원래 없음	牛峯 등에 살고 있음	白得全의 공술
戴沙剌	원래 없음 戴六十만 송환	王京에 살고 있음	戴六十의 공술
阿但赤		고려의 軍馬에 被擄됨	
張伯顔不花	그의 노비 伯顔만 송환		
肖牛兒		西京에 살고 있음	肖狗狗의 공술

運糧指揮馬扒破[1]船遼東照會

발신일자 洪武 20년(우왕 13년) 7월 20일 (1387년 9월 2일)
발신기관 遼東都指揮使司
수신기관 高麗國都評議使司
서　　식 照會

■ 문서내용　百戶 李鐵關이 인솔하던 명의 양곡 운반선이 황해에서 난파되어 고려의 龍岡縣 입구 德島라는 곳에 표류하였다. 李鐵關이 고려에 의해 요동으로 송환된 뒤 이 사건을 보고하였다. 당시 나하추 정벌을 위해 요동에 출정 중이던 總兵官 馮勝 등은 이철관 등이 타고 있던 배와 거기에 실린 화물의 행방을 조사할 것을 고려에 요청하라고 요동도사에 지시하였다. 이 문서는 요동도사에서 이러한 지시사항을 고려에 전달하는 내용을 담고 있다.

原文

1 遼東都指揮使司

1 承奉總兵官都督劄付.

2 近據淮安衛指揮僉事馬扒等呈.

3 儹運糧儲事.

3 該, 千戶易禎等呈.

4 百戶李鐵關, 管領旗軍①, 根同本衛馬指揮, 坐駕禮字二號海船一隻, 裝糧一千五百二十石, 洪武二十年五月二十一日, 隨䑸開洋. 二十八日, 風汛不順, 行使失䑸. 至二十九日, 見

1) 想白J・想白I・前間本에는 破, 奎古5700에는 海.

山認看，不係遼東山座②，戧船③回使．至六月初二日早，昏霧不見四[2]向．本船隨潮閣於淺沙，將舵金④幷舵籠⑤扒開⑥，潮退不能脫離．被西北風浪，猛加店[3]顚⑦，將本船中桅後倉⑧幷底木損折，兩棧當康⑨等縫，俱各開裂，進水難以救塞．其船粮米幷軍器等項，隨卽渰沒．在船官軍逃命，搶捉浮動板木楸[4]筏，幷將三板⑩搖駕．初二[5]日到岸，見有把截馬軍在彼，問得係是高麗地名龍岡縣隘口德島．有把截朴千戶等，行移西京巡問使，差羅通事到來，接同前去西京．見崔巡問使，差人送至遼東．具呈．

[2]得此，仰行高麗，着落西京崔巡問使，照勘船隻幷在上粮米等項有無見在，明白回報施行．

[1]奉此，合行照會，可著[6]落西京崔巡問，照勘前項船隻粮米等項有無見在，明白回報施行．須至照會者．

[1]照會

[1]高麗國都評議使司

[1]洪武二十年七月二十日

이문집람

① 旗軍：旗，總旗・小旗也．軍，軍人也．

---

2) 想白J에는 四，想白I・奎古5700・前間本에는 肆．
3) 想白J에는 店，想白I・奎古5700・前間本에는 跕．『吏文輯覽』에는 店．
4) 想白J・前間本에는 楸，想白I・奎古5700에는 揪．
5) 想白J에는 二，想白I・奎古5700・前間本에는 貳．
6) 想白J에는 著，想白I・奎古5700・前間本에는 着．

'旗'는 總旗・小旗이다. '軍'은 군인이다.

② 山座: 凡山及島, 必以座稱.

무릇 산과 섬은 반드시 '座'로써 칭한다.

③ 戧船: 戧, 卽撑字之意. 撑船使進也.

'戧'은 곧 '撑'[배를 젓다]字의 뜻이다. "배를 저어 나아가게 하다"이다.

④ 舵金: 凡船尾必有舵, 所以正船之具, 卽本國치也. 金, 以鐵裝舵也.

무릇 船尾에는 반드시 舵가 있는데, 배를 바로잡는 도구로 곧 本國의 '치'이다. '金'은 쇠를 써서 舵를 감싼 것을 가리킨다.

⑤ 舵籠: 籠, 所以籠舵, 使不得前却之具, 其制未詳.

'籠'은 키를 돌리는 데에 쓰는 것으로, (키가 저절로) 앞으로 나가거나 뒤로 빠지지 않게 하는 도구인데, 그 구조는 자세히 알지 못한다.

⑥ 扒呰: 扒, 音破. 裂破也.

'扒'의 음은 '破'[파]이다. '파열되다'이다.

⑦ 店顚: 搖動不定之貌.

요동쳐서 불안정한 모습.

⑧ 中桅後倉: 中桅, 當中之船檣也. 倉, 船上無板處也, 所以裝物.

'中桅'는 배 한가운데의 돛이다. '倉'은 배 위에 갑판이 없는 곳인데 물건을 싣기 위함이다.

⑨ 兩棧當㡯: 棧, 船兩邊補板也. 凡船入水處, 用小板塞縫, 謂之當㡯. 㡯, 音次.

'棧'은 배의 양 측년에 넛댄 판자이다. 무릇 배에서 물에 들어가는 곳은 작은 판자를 사용하여 물이 새지 않도록 붙이는데, 그를 가리켜 '當㡯'라고 한다. '㡯'의 음은 '次'[차]이다.

⑩ 三板: 小船也. 其船底用三板以造, 故云. 卽行脚小船也.

작은 배이다. 그 배의 바닥을 三板을 사용하여 만들기 때문에 그렇게 부른다. 즉 行脚小船이다.

吏文 2-19

運糧指揮馬扒破船遼東照會

번역문

1 遼東都指揮使司(에서 조회를 보낸다.)

1 總兵官・都督[1]의 箚付를 받았다.

2 최근 淮安衛 指揮僉事 馬扒 등의 呈을 받았는데, 그 내용은 다음과 같았다.

3 양곡을 운반하여 저장하는 사안.

3 千戶 易禎 등의 呈을 받았습니다.

4 百戶 李鐵關이 旗軍을 인솔하여 淮安衛 馬 指揮를 따라 그와 함께 禮字 2호 海船 한 척을 타고 양곡 1,520석을 싣고 홍무 20년(1387, 고려 우왕 13) 5월 21일, 선단을 따라 바다로 나갔습니다. 28일, 바람과 파도가 심상치 않아 운항하는 중에 선단을 잃어버렸습니다. 29일에 이르러 산을 알아볼 수 있었는데, 遼東의 산이 아니었기에 배를 몰아 돌아가려고 했습니다. 6월 초2일 아침에 이르러 짙은

---

1) 總兵官・都督: 여기서 총병관・도독은 馮勝을 말한다. 이 문서에서 말하는 1387년 당시는 馮勝 등이 약 20만 명의 명군을 이끌고 대거 나하추를 공격하던 시점이었다. 그해 1월 출정한(『明太祖實錄』 권180, 1월 癸丑) 대군은 5월 遼河를 넘어 나하추의 근거지인 金山을 점령하고, 나하추가 피신한 女眞 일대까지 진격하였다(『明太祖實錄』 권182, 홍무 20년 5월 癸卯). 결국 나하추는 藍玉의 진영에 이르러 투항하였다(같은 책, 5월 丁未). 그러나 이로써 원정이 완료된 것은 아니어서, 나하추의 잔여 세력을 비롯한 몽골인들에 대한 공격・회유는 그해 연말까지 지속되었다.

안개로 사방을 알아볼 수 없게 되었습니다. 이 배는 조수에 쓸려 얕은 모래사장에 좌초되었는데, 키와 舵籠이 모두 파손되어, 조수가 물러났지만 빠져나올 수 없었습니다. 서북풍랑을 만나 더욱 맹렬히 흔들려, 배 안의 돛과 後倉 및 船底의 나무들이 부러지고, 양측에 덧댄 판자들도 쪼개지고 모두 파손되어, 물이 들어오는 것을 막을 수 없었습니다. 배에 싣고 있던 양곡과 군기 등의 물건은 곧바로 휩쓸려 가라앉았습니다. 배에 타고 있던 官軍들은 목숨을 구해 떠다니던 판자와 뗏목을 붙잡고 三板船을 몰아갔습니다. 초2일에 해안에 도착했는데, 그곳을 지키던 馬軍이 있기에 물어보니 高麗 龍岡縣[2] 입구의 德島였습니다.[3] 把截 朴 千戶 등이 西京巡問使[4]에게 알리자, 羅 通事를 차정해 보내와서, 그와 함께 西京으로 갔습니다. 崔 巡問使를 만나 사람을 차정하여 요동에 보내왔습니다. 갖추어 呈을 올립니다.

2 이를 받고, 바라건대 고려에 행이하여 西京 崔 巡問使로 하여금 배와 아울러 거기에 싣고 있던 양곡 등의 물건이 있는지 없는지, 얼마나 있는지를 살피도록 하여, 명백히 回報하도록 하게 하라.

---

2) 龍岡縣: 현재의 평안남도 남부 용강군.

3) 德島: 현재의 평안남도 용강군 귀성면에 있는 작은 섬. 면적 0.68㎢. 해안선 길이 3.5km, 최고점 105m. 대동강 하구에서 멀지 않은 곳에 위치해 있다.

4) 西京巡問使: 巡問使는 고려후기 지방의 방비를 책임지는 관직이다. 몽골과의 전쟁이 시작될 무렵인 13세기 전반부터 지방에 파견되기 시작하였다가, 왜구의 활동이 본격화되는 1350년 이후 그 지위와 역할이 강화되었다. 『高麗史』 권77, 百官志2, 外職, 節制使·巡問使; 朴龍雲, 『『高麗史』 百官志 譯註』, 신서원, 2009, 690~692쪽 참조.

1 이를 받고, 마땅히 照會를 보내니, 西京 崔 巡問使로 하여금 배와 아울러 거기에 싣고 있던 양곡 등의 물건이 있는지 없는지, 얼마나 있는지를 살피도록 하여, 명백히 回報하도록 하라. 須至照會者.

1 照會

1 高麗國 都評議使司

1 洪武 20년(1387, 고려 우왕 13) 7월 20일

행문 과정

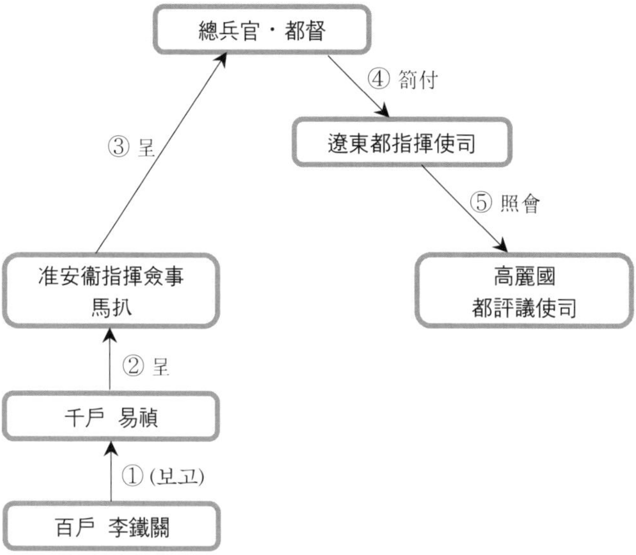

① 百戶 李鐵關이 千戶 易禎에게 보고: 고려로 표류해간 정황 보고.
② 千戶 易禎이 准安衛指揮僉事 馬扒에게 呈: ①의 보고 전달.
③ 准安衛指揮僉事 馬扒이 總兵官・都督에게 呈: ②의 보고 전달.
④ 總兵官・都督이 遼東都指揮使司에 箚付: 고려에 문서를 보내 표류한 배에 실려 있던 물품을 조사해 줄 것을 요청하도록 지시.
⑤ 遼東都指揮使司에서 高麗國 都評議使司에 照會: 표류한 배에 실려 있던 물품을 조사해 줄 것을 요청.

사건 경과

ⓐ 홍무 20년(1387) 5월 21일, 百戶 李鐵關 등이 運糧을 위해 운항 시작.
ⓑ 5월 28일, 선단과 헤어져 표류.
ⓒ 6월 2일, 배는 파손되고, 고려 龍岡縣 德島에 도착.
西京 巡問使 崔의 중재로 요동에 귀환. 보고.
ⓓ 6월 20일, 遼東都指揮使司의 照會: 배와 선적 물품의 유무 조사・보고 요청.

吏文 2-20

倒[1]換符驗禮部咨

발신일자 洪武 24년(恭讓王 3년) 8월 20일 (1391년 9월 18일)
발신기관 禮部
수신기관 高麗國
서　　식 咨

■ 문서내용　홍무 23년, 명에서는 기존에 발급한 符驗이 너무 많다고 하여 모두 회수하고 새로 발급하였다. 부험이란 명대에 관원이 공무로 驛站이나 水驛에서 말이나 배를 이용할 때에 제시하여 인증을 받는 符牌의 일종이다. 이 문서는 위 조치의 연장선상에서 고려에 발급한 符驗을 바꾸어야 하겠으니, 기존에 발급받은 부험을 반납할 것을 요구하는 내용을 담고 있다.

原文

1 禮部

1 洪武二十四年八月十九日辰時, 准兵部咨.

2 爲符驗①事.

2 該, 照舊有符驗, 已行各處拘收②改造. 所有高麗國原領安字等號符驗③, 理合一體拘繳④. 當月十七日, 本部官於奉天門, 奏聞訖. 爲照本國, 見差判繕工寺事楊天植到京. 煩爲移文, 就付差來使臣, 齎回本國, 遇有順便差使人員⑤, 將前項符驗, 盡數解來倒換⑥.

1 今照前事, 理合備咨. 本國將前項符驗, 順便解來倒換施行. 須至

1) 想白J・想白I・奎古5700에는 倒, 前間本에는 到.

咨者.

1 右咨

1 高麗國

1 洪武二十四年八月二十日

이문 집람

① 符驗: 發馬之文也. 其制上織船馬之狀, 起馬者用爲字號, 起船者水字號, 起雙馬者達字號, 起單馬者通字號, 起站船者信字號.

말을 내게 하는 문서이다. 그 형태는 상단에 배와 말의 모습을 짜 넣었고, 말을 타는 자는 爲字號를 사용하고, 배를 타는 자는 水字號를, 두 마리 말을 타는 자는 達字號를, 한 마리 말을 타는 자는 通字號를, 站船을 타는 자는 信字號를 사용한다.

번역자 주 명대의 符驗 사용에 대한 위의 해설은 『明史』 권68, 輿服志 4, 符牌의 구절과 일치한다. 다만 『明史』 輿服志에는 "起馬者用馬字號"라고 한 부분은 『吏文輯覽』과 차이가 있다. 두 책 모두 아마 다른 어떤 政書類의 구문을 인용한 것일 텐데, '馬'字와 '爲'字의 字形이 비슷한 까닭에 『吏文輯覽』을 작성할 때 오류를 범한 것으로 생각된다.

② 拘收: 即收取之意.

즉 '收取'의 뜻이다.

③ 原領安字等號符驗: 謂本國初受來之符驗也. 凡符驗, 皆有字號.

本國[고려]에서 처음 받아왔던 符驗을 가리킨다. 무릇 符驗에는 모두 字號가 있다.

④ 拘繳: 謂拘收回繳也. 繳者, 上司有行下之事, 下司奉行, 事畢後回報上司之謂.

거두어들이고 회수하는 것이다. '繳'는 上司에서 지시한 일이 있을 때, 下司에서 이를 받들어 시행하고, 일을 마친 후 上司에 회보하는 것을 말한다.

⑤ 順便差使人員: 非各別差委也. 有曾因他事, 差去之人.

각기 별도로 차정하는 것이 아니라는 뜻이다. 이미 다른 일이 있을 때 차정해 보내는 사람.

⑥ 倒換: 到, 亦換也. 凡遞車馬, 皆曰倒.

'到'는 또한 '換'[바꾸다]이다. 무릇 수레와 말을 번갈아 타는 것을 모두 '倒'라고 한다.

번역자 주 『吏文』의 본문과 『吏文輯覽』의 표제어는 모두 '倒'인데, 『吏文輯覽』의 해설에서는 '到'라고 표기하였다. 이문 2-11 <金甲雨盜賣馬名咨>에 대한 『吏文輯覽』의 해설 가운데 '倒死'를 "凡六畜死則到"라고 한 것과 같은 오류이다.

倒換符驗禮部咨

번역문

1 禮部(에서 자문을 보냅니다.)

1 洪武 24년(1391, 고려 공양왕 3) 8월 19일 辰時[오전 7~9시] 兵部의 咨를 받았습니다.

2 符驗[1)]에 관한 사안.

2 살피건대 이전의 符驗은 이미 각처에서 거두어들여 개조하였

1) 符驗: 『吏文輯覽』에도 서술되어 있듯이, 符驗이란 명대에 관원이 公務로 驛站이나 水驛에서 말·배를 이용할 때에 제시하여 인증을 받는 符牌의 일종이다. 관원이 奏請할 일이 있거나 公差로 파견될 때에는 먼저 兵部를 거쳐 승인을 받은 후 尙寶司에서 수령하여 사용하였다. 일의 시급한 정도에 따라 이용할 수 있는 말의 수효가 달라서 말 한 마리를 이용할 때에는 通字號를, 두 마리를 이용할 때에는 達字號를 발급받았다. 이러한 符驗의 기능은 元代의 驛券과 비슷하다. 원대에 잘 발달되어 있었던 驛道와 驛站을 이용하기 위해서는 정부로부터 驛券을 발급받아야 했는데, 驛券에는 鋪馬聖旨와 鋪馬箚子가 있었다. 鋪馬聖旨는 御寶聖旨라고도 불렀다. 蒙古文字로 작성되었으며, 각각의 문서에 타고 갈 말의 數目을 명시하였는데 1필부터 10여 필까지 일정하지 않았다. 鋪馬箚子는 中書省·樞密院·御史臺 및 지방의 行省·行臺 등 관부에서 발행한 역권을 말한다. 至元 19년(1282) 제도로 정해져 일률적으로 鋪馬聖旨에 의거하여 驛을 이용하였으며 각 관부에서 스스로 箚子를 발행할 수 없었다. 다만 水站을 이용하는 자는 聖旨를 이용하지 않고 중서성에서 船箚를 발급해 주었다(邱樹森 主編, 『元史辭典』, 山東教育出版社, 2001. 1191쪽). 명대에는 符驗 이외에도 公差로 파견되는 관리나 京師의 軍官들에게 지급하여 公務임을 증명하는 각종 符牌가 있었는데, 金牌·半字銅附·令牌·銅牌·牙牌·祭牌·雙魚銅牌 등이 그것이다. 이들은 모두 尙寶司에서 관리했다. 각각의 기능에 대해서는 『明史』 권74, 職官志3, 尙寶司 참조.

습니다.[2] 高麗國에서 원래 수령해간[3] 安字號 등 符驗[4]도 마땅히 모두 거두어들여 반납시켜야 하겠습니다. 이달 17일 兵部 관원이 奉天門에서 아뢰었습니다. 살피건대 고려에서 차정된 判繕工寺事 楊天植이 현재 경사에 와 있습니다.[5] 번거롭겠지만 문서를 보내어 곧 차정되어 온 사신에게 주어 가지고 고려로 돌아가도록 하시고, 다른 사안으로 차정된 사신이 있으면 위의 符驗을 모두 가지고 와서 바꾸어가도록 하게 하십시오.

---

2) 이 문서가 작성되기 약 1년 전, 洪武帝는 각처에 발급된 符驗이 너무 많아, 관원들이 긴급하지 않은 사무에도 역참을 함부로 사용하고 驛夫를 사적으로 부려 폐단이 발생한다고 하여, 기존에 사용하던 符驗을 모두 삭탈하고 새로 발급할 것을 명하였던 바 있다. 『明太祖實錄』 권203, 홍무 23년(1390) 8월 甲戌. "復命兵部, 淸理驛傳符驗. 先是, 上以在外諸司所給符驗過多, 官吏不分事務緩急, 動輒乘驛, 或假以營私, 致驛夫勞弊, 船馬損乏, 命悉追奪之. 惟都司・布政司・按察司如舊. 至是, 復有是命."

3) 명에서 고려에 符驗을 전달한 것은 홍무 19년(1386, 우왕 12)의 일이다. 고려에서는 전해 10월 曺敏修 등을 파견해 원에서 발급해준 鋪馬蒙古文字 8통을 명에 반납하였고(『高麗史』 권133, 禑王 11년, 10월. "遣判門下府事曹敏修・贊成事張子溫・禹玄寶・簽書密直司事河崙如京師, 謝恩. 且請曆日・符驗, 仍納前元給付本國鋪馬蒙古文字八道") 이들 일행은 다음해 3월 새로운 명의 符驗을 발급받아서 귀국했다(『高麗史』 권133, 禑王 12년 3월. "謝恩使曹敏修・禹玄寶・張子溫・河崙, 進奉使沈德符・任獻・金子盎等, 齎曆日, 及船馬符驗八道, 還自京師."). 『高麗史』 권72, 輿服志, 印章, 符驗에는 새로운 符驗을 발급받은 시기를 우왕 12년(1386) 정월로 기록하고 있는데, 이것은 귀국 시기가 아니라 명 조정에서 사신에게 발급한 시기를 가리킨 것 같다.

4) 1386년 고려에서 받은 명의 符驗 가운데 安字號는 起船用으로 安字 1336・1337호였다. 이 외에도 雙馬用 4道, 單馬用 2道가 더 있었다. 공교롭게도 원에서 발급한 蒙古字 鋪馬聖旨 8道와 수량이 일치한다. 『高麗史』 권72, 輿服志, 印章, 符驗 참조.

5) 判繕工寺事 楊天植은 홍무 24년(1391) 6월 己未에 예부총랑 孔俯와 함께 말 1,500필을 명에 전달하면서, 동시에 말 교역의 어려움을 호소하는 都評議使司의 申을 禮部에 전달하였다. 『高麗史』 권46, 恭讓王 3년 6월 己未. 楊天植 등이 京師에 도착한 것은 『明太祖實錄』에 따르면 같은 해 8월 12일(戊辰)이었다. 양천식 등은 같은 해 10월 辛未에 고려에 귀환하였다.

1 살피건대 이 일은 마땅히 咨文을 갖추어야 하겠습니다. 고려에서는 위의 符驗을 다른 사안으로 올 때 가지고 와서 바꾸어가도록 하십시오. 須至咨者.[6]

1 右咨

1 高麗國

1 洪武 24년(1391, 고려 공양왕 3) 8월 20일

6) 이 문서를 전달받은 楊天植 등이 귀국한 사실은 『高麗史』에 나오지만, 이러한 내용의 문서를 받았다는 기록은 어디에도 보이지 않는다. 역시 이 요구에 따라 이전에 발급받은 符驗을 돌려보냈다는 사실도 기록되어 있지 않다.

행문 과정 ▌

① 홍무 24년(1391) 8월 19일, 兵部에서 禮部에 咨文.

② 8월 20일, 禮部에서 高麗國에 咨文.

倒死無皮馬依數解來遼東照會

발신일자	洪武 26년(조선 太祖 2년) 1월 21일 (1393년 3월 4일)
발신기관	遼東都指揮使司
수신기관	高麗國 都評議使司
서　　식	照會

■ 문서내용　고려에서 명에 교역하기 위해 보내기로 한 말 1천 필 가운데 일부 수효가 모자랐다. 요동도사에서 이 사실을 황제에게 보고하자, 황제는 고려에 전달하여 알려주도록 지시하였다. 요동도사에서는 원래 보내기로 했던 말 가운데 거세된 수말과 중도에 죽었다고 하지만 가죽이 없어 확인되지 않는 말 등 총 120필이 原額과 맞지 않는 점을 항의하고, 부족분을 빨리 가지고 올 것을 요청하고 있다.

原文

1 遼東都指揮使司

1 洪武二十六年正月二十日巳時，　抄奉①左軍都督府保字四百四十四號勘合箚付②，爲馬匹料豆等事．內開一件．

2 本司呈．

3 據高麗都評議使司呈．

4 差判禮賓寺事丁子偉，管送欽易③第七運雜色馬一千匹．

3 到司．隨委定遼中衛指揮戚弁，與同差來丁子偉，眼同驗出④．內有兒騸⑤與來呈不同馬數．除從實驗定派發⑥定遼左等五衛寄養，及將兒騸不同數目，同差來判禮賓寺事丁子偉等，專差所鎭撫熊亮，管送前去．

2 洪武二十五年十一月十四日, 通政司⑦官, 將賫本件公文, 早於奉天門奏.

3 高麗國解來第七運馬匹內, 有與原呈兒騸馬六十匹名色不同.

2 奉聖旨.

3 着左軍, 行文書與遼東都司, 轉行與本國知道.

2 欽此.

2 當日早, 本府官於右順門覆奏, 奉聖旨.

3 是.

2 欽此.

2 除外, 仰本司, 卽將原解馬數幷辨驗出兒騸名色不同, 及兌換⑧馬匹, 備細明白開寫數目, 行與本國知會. 文書到日, 仰本司依奉欽依施行.

1 奉此, 隨於原行卷內⑨査得⑩, 洪武二十四年七月, 至二十五年閏十二月, 日期不等, 據本司呈差判繕工寺事楊天植等, 陸續解馬八運, 計一萬匹到來. 隨委定遼左等衛指揮徐剛等, 眼同差來楊天植等辨驗出, 數內多有兒騸馬匹, 比與來呈不同. 節續⑪將出兒騸名色不同數目, 及沿途倒死, 無皮不作數馬一百二十匹, 同將判繕工寺事楊天植等, 差官管送呈奏. 去後, 今奉勘合, 該, 欽依, "着左軍, 行文書與遼東都司, 轉行與本國知道" 擬合通行, 開坐前去. 照會到日, 仰本司依奉欽依施行. 仍將未到遼東, 沿途倒死, 無皮不作數馬一百二十匹, 作急星火⑫, 差人依數解來施行. 此係奏過數目, 毋得遲悞. 須至照會者.

1 洪武二十六年正月二十一日.

이문
집람

① 抄奉: 與抄蒙同. 解見上.
'抄蒙'[베껴 받다]과 같다. 해설은 앞의 문서에 나온다.

② 保字四百四十四號勘合箚付: 勘, 考也, 合, 同也. 五府・六部・都察院, 於照會・箚付, 皆用勘合. 保字卽勘合之字號, 四百四十四, 其次第也.
'勘'은 '考'[살피다]이고, '合'은 '同'[같다, 일치하다]이다. 五府[五軍都督府]・六部・都察院은 照會・箚付에 모두 勘合을 사용한다. '保'字는 곧 勘合의 字號이고, 444는 그 순서이다.

③ 欽易: 奉聖旨和買, 故曰欽易.
聖旨를 받들어 和賣하였으므로, 따라서 '欽易'이라고 한 것이다.

④ 眼同驗出: 眼同, 一同看見也, 驗出, 辨驗而出也.
'眼同'은 '함께 보다'이고, '驗出'은 분별해내는 것이다.

⑤ 兒騸: 兒, 雄馬, 騸, 去勢馬也.
'兒'는 수말이고, '騸'은 거세한 말이다.

⑥ 派發: 派, 猶分也.
'派'는 '分'[나누다]과 같다.

⑦ 通政司: 通政司, 正三品衙門. 有通政使及左右通政・左右參議等官.
通政司는 正3品 아문이다. 通政使 및 左右通政・左右參議 등의 관원이 있다.

⑧ 兌換: 以本色之物, 相換易也.
원래의 물건으로 서로 바꾼다는 것이다.

⑨ 原行卷內: 當初所行之文卷內也.
당초에 행했던 文卷의 내용이다.

⑩ 查得: 查, 考也.
'查'는 '考'[살펴보다]이다.

⑪ 節續: 猶連次也.
'連次'[연이어]라는 뜻이다.

⑫ 作急星火: 作急, 速也. 星火, 謂如星之流, 如火之燎, 亦急速之意.
'作急'은 '速'[빨리]이다. '星火'는 별이 흐르는 것 같고, 불이 타는 것 같다는 말로, 또한 '급속히'라는 뜻이다.

倒死無皮馬依數解來遼東照會

번역문

[1] 遼東都指揮使司(에서 조회를 보낸다.)

[1] 洪武 26년(1393, 조선 태조 2) 정월 20일 巳時[오전 9~11시 무렵] 左軍都督府[1)] 保字 444호 勘合 箚付를 베껴 받았는데, 馬匹料豆 등에 관한 사안이었다. 그 가운데 한 건은 다음과 같다.

[2] 遼東都指揮使司의 呈을 받았다.

[3] 高麗 都評議使司의 呈을 받았습니다.[2)]

---

1) 左軍都督府: 명의 최고 군정기관인 五軍都督府 가운데 하나. 관질은 정1품. 건국 초기 최고 군정기관이었던 大都督府를 홍무 13년(1380) 관할범위에 따라 다섯으로 나누어 中・左・右・前・後의 五軍都督府를 두었다. 전국의 都司 및 衛所의 상위기관이었다. 左軍都督府는 그 가운데 在京의 留守左衛・鎭南衛・水軍左衛・驍騎右衛・龍虎衛・英武衛・瀋陽左衛・瀋陽右衛 및 在外의 浙江都司・遼東都司・山東都司를 관할하였다. 左軍都督府의 관제에 대해서는 『大明會典』(萬曆本) 권108, 兵部3, 左軍都督府 참조. 左軍都督府의 문서행이체식을 살펴보면, 都指揮使司의 상위 아문이었으므로, 정2품인 遼東都司에는 통속관계가 있는 아문 사이의 하행문서인 箚付를 보내고, 상행문서인 呈을 받았다. 정2품인 6부와는 직접적인 통속관계는 없었지만 정1품 아문으로서 咨文 가운데 상행의 성격을 갖는 咨呈을 수신하고, 통속관계가 없는 하급 아문에 보내는 문서인 照會를 발송하였다. 左軍都督府의 문서행정에 대해서는 『洪武禮制』「行移體式」의 해당 항목 참조.

2) 아래 인용부분의 문서가 전달된 것은 홍무 25년 8월의 일로, 그해 7월 이성계가 즉위하여 왕조가 교체된 이후이다. 그러나 주지하듯이 왕조교체 직후에는 이전과 같이 '高麗'라는 국호를 그대로 사용하였다. 곧이어 명 조정에 '朝鮮'과 '和寧'이라는 두 이름 가운데 하나를 선택해달라고 요청한 후 회답을 받아, '朝鮮'이라는 국호를 채택한 것은 다음해인 홍무 26년

4 判禮賓寺事[3] 丁子偉를 차정하여 황명을 받들어 교역할 第7運[4] 雜色馬 1,000필을 管送합니다.[5]

3 요동도사에 이르렀습니다. 이어서 定遼中衛 指揮 戚弁에 위임하여 차정되어 온 丁子偉와 함께 공동으로 점검하게 하였습니다. 그 가운데 거세된 수말의 수량이 보내온 呈(에 기록된 것)과 맞지 않았습니다. 실제에 맞게 확인한 것은 定遼左衛 등 5衛[6]로 나누어 보내 지급하여 먹이게 하는 외에, 또 거세된 수말 가운데 숫자가 맞지 않는 것과 아울러 차정되어 온 判禮賓寺事 丁子偉 등을 所의 鎭撫 能亮을 차정하여

(1393, 조선 태조 2) 2월의 일이다. 이 문서가 전달된 홍무 26년 정월 21일은 이미 명에서 '朝鮮'이라는 국호를 승인한 이후였으나, 아래 인용된 通政司 관원의 말에서 나타나듯이 아직은 '高麗'라는 이름으로 불리고 있었던 것 같다. 따라서 아래의 번역문에서도 원문의 '本國'은 일괄적으로 '高麗'로 번역하였다.

3) 禮賓寺: 고려시대에 賓客에게 연회를 베푸는 등의 접대하는 일을 관장하던 아문이다. 太祖 4년(921) 처음으로 禮賓省을 설치한 이래 고려전기에는 宋의 귀화인·女眞의 사신이나 酋長·耽羅의 王族 등에게의 宴享을 비롯한 대우의 문제를 관장하였다. 고려후기에는 그 명칭이 禮賓寺 또는 典客寺로 자주 바뀌었는데, 恭讓王 2년(1390) 禮賓寺로 확정되어 『高麗史』 百官志에 실렸다. 判禮賓寺事는 禮賓寺의 장관으로 관질은 정3품이었다. 『高麗史』 권76, 百官志1, 禮賓寺 참조.

4) 第7運: 運이란 다수의 말을 보낼 때에 나누어 보내는 차수를 가리킨다. 여말선초 對明 말 무역은 한 번에 최대 1만 필씩 이루어지기도 했는데, 이는 보통 1천 필 안팎씩 나누어 전달되었다. 그 각각을 運이라고 하였다. 당시 고려·조선과 명의 말 무역에 대해서는 김순자, 「麗末鮮初 明과의 馬貿易」, 『韓國 中世 韓中關係史』, 혜안, 2007 참조.

5) 『太祖實錄』에 따르면 丁子偉를 보내 말 1천 필을 요동에 보낸 것은 이보다 앞선 홍무 25년(1392) 8월의 일이다. 『太祖實錄』 권1, 太祖 1년 8월 丙子. "遣判禮賓寺事丁子偉, 押進獻馬一千匹, 至遼東交割而還."

6) 定遼左等五衛: 여기서 말하는 5衛란 당시 遼陽에 설치되어 있던 定遼中衛·定遼左衛·定遼前衛·定遼後衛·東寧衛를 가리키는 것으로 보인다. 遼東都司의 衛所 설치 연혁과 위치에 대해서는 南義鉉, 「明 前期 遼東都司와 遼東八站占據」, 『明淸史硏究』 21, 2004 참조.

管送해 보냅니다.

2 洪武 25년 11월 14일, 通政司[7]의 관원이 이 건의 公文을 가지고 가서 아침에 奉天門에서 奏하였다.[8]

3 高麗國에서 보내 온 第7運 말 가운데 원래의 呈과 대비하면 거세된 수말 60필의 名色이 같지 않습니다.

2 聖旨를 받았다.

3 左軍都督府로 하여금 遼東都司에 문서를 보내주어 高麗에 전달하여 알려주게 하라.

2 당일 아침에 左軍都督府 관원이 右順門에서 다시 奏하고[9] 聖旨를 받았다.

3 그렇게 하라.

2 삼가 준행하는 외에, 바라건대 遼東都指揮使司에서는 곧 원래

---

7) 通政司: 명의 관제 가운데 通政司는 황제문서와 관련하여 매우 중요한 기능을 담당한다. 즉 황제에게 주달되는 모든 문서, 즉 章奏는 通政司를 거쳐서 上奏되었던 것이다. 특히 題本의 경우, 正本은 通政司를 거쳐 황제에게 주달되고, 별도로 副本은 6科에 제출되었다. 한편, 『吏文』의 문서 중에 자주 등장하는 抄出이란 6科에서 각 部에 관련된 문서를 베껴서 전달한 것을 가리킨다. 通政司의 설치 연혁과 기능에 대해서는 『大明會典』(萬曆本) 권212, 通政使司에 자세하다. 명대 황제문서와 관련하여 通政司의 역할에 대해서는 金暻綠, 「明代 公文制度와 行移體系」, 『明清史硏究』 26, 2006 참조.

8) 이 부분은 左軍都督府의 箚付의 내용인데, 문장 자체의 주어는 通政司官으로 표현되어 있다. 遼東都司에서 올린 呈文을 좌군도독부에서 접수한 후, 문서 가운데에는 생략되어 있지만 좌군도독부에서 奏本을 작성하여 通政司에 제출한 과정이 이 가운데에 생략되어 있기 때문이다. 즉 아래의 奏聞의 내용은 通政司官이 전달하였을 뿐이지, 사실은 좌군도독부에서 제출한 것이다. 마찬가지로 황제의 聖旨도 통정사를 통해서 좌군도독부에 전달되었음을 알 수 있다.

9) 원문의 '覆奏'는 단순히 "다시 奏하다"라는 글자 그대로의 의미 이상을 담고 있다. '覆奏'란 처음에 특정 衙門에서 안건을 奏하여 제기한 데에 대해 황제가 聖旨를 내려 검토를 명한 후, 원래 아문, 혹은 그 사안과 관련된 다른 아문에서 聖旨에 대한 답변으로 재차 奏하는 행위를 말한다.

보내온 말의 수와 검사하여 거세된 수말의 名色이 같지 않은 것 및 바꿔야 할 馬匹을 세세하고 명백하게 그 숫자를 써서 高麗에 보내어 알려주라. 文書가 도착한 날 바라건대 遼東都指揮使司에서는 삼가 뜻을 받들어 시행하라.

1 이를 받고, 이어서 원래 행했던 文卷의 내용을 살펴보니, 홍무 24년 7월에서 25년 윤12월에 이르기까지 여러 날에 걸쳐, 高麗國 都評議使司에서 判繕工寺事[10] 楊天植 등을 차정하여, 연달아 여덟 차례에 나누어 합계 말 1만 필을 몰아와 바친 것을 접수하였다.[11] 이어서 定遼左衛 指揮 徐剛 등에게 위임하여 차정되어 온 楊天植 등과 공동으로 판별해내게 하였더니, 수량 가운데 거세된 수말이 보내온 문과 비교하여 같지 않은 것이 많았다. 뒤이어 거세된 수말 항목의 같지 않은 수효 및 길에서 죽었는데 가죽이 없어 수효로 헤아리지 못한 말 120필을 判繕工寺事 楊天植 등과 함께 관원을 차정하여 管送하여 奏를 올렸다. 그 후 지금 勘合을 받았더니, 그 내용에 "左軍都督府로 하여금 遼東都司에 문서를 보내주어 高麗에 전달하여 알려주게 하라"는 뜻에 따라 마땅히 두루 시행하여 열거하여 보내야하겠다. 照會가 도착하는 날 高麗國 都評議使司에서는 삼가 받든 聖旨에 의거하여 시행하라. 또한 遼東에 도착하지 못하고 길에서 죽었는데, 가죽이 없어

---

10) 判繕工寺事: 繕工寺는 고려의 관제에서 土木과 營繕을 관장하는 아문이다. 고려전기의 將作監이 충렬왕 24년(1298) 관제개편에서 繕工監으로 개칭되어, 그 이후로는 將作監이라는 명칭과 繕工寺라는 명칭으로 자주 변경되었다. 공민왕 21년(1372) 繕工寺로 개칭된 후 그대로 『高麗史』 百官志에 실렸다. 判繕工寺事는 繕工寺의 장관으로, 품질은 정3품이다. 『高麗史』 권76, 百官志1, 繕工寺 참조.

11) 判繕工寺事 楊天植은 홍무 24년(1391) 6월 己未에 예부총랑 孔俯와 함께 말 1,500필을 명에 전달하였다. 『高麗史』 권46, 恭讓王 3년 6월 己未. 楊天植 등이 京師에 도착한 것은 『明太祖實錄』에 따르면 같은 해 8월 12일(戊辰)이었다. 양천식 등은 같은 해 10월 辛未일에 고려에 귀환하였다.

수효로 헤아리지 못한 말 120필을 서둘러 사람을 차정하여 숫자대로 가지고 오라. 이것은 奏한 수효와 관계되는 것이니 늦어지는 과오를 범하지 말라. 須至照會者.

[1] 洪武 26년(1393, 조선 태조 2) 정월 21일

행문 과정 ▌

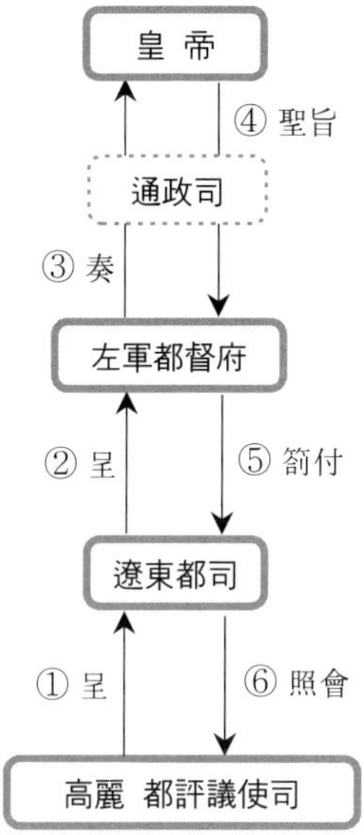

① 高麗國 都評議使司에서 遼東都司에 呈: 교역할 말 1천 필을 운송한다고 통지.
② 遼東都司에서 左軍都督府에 呈: 원래의 수효와 맞지 않는 상황 보고.
③ 左軍都督府에서 通政司를 거쳐 皇帝에게 奏: 거세된 수말 60필이 맞지 않음 보고.
④ 皇帝가 通政司를 거쳐 左軍都督府에 聖旨: 高麗에 통지할 것을 지시.
⑤ 左軍都督府에서 遼東都司에 箚付: 고려에 통지할 것을 지시.
⑥ 遼東都司에서 高麗 都評議使司에 照會: 부족한 마필 수효 전달. 원래대로 보내올 것 재촉.

吏文 2-22

給送馬價禮部咨[1)]

발신일자 洪武 26년(조선 太祖 2년) 2월 28일 (1393년 4월 9일)
발신기관 禮部
수신기관 權知國事李
서　　식 咨

■ 문서내용　홍무 26년 2월에 예부의 관원이 요동도사에서 수령한 고려 말의 값에 해당하는 緜布를 운송해 보낸다는 내용이다.

原 文

1 禮部爲馬價事

1 洪武二十六年二月二十八日，本部署部事儀部主事盖霖等官，將遼東都司實收①過高麗節次解到馬數，於奉天門奏聞，欽奉聖旨.

2 你禮部照依馬數，將紵絲・緜布，差官運去，給還他價.

1 欽此.

1 除欽遵外，今將該給馬價段匹緜布開坐，差指揮同知王鼐等，管運前去. 合行移咨，請照驗. 須至咨者.

1 右咨

1 權知②國事李

1 洪武二十六年二月二十八日

1) 想白J・想白I・前間本에는 제목 있음. 奎古5700에는 제목 없음.

이문 집람

① 實收: 收受錢穀・雜物之文也. 然此則直指收受之馬匹.
錢穀・雜物의 문서를 수령했다는 것이다. 그러나 이는 곧 수령한 馬匹을 직접 가리킨다.

② 權知: 卽權署也.
즉 '權署'[임시로 서리하다]이다.

給送馬價禮部咨

번역문

1 禮部에서 말 값에 관한 일(로 자문을 보냅니다.)

1 洪武 26년(1393, 조선 태조 2) 2월 28일, 禮部의 署部事인 儀部主事 盖霖 등의 관원이 遼東都司에서 실제로 수령한, 高麗에서 전후로 보내온 말의 수효를 奉天門에서 奏聞하고 삼가 聖旨를 받들었습니다.

2 너희 禮部에서 말의 수를 살펴 그에 따라[1)] 紵絲·緜布를 관원을 차정하여 운송해 가서, 그들에게 값을 지급하라.[2)]

---

1) 이때의 말 무역은 홍무 24년(1391, 고려 공양왕 3) 6월부터 시작되어 홍무 25년(1392, 조선 태조 1) 11월까지, 고려-조선의 왕조가 교체되는 동안에도 중단되지 않고 진행된 사안이다. 명이 애초에 요구한 마필의 수는 총 1만 필이었는데, 최종적으로 명에서 접수한 말은 9,880필이었다. 이는 18運으로 나뉘어 운송되었다.

2) 명은 건국 초기 몽골리아와 요동 일대에 산재해있던 원의 잔여세력을 제거해야 하는 과제에 직면하여 여러 차례 北征을 실행하였다. 이에 따라 戰馬가 많이 필요하게 되자 말의 확보에 부심하였고, 그 과정에서 回回·女眞 등과 함께 고려로부터도 말을 들여오려 하였다. 15세기로 접어든 이후에도 명에서는 靖難의 役, 安南 침공 등 대규모 군사작전이 이어져, 말 무역 요구는 끊이지 않았다. 여말선초 시기 고려·조선이 명과 교역한 마필은 35,000여 필에 이른다고 한다. 이는 당시 명의 전체 말 무역 규모 가운데 적어도 1/3 이상이었다고 한다(南都永, 「麗末鮮初 馬政上으로 본 對明關係」, 『東國史學』 6, 1960 및 김순자, 「麗末鮮初 明과의 馬貿易」, 『韓國 中世 韓中關係史』, 혜안, 2007 참조). 특히 공민왕 시해사건, 明使 살해사건 등으로 양국관계가 경색되었던 禑王 대에는 명의 말 무역 요구가 매우 심하여 양국간의 중요한 현안이 되기도 하였다(末松保和, 「麗末鮮初における大明關

1 삼가 준행하여, 이제 해당 지급할 말 값 段匹·緜布를 적어서 指揮同知 王鼐 등을 차정하여 관리하여 운송해가게 합니다.[3)] 마땅히 咨를 보내니, 바라건대 살피십시오. 須至咨者.

1 右咨

1 權知國事 李[4)]

係」, 『靑丘史草』 1, 1967. 第5章 請謚·請襲と歲貢の要求 참조). 당시 말 무역의 규모와 가격 결정에 고려·조선은 전혀 관여하지 못했다. 명에서는 고려·조선에서 들여온 말에 대하여 대체로 그 값을 치렀는데, 말 한 필당 가격은 일정하지 않았다. 이 문서와 함께 지급된 말 값은 한 필당 紵絲와 緜布 각 1필씩이었다(『太祖實錄』 권3, 2년 6월 庚辰). 이는 당시 명이 女眞 등에 지급한 말 값에 비해 현저히 낮은 가격이었다고 한다(김순자, 위의 논문 참조).

3) 禮部에서 파견한 指揮同知 王鼐는 조선에 직접 말 값을 전달한 것이 아니라 遼東都司까지만 왔던 것 같다. 실제 말 값은 조선에서 知中樞院事 趙琳을 요동에 파견하여 직접 수령해왔다(『太祖實錄』 권3, 2년 6월 甲申)

4) 太祖 李成桂가 즉위한 것은 洪武 25년(1392) 7월의 일로, 즉위 직후 명에 그 사실을 알렸으나 명으로부터 끝내 정식으로 책봉을 받지는 못하였다. 이는 다음 定宗도 마찬가지로, 朝鮮國王이 明에서 정식으로 책봉을 받은 것은 이른바 '靖難의 役'이 진행 중이던 建文 3년(1401)에 太宗이 誥命을 받음으로써 개시되었다(박원호, 「明 '靖難의 役' 時期의 朝鮮에 對한 政策」, 『明初朝鮮關係史硏究』 一潮閣, 2000 참조). 太祖는 정식으로 誥命과 印信을 받지 못하였다고 하여 외교문서에서 '朝鮮國王'이라는 호칭을 사용하지 않고 꾸준히 '權知高麗國事'를 칭하였다. 하지만 명에서는 朝鮮이라는 국호를 제정해준 것만으로 그 정권을 인정해 주었다고 간주하여, 오히려 '朝鮮國王'을 칭하지 않은 것을 문제로 삼기도 했다. 여기서 또 한 가지 주목되는 것은 1392년, 조선의 개국 이후로는 정식 책봉을 받지 못한 李成桂가 문서행이의 주체로 등장하고 있다는 것이다. 고려말의 禑王은 1374년에 즉위하였으나 1385년까지는 명의 책봉을 받지 못하였고, 이후 昌王과 恭讓王은 끝내 책봉을 받지 못하였다. 고려의 국왕이 책봉을 받지 못했던 시기에도 '權知高麗國事' 등의 명칭으로 황제에게 表文을 보내기는 하였으나, 遼東都司나 禮部 등의 실무아문과는 문서를 주고받지 못하였다. 명에서도 마찬가지로 이 기간 동안에는 高麗國王 대신에 고려의 최고관부인 '高麗國都評議使司'를 문서행이의 대상으로 삼고 있었다. 『吏文』에 실린 2-9·12·14·15·17·18·19·21·22 등의 문서는 모두 당시의 문서로, '高麗國王' 혹은 '權知高麗國事'로서 국왕이 문서행이의 주체가 되지 못한 채

1 洪武 26년(1393, 조선 태조 2) 2월 28일[5)]

'高麗國都評議使司'가 고려를 대표하여 외교업무를 담당하고 있음을 알 수 있다. 평소대로라면 명의 2품아문인 禮部나 遼東都司와 高麗國王이 평행문서인 咨를 주고받았을 것이나, 이 시기에는 都評議使司에서 명의 2품아문에 상행문서인 申을 보내고, 명에서는 照會를 보내고 있다(鄭東勳, 「高麗-明 外交文書 書式의 성립과 배경」, 『韓國史論』 56, 2010 참조). 그러나 조선 개국 직후부터는 李成桂가 책봉을 받지 못했음에도 명의 실무아문과 직접 자신의 명의로 문서를 주고받았다는 점, 그리고 그 書式도 전대의 고려 국왕과 마찬가지로 咨를 사용했다는 점을 보면, 명에서는 책봉 여부와 관계없이 朝鮮의 개국을 인정하고, 이를 정식 외교의 상대로 인정했음을 알 수 있다.

5) 예부 명의의 이 문서와 함께 遼東都司에서도 같은 내용의 문서를 조선에 발송하였다(『太祖實錄』 권3, 2년 6월 庚辰). 말 값은 조선에서 知中樞院事 趙琳을 요동에 파견하여 직접 수령해왔다(『太祖實錄』 권3, 2년 6월 甲申). 조선에서는 같은 해 6월 參知門下府事 金立堅을 파견하여 이에 대한 사은을 표하게 하였으나(『太祖實錄』 권3, 2년 6월 辛卯), 遼東都司에서 貢路를 막아 京師에 이르지 못하고 귀환하였다(같은 해 7월 辛未).

公用紙箚等三件禮部咨

발신일자 永樂 4년(조선 太宗 6년) 1월 10일 (1406년 1월 29일)
발신기관 禮部
수신기관 朝鮮國王
서 식 咨

■ 문서내용 예부에서 조선국왕에게 세 건의 사안을 전달하고 있다. 첫째는 靖難의 役 당시에 조선으로 유입된 漫散 민호의 송환을 재촉하는 안건이다. 둘째는 조선에서 제작하는 白紙를 진헌하라는 내용이다. 셋째는 永樂 4년의 大統曆 백 본을 하사한다는 내용이다.

原 文

1 大明禮部爲曆日等事

1 今將合行事件開坐, 移咨本國施行. 須至咨者.

1 計三件.

1 一件. 在逃人口事.

1 承准左軍都督府照會.

2 該, 保定侯孟善咨.

3 據遼東都司, 備東寧衛①呈.

4 更改年間②, 原逃漫散土人, 除欽差千戶王得名等, 往朝鮮國, 招回復業外, 有全者遂等四千九百四十口, 仍在本國豊海等道③藏住. 續該本國, 又送金奉等一十九名回還外, 其餘不見送到. 又有土官千戶高勗等下④家人海西等, 將帶家小一十七口, 永樂⑤三年月日不等, 逃往朝鮮國. 行至地名翁子峪, 獲得婦人趙氏等三口外, 有一十四口脫逃. 備呈.

3 移咨, 通行取發.

2 永樂三年十二月十二日早, 本府官於奉天門, 奏奉聖旨.

3 如今朝鮮國使臣, 見在這裏, 等回去時, 着他帶文書去.

2 欽此.

1 除欽遵外, 理合移咨本國, 欽遵施行.

1 一件. 公用紙箚⑥事.

1 咨文到日, 煩揀選本國原抄造⑦, 十分純潔, 光姸好細⑧白紙, 差人送赴京來, 進用施行.

1 一件. 曆日事.

1 欽賜永樂四年大統曆日一百本, 內黃綾面⑨一本, 除給付差來陪臣知議政府事姜思得等, 齎回外, 移咨知會.

1 右咨

1 朝鮮國王

1 永樂四年正月初十日

이문집람

① 東寧衛: 屬遼東.
遼東에 속해 있다.

② 更改年間: 太宗皇帝, 以藩王卽位, 不用建文年號. 故凡於文書, 謂建文時, 例稱更改年, 或云革除年.

太宗황제는 藩王으로서 즉위했으므로 建文 연호를 사용하지 않았다. 따라서 모든 문서에서는 建文 시기를 가리켜 일반적으로 '更改年'이라고 부르거나 혹은 '革除年'이라고 했다.

③ 豐海道: 卽今黃海道也.

즉 지금의 黃海道이다.

④ 高勗等下: 下, 謂戶下也.

'下'는 '戶下'[戶에 속해 있는 口]를 가리킨다.

⑤ 永樂: 太宗皇帝年號, 元年爲癸未歲.

태종황제의 연호로, 원년은 癸未년(1403)이다.

⑥ 紙箚: 箚, 與札同. 亦紙也.

'箚'는 '札'과 같다. 역시 종이이다.

⑦ 抄造: 抄, 죠히쓰다, 方言曰, 抄紙.

抄는 "종이를 뜨다"로, 方言에서는 '抄紙'라고 한다.

⑧ 好細: 細, 亦好也. 凡品好之物, 皆曰細.

細는 역시 '好'[좋다]이다. 무릇 품질이 좋은 물건을 모두 '細'라고 한다.

⑨ 黃綾面: 面, 猶衣也. 皇帝賜國王曆書百本, 內一本, 例以黃綾爲衣, 盖國王所覽也.

'面'은 '衣'[표지]와 같다. 황제가 국왕에게 曆書 100本을 사여하였는데, 그 가운데 1본은 일반적으로 黃綾으로 표지를 쓰는데, 대개 국왕이 어람하는 것이다.

吏文 2-23

公用紙箚等三件禮部咨

번역문

1 大明禮部에서 曆日 등에 관한 일(로 자문을 보냅니다.)

1 이제 마땅히 시행해야 할 일을 열거하여 朝鮮에 자문을 보내니 시행하시기 바랍니다. 須至咨者.

1 모두 세 건.

1 1건. 도망 중인 人口에 관한 사안.

1 左軍都督府의 照會를 받았는데, 그 내용은 다음과 같았습니다.

2 保定侯 孟善[1]의 咨를 받았다.

3 遼東都司에서 東寧衛의 呈을 갖추어 보낸 것을 받았습니다.

4 更改[建文] 연간에 원래 도망한 漫散[2] 土人을 欽差千戶 王

1) 孟善: 海豐 출신으로, 원대에 출사하여 山東樞密院同僉에 이르렀다가 明初에 귀부하였다. 명초의 北征에 참여하여 定遼衛 百戶를 제수받았고, 후에는 雲南 토벌에도 참여하였다가 귀환하여 燕山中護衛 千戶를 제수받았다. 靖難의 役 당시에 燕王軍에 가담하여 松亭關・白溝河 등을 공격하는 데에 공을 세웠다. 또 南軍이 保定[현재의 河北省 保定市]을 공격할 때에 적은 군사로 성을 고수하여 永樂帝의 신임을 받게 되었다. 右軍都督同知 등으로 승진하였고, 保定侯에 책봉되었다. 永樂 원년(1403) 遼東을 진수하였다가 7년에 北京으로 소환되어 致仕하였다. 영락 16년(1418) 사망하여, 滕國公에 봉해졌다. 시호는 忠勇이다.

2) 漫散軍民: 漫散軍民은 1402년 무렵 遼東일대에서 한반도로 유입된 人戶를 가리킨다. 洪武帝 사후 제위를 두고 建文帝와 燕王이 전쟁을 일으켰는

得名 등을 朝鮮國에 보내어 불러다가 본업에 복귀시킨 외에,[3] 全者遂 등 4,940구는 그대로 조선 豊海道[황해도] 등에 숨어 살고 있습니다. 뒤이어 조선에서 金奉 등 19명을 회환시킨 외에 그 나머지는 아직 보내오지 않았습니다. 또 土官 千戶 高晹 등의 率下 家人 海西 등이 가솔 17구를 데리고 永樂 3년(1405) 여러 날에 걸쳐 조선국으로 도망해

데[靖難의 役] 華北 일대에 근거를 둔 연왕군에게 패배한 建文帝 측의 정부군이 흩어지면서 일부가 조선으로 이주한 것이다. 여기에는 東寧衛를 비롯한 遼東都司 소속 軍戶가 많았으며, 이들을 따라 전화를 피하려는 高麗人·女眞人도 다수 포함되어 있었던 것으로 보인다. 元末 明初, 구체적으로는 1350년대~1400년대 초 이후 紅巾軍의 활동, 元明 교체, 明의 나하추 정벌, 靖難의 役 등 대륙의 급박한 정세 변화의 파동이 遼東 일대에 미치면서, 이 지역에 살고 있던 人戶들 가운데 상당수가 한반도로 유입되었다. 漫散軍民도 그 연장으로 볼 수 있다. 만산군민 송환 문제는 조선-명 관계의 중요한 현안으로 부상했다. 이 시기 사료에서 '漫散軍'이라는 표현이 처음 등장하는 것은 태종 2년(건문 4년, 1402) 3월 己酉의 『太宗實錄』 기사이다. 漫散軍 가운데에는 원래 高麗의 민호였다가 禑王 대에 胡拔都·高鐵頭 등이 압록강 일대를 노략할 때 잡혀가서 遼陽 지방에 거주하다가 뒤에 東寧衛 軍丁으로 편입된 인구도 적지 않았던 것으로 보인다(『太宗實錄』 권14, 7년 8월 壬辰). 조선에서는 이를 근거로 받아들인 만산군민을 兩界 지방뿐만 아니라 下三道에까지 나누어 수용하기도 하였다. 漫散軍의 전체 규모에 대해서 梁誠之는 『遼東志』의 기록을 인용해서 東寧衛에 소속된 高麗人이 홍무 연간에 3만여 명이 되었으며, 영락 연간에 이르러서는 총 4만여 명이 되었다고 추산하였다(『世祖實錄』 권34, 10년 8월 壬午). 이들은 주로 태종 3~8년에 걸쳐 송환되었는데, 그 총수는 1만 8천여 명에 이른다. 만산군민 문제에 대해서는 姜性文, 「朝鮮 初期 漫散軍의 流入과 送還 問題」, 『竹堂李炫熙教授華甲紀念韓國史學論叢』, 1997; 朴元熇, 「'靖難의 役'에 대한 朝鮮의 對應」, 『明初朝鮮關係研究』, 一潮閣, 2002; 김순자, 「遼東人口 확보를 위한 明과의 대립」, 『韓國 中世 韓中關係史』, 혜안, 2006 등을 참조. 명과 고려·조선 사이에서 遼東의 人戶 귀속 문제는 앞서 이문 2-18 <再催里不歹等人戶遼東照會> 등에서 살펴본 것처럼 명 건국 직후부터 계속된 현안이었다. 漫散軍民 쇄환 관련 문제 역시 장기적으로 명 건국 직후부터 검토될 필요가 있다.

3) 明에서 遼東 千戶 王得名을 파견하여 漫散軍 쇄환을 요청했던 것은 영락 원년(1403) 1월의 일이다. 『太宗實錄』 권5, 3년 1월 辛卯 참조.

갔습니다. 地名이 翁子峪이라는 곳으로 가서 婦人 趙氏 등 3구는 잡아왔는데, 그 외에 14구는 빠져나가 도망쳤습니다. 갖추어 呈을 올립니다.

3 자문을 보내니 두루 시행하시어 데리고 오기 바랍니다.

2 永樂 3년(1405, 조선 태종 5) 12월 12일 아침 조회에 左軍都督府 관원이 奉天門에서 奏하고 聖旨를 받들었다.

3 지금 朝鮮國의 사신이 이곳에 와 있으니,4) 돌아갈 때를 기다려 그로 하여금 문서를 가지고 가게 하라.

1 삼가 준행하는 외에, 마땅히 자문을 보내니, 조선에서는 삼가 시행하시기 바랍니다.

1 1건. 公用紙에 관한 사안.5)

1 咨文이 도착하는 날, 번거롭겠지만 조선에서 원래 제작한 티가 없이 깨끗하고 윤이 나며 고운, 좋은 白紙를 가려서 사람을 차정하여 京師에 보내와서 진헌하여 사용하게 하십시오.6)

1 1건. 曆日에 관한 사안.

1 황제께서 하사하신 永樂 4년(1406) 大統曆7) 100本, 그리고 그 가운데

---

4) 영락 3년 12월 12일 당시 명 조정에 와있던 조선의 사절은, 같은 해 9월 26일(戊午) 賀正使로 파견된 姜思德과 高居正 등이었다. 『太宗實錄』 권10, 태종 5년 9월 戊午 참조.

5) 朝鮮에서 제작하는 白紙는 명에서도 높은 품질을 인정받아 朝鮮의 중요한 朝貢品目으로 지정되어 있었다. 『大明會典』(萬曆本) 권105, 禮部63, 朝貢1, 朝鮮國 참조.

6) 明의 公用紙 요구에 응하여 조선 조정에서는 같은 달 전라・경상도 등에 白紙를 제작할 것을 명하였다. 『太宗實錄』 권11, 3년 3월 甲寅. "令全羅・慶尙二道, 抄造進獻白紙" 이렇게 제작된 白紙는 1407년 6월에 8천 장(『太宗實錄』 권13, 7년 6월 庚戌), 1408년 4월에 1만 장(『太宗實錄』 권15, 8년 4월 壬寅) 진헌되었다.

황색 비단으로 장정한 한 本을 차정되어 온 陪臣 知議政府事 姜思得[8) 등에게 주어 가지고 돌아가게 하는 외에,[9) 자문을 보내어 알립니다.

1 右咨

1 朝鮮國王

1 永樂 4년(1406) 정월 10일[10)

---

7) 大統曆: 명대의 曆法. 명 건국 초기 太史院使 劉基가 戊申大統曆을 洪武帝에게 올리고, 洪武 3년(1370) 大統民曆이 만들어졌지만 이는 모두 元代에 郭守敬이 만든 授時曆에 따른 것이었다. 홍무 17년(1384) 漏刻博士 元統이 수시력을 약간 수정하고, 그 해를 曆의 기원으로 하여 『大統曆法通軌』를 만들었다. 명말까지 260여 년 동안 사용되었으며, 조선에서도 고려 후기에 전해진 이후 효종 4년(1653) 時憲曆을 채택할 때까지 널리 사용되었다.

8) 姜思得: 영락 4년의 賀正使로 전년에 파견된 姜思德을 가리키는 것이 분명하다. 문시 속에 사신의 이름을 잘못 기재한 것으로 보인다. 德과 得의 漢語 발음이 같기 때문인 것 같다.

9) 이문 2-24 <逃軍邊都里哥等起取等項禮部咨>에 의하면, 명 조정에서 조선의 使臣 姜思得에게 자문을 건넨 것은 영락 4년 정월 18일이다. 또한 賀正使 姜思德 일행이 귀환한 것은 태종 6년(1406) 3월 6일(丙申)의 일이다. 『太宗實錄』에는 이들이 귀환하여 童猛哥帖木兒・於虛出 등이 建州衛의 指揮職에 임명되었음을 보고했다는 사실을 기록하고 있을 뿐, 이 문서를 전달하였다는 기록은 보이지 않는다(『太宗實錄』 권11, 태종 6년 3월 丙申 참조). 그런데 주목되는 점은 두 번째로 제기한 公用紙 진헌 요청에 따라 1408년 조선에서 白紙 1만 장을 진헌하면서 예부에 보낸 문서에서, 이 문서를 접수한 날짜를 '영락 4년 2월 8일'로 기재하고 있다는 것이다. 이로써 짐작건대 정월 18일 하정사 일행에게 발급된 이 문서는 일행과 별도로 通事가 휴대하고 먼저 귀국하여 조정에 제출했던 것으로 보인다. 賀正使 姜思德 일행이 京師를 출발한 날짜를 알 수 없으나, 이 문서를 전달하기 위해 먼저 귀국한 通事가 일행보다 약 1달 가량 먼저 귀환했던 것이다.

10) 이 문서의 내용과 동일한 현안이 같은 해 3월 19일(己酉) 조선에 온 명의 사신, 內官 鄭昇에 의해 전해졌다. 위의 문서에서는 조선의 사신에게 주어서 보낸다고 하였으므로, 동일한 사안에 대해 회환하는 사신 姜思德 등에게 문서를 주어 보내는 것과 별도로, 명에서도 사신을 파견하여 만산군 송환 문제 등의 안건을 요구했던 것으로 보인다. 『太宗實錄』 권11, 태종 6년 3월 己酉 참조.

▶ 一件. 在逃人口事.

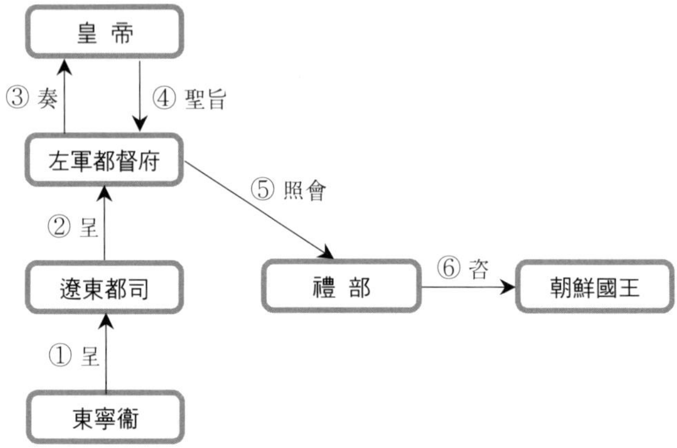

① 東寧衛에서 遼東都司에 呈: 漫散軍 현황 보고.
② 遼東都司에서 左軍都督府에 呈: 東寧衛의 보고 전달.
③ 左軍都督府에서 皇帝에 奏: 漫散軍 처리 방침 문의.
④ 皇帝가 左軍都督府에 聖旨: 朝鮮 사신에게 관련 문서를 전달하라고 지시.
⑤ 左軍都督府에서 禮部에 照會: 황제의 聖旨 전달.
⑥ 禮部에서 朝鮮國王에 咨: 만산군 쇄환 요구.

逃軍邊都里哥等起取等項禮部咨

발신일자 永樂 4년(조선 太宗 6년) 2월 18일 (1406년 3월 9일)
발신기관 禮部
수신기관 朝鮮國王
서　　식 咨

■ 문서내용　예부에서 조선국왕에게 두 건의 사안을 전달하고 있다. 첫째는 漫散軍民 邊都里哥 등이 현재 조선 경내에 살고 있으니, 이들을 속히 송환하라는 것이다. 둘째는 명에 귀부한 建州衛의 童猛哥帖木兒의 가속이 조선에 살고 있으니, 이들을 돌려보내 모여살 수 있도록 해달라는 것이다.

原文

1 大明禮部爲在逃人口等事

1 今將合行事件, 開寫咨文, 付欽差內官太監黃儼等賫去, 理合移咨朝鮮國王知會, 欽遵施行. 須至咨者.

1 計二件.

1 一件. 在逃人口事.

1 近承准左軍都督府照會.

2 據遼東都司呈, 備東寧衛.

3 百戶邊林弟邊連告. "有餘丁邊都里哥伊等, 革除年間, 逃在朝鮮國, 今知見在葛開萬戶府住坐." 及軍人黃顯等告. "各有父母 ·

叔・弟・妻・男①黃不改等, 見在本國江界牛混泥等處, 頭目張判事等家藏住.” 告乞取回復業.

1 照得, 先承照會.

2 該, 保定侯孟善咨.

3 據遼東都司, 備東寧衛呈.

4 革除年間, 原逃漫散土人, 除欽差千戶王得名等, 往朝鮮國, 招回復業外, 有全者遂等四千九百四十口, 仍在本國豊海等道藏住. 續該本國又送金奉等一十九名回還外, 其餘不見送到. 又有土官千戶高勗等下家人海西等, 將帶家小一十七口, 永樂三年月日不等, 逃往朝鮮國. 行至地名翁子峪, 獲得婦人趙氏等三口外, 有一十四名脫逃. 備呈.

1 照會到部. 已於永樂四年正月十八日, 將咨文付本國差來使臣姜思得等, 齎回催取. 去後, 今該前因②, 理合再行移咨本國, 煩爲作急發來復業施行.

1 一件, 給聚③事.

1 永樂四年正月二十五日早[1)], 該建州衛指揮猛哥帖木兒, 於奉天門奏.

2 有親屬完者等一十一名, 幷家小, 見在朝鮮國王處. 如蒙准給完聚④便益.

1 當卽本部官, 欽奉聖旨.

2 恁禮部行文書, 與朝鮮國王知道, 着給與他完聚.

1 欽此.

1 除欽遵外, 合行本國知會, 欽遵施行.

---

1) 想白J・想白I・前間本에는 早, 奎古5700에는 上.

1 右咨

1 朝鮮國王

1 永樂四年二月十八日

이문 집람

① 父母叔弟妻男黃不改等: 言父母叔弟妻及男名黃不改也.
父母・叔父・동생・처 및 黃不改라는 이름의 아들을 말하는 것이다.

② 前因: 謂前項事因也. 此指東寧衛呈.
전항의 사안을 말한다. 이는 東寧衛의 呈을 가리킨다.

③ 給聚: 聚, 完聚也.
'聚'는 '모여 살다'이다.

④ 如蒙准給完聚: 准, 卽依允也. 此言如蒙其准, 依令給與完聚也.
'准'은 즉 '依允'[윤허]이다. 이는 "만약 그 사안을 인준해 주셔서 돌려보내 주어 모여 살게 해주신다면"이라는 말이다.

吏文 2-24

逃軍邊都里哥等起取等項禮部咨

번역문

[1] 大明禮部에서 도망한 人口 등에 관한 일(로 자문을 보냅니다.)

[1] 이제 마땅히 시행해야 할 사안들을 열거해서 咨文을 작성하여 欽差內官太監 黃儼[1)]등에게 주어 가지고 가게 하며, 마땅히 朝鮮國王께 자문을 보내 알려드리니, 삼가 聖旨의 뜻에 따라 시행하시기 바랍니다. 須至咨者.

[1] 모두 두 건.

[1] 1건. 도망한 人口에 관한 사안.
[1] 左軍都督府의 照會를 받았습니다.

1) 黃儼: 명의 宦官으로, 永樂帝의 신임을 받아 영락 연간, 조선 태종 연간과 세종 1년까지 모두 10차에 걸쳐 조선에 사신으로 파견되어 왔다. 첫 번째는 태종 3년 4월의 일로, 이때 태종의 誥命과 印信을 가지고 왔다(『太宗實錄』 권5, 3년 4월 甲寅). 이 문서를 가지고 조선에 온 것은 그의 두 번째 朝鮮使行으로, 당시의 관직은 司禮監 太監이었다(『太宗實錄』 권11, 6년 4월 己卯). 이후 조선에 자주 파견되어 영락제의 勅書나 宣諭를 전달하였는데, 특히 貢女 차출 등의 문제로 조선 조정에서 크게 물의를 일으켰다. 태종 8년(영락 6, 1408)에는 당시 명에 입조했던 世子[후의 讓寧大君]의 접대를 담당하고, 그를 호위하여 조선에 파견되기도 하였다. 명대에는 永樂帝 이후 宦官 정치가 크게 활발해져 환관들이 황제의 近侍로서 활약하는 경우가 많았는데, 조선에 파견된 사신 가운데서도 환관 출신이 매우 많았다. 黃儼은 海壽와 함께 조선에 파견된 환관 출신 사신으로 대표적인 인물이라 할 수 있다.

2 遼東都司에서 東寧衛[2]의 보고를 갖추어 올린 呈을 받았다.[3]

3 百戶 邊林의 동생 邊連이 고하였습니다. "餘丁 邊都里哥 등이 革除[建文] 연간에 朝鮮國으로 도망가서, 현재 葛開萬戶府[4]에 살고 있는 것으로 압니다." 또 軍人 黃顯 등이 고하였습니다. "각각 父母・숙부・동생・처・아들 黃不改 등이 현재 朝鮮國 江界[5] 牛混泥 등에서 頭目 張 判事 등의 집에 숨어 살고 있습니다." 고하여 바라건대 돌아오게 하여 본업에 복귀시켜 주시기 바랍니다.

1 살피건대, 앞서 照會를 받았는데, 그 내용은 다음과 같았습니다.

---

2) 東寧衛: 明에서 洪武 19년(1386)에 遼陽에 설치한 衛. 『遼東志』에 의하면 胡拔都가 납치해 간 고려의 동북면 인민과 여진으로 구성되었다고 한다. 그 관할 범위는 東寧[輝發河 상류]・南京[局子街]・草河에 걸쳐 광범위하였다. 東寧衛에 대해서는 河內良弘, 「明代遼陽の東寧衛について」, 『東洋史研究』 44-4, 1986; 서인범, 「명대의 遼東都司와 東寧衛」, 『明清史研究』 23, 2005 참조.

3) 원문의 "據遼東都司呈. 備東寧衛" 부분은 바로 뒤에 "百戶邊林弟邊連告"라는 구절이 이어지므로, "遼東都司에서 東寧衛 百戶 邊林의 동생 邊連이 告한 것을 갖추어 올린 呈을 받았다"라고 해석할 수도 있다. 즉 요동도사에 직접 告한 주체를 東寧衛의 邊連으로 보는 것이다. 그런데 이문 2-26 <逃軍邊都里哥等催督禮部咨>을 보면, "據遼東都司, 備東寧衛呈開. 百戶邊林弟邊連告"라고 하여, 邊連의 보고가 요동도사에 전달되는 중간에 東寧衛의 呈이 개입되어 있음을 알 수 있다. 이에 따라 본문과 같이 끊어읽고 번역하였다.

4) 葛開萬戶府: 이 시기 조선 내에서 '葛開'라는 지명은 확인되지 않는다. 전후 사정을 보건대 '江界'를 가리키는 것이 아닐까 추측되는데, 당시 江界에는 萬戶府가 설치되어 있었던 점에서 그러하다. 또한 江界는 당시 만산군민이 대거 유입된 통로이기도 하다. 명의 軍人인 邊連이 정확한 지명을 알지 못한 채 발음한 것을 傳寫하는 과정에서 발생한 오류로 생각된다.

5) 江界: 지금의 평안북도 강계군. 고려 공민왕 18년(1369)에 萬戶府를 설치하였다. 고대 이래로 압록강을 넘어 요동 일대로 통하는 중요한 교통로상에 위치했다. 우왕 4년(1378)에는 高家奴가 휘하의 군사 4만을 이끌고 이곳으로 來投하는 등(『高麗史』 권133, 우왕 4년 2월) 만산군민이 대거 월경하는 지점이었다.

2 保定侯 孟善의 咨를 받았다.

3 遼東都司에서 東寧衛의 呈을 갖추어 보낸 것을 받았습니다.

4 革除 연간에 원래 도망한 漫散 土人은 欽差千戶 王得名 등을 朝鮮國에 보내어 불러다가 본업에 복귀시킨 외에, 仝者遂 등 4,940구는 그대로 조선 豐海道 등에 숨어 살고 있습니다. 뒤이어 조선에서 金奉 등 19명을 회환시킨 외에 그 나머지는 아직 보내오지 않았습니다. 또 土官 千戶 高勗 등의 率下 家人 海西 등이 가솔 17구를 데리고 永樂 3년(1405) 여러 날에 걸쳐 조선국으로 달아났습니다. 地名이 翁子峪이라는 곳으로 가서 婦人 趙氏 등 3구는 잡아왔는데, 그 외에 14구는 빠져나가 도망쳤습니다. 갖추어 呈을 올립니다.

1 照會가 禮部에 이르렀습니다. 이미 永樂 4년(1406, 조선 태종 6) 정월 18일, 咨文을 朝鮮國에서 차정해 보내온 사신 姜思得 등에게 주어 가지고 돌아가게 하여 송환할 것을 재촉하였습니다.[6] 그 후 이제 위의 일로[7] 마땅히 다시 朝鮮國에 자문을 보내니, 번거롭겠지만 서둘러 돌려보내어 본업에 복귀시키도록 하십시오.

1 1건. 모여 살게 하는 사안.

1 永樂 4년 정월 25일 아침 조회에서, 建州衛指揮 猛哥帖木兒[8]가

---

6) 永樂 4년 정월 18일에 발송했다고 하는 문서는 바로 이문 2-23 <公用紙箚等三件禮部咨>를 가리킨다.

7) 今該前因: 앞서 정월 18일에 발송한 문서에서 高勗 등을 송환할 것을 요구했는데, 그 후 다시 邊都里哥·黃不改 등이 朝鮮으로 도망해갔음이 확인되었기에 문서를 추가로 발송하는 것으로, 여기서 '前因'은 邊都里哥 등의 송환 문제를 가리킨다.

8) 猛哥帖木兒: 여진족 吾都里의 대추장으로 오도리 만호부의 萬戶職을 세습하였다. 명에 입조한 후에는 童씨 성을 하사받아 童猛哥帖木兒라고도 하는

奉天門에서 奏하였습니다.

2 親屬인 完者 등 11명과 가솔들이 현재 朝鮮國王의 영역에 살고 있습니다.[9] 만약 인준해 주시어 돌려보내 모여 살게 해주신다면 좋겠습니다.[10]

1 당시 곧바로 禮部 관원이 삼가 聖旨를 받들었습니다.

데, 그 성씨는 '董' 또는 '佟'으로도 표기되었다. 고려말부터 李成桂 세력과 밀접하게 관계를 맺어, 그를 따라 왜구 토벌 등에 종군하기도 했다. 조선 건국 이후로는 두만강 중류 유역 五音會[會寧] 지역에 거주하면서 조선의 萬戶에 임명되었고, 태종 4년(1404)에는 조선 조정에 입조하기도 하였다(『太宗實錄』 권7, 4년 3월 戊申). 그러나 명의 끈질긴 초유 노력 끝에 猛哥帖木兒는 이를 받아들이고(『太宗實錄』 권9, 5년 5월 丙申) 영락 3년(1405)에는 명 조정에 입조하여(『太宗實錄』 권10, 태종 5년 9월 乙巳) 建州衛指揮使에 임명되었다. 조선에서는 이에 대한 보복 조치로 慶源에 설치했던 무역소를 폐쇄해버렸고, 그 결과 여진의 침략이 본격화되었다. 태종 10년 조선에서 毛憐衛 정벌을 단행하자 猛哥帖木兒는 조선의 원정군을 피하여 吾都里族을 이끌고 於虛出[아하추]의 建州本衛가 있던 압록강 북쪽의 鳳州로 이주하였다. 그 후 명에서는 建州左衛를 개설하여 猛哥帖木兒를 都指揮使로 임명하였다. 이후 다시 두만강 유역의 五音會 일대에 거주하던 猛哥帖木兒는 1433년 楊木答兀과 우디캐의 침략을 받아 사망하였다. 그의 사후 건주좌위의 실권은 그의 異母弟인 凡察이 장악하였는데, 猛哥帖木兒의 아들인 童倉[童山]이 장성하자 양자 사이에 갈등이 발생하였다. 결국 1442년 명 조정은 양자의 갈등을 조정하여 童倉을 建州左衛의 수장으로 인정하고, 별도로 建州右衛를 개설하여 凡察을 그 수장에 임명하였다. 猛哥帖木兒는 후에 청 태조 누르하치의 6대조로 인정되었다. 猛哥帖木兒를 비롯하여 15세기 초 건주여진의 동향 및 조선·명과의 관계에 대해서는 많은 연구가 이루어졌는데, 대표적으로는 徐炳國, 「童猛哥帖木兒의 建州左衛硏究」, 『白山學報』 11, 1971; 金九鎭, 「五音會의 斡朶里女眞에 대한 硏究」, 『史叢』 17·18, 1973; 河內良弘, 「建州左衛の對外關係」, 『明代女眞史の硏究』, 同朋舍, 1992; 朴元熇, 「宣德年間 明과 朝鮮間의 建州女眞」, 『亞細亞硏究』 88, 1992 등을 참조할 수 있다.

9) 당시 猛哥帖木兒의 친속들은 두만강 유역의 五音會, 즉 會寧 일대에 살고 있었다. 이때에는 猛哥帖木兒 본인과 일대의 여진족 추장들만이 입조했던 것이다.

10) 결국 猛哥帖木兒의 가솔들은 명에 가지 않았고, 猛哥帖木兒 자신이 建州衛指揮使의 직임을 얻어 본거지인 會寧으로 돌아왔다.

[2]너희 禮部에서 문서를 보내 朝鮮國王에게 알려주어, 그로 하여금 돌려보내 모여 살게 하도록 하라.

[1]삼가 준행하는 외에, 마땅히 本國에 알려드리니, 성지의 뜻에 따라 시행하시기 바랍니다.11)

[1]右咨

[1]朝鮮國王

[1]永樂 4년(1406, 조선 태종 6) 2월 18일12)

---

11) 이 요구에 따라 조선에서는 같은 해 7월 上護軍 車指南을 파견하여 猛哥帖木兒의 친속 完者 등 10명과 가솔들을 建州衛로 관송했다. 『太宗實錄』 권12, 6년 7월 己酉 참조.

12) 이 문서를 소지한 사신 黃儼이 조선에 도착한 것은 태종 6년(영락 4년, 1406) 4월 19일(己卯)의 일이었다. 『太宗實錄』 권11, 6년 4월 己卯의 기사에는 이 문서의 내용이 요약되어 실려 있다. 이에 대한 대답으로 조선에서는 같은 해 8월 예부에서 언급한 邊都里哥・黃不改・海西 등을 찾아보았으나 없었다고 하면서, 기타 漫散軍 400여 명을 요동에 해송하고 예부에 자문을 보내어 답하였다. 『太宗實錄』 권12, 6년 8월 癸卯 참조.

행문 과정 ▌

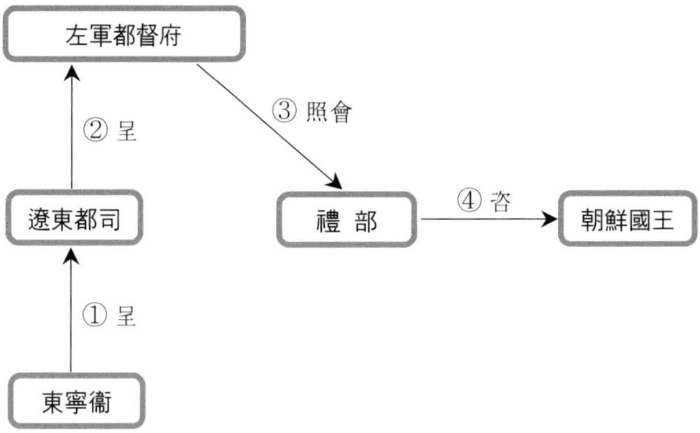

⓪ 邊連・黃顯 등이 東寧衛에 告: 조선으로 도망간 인구 현황을 고함.
① 東寧衛에서 遼東都司에 呈: 조선으로 도망간 인구 현황 보고.
② 遼東都司에서 左軍都督府에 呈: ①의 보고 내용 전달.
③ 左軍都督府에서 禮部에 照會: 조선에 도망인구 쇄환을 요청할 것을 지시.
④ 禮部에서 朝鮮國王에게 咨: 도망인구 쇄환을 요청.

吏文 2-25

賜樂器禮部咨[1)]

발신일자 永樂 4년(조선 太宗 6년, 1406) 5월
발신기관 禮部
수신기관 朝鮮國王
서　　식 咨

■ 문서내용　앞서 조선국왕이 宗廟·社稷에 쓰일 악기가 훼손되어 새로 사고 싶다는 뜻을 전해온 적이 있었다. 이에 황제는 악기를 팔지 말고 그냥 주라는 명을 내렸다. 예부에서 이 명에 따라 새로 악기를 제작하여 조선에 보낸다는 사실을 밝히는 문서이다.

原 文

1 大明禮部爲樂器事

1 先該朝鮮國王咨.

　2 本國宗廟·社稷樂器損舊①, 咨禀奏達. 如蒙允許, 隨後差人賫價, 赴京收買, 以備應用.

移咨到部. 查得, 本國樂器, 洪武年間, 太祖皇帝曾經頒賜, 今稱損舊. 民間別無造賣, 難准所行②. 永樂三年六月初八日早, 本部官具奏, 節該, 奉聖旨.

　2 樂器與他.

1 欽此.

1 已經欽遵, 移咨工部成造. 去後, 今准造完③, 覆奏, 移咨, 差內史

---

1) 想白J·想白I·前間本에는 제목 있음. 奎古5700에는 제목 없음.

朴麟等賫捧，同將樂器管送前去．合行本國知會，照數收用．須至咨者.[2]

1 右咨

1 朝鮮國王

1 永樂四年五月日

이문 집람

① 損舊: 損毁而汚舊也.

"닳아서 훼손되었으며 더러워지고 낡다"이다.

② 難准所行: 難准其所行之文也.

"그 보내온 문서를 인준하기 어렵다"이다.

③ 造完: 完，畢了之意. 言造成已畢也.

'完'은 완료되었다는 뜻이다. "제작이 이미 완료되었다"는 말이다.

2) 須至咨者 이후로는 『太宗實錄』에는 생략됨.

吏文 2-25

賜樂器禮部咨

번역문

1 大明 禮部에서 樂器에 관한 일(로 자문을 보냅니다.)

1 앞서 조선국왕의 자문을 받았는데, 그 내용은 다음과 같았습니다.

2 本國의 宗廟·社稷의 악기가 훼손되고 낡았으므로 자문을 보내 奏達해 주시기를 청합니다. 만일 윤허하시면 곧이어 사람을 보내어 값을 가지고 京師로 가서 사다가 쓰임에 대비하겠습니다.[1)]

1 보내온 자문이 예부에 도착하였습니다. 살피건대, 朝鮮의 악기는 洪武 연간에 太祖 황제께서 일찍이 頒賜하셨는데,[2)] 이제 훼손되고 낡았다고 합니다. 민간에서 별도로 만들어 파는 것이 없으니 보내온 내용을 따르기는 어렵습니다. 永樂 3년(1405, 조선 태종 5) 6월 초8일 아침에 禮部의 관원이 갖추어 아뢰고 다음과 같이 聖旨를 받았습니다.

2 악기를 그들에게 주라.

1 이에 삼가 준행하여 工部에 자문을 보내어[3)] 만들게 하였습니다.

---

1) 조선에서 이 문서를 보낸 사실은 『太宗實錄』 권9, 5년 4월 癸酉에 기록되어 있다.

2) 洪武 연간에 太祖 皇帝가 高麗에 악기를 사여한 것은 홍무 3년의 일이다.

3) 『明太宗實錄』에 조선에 악기를 제작해서 사여한 일은 永樂帝가 직접 工部에 지시한 것으로 기록되어 있다(『明太宗實錄』 권43, 永樂 3년 6월 庚午). 그러나 이 문서의 내용을 따르면, 永樂帝의 지시를 받은 것은 禮部 관

그 후 완성되었다는 연락을 받았으므로 다시 奏達하고, 咨文을 보내며, 內史 朴麟 등을 차정하여 받들어 가지고 가게 하고, 아울러 악기도 管送하게 합니다. 마땅히 朝鮮에 알려드리니, 수량을 살펴 거두어 쓰십시오.[4] 須至咨者.

1 右咨

1 朝鮮國王

1 永樂 4년 5월 일[5]

원이었고, 이를 禮部에서 工部에 移咨하여 실행한 후, 악기 제작이 완료되었다는 통보를 받아 최종적으로 다시 예부에서 조선에 전달하였음을 알 수 있다.

4) 『太宗實錄』에 인용된 문서에는 "照數收用"까지만 기록되고, 그 뒤의 결사에 해당하는 "須至咨者. 右咨. 朝鮮國王. 永樂四年五月日" 부분은 생략되어 있다. 대신에 "計發去祭祀樂器, 編鍾一十六箇・編磬一十六片・琴四張・瑟二床・笙二攢・簫四管"라고 하여 보낸 악기의 수효를 기록하고 있다. 원본 문서에는 "照數收用"까지 기록한 뒤 行을 바꾸어 實錄에 기록된 것과 같이 악기의 수효를 열거하고, 다시 行을 바꾸어 結辭를 적었을 것이다. 『實錄』과 『吏文』에 문서를 인용하면서 주의한 부분이 서로 달랐다는 것을 알 수 있다.

5) 이 문서는 朝鮮에서 악기를 접수한 날 함께 전달되었다. 동일한 내용이 『太宗實錄』 권12, 6년 윤7월 庚午에 수록되어 있다.

행문 과정▐

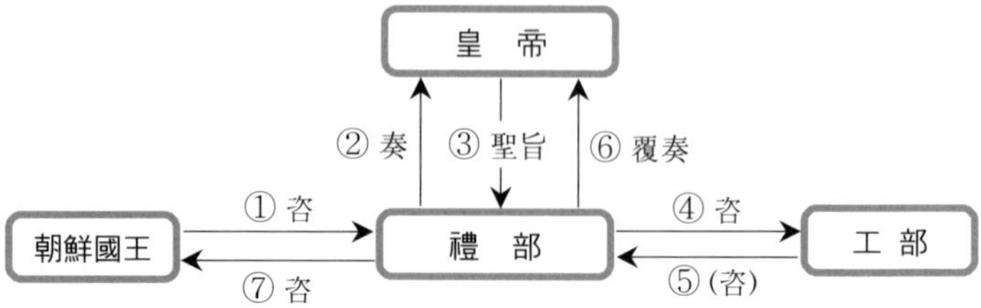

① 朝鮮國王이 禮部에 咨: 樂器 구매 요청.
② 禮部에서 皇帝에게 奏: ①의 요청 전달.
③ 皇帝가 禮部에 聖旨: 악기를 줄 것을 명령.
④ 禮部에서 工部에 咨: 악기 제작을 요청.
⑤ 工部에서 禮部에 (咨): 악기 제작이 완료되었음 통보.
⑥ 禮部에서 皇帝에게 覆奏: 악기 제작이 완료되었음을 보고.
⑦ 禮部에서 朝鮮國王에게 咨: 악기 전달.

逃軍邊都里哥等催督禮部咨

발신일자　永樂 4년(조선 太宗 6년) 10월 9일 (1406년 11월 19일)
발신기관　禮部
수신기관　朝鮮國王
서　　식　咨

■ 문서내용　앞서 영락 4년 2월 이문 2-24 <逃軍邊都里哥等起取等項禮部咨>의 문서를 보내 漫散 민호 邊都里哥 등을 송환할 것을 요청한 바 있었는데, 그 뒤로 다시 小旗 劉山城 등이 조선 경내에 살고 있다는 첩보를 접하게 되었다. 이에 예부에서 조선국왕에 문서를 보내 이들 만산군민을 송환할 것을 재촉하고 있다.

原 文

1 大明禮部爲在逃人口事

1 永樂四年十月初八日，禮科抄出①.

2 遼東都司東寧衛百戶金聲奏.

3 永樂三年十二月內，齎擎勅諭，往東良等處地面招諭．經過朝鮮國後門②，地名海通，遇有本衛原垛土軍③小旗劉山成等，告稱.

4 洪武三十五年，漫散到來本國豊海道等處住坐．欲歸原衛復業，不得回還．具告.

3 今思，各人原係五丁垛集土軍．如蒙行移取回，着[1]役屯種便益.

1) 실록에는 著.

將見在朝鮮國軍餘家小全者遂等四千九百四十口, 開坐具本④.

2 該, 兵科官齎, 於右順門奏.

3 合着[2]該衙門知道.

2 奉聖旨.

3 是.

2 欽此.

1 除欽遵外, 案照⑤, 先承左軍都督府照會.

2 據遼東都司, 備東寧衛呈開⑥.

3 百戶邊林弟邊連告. "有餘丁邊都里哥等, 逃在朝鮮國葛開萬戶府住坐." 及軍人黃顯等各告. "有父母・叔・弟・妻・男[3]黃不改等, 亦逃在本國張判事家." 又有土人全者遂等四千九百四十口, 并千戶高昜等下家人海西等一十四口, 俱各逃移本國藏躲. 告乞取回復業.

1 本部累經行移本國取發⑦. 回准本國咨稱.

2 除行東・西北[4]面沿江把截官司, 及各道・府・州・郡・縣, 分投挨究⑧得獲, 解送遼東都司外, 回咨.

1 到部. 行間, 欽奉前因, 理合再行差人催取. 除具奏外, 今差千戶金聲等, 齎文移咨本國, 煩爲照依邊連等所告處所, 作急差人, 遍行所屬守併⑨, 務要根捕前項在逃人口, 得獲解發遼東都司交割. 仍希解過人名口數, 回報施行. 須至咨者.

1 右咨

1 朝鮮國王

1 永樂四年十月初九日

---

2) 실록에는 著.

3) 실록에는 娚.

4) 想白J・想白I・前間本에는 北, 奎古5700에는 比.

이문 집람

① 禮科抄出: 闕內有吏・戶・禮・兵・刑・工六科衙門, 職掌彈駁. 又凡奏聞之事, 例下六科, 方抄送六部.

闕 안에 吏・戶・禮・兵・刑・工 6科 아문이 있는데, 職掌은 彈劾・封駁하는 것이다. 또 모든 奏聞한 일은 법례에 따르면 6科에 하달한 다음에 베껴서 6部에 보낸다.

② 後門: 猶言北門也.

北門이라고 말하는 것과 같다.

③ 原垜土軍: 垜, 集也. 集聚五丁, 以一丁爲一軍, 餘四丁爲貼戶也, 則本國奉足也.

'垜'는 '集'[모으다]이다. 5丁을 모아서 1丁을 1軍으로 삼고, 나머지 4丁을 貼戶로 삼으니, 즉 朝鮮의 奉足이다.

④ 具本: 具備事意, 爲奏本也.

사안의 내용을 갖추어 奏本으로 하는 것이다.

⑤ 案照: 據其原行文案, 而照看也.

앞서 행이되었던 文案에 의거하여 살펴보는 것이다.

⑥ 呈開: 言開列於呈文也.

呈文에 열거해서 쓰는 것이다.

⑦ 取發: 取回發來.

돌려보내오다.

⑧ 挨究: 挨, 俗言츤츤. 究, 窮尋也.

'挨'는 속언으로 '찬찬히'이다. '究'는 '窮尋'[모두 찾다]이다.

⑨ 守併: 併, 催也. 此謂坐而催併也.

'併'는, '催'[재촉하다]이다. 이는 '앉아서 재촉하다'이다.

吏文 2-26

逃軍邊都里哥等催督禮部咨

번역문

[1] 大明禮部의 도망 중인 人口에 관한 일(로 자문을 보냅니다.)

[1] 永樂 4년(1406, 조선 태종 6) 10월 초8일 禮科의 抄出을 받았습니다.

[2] 遼東都司 東寧衛 百戶 金聲이 奏하였습니다.

[3] 永樂 3년 12월에 勅諭를 가지고 東良 등 지역에 가서 초유하였습니다. 朝鮮國의 後門 海通이라는 곳을 지나가다가[1)]東寧衛에 원래 편성되었던 土軍 小旗 劉山城 등을 만났는데 그들이 고하였습니다.

[4] 洪武 35년(1402, 명 建文 4, 조선 태종 2)[2)] 漫散하여 조선의

---

1) 東寧衛 百戶 金聲이 女眞을 효유하러 간 것은 영락 3년(1405, 조선 태종 5) 4월의 일이다(『太宗實錄』 권9, 5년 4월 庚寅). 이때 金聲이 소지하고 간 勅諭의 내용은 다음과 같다. “皇帝諭毛憐地面兀良哈萬戶把兒遜・着和・答失等知道. 朕今卽位三年, 天下太平, 四海內外, 皆同一家. 恐爾等不知, 不相統屬, 强凌弱衆暴寡, 何寧息之有. 今遣百戶金聲等, 以朕意諭爾, 幷賜爾綵幣等物. 爾等若能敬順天意, 誠心來朝, 各立衛分給印信, 授以名分賞賜, 俾爾世居本土, 自相統屬, 打圍牧放, 各安生理, 經商買賣, 從便往來, 共享太平之福. 故諭.”

2) 洪武帝의 재위기간은 1368~1398년이다. 따라서 洪武 연호가 정식으로 쓰인 것은 원년부터 31년까지이다. 홍무제의 뒤를 이어 建文帝가 1398년 6월에 즉위하였는데, 明은 踰年稱元法을 사용하였으므로, 1399년부터 建文 연호를 사용하기 시작하였다. 따라서 1402년은 建文 4년이 된다. 그러나 1402년 靖難의 役을 거쳐 永樂帝가 즉위하여 건문 정권의 정통성을 부정하면서, 동시에 建文 연호 표기도 모두 무효로 하였다. 이에 건문 연간을 당시에는 革除年間 혹은 更改年間이라고 지칭하였다. 아울러 공식 표기에

豊海道 등에 이르러 살고 있습니다. 원래의 衛로 돌아가 본업에 복귀하고 싶으나 돌아갈 수 없습니다. 갖추어 아뢰니다.

3 이제 생각하건대 각각은 원래 五丁씩으로 조직된 土軍입니다. 만약 (문서를) 행이하여 돌아오게 하여 역을 맡겨 屯種하게 하면 도움이 될 것입니다. 지금 조선에 있는 軍餘의 가솔 全者遂 등 4,940명을 열거하여 갖추어 奏합니다.

2 兵科의 관원이 가지고 右順門에서 奏하였습니다.

3 마땅히 해당 아문에 알려주어야겠습니다.

2 聖旨를 받들었습니다.

3 그렇게 하라.

1 삼가 준행하는 외에, 살펴보니 앞서 左軍都督府의 照會를 받았습니다.[3]

2 遼東都司에서 東寧衛에서 적어서 올린 呈을 갖추어 보낸 것을 받았다.

3 百戶 邊林의 동생 邊連이 고하였습니다. "餘丁 邊都里哥 등이 도망하여 朝鮮國 葛開萬戶府에 살고 있습니다." 또 軍人 黃顯 등이 각각 고하였습니다. "父母·숙부·동생·처·아들 黃不改 등이 현재 朝鮮 張 判事의 집에 있습니다." 또

서도 건문 연간은 모두 홍무 연호를 연장하여 사용하였다. 즉 洪武帝가 붕어한 뒤에도 洪武 연호의 사용이 지속되어, 1402년까지 지속되었다. 따라서 실제로는 建文 4년인 1402년은 洪武 35년으로 기록된 것이다. 물론 建文帝 치세의 『明實錄』 역시 『明太祖實錄』의 연장으로 기재되어 있다.

3) 이 문서에서 언급하고 있는 左軍都督府의 照會는 한 건이 아니라 최소 두 건 이상임을 이문 2-24 <逃軍邊都里哥等起取等項禮部咨>를 통해 확인할 수 있다. 즉 여기서는 漫散軍으로 ① 邊都里哥, ② 黃不改, ③ 全者遂, ④ 海西 등 네 사례를 언급하고 있는데, 그 중 ①과 ②가 하나의 문서, 또 ③과 ④가 또 다른 하나의 문서로 작성되어 禮部에 전달된 것이다. 따라서 원문에서 '案照'라고 한 것은 『吏文輯覽』의 해설과 같이 이전에 행이되었던 문서들을 살펴보았다는 뜻으로 쓰인 것임을 알 수 있다.

土人 全者遂 등 4,940구와 아울러 千戶 高昜 등의 率下 家人 海西 등 14구가 모두 각각 本國으로 도망해 가서 숨어살고 있습니다. 고하여 바라건대 돌아오게 하여 본업에 복귀시켜주시기 바랍니다.

1 禮部에서 누차 조선에 行移하여 돌려보내줄 것을 요구했습니다. 조선에서 회답한 咨를 받았는데, 말하였습니다.

2 東·西北面의 강에 연접한 把截官司 및 각 道·府·州·郡·縣에 행이하여 찬찬히 찾아보아 잡아다가 遼東都司에 보내게 하는 외에 回咨합니다.[4]

1 예부에 이르렀습니다. 그러는 사이 위의 사안을 삼가 받들었기에[5] 마땅히 다시 사람을 보내 돌려보내주실 재촉합니다. 갖추어 奏하는 외에, 이제 千戶 金聲 등을 보내어 문서를 가지고 가서 조선에 移咨하니, 번거롭겠지만 邊連 등이 고한 장소를 따라서 속히 사람을 뽑아 널리 所屬 아문에 보내 재촉하시고, 前項의 도망가 있는 인구를 체포하는 데에 힘써서, 붙잡으면 遼東都司에 보내어 넘겨주십시오. 또한 보내온 사람들의 이름과 명수를 回報해 주시기를 희망합니다. 須至咨者.

1 右咨

1 朝鮮國王

1 永樂 4년(1406, 조선 태종 6) 10월 9일[6]

---

4) 조선에서 이와 같은 회답을 보낸 것은 태종 6년 8월의 일로 보인다. 『太宗實錄』 권12, 6년 8월 癸卯 참조.

5) 문서의 앞부분에서 언급한 小旗 劉山城에 대한 사안을 가리키며, 그를 돌려보내도록 하라는 皇帝의 聖旨를 받았기 때문에 '欽奉'이란 표현이 쓰인 것이다.

6) 이 문서는 『太宗實錄』 권12, 6년 12월 丁未(22일)에도 기록되어 있다. 이 요구에 따라 조선에서는 이듬해 3월 漫散軍 劉山城 등 2천 명을 요동에 송환했다.

행문 과정 ▌

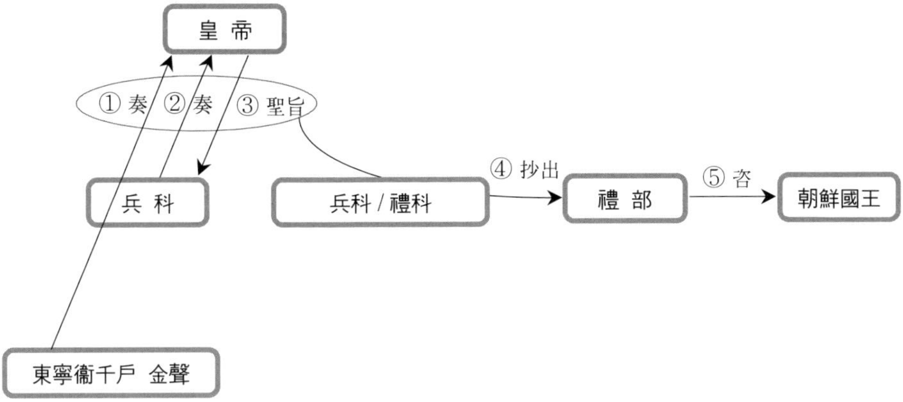

① 東寧衛千戶 金聲이 皇帝에 奏: 小旗 劉山城을 만나 復業시키고자 한다는 뜻을 아룀.
② 兵科에서 皇帝에 奏: ①의 奏를 실행하고, 아울러 禮部에 실행하도록 지시할 것을 건의.
③ 皇帝가 兵科에 聖旨: ②의 건의 수용.
④ 禮科에서 禮部에 抄出: ①~③의 내용 전달.
⑤ 禮部에서 朝鮮國王에 咨: 小旗 劉山城 등 송환 요구.

吏文 2-27

催督邊都里哥等及搬取佟[1]鎖魯阿等禮部咨

발신일자 永樂 4년(조선 太宗 6년) 11월 11일 (1406년 12월 21일)
발신기관 朝鮮國王
수신기관 高麗國王
서　　식 咨

■ 문서내용　이 문서는 두 건의 사안을 담고 있다. 첫째는 앞서 영락 4년 2월 이문 2-24 <逃軍邊都里哥等起取等項禮部咨>의 문서를 보내 漫散 민호 邊都里哥 등을 송환할 것을 요청했는데, 조선에서는 그들의 행적을 알 수 없다고 하여 송환을 거부한 데에 대해 이 말을 믿을 수 없으니 다시 조사해보고 송환하라는 내용이다. 둘째는 建州衛의 女眞 萬戶 佟鎖魯阿가 아뢴 바 조선의 金線 지역에 살고 있는 그의 가솔들을 명으로 보내 모여 살게 해줄 것을 요청하는 내용이다.

原文

1 大明禮部爲在逃人口等事

1 今將合行事件, 開寫咨文, 付欽差遼東都司東寧衛千戶陳敬齎去. 理合移咨朝鮮國王, 知會施行. 須至咨者.

1 計二件.

1 一件. 在逃人口事.

1) 想白J・前間本에는 佟, 想白I・奎古5700에는 於.

1 照得, 近承准①左軍都督府照會.

2 據遼東都司, 備東寧衛呈.

3 該, 本衛原管土軍, 革除年間, 節次逃移朝鮮國. 除陸續回還復業外, 有全者遂等四千九百四十口, 及千戶高勗等下家人海西等一十四口, 仍在本國豊海等道藏住.

3 又有百戶邊林弟邊連告. “有餘丁邊都里哥等, 逃在本國葛開萬戶府.” 及軍人黃顯等告. “有父母・叔・弟・妻・男黃不改等, 亦逃本國張判事家藏躱.”

2 移文取發完聚.

1 本部已經節次移咨本國催取. 雖准回報, “除行東・西北面沿江把截官司, 及各道・府・州・郡・縣挨究得獲, 另解遼東都司交割,” 爲無解報②, 已差千戶金聲等催取. 去後, 續該遼東都司奏, 及准朝鮮國咨.

2 挨無③邊都里哥等, 在國藏住. 除李賣土等六十九口事故外, 止獲到宋得玄・海西等男婦四百五十口. 差知司譯院事張洪守等, 管解遼東都司交割. 內中途事故一十二口, 復逃五十六口外, 見到人數收管④了當.

1 參照, 前項在逃人口, 經今年久. 除獲解外, 尙有未獲男婦四千四百九十一口, 不見下落⑤. 及邊連等明告, “邊都里哥等, 逃在本國葛開萬戶府等處藏躱,” 今稱挨無一節⑥, 亦難准信. 若不再行差人守取, 事無完結⑦. 除具奏外, 今差千戶陳敬等, 賫文前去. 理合移咨本國, 煩依已行事理⑧, 卽便分投差人, 遍行所屬, 着落⑨各該官司, 根要⑩前項在逃人口, 得獲解發遼東都司交割. 仍希解過人名口數, 回報施行.

1 一件. 完聚事.

1 近據建州衛女直萬戶佟鎖魯阿⑪告.

2 永樂四年七月內, 蒙欽差三萬衛千戶王敎化的等到來招諭. 除欽遵, 存留家小, 在朝鮮國金線地面住坐. 鎖魯阿赴京朝見. 思得, 前項存留家小, 搬取前去建州衛完聚便益. 具告.

1 到部. 除具奏外, 理合移咨本國, 煩將各人家小, 給發建州衛完住. 仍希給過人名口數, 回報施行.

1 右咨

1 朝鮮國王

1 永樂四年十一月十一日

이문집람

① 承准: 凡下司受照會者, 例稱承准.
무릇 하급 아문에서 (상급 아문의) 照會를 받는 것을 일반적으로 '承准'이라고 한다.

② 爲無解報: 爲, 去聲. 解報, 解送而來報也.
'爲'는 去聲이다. '解報'는 보낸다고 알려오는 것이다.

③ 挨無: 言挨究而無也.
찾아보았으나 없다는 것이다.

④ 收管: 收納也.
받아들이는 것이다.

⑤ 下落: 去處也.
거처이다.

⑥ 一節: 猶言一條・一事也.
조항・사안과 같은 말이다.

⑦ 完結: 結, 畢了之意.
'結'은 '마치다'의 뜻이다.

⑧ 已行事理: 已曾行移之事理也.

이미 行移한 사안이다.

⑨ 着落: 猶言使之爲也.

'그로 하여금 ~하게 하다'와 같은 말이다.

⑩ 根要: 跟尋而要求也.

찾아보고 요구하는 것이다.

⑪ 佟鎖魯阿: 佟, 音童, 姓也.

'佟'의 음은 '童'[동]으로, 姓이다.

吏文 2-27 催督邊都里哥等及搬取佟鎖魯阿等禮部咨

번역문

1 大明禮部에서 도망 중인 인구 등에 관한 일(로 자문을 보냅니다.)

1 이제 마땅히 시행해야 할 사안들을 자문에 열거하여 欽差遼東都司東寧衛千戶 陳敬에게 주어 가지고 가게 합니다. 마땅히 조선국왕께 자문을 보내니, 알아 시행하시기 바랍니다. 須至咨者.

1 모두 두 건.

1 1건. 도망 중인 인구에 관한 사안.

1 살피건대, 최근 左軍都督府의 照會를 받았습니다.

2 遼東都司에서 東寧衛의 呈을 갖추어 올린 것을 받았는데, 그 내용은 다음과 같다.

3 東寧衛에서 원래 관할하던 土軍들이 革除[建文] 연간에 전후로 朝鮮國으로 도망해 이주하였습니다. 연이어 돌려보내 본업에 복귀시킨 외에, 全者逡 등 4,940구 및 千戶 高勗 등의 率下 家人 海西 등 14구는 그대로 조선의 豐海道 등에 숨어 살고 있습니다.

3 또 百戶 邊林의 동생 邊連이 고하였습니다. "餘丁 邊都里哥 등이 도망하여 朝鮮國 葛開萬戶府에 살고 있습니다." 또 軍人 黃顯 등이 각각 고하였습니다. "父母・숙부・동생・처・아들 黃不改 등이 또한 도망하여 조선 張 判事의 집에 숨어

있습니다."

2 문서를 보내 잡아서 돌려보내 모여 살게 하라.

1 禮部에서 이미 전후로 조선에 자문을 보내 잡아올 것을 재촉하였습니다. 비록 回報를 받기를, "東・西北面의 강에 연접한 把截官司 및 각 道・府・州・郡・縣에 행이하여 찬찬히 찾아보아 잡아와서 遼東都司에 해송하여 전달하였습니다"라고 하였지만, 돌려보낸다는 보고가 없었기 때문에 이미 千戶 金聲 등을 차정하여 잡아올 것을 재촉하였습니다.[1)] 그 후 연이어 遼東都司의 奏 및 朝鮮國의 咨를 받았는데, 그 내용은 다음과 같았습니다.[2)]

2 邊都里哥 등을 찾아보았으나 본국에 숨어살지 않았습니다. 李賣土 등 69구는 죽었고, 宋得玄・海西 등 남녀 450구를 잡아들이는 데에 그쳤습니다. 知司譯院事 張洪守 등을 차정하여 遼東都司에 해송하여 전달합니다.[3)] 그 가운데 중도에 죽은 12구, 다시 도망친 56구 외에 현재 도착한 인원수를 접수하였습니다.

1 살피건대 전항의 도망 중인 인구는 지금까지 햇수가 오래 되었습니다. 잡아 보내온 자 외에 아직 잡히지 않은 남녀 4,491구는 어디에 있는지 보이지 않습니다. 또 邊連 등이 명백히 고하기를, "邊都里哥 등은 도망하여 朝鮮國 葛開萬戶府 등에 숨어 살고 있습니다"라고 하였는데, 지금 찾아보았으나 없다는 대목도 또한

---

1) 千戶 金聲이 만산군 송환을 재촉하기 위해 조선에 파견된 것은 태종 6년 12월의 일로(『太宗實錄』 권12, 6년 12월 丁未), 이때 조선에 전달된 예부의 자문이 이문 2-26 <逃軍邊都里哥等催督禮部咨>이다.

2) 원문의 "遼東都司奏, 及准朝鮮國咨"는 "遼東都司의 奏 및 朝鮮國의 咨"를 병렬해서 가리키고 있다. 아래에 인용된 내용 가운데 張洪守를 차정하여 남녀 450구를 요동에 전달한다는 내용까지는 朝鮮國의 咨, 전달 과정에서의 事故를 기록한 다음 부분이 遼東都司의 奏에 해당한다.

3) 조선에서 이러한 내용을 咨를 보낸 것은 1406년 8월의 일로 보인다(『太宗實錄』 권12, 6년 8월 癸卯).

그대로 믿기 어렵습니다. 만약 다시 사람을 보내 찾아오게 하지 않는다면 일이 완결되지 않을 것입니다. 갖추어 奏하는 외에, 이제 千戶 陳敬 등을 보내어 문서를 가지고 가게 합니다. 마땅히 조선에 자문을 보내니, 번거롭겠지만 이미 전달한 事理 지방에 의거하여 곧바로 사람을 차정하여 나누어 보내 널리 所屬에 가서 각각 해당 官司로 하여금 전항의 도망한 인구를 찾아내게 하고, 붙잡으면 遼東都司에 보내어 넘겨주십시오. 또한 보내온 사람의 이름과 명수를 回報하여 시행해주시기를 희망합니다.

[1] 1건. 모여 살게 하는 사안.

[1] 최근 建州衛 女眞萬戶 佟鎖魯阿가 告한 것을 받았습니다.

[2] 永樂 4년(1406, 조선 태종 6) 7월에 欽差三萬衛千戶 王敎化的 등이 와서 招諭해주었습니다.[4] 삼가 준행하는 외에, 가솔들은 남겨두어 朝鮮國 金線[5] 지역에 살고 있습니다. 저[鎖魯阿]는 경사에 가서 朝見하였습니다. 생각건대 前項의 남은 가솔들은 建州衛로 옮겨 모여 살게 하면 도움이 될 것 같습니다. 갖추어

---

4) 王敎化的이 여진을 초유하러 간 것은 영락 3년(1405)의 일이다. 이보다 앞서 명의 千戶 高時羅 등이 猛哥帖木兒를 비롯한 여진족을 초유하고자 했으나 완전히 실패하고 말았다. 이에 명에서는 그해 3월 王敎化的을 파견할 때 우선 조선 조정에 보내어 협조를 구하는 勅書를 전달하였고(『太宗實錄』 권9, 5년 3월 丙午), 이에 조선에서도 伴送使를 파견하여 이들과 동행하게 하였다. 王敎化的은 4월에 建州衛에 도착하여 여진을 효유하였는데, 상당히 오래 체류하면서 끈질기게 설득하여, 결국 猛哥帖木兒를 비롯한 추장들의 입조를 이끌어내는 데에 성공했다. 명의 여진 초유에 대해서는 和田淸, 「明初の滿洲經略」, 『東亞史硏究』(滿洲篇), 東洋文庫, 1955; 徐炳國, 「童猛哥帖木兒의 建州左衛硏究」, 『白山學報』 11, 1971; 河內良弘, 『明代女眞史の硏究』, 同朋舍, 1992 등을 참조.

5) 金線: 金線이라는 지명은 명확하지 않으나, 이 요구에 응하여 조선에서 佟鎖魯阿의 일가를 데려온 것이 鏡城인 것으로 보아 같은 지역으로 보인다. 鏡城은 함경북도 북부, 두만강 하류 유역에 위치해 있다.

고합니다.

1 部에 이르렀습니다. 갖추어 奏하는 외에 마땅히 조선에 자문을 보내니, 번거롭겠지만 各人의 가솔을 보내시어 建州衛에 모여 살게 하십시오. 또한 보내온 사람의 이름과 명수를 回報해 주시기를 희망합니다.[6)]

1 右咨

1 朝鮮國王

1 永樂 4년(1406, 조선 태종 6) 11월 11일[7)]

---

6) 이 요구에 응하여 조선에서는 이듬해 영락 5년(1407, 조선 태종 7) 鏡城 지방에 살고 있던 佟鎖魯阿의 가솔 6戶, 43구를 遼東都司에 解送하였다. 『太宗實錄』 권13, 7년 4월 癸卯 참조.

7) 명의 사신 欽差遼東都司東寧衛千戶 陳敬이 이 문서를 가지고 조선에 온 사실은 『太宗實錄』 권13, 7년 1월 辛巳에 기록되어 있다.

행문 과정

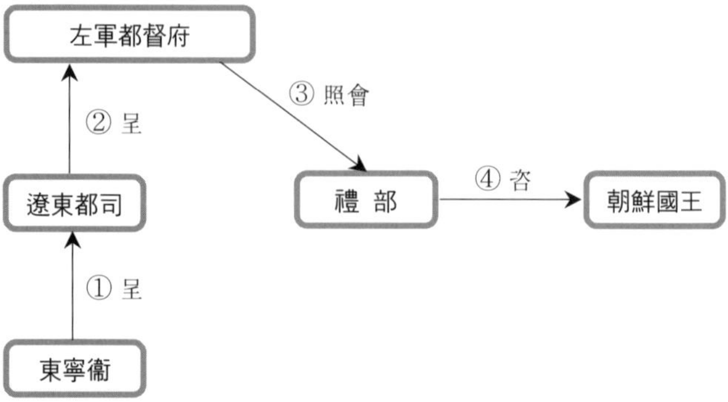

⓪ 邊連・黃顯 등이 東寧衛에 告: 조선으로 도망간 인구 현황을 고함.
① 東寧衛에서 遼東都司에 呈: 조선으로 도망간 인구 현황 보고.
② 遼東都司에서 左軍都督府에 呈: ①의 보고 내용 전달.
③ 左軍都督府에서 禮部에 照會: 조선에 도망인구 쇄환을 요청할 것을 지시.
④ 禮部에서 朝鮮國王에게 咨: 도망인구 쇄환을 요청.

起取人民及欽賜書籍等件禮部咨[1]

吏文 2-28

발신일자 永樂 5년(조선 太宗 7년) 11월 3일 (1407년 12월 2일)
발신기관 禮部
수신기관 朝鮮國
서　　식 咨

■ 문서내용　세 건의 사안이 포함된 문서이다. 첫째는 『大明孝慈高皇后傳』이라는 책 50본과 영락 6년의 대통력 100본을 보낸다는 내용이다. 둘째는 三萬衛의 군인 揚哈剌와 그의 가솔 등이 土門 지역에 살고 있으니 이들을 돌려보내라는 것이다. 셋째는 漫散 民戶들의 송환을 재촉하는 내용이다.

原 文

1 大明禮部爲起取人民等事[2]

1 今將各件事理, 書塡咨文, 付欽差千戶[3]陳敬, 齎捧[4]前去. 理合移咨朝鮮國知會, 照依開去事件, 作急完報施行. 須至咨者.

1 計三件.[5]

1 一件. 書籍等事.

---

1) 想白J・想白I・前間本에는 제목 있음. 奎古5700에는 제목 없음.
2) 실록에는 大明禮部爲起取人民等事 부분 없음.
3) 실록에는 欽差千戶라는 관명이 없음.
4) 실록에는 奉.
5) 실록에는 須至咨者. 計三件 부분은 생략됨.

1 欽賜本國王，大明孝慈高皇后傳書五十本，幷永樂六年大統曆日一百本，內[6]黃綾面一本，除交付本國差來使臣戶曹參議具宗之領去外，合行知會，領受施行.

1 一件. 起取人民事.

1 准兵部咨.

2 先該建州衛指揮莽哥不花奏.

3 有三萬衛百戶揚[7]哈剌，洪武十九年，將帶家小，於土門地面寄住. 三十三年，朝鮮國萬戶鎖矣[8]咬納等，將本官連家小三十戶，起在阿罕地面住坐①.

2 等詞，具奏.

2 已行朝鮮國取發. 今本國王咨.

3 據鏡州城[9]等處萬戶崔咬納供.

4 揚[10]哈剌等，原係玄城②附籍人民，先被吾狄个[11]擄去. 二十三年[12]，尋來阿罕地面同住，當差③安業居生.

3 等因，回[13]咨.

2 參照，揚[14]哈剌等，原係三萬衛人數，難以准理. 合行取發，遼東都司三萬衛住坐，具奏. 欽依"旣是民不失業，軍不失伍，准他，還行文書，與國王知道."

1 除欽遵外，合行知會.

---

6) 실록에는 內 없음.
7) 실록에는 楊.
8) 실록에는 矣 없음.
9) 실록에는 鏡州城이 鏡城으로 표기됨.
10) 실록에는 楊.
11) 실록에는 五狄个이 兀狄哈으로 표기됨.
12) 실록에는 二十三年 앞에 洪武가 추가됨.
13) 실록에는 移.
14) 실록에는 楊.

1 一件. 在逃人口事.

1 准兵部咨.

2 該, 遼東東寧衛千戶金聲等奏.

3 往朝鮮國, 取漫散軍餘家小. 除取發外, 有一千一百餘口, 俱係洪武年間, 五丁垜一, 充軍籍定人數. 本國却作遠年鄉戶·官私奴僕等項不發.

2 等因, 具[15]奏. 永樂五年十一月初一日早, 本部官於西角門④, 欽奉聖旨.

3 朝鮮國王, 將流移人口成萬家, 發回遼東, 復業着役[16]了. 其餘遺下的⑤, 怎肯占恡不發. 金聲在那裏⑥, 貪財好酒, 姦[17]騙⑦人家子女, 好生不才. 他不使朝鮮國王知道, 密地裏⑧, 將這些人⑨, 都賣放了. 便將金聲那廝⑩, 拿送法司問罪. 再着陳敬, 錦馬裏⑪齎文書, 說與國王, 卽將金聲賣放的人口, 盡數送回遼東復業着役[18].

2 欽此.

1 移咨到部. 合行本國欽遵施行, 仍將發過人口數目回報.[19]

1 右咨

1 朝鮮國

1 永樂五年十一月初三日

---

15) 想白J에는 具, 想白I·奎古5700·前間本에는 俱.

16) 想白J에는 復業着役, 想白I·奎古5700·前間本에는 復役着業.

17) 실록에는 奸.

18) 想白J에는 復業着役, 想白I·奎古5700·前間本에는 復役着業. 실록에도 復役着業.

19) 실록에는 이 뒤로 결사에 해당하는 "右咨 朝鮮國王 永樂五年十一月初三日"부분은 생략된 대신, 조선에 추가로 송환을 요청한 漫散軍의 항목과 人數를 기록하고 있다. "計取東寧衛千戶金聲原取未完人口一千一百二十三口, 本國担作遠年鄉戶官私奴僕等項, 收監聽候四百七十三口, 挨究未完六百五十口, 千戶陳敬原取未完百姓都乙麻等六口."

이문집람

① 起在阿罕地面住坐: 謂起取而在於某處居住也.

데리고 가서 어느 곳에서인가 살게 했다는 말이다.

② 玄城: 地名, 未詳所在.

지명으로, 어느 곳인지는 미상이다.

③ 當差: 當, 去聲. 謂擔當差役也.

'當'은 去聲이다. 差役을 담당시킨다는 말이다.

④ 西角門: 在奉天門外.

奉天門 바깥에 있다.

⑤ 遺下的: 遺下, 卽遺餘也. 的, 語詞.

'遺下'는 즉 '나머지'이다. '的'은 語詞이다.

⑥ 金聲在那裏: 那, 去聲. 那裏, 猶言彼處, 謂本國也.

'那'는 去聲이다. '那裏'는 '저곳'이라는 뜻으로, 朝鮮을 이르는 것이다.

⑦ 姦騙: 姦, 姦淫. 騙, 誰取也.

'姦'은 '간음하다'이다. '騙'은 '속여서 취하다'이다.

⑧ 密地裏: 隱暗之謂.

은밀하다는 뜻이다.

⑨ 將這些人: 些, 語辭.

'些'는 語辭이다.

⑩ 便將金聲那廝: 那, 去聲. 那廝, 俗言뎌놈.

'那'는 去聲이다. '那廝'는 俗言의 '저놈'이다.

⑪ 鋪馬裏: 凡驛遞, 皆曰鋪, 去聲. 卽驛馬也.

무릇 驛으로 보내는 것을 모두 '鋪'라고 하며, 去聲이다. 즉 驛馬이다.

起取人民及欽賜書籍等件禮部咨

번역문

1 大明禮部에서 人民을 돌려보내는 일 등에 관한 일(로 자문을 보냅니다.)

1 이제 여러 건의 사안들을 자문으로 적어 欽差千戶 陳敬에게 주어 받들어 가지고 가게 합니다. 마땅히 조선국에 자문을 보내니 알아두시어, 적어 보내는 사안들을 서둘러 시행하고 회보하시기 바랍니다. 須至咨者.

1 모두 세 건.

1 1건. 서적 등에 관한 사안.

1 조선국왕에게 『大明孝慈高皇后傳』[1] 책 50本과 아울러 永樂 6년의 大統曆 100本, 그 가운데 黃綾으로 장정한 1本을 황제께서 하사하셨기에, 조선에서 차정해서 보내온 사신[2] 戶曹參議 具宗

1) 孝慈高皇后(1331~1382): 성은 馬氏. 洪武帝의 皇后. 馬公과 鄭媼의 딸이자 紅巾軍 수장인 郭子興(1302~1355)의 양녀로, 朱元璋이 곽자흥의 휘하에 있을 때 혼인하였다. 시호는 홍무제 때에 孝慈昭憲至仁文德承天順聖高皇后였다가, 永樂帝 즉위 직후 孝慈貞化哲順仁徽成天育聖至德高皇后로 추존되었다. 正史에는 馬皇后가 永樂帝의 친모인 것으로 기록되어 있지만, 후세에는 물론 당시에도 영락제의 生母가 누구인지에 대해서는 의견이 분분하였으며, 洪武帝의 후비 가운데 고려 출신인 碽妃일 가능성이 높다는 설도 있다. 馬皇后에 대해서는 吳含 저, 박원호 역, 『朱元璋傳』, 지식산업사, 2003의 제8장, 「가정생활」에 상세히 묘사되어 있다.

2) 戶曹參議 具宗之가 明에 사행한 것은 태종 7년(1407, 영락 5) 8월의 일

之[3]에게 주어 가지고 가게 하는 외에 마땅히 알려드리니, 수령하시기 바랍니다.

1 1건. 人民을 돌려보내는 사안.

1 兵部의 자문을 받았습니다.

2 앞서 建州衛指揮 莽哥不花[4]가 奏하였는데, 그 내용은 다음과 같았습니다.

3 三萬衛 百戶 揚哈剌가 洪武 19년(1386, 고려 우왕 12) 가솔들을 이끌고 土門 지역에 살고 있었습니다. 33년(1400, 명 건문 2, 조선 정종 2)에 朝鮮國 萬戶 鎖矢咬納[5] 등이 揚哈剌와 아울러 가솔 30戶를 데리고 가서 阿罕 지역에 살고 있습니다.

2 이와 같은 일로 갖추어 奏하였습니다.

2 이미 朝鮮國에 행이하여 돌려보내라고 하였습니다. 이제 조선

로, 그는 명에서 요구한 漫散軍을 요동으로 송환하였다는 내용을 담은 咨文을 전달하였다. 특히 이문 2-24・26・27 등의 문서에 반복해서 등장하는 黃不改・邊都里哥 등도 이때에 송환되었다. 『太宗實錄』 권15, 7년 8월 壬辰 참조.

3) 具宗之: 본관 綾城. 고려 말기 문과에 급제하고, 定宗 1년(1399) 刑曹議郎을 거쳐 太宗 7년(1407) 戶曹參議가 되었다. 그해 평소 친하게 지내던 태종의 처남 閔無疾이 종친간의 이간을 꾀하였다 하여 閔無咎와 함께 하옥되는 옥사가 일어나자 이와 관련되어 국문을 받고 풀려났다. 그해 조선으로 도망왔다가 송환된 중국인의 쇄환상황을 알리기 위해 사신이 되어 명에 다녀왔다. 호조참판에 이른 1416년 아우 宗秀가 왕명에 의해 근신 중인 세자[뒷날의 讓寧大君]를 자기집에 유인하여 향응을 베풀었는데 그 자리에 참석하여 세자에게 세 형제의 뒷날을 부탁한 일이 있었다. 이 사실이 발각되어 두 아우와 함께 유배되었다가 이듬해 종수의 죄가 추가됨으로써 아우 宗猷・종수와 함께 대역죄인으로 참수당하였다.

4) 莽哥不花: 여진의 추장으로 建州衛의 指揮職을 수여받았다. 그는 명 영락제 제3황후의 아버지인 於虛出[阿哈出 등으로도 표기됨]의 아들이었다.

5) 鎖矢咬納: 조선의 기록에 등장하는 崔咬納과 동일인이다. 『太宗實錄』 권13, 7년 4월 壬子에서도 두 인명이 동일인임을 밝히고 있다.

국왕의 자문을 받았습니다.

3 鏡州城 등의 萬戶 崔咬納의 供述을 받았습니다.[6)]

4 揚哈剌 등은 원래 玄城의 호적에 기록된 인민으로, 앞서 吾狄个[7)]에게 잡혀갔었습니다. (홍무) 23년(1390, 고려 공양왕 2)에[8)] 阿罕 지역으로 찾아 와서 함께 살고 있으며, 差役을 담당시켜 安業하며 살고 있습니다.

3 이러한 일로 자문을 보냅니다.

2 살피건대, 揚哈剌 등은 원래 三萬衛[9)]의 사람으로 (조선의 주장을) 따르기 어렵습니다. 마땅히 돌려보내 遼東都司 三萬衛에 살도록 해야겠다는 일로 갖추어 奏하였습니다. 삼가 성지를 받들기를 "이미 民은 본업을 잃지 않았고, 軍은 隊伍를 잃지 않았다면 저쪽 말을 허가하고 도로 문서를 보내 國王에게 주어

---

6) 여기서 언급한 조선의 咨文은 1407년 4월 壬子에 발송한 것으로, 揚哈剌의 송환 요청을 받아들일 수 없다는 내용을 담고 있다.

7) 吾狄个: 여진족 가운데 우디캐의 音寫. 『朝鮮王朝實錄』에는 주로 兀狄哈으로 음사되어있다. 吾都里[오도리]·兀良哈[오랑캐]와 함께 여진족을 구성하는 종족으로, 오도리와 오랑캐가 농경생활을 했던 데에 비해 우디캐는 주로 수렵생활을 했다. 두만강 하류에서 동만주에 걸친 넓은 영역에 분포하였으며, 지역에 따라 다시 骨看우디캐, 忽剌溫우디캐[海西女眞], 嫌眞우디캐, 尼麻車우디캐, 南訥우디캐 등으로 나뉘었다. 여진족 가운데 조선과의 관계가 가장 좋지 않아 자주 변경을 침략하였다. 김구진, 「여진과의 관계」, 『한국사22-조선왕조의 성립과 대외관계』, 국사편찬위원회, 1995 참조.

8) 揚哈剌이 阿罕 지역으로 이주한 시점에 대해서 명에서는 홍무 33년(건문 2, 1400)을, 조선에서는 홍무 23년(1390)을 각각 주장하고 있다. 10년의 격차에 대해서 당시 명에서도 재차 지적하면서 송환을 재촉하였다. 『太宗實錄』 권14, 태종 7년 9월 庚巳 참조.

9) 三萬衛: 명의 遼東都司에 설치된 衛所 가운데 하나. 1387년 鐵嶺衛 등과 함께 설치되었으며, 처음에는 두만강 하구의 斡朶里城에 설치되었다가 다음해 곧바로 開原으로 이설되었다. '三萬'이라는 명칭은 두만강 이북의 지명인 '移蘭豆漫'이 만주어로 [Ilan Tumen], 즉 '三萬'의 뜻인 데에서 비롯된 것이라고 한다. 宋基中, 「朝鮮朝 建國을 後援한 勢力의 地域的 基盤」, 『震檀學報』 78, 1994, 113쪽 참조.

알려주라"고 하셨습니다.[10)]

[1] 삼가 준행하는 외에 마땅히 알려드립니다.

[1] 1건. 도망 중인 人口에 관한 사안.

[1] 兵部의 자문을 받았는데, 그 내용은 다음과 같았습니다.

[2] 遼東의 東寧衛 千戶 金聲 등이 奏하였습니다.

[3] 朝鮮國에 가서 漫散軍餘의 가솔들을 찾았습니다. 데리고 온 것 외에, 1,100여 구는 모두 洪武 연간의 五丁씩 하나로 모아 軍籍에 충당하여 정한 인원입니다. 조선에서 도리어 오래 전부터 시골에 있던 戶라거나 官私奴僕 등이라고 하여 보내오지 않고 있습니다.

[2] 이러한 일로 갖추어 奏하였습니다. 永樂 5년(1407, 조선 태종 7) 11월 초1일 아침, 兵部 관원이 西角文에서 삼가 聖旨를 받았습니다.

[3] 조선국왕이 흘러들어간 人口를 1만 家를 헤아릴 정도로 遼東에 돌려보내 役을 지우고 본업에 복귀시키도록 하였다.[11)]

10) 이 첫 번째 안건, '起取人民事'에서는 처음에 언급한 兵部의 咨文이 어디까지인지 파악하는 것이 쉽지 않다. 우선 建州衛指揮 莽哥不花가 奏한 내용까지를 병부의 자문으로 보고, 병부에서 그 사실을 예부에 전달한 것으로 파악할 수도 있다. 다음으로는 문서의 제일 마지막 부분인 "准他, 還行文書, 與國王知道"까지 모두 병부의 자문인 것으로 볼 수도 있다. 그런데 揚哈剌의 경우 三萬衛의 軍戶에 해당하여 그 소속에 대한 업무는 兵部의 소관이므로, 문서의 거의 마지막 부분까지 모두 兵部가 관할하여 황제의 승인을 거친 것으로 파악하는 것이 더 타당할 것으로 보인다. 이는 같은 해 8월경 京師에서 조선의 千秋使 盧閈에게 揚哈剌의 송환을 촉구한 명의 관원이 兵部의 武選淸吏司 郞中이었다는 점을 미루어 보아도 그렇게 추측할 수 있다. 『太宗實錄』 권14, 태종 7년 9월 庚巳 참조.

11) 永樂帝의 이 말은 앞서 具宗之가 전달한 朝鮮國王의 자문에 근거한 것이다. 조선에서는 이 문서에서 영락 1~5년에 걸쳐 송환한 漫散軍의 수효를 언급하고 있는데, 영락 1년에 11,363구, 4년에 445구에 이어 5년에 4,126

그 나머지 머물러 있는 자들은 어찌 아까워하며 보내지 않겠는가. 金聲은 거기서 재물을 탐하고 술을 좋아하며, 人家의 자녀를 간음하고 속여 빼앗았으니 아주 못된 자이다. 그는 조선국왕에게 알리지 않고 은밀히 저들을 모두 팔아넘긴 것이다. 즉시 金聲 그놈을 잡아다가 法司에 보내어 죄를 물으라. 다시 陳敬으로 하여금 驛馬를 타고 문서를 가지고 국왕에게 전하여, 즉시 金聲이 팔아넘긴 人口는 모두 遼東에 돌려보내어 본업에 복귀시키고 役을 지우도록 하게 하라.

1 보내온 자문이 禮部에 이르렀습니다. 마땅히 조선에서는 삼가 준행하시기 바라며, 또한 보내온 人口의 숫자와 항목을 회보하여 주시기 바랍니다.[12)]

1 右咨

1 朝鮮國

1 永樂 5년(1407, 조선 태종 7) 11월 3일[13)]

구를 송환하였다고 밝히고 있다. 이 말에 따르면 약 1만 6천여 구가 된다.

12) 명에서는 이 문서에서 아직 송환되지 않는 만산군 총 1,100여 구를 마저 송환할 것을 요구하고 있다. 조선에서는 이에 대한 회답으로 같은 해 9월 漫散軍 1,153구를 송환하였다. 『太宗實錄』 권17, 8년 9월 甲戌 참조.

13) 조선에 이 문서가 전달된 것은 태종 8년(1408, 영락 6) 2월의 일로, 이 문서는 그대로 『太宗實錄』 권15, 8년 2월 丙戌에 그대로 실려 있다.

행문 과정

▶ 1건. 起取人民事

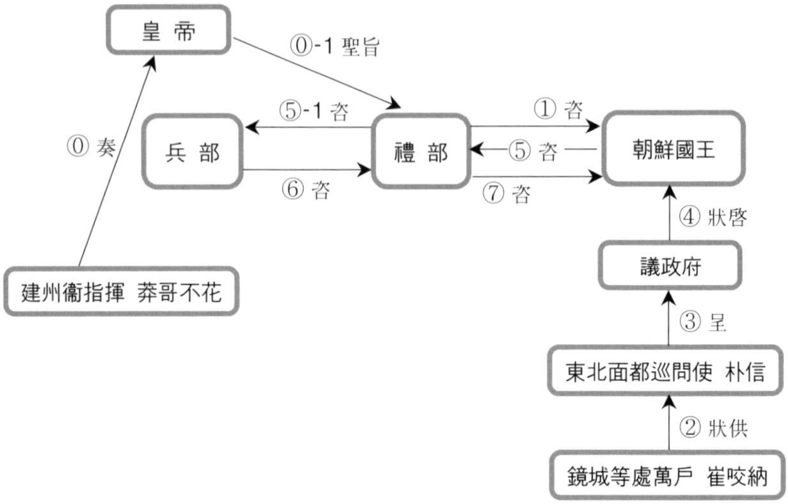

⓪ 建州衛指揮 莽哥不花가 皇帝에게 奏: 揚哈剌가 조선으로 이주한 사실 보고.

⓪-1 皇帝가 禮部에 지시: 揚哈剌 송환을 조선에 요구할 것을 지시 (문서상에는 생략).

① 禮部에서 朝鮮國王에게 咨: 揚哈剌 송환 요구.

② 鏡城等處萬戶 崔咬納이 東北面都巡問使 朴信에게 狀供: 揚哈剌 귀순 정황 보고.

③ 東北面都巡問使 朴信이 議政府에 呈: ②의 내용 보고.

④ 議政府에서 朝鮮國王에 狀啓: ③의 내용 보고.

②~④의 내용이 문서상에는 압축되어 崔咬納이 직접 國王에게 供述한 것으로 기록되어 있으나, 實錄의 내용을 통해 복원 가능함.

⑤ 朝鮮國王이 禮部에 咨: 揚哈剌 송환 거부.

⑤-1 禮部에서 兵部에 咨: 朝鮮의 자문 내용 전달 (문서상에는 생략).

⑥ 兵部에서 禮部에 咨: 揚哈剌 송환을 재차 요구할 것을 요청.
⑦ 禮部에서 朝鮮國王에게 咨: 揚哈剌 송환을 재차 요구.

▶ 1건. 在逃人口事

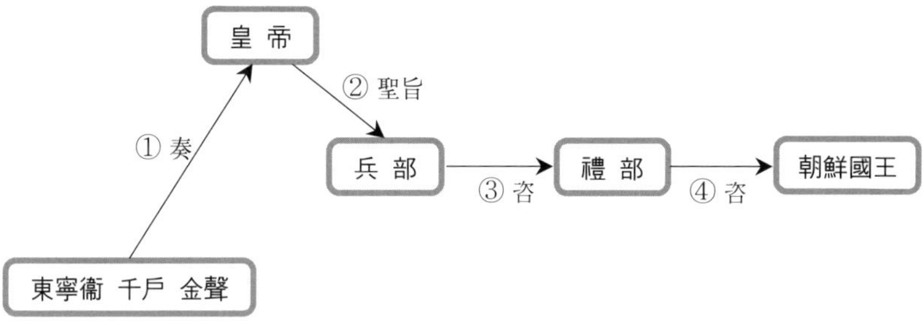

① 遼東都司 東寧衛 千戶 金聲이 皇帝에게 奏: 아직 송환되지 않은 漫散軍 수효 보고.
② 皇帝가 兵部에 聖旨: 金聲을 처벌하고, 조선에 나머지 漫散軍 송환을 요청할 것 지시.
③ 兵部에서 禮部에 咨: ①~②의 내용 전달.
④ 禮部에서 朝鮮國王에 咨: 만산군 송환 요청.

吏文 2-29

遭風百戶徐慶呈[1]

발신일자	永樂 8년(太宗 10년) 7월 2일 (1410년 8월 2일)
발신기관	大明 浙江處州衛 百戶 徐慶近
수신기관	朝鮮國 戶曹參議 吳
서　　식	呈

■ 문서내용　浙江 處州衛의 百戶 徐慶이 北京으로 양곡을 운송하던 도중 표류하여 조선의 仁州 지역에 정박하게 되었다. 이 문서는 서경이 戶曹參議에게 제출하여 자신들이 이곳에 있음을 본국에 알려줄 것을 요청하는 내용을 담고 있다.

原文

1 大明浙江處州衛百戶徐慶近爲海運粮儲事

1 切照, 當職管領旗軍王定等, 駕使明字十五號三百一十料①海風船一隻, 并三板船一隻, 裝載粮料, 運赴北京交卸②. 除遵依將粮料領載③, 於永樂八年六月初二日, 隨宗[2]駕離大倉外. 至本月初八日, 使到北洋官綠水④洋內, 遇晚忽遭西北風颶大作, 將本船打至深水下洋去訖, 及將舵一扇⑤擺[3]壞. 至十四日, 漂至不知地名海中山島內拋泊. 至十五日起碇[4]⑥, 望東北行使. 至二十七日, 遇有山島收

1) 想白J・前間本에는 제목 있음. 想白I에는 제목을 필사해 두었으며, 遭가 曹로 표기되어 있음. 奎古5700에는 제목 없음.
2) 想白J에는 宗, 想白I・奎古5700・前間本에는 綜.
3) 想白J에는 擺, 想白I・奎古5700・前間本에는 罷.
4) 想白J에는 碇, 想白I・奎古5700・前間本에는 錠. 『吏文輯覽』에도 錠.

入. 將船抛泊, 隨領旗軍高智等, 撑駕⑦三板船上岸, 詢問是何處地面. 當遇本處人衆, 手持木弓幷箭, 到來口說, 語音不曉. 領同本職等, 往到本島頭目處, 轉送知仁州⑧事崔處, 問知是朝鮮國地面. 至七月初一日, 蒙彼國戶曹左參議吳傳王令旨[5]⑨, 將持酒賜卑職等. 除敬受外, 今照, 本船在海遭風經久, 船隻損漏, 及至彼國地面. 合行與文⑩, 乞爲付憑⑪照驗, 及轉行知會便益. 理合移呈, 乞爲照詳施行. 須至移呈者.

1 右移呈

1 朝鮮國戶曹參議吳

1 永樂八年七月初二日

이문 집람

① 三百一十料: 料, 板葉也. 言以板三百一十葉作船也.
'料'는 나무판자이다. 나무판자 310 조각으로 만든 배를 말한다.

② 交卸: 交付下卸也.
교부하여 짐을 부린다는 것이다.

③ 領載: 言領受裝載也.
수령하여 싣는다는 것이다.

④ 北洋官綠水: 官綠水, 北洋之海名.
'官綠水'는 北洋의 바다의 이름이다.

⑤ 一扇: 猶一隻也.
한 척과 같다.

⑥ 起錠: 收起船矴.

---

5) 想白J・想白I・前間本에는 旨, 奎古5700에는 指. 내용상 旨가 맞음.

배의 닻을 거두어 올리는 것이다.

⑦ 撑駕: 撑, 刺篙也. 駕, 使船也.

'撑'은 상앗대를 부순다는 것이다. '駕'는 배를 부린다는 것이다.

⑧ 仁州: 今仁川.

지금의 仁川.

⑨ 傳王令旨: 太子旨, 曰令旨, 今徐慶用於國王.

太子의 명령을 '令旨'라고 하는데, 지금 徐慶이 국왕에 대해 사용하였다.

⑩ 合行與文: 徐慶自言合行與文于參議也.

徐慶 스스로 말하기를 "마땅히 參議에게 문서를 주어야겠다"고 하는 것이다.

⑪ 付憑: 謂給付文憑也.

文憑을 지급해주는 것이다.

遭風百戶徐慶呈

번역문

1 大明 浙江 處州衛[1] 百戶 徐慶이 근래 양곡을 海運한 것에 관한 일(로 정문을 올립니다.)

1 살피건대, 저[當職]는 旗軍 王定 등을 이끌고, 明字 15호 310料 海風船 1척과 三板船 1척을 몰아 양곡을 싣고 北京으로 운송해 가서 교부해주게 되었습니다. 삼가 준행하여 양곡을 수령하여 싣고, 永樂 8년(1410, 조선 태종 10) 6월 초2일, 선단을 따라 배를 몰아 大倉을 출발하였습니다. 그달 초8일 北洋 官綠水에서 저녁에 갑자기 서북풍이 크게 일어나 저희 배를 큰 바다의 깊은 곳으로 떠내려 보내고 또 키 하나를 부러뜨렸습니다. 14일에 이르러 표류하여 지명을 알 수 없는 바다 가운데의 山島에 이르러 정박하였습니다. 15일에 이르러 닻을 올리고 東北 쪽을 향해서 배를 몰았습니다. 27일에 이르러 어느 山島에 들어갔습니다. 배를 정박시키고, 이어서 旗軍 高智 등을 이끌고 三板船을 몰아 해안에 상륙하고 이곳이 어느 지역인지를 알아보고자 하였습니다. 그때 그곳 사람들을 만났는데, 손에는 나무활과 화살을 가지고서는 와서 말하는데 말소리가 통하지 않았습니다. 저희를 데리고 그 섬 頭目의 처소로 데리고 가서는 知仁州事 崔의 처소로 轉送하였는데, 이곳이 朝鮮國임을 물어 알게 되었습니다. 7월 초1일

1) 處州: 지금의 浙江省 남부 麗水.

에 이르러 본국 戶曹左參議 吳가 왕의 令旨를 전해주고는 술을 가지고 와서 저희에게 하사하였습니다. 삼가 받는 외에, 이제 살피건대 저희 배는 바다에서 풍랑을 만난 지 오래되어 배는 파손되었고 朝鮮에 이르게 되었습니다. 이에 마땅히 문서를 드리니, 바라건대 文憑을 교부하여 주시고 살피시어 전달해서 알려주시면 좋겠습니다. 마땅히 呈을 보내니, 바라건대 살펴 시행하시기 바랍니다. 須至移呈者.

1 右移呈

1 朝鮮國戶曹參議吳

1 永樂 8년(1410, 조선 태종 10) 7월 2일

給賜馬價戶部箚付[1]

발신일자	永樂 21년(世宗 4년) 7월 20일 (1421년 8월 25일)
발신기관	戶部
수신기관	?
서　　식	箚付

■ 문서내용　영락 19년과 21년에 걸쳐 조선에서 교역해온 말이 총 2만 필이었다. 그 값을 요동도사에서 보관중인 布로써 지급하려고 했으나 수량이 부족하여 南京의 창고에서 지출해야 하는 상황이었다. 이 문서는 호부에서 관하의 官員에게 내린 명령문서인 箚付로, 요동에서 보관중인 布와 비단 및 남경에서 운송된 것을 합하여 조선에 말값으로 지급하고, 그 數目을 책으로 작성하여 보고할 것을 지시하는 내용을 담고 있다.

原 文

1 戶部爲給賜事[2]

1 山東淸吏司案呈.

2 照得, 先該主事蕭[3]惟淸呈.

3 永樂二十一年六月二十九日晩, 該內官海壽傳奏.

4 給還朝鮮國永樂十九年來的馬一萬匹, 與今次去取馬一萬匹.

---

1) 문서제목이 想白J에는 <給賜馬價戶部箚付>로, 想白I・奎古5700・前間本에는 <給賜馬價戶部咨>로 표기되어 있음. 본문의 내용에서 확인되는 서식은 箚付임.

2) 실록에는 기두에 해당하는 戶部爲給賜事 없음.

3) 想白J・想白I・奎古5700에는 蕭, 前間本에는 簫.

該用馬價布絹，合着戶部，查遼東都司見在收貯的支用①，若有不敷，差官去南京該庫，關領②運去登州衛③，過海赴遼東都司，交收給還.

3 奉聖旨.

4 是.

3 欽此.

3 除欽遵外，具呈.

2 行該禮部主客淸吏司手本④.

3 每馬一匹，絹三匹・緜布二匹.

2 開報到部. 先該[4]永樂十九年，幷今次去取，共馬二萬匹. 合用布絹，査得遼東都司原收在庫，見有大緜布句支外⑤，該[5]用絹匹不敷. 已經具奏[6]，批差⑥郎中等官梁戎等，前赴南京承運庫⑦，關領闊生絹⑧五萬匹，管運前去遼東都司，交收支用外，爲照前項不敷絹匹，恐運遲失悞給還. 已行該府[7]，轉行遼東都司，先行打點⑨在庫絹布[8]，運到給還. 去後，今[9]本部見行差官前去本司公幹. 合再[10]案呈⑩.

1 擬合通行除外，合行箚付，本職役前去遼[11]東都司，着落當該官吏，照依原今事理⑪，將朝鮮國該給馬價布絹，先儘⑫本處官庫遞年⑬收貯見在數內打點[12]，聽候差人齎文到日，盡數給還. 若絹匹有不敷

4) 실록에는 該 대신에 査.

5) 실록에는 該 대신에 具.

6) 想白J에는 奏，想白I・奎古5700・前間本에는 啓. 실록에는 具奏 대신에 赴啓.

7) 실록에는 部.

8) 실록에는 布 대신에 匹.

9) 실록에는 去後今 대신에 去今後.

10) 실록에는 在.

11) 실록에는 遼 대신에 行.

12) 실록에는 點 대신에 照.

之數，候本部郎中梁戎等[13]，運到絹內，轃支完備．仍將給還過布絹數目，造冊保結⑭回報．若有餘剩⑮之數，就於官庫收貯，另項支用，一體造冊保結繳報．毋得埋沒失悞，給還違錯⑯．須至劄付者[14].

1 永樂二十一年七月二十日[15]

이문 집람

① 支用: 支，猶本國俗言上下也.

'支'는 조선의 俗言에 '上下'와 같다.

번역자 주 上下는 조선의 용어에서 [차하]라고 읽으며, 지출을 의미한다.

② 關領: 關，從官支給物也，領受也.

'關'은 官으로부터 물건을 지급하는 것이나, 수령하는 것이다.

③ 登州衛: 屬山東布政司.

山東布政司에 속한다.

④ 行該禮部主客清吏司手本: 手本，六部清吏司・各處經歷司，各行同品衙門屬司之文. 但於本衙門則行案呈. 此謂行移，而禮部清吏司，送手本也.

'手本'은 6부의 清吏司・각처의 經歷司에서 각각 동품 아문의 屬司에 행이하는 문서이다. 단 본 아문에는 案呈을 보낸다. 이는 (戶部 山東布政司에서 禮部 主客清吏司로 문서를) 行移하였고, 禮部清吏司에서 手本을 보냈다는 것이다.

⑤ 查得遼東都司原收在庫見有大緜布句支外: 查得，連下文讀，至大綿布爲句. 句，足也，正作彀.

13) 想白J・奎古5700・前間本에는 等，想白I에는 劄로 표기되어 있고 等으로 정정되어 있음.

14) 실록에는 者가 없음.

15) 실록에는 年月日 생략.

'査得'은 아래의 문장과 이어서 읽되, '大縣布'까지 이르러 구두점을 찍는다. '句'는 '足'[충분하다]으로, 마침 딱 맞는다는 것이다.

⑥ 批差: 給批文而差遣也.

批文을 주어 차정해서 보내는 것이다.

⑦ 承運庫: 在闕內, 掌金帛之物, 奉承運到之官物, 故名之.

闕內에 있으면서 金과 비단 등의 물건과 황제의 명을 받들어 운반해 들인 官物을 관장하므로 그렇게 이름 붙인 것이다.

⑧ 闊生絹: 廣闊生絹也.

폭이 넓은 生絹이다.

⑨ 打點: 打, 爲也. 點, 謂考也.

'打'는 '爲'[하다]이다. '點'은 점고한다는 것이다.

⑩ 案呈: 六部清吏司及各處經歷司, 呈本衙門堂上之文也.

6部의 清吏司 및 각처의 經歷司에서 본 아문의 堂上에 올리는 문서이다.

⑪ 原今事理: 已前及卽今之事理也.

이전과 지금의 事理이다.

⑫ 先儘: 儘, 音盡. 鄕音다왼다.

'儘'의 음은 '盡'[진]이다. 鄕音은 [다왼다][몹시 다그치다]이다.

⑬ 遞年: 猶言每年也.

매년과 같은 말이다.

⑭ 保結: 上司有公事, 其承行者, 曰不敢符同, 以虛爲實, 如涉虛, 甘受重罪云云, 結成文狀回報, 使上司保其不虛, 曰保結.

上司에서 公事가 있으면, 그를 받아 행하는 자는 "감히 符同하거나 거짓을 진실이라고 하지 않겠으며, 만약 거짓을 눈감고 넘어가는 일이 있으면 무거운 죄를 달게 받겠다"라고 써서 文狀을 작성한 후 회보하여, 上司로 하여금 그가 거짓되이 하지 않았음을 보장하게 하는 것을 '保結'이라고 한다.

⑮ 餘剩: 猶言多餘也.

나머지와 같은 말이다.

⑯ 毋得埋沒失悞給還違錯: 埋沒, 埋藏隱沒, 猶云無去處也. 此謂毋得埋沒其貨布, 而失悞於給還, 使之違錯也.

'埋沒'은 묻어서 숨겨놓고는 도리어 간 곳이 없다고 말하는 것과 같다. 이는 그 貨布를 묻어서 숨겨두고서 還給하는 데에 잘못을 저질러 거기에 違錯이 생기게 해서는 안 된다는 것이다.

給賜馬價戶部咨

번역문

[1] 戶部에서 지급하는 일(로 차부를 보낸다.)

[1] 山東淸吏司[1)]의 案呈을 받았다.

[2] 살피건대 앞서 主事[2)] 蕭惟淸의 呈을 받았는데, 그 내용은 다음과 같았습니다.

[3] 永樂 21년(1423, 조선 세종 5) 6월 29일 저녁, 內官 海壽[3)]가 奏한 것을 전하였는데, 그 내용은 다음과 같았습니다.

[4] 영락 19년에 보내온 말 1만 필[4)]과 이번에 가지고 올 말 1만 필[5)]의 값을 조선국에 지급해야 합니다. 말 값으로 사

1) 山東淸吏司: 戶部의 屬司로서 浙江・江西・湖廣・陝西・廣東・山東・福建・河南・山西・四川・廣西・貴州・雲南 등 13개 淸吏司 가운데 하나. 관원으로는 정5품의 郎中 1員, 종5품의 員外郎 1員 등이 있었다. 『明史』 권72, 職官志1, 戶部 참조.

2) 主事: 戶部 山東淸吏司 소속의 主事를 가리키는 것으로, 관질은 정6품.

3) 海壽: 명의 宦官으로 조선 태종 연간과 세종 초년에 걸쳐 7차례 조선에 사신으로 파견되어 왔다. 黃儼과 함께 조선에서 횡포를 부린 정황이 조선왕조실록에 상세하게 기록되어 있다. 특히 조선의 관원에게 무례한 행동을 자행하거나 무리하게 뇌물을 받은 일, 貢女를 선발하는 데에 간여하고, 억지로 교역하게 한 일 등이 많이 있었다.

4) 영락 19년의 말 1만 필 무역은 그해 9월 欽差少監 海壽에 의해 전달된 永樂帝의 勅書에 의해 요구되었다(『世宗實錄』 권13, 3년 9월 辛巳). 이에 조선에서는 같은 해 10월부터 말 1만 필을 차례로 遼東에 전달하였다(『世宗實錄』 권13, 3년 10월 辛卯). 당시 명에서는 永樂帝가 漠北의 몽골 세력을 친정할 준비를 하던 중으로, 戰馬가 많이 필요한 상황이었다.

5) 영락 21년의 말 1만 필 무역은 같은 해 8월 18일 欽差少監 海壽에 의해

용할 布와 비단을 마땅히 戶部로 하여금 요동도사에서 현재 거두어들여 저장하고 있는 수량을 조사하여 지급하도록 하고, 만약 부족하면 관원을 차정하여 南京의 해당 창고에 가서 수령하여 登州衛로 운반해간 후 바다를 건너 遼東都司에 가서 교부하여 수납하고 지급하도록 해야겠습니다.

3 聖旨를 받았습니다.

4 그렇게 하라.

3 삼가 준행하는 외에 갖추어 呈을 올립니다.

2 행이하고, 禮部 主客淸吏司[6]의 手本을 받았는데, 그 내용은 다음과 같았습니다.

3 말 1필당 비단 3필·緜布 2필.[7]

2 보고가 戶部에 이르렀습니다. 앞서 영락 19년과 아울러 이번에 보내 온 것이 총 말 2만 필입니다. 마땅히 사용해야 할 포와 비단은 요동도사에서 원래 거두어들인 재고를 살펴보니, 현재 있는 것만으로도 大緜布는 지급할 수량에 맞는 외에, 지급

전달된 永樂帝의 勅書에 의해 요구되었다(『世宗實錄』 권21, 5년 8월 丙寅). 조선에서는 이틀 후인 8월 20일 곧바로 通事 金乙玄을 차정하여 잡색마 7백 필을 요동에 전달한 것을 비롯하여 말 무역 요구에 응하였다.

6) 主客淸吏司: 禮部의 屬司로서 관질은 정5품. 예부의 屬司에는 儀制·祠祭·主客·精膳 네 개의 淸吏司가 있었는데, 그 가운데 主客淸吏司는 外國과의 朝貢 관계를 주로 담당하였다. 主客淸吏司의 관제와 職掌에 대해서는 『大明會典』(萬曆本) 권96, 禮部55, 主客淸吏司 참조.

7) 이 구절은 영락 19년과 21년 두 차례의 말 교역에서 말 값의 규정을 보여주고 있다. 이와 달리 조선에서는 영락 21년의 말 1만 필을 모두 管送한 후 말 값을 논의하였는데, 官馬色에서는 中馬 上中等은 한 마리당 絹 3필과 木緜 2필, 中馬 下等과 下馬 上等은 絹 2필과 목면 3필, 小馬 중하등에는 絹 2필과, 木緜 1필로 하고, 중간에 사고로 잃어버린 말이나, 돌아오는 길에 사고로 잃은 말, 도망하여 달아난 말에는 한 마리에 絹 1필씩으로 하자고 啓하였다. 『世宗實錄』 권23, 6년 1월 丁亥 참조.

할 비단은 부족합니다. 이미 갖추어 奏하여, 批文으로 차정하여 郎中[8] 梁戎 등을 南京 承運庫[9]에 보내 闊生絹을 관령하여 요동도사로 운반해 가서 교부하고 수납하게 하여 지급하는 외에, 살피건대 전항의 부족한 비단은 운반이 지체되어 지급하는 데에 착오가 생길까 우려됩니다. 이미 左軍都督府에[10] 행이하여 요동도사에 전달하여 우선 창고에 있는 비단과 포를 헤아려 운송하여 지급하게 하였습니다. 그 후 지금 戶部에서는 관원을 차정하여 요동도사에 보내 공무를 마땅히 처리하게 해야 하겠습니다. 案呈을 올림.

1 마땅히 두루 시행하는 외에, 마땅히 箚付를 보내니 本職[差官]은 遼東都司에 가서 해당 관리로 하여금 원래와 이번의 사리를 살펴 그에 의거하여 조선국에 지급할 말 값인 포와 비단을 우선 그곳의 官庫에서 매년 거두어들여 저장해놓은 현재의 수량을 헤아리도록 다그치고 있다가, 차정된 인원이 문서를 가지고 도착하는 날을 기다려 모두 지급하라. 비단의 부족한 수량은 호부 낭중 梁戎 등이 운반하기를 기다렸다가 보충하여 완비하라. 그리고 지급한 포와 비단의 數目을 책으로 작성하고 保結해서 회보하라. 만약 남는 수량이 있으면 官庫에 거두어 저장하였다가 별도의 항목에 지출하고, 일체 책으로 작성하고 保結하여 회보하라. 덮어두고 숨겨두어 오류를 저질러 지급하는 데에 착오가

8) 郎中: 戶部 山東清吏司 소속의 郎中을 가리키는 것으로 관질은 정5품.

9) 承運庫: 戶部 소속의 창고로, 창고 관리책임자의 관질은 정9품이었다(『明史』 권72, 職官志1, 戶部). 이 무렵 承運庫에는 緞匹·金銀·齒角·羽毛 등이 저장되어 있었다고 한다. 『續文獻通考』 권30, 國用考 참조.

10) 『吏文』에는 '該府'로, 『世宗實錄』에는 '該部'로 기록되어 있는데, 문맥상 '該府'가 타당하다. 왜냐하면 戶部 소속의 山東清吏司가 戶部를 가리켜 '該部'라고 할 수는 없기 때문이다. '該府'는 遼東都司의 상급아문인 左軍都督府가 될 것이다.

있어서는 안 된다. 須至箚付者.

1 永樂 21년(1423, 조선 세종 5) 7월 20일[11]

11) 이 문서는 『世宗實錄』 권22, 5년 10월 壬戌(15일)에 그대로 실려 있다. 단 실록에는 이 문서를 戶部에서 遼東都司에 보낸 箚付인 것으로 기록하고 있지만, 실제로는 호부에서 요동도사에 파견하는 소속 관리에게 발급한 명령문서인 箚付이다. 명대의 공문서 행이체식에서 정2품의 戶部는 동급의 요동도사에 평행문서인 咨를 발신하도록 규정되어 있다. 이 문서의 지시에 따라 명의 요동도사에서는 다음해인 1424년 조선에 말 값으로 布와 絹을 합하여 88,290필을 전달하였다. 『世宗實錄』 권23, 6년 2월 癸亥 참조.

행문 과정

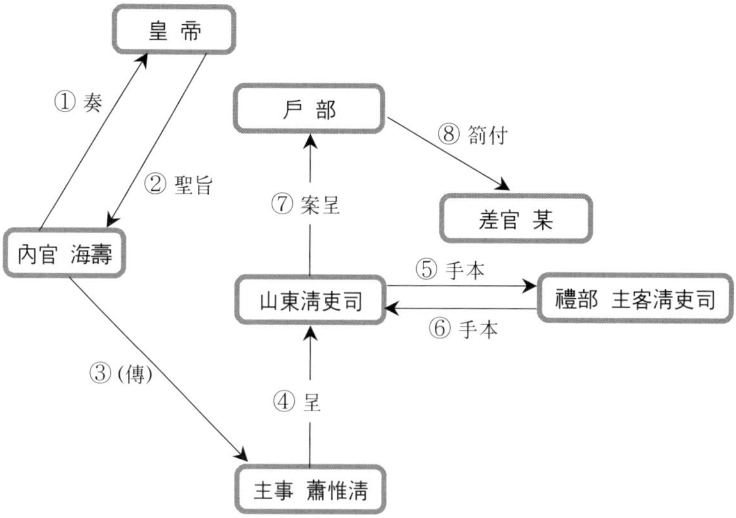

① 內官 海壽가 皇帝에게 奏: 조선에 말 값을 지불할 것 건의.
② 皇帝가 內官 海壽에게 聖旨: ①의 奏 승인.
③ 內官 海壽가 主事 簫惟淸에게 (傳): ①의 건의와 ②의 승인 사항 전달.
④ 主事 蕭惟淸이 山東淸吏司에 呈: ③의 전달사항 보고.
⑤ 戶部 山東淸吏司에서 禮部 主客淸吏司에 手本: ④의 보고 전달, 말 값 문의.
⑥ 禮部 主客淸吏司에서 戶部 山東淸吏司에 手本: 조선에 지급할 말 값 통보.
⑦ 山東淸吏司에서 戶部에 案呈: 조선에 지급할 말 값을 요동도사의 재고분과 南京 承運庫의 수장분으로 충당할 것 건의.
⑧ 戶部에서 差官 某에게 箚付: 遼東都司에 가서, 조선에 지급할 말 값을 확인하고 집행할 것 지시.

吏文 2-31

請通剌楡寨道路奏[1]

발신일자 正統 3년(世宗 21년) 1월 19일 (1438년 2월 13일)
발신기관 朝鮮國王
수신기관 皇帝
서　　식 奏本

■ 문서내용　기존의 조선 사신들은 東八站을 경유하는 길만을 이용했다. 그런데 이 길은 지형이 험난하고 인적이 드물어 다니기에 불편함이 많았다. 따라서 조선국왕은 東八站의 옛 길이 다니기 어려울 때에는 剌楡寨 길로 다닐 수 있도록 허락해줄 것을 요청하였다. 그러나 兵部에서는 옛 길에 문제가 없으며, 새로 길을 개통하기가 불편하다고 하여 반대하였고, 조선국왕의 요청은 결국 황제의 승인을 받지 못하였다. 그러나 그 사이 婆猪江 일대의 野人 李滿住가 조선의 사신을 東八站路에서 공격할 것임을 공언하는 일이 있었다. 이에 조선국왕이 황제에게 奏本을 올려 剌楡寨 길을 이용할 수 있게 해줄 것을 재차 요청하는 내용의 문서이다.

原文

1 朝鮮國王臣李諱謹奏爲道路事[2]

1 正統①二年八月二十日，公差通事金玉振，前赴遼東都司，抄到本司案驗.

2 該，正統二年五月初九日，承奉行在左軍都督府保字二百四十八號勘合內一件，道路事.

1) 想白J・想白I・前間本에는 제목 있음. 奎古5700에는 제목 없음.
2) 실록에는 기두에 해당하는 부분 생략됨.

3 准行在兵部②咨呈.

4 於行在兵[3]科抄出.

5 遼東都司奏.

6 近奉[4]鎭守遼東總兵官[5]征虜前將軍都督同知巫凱劄付.

7 據遼東都司呈[6].

8 抄准朝鮮國王咨.

9 該, 議政府狀啓.

10 照得, 在先本國使臣來往[7]東八站③一路, 自來④山高水險, 一水灣曲, 凡八渡行. 夏潦泛[8]漲, 本無舟楫, 冬月冰滑雪深, 人馬多有倒損. 又有開州・龍鳳等站, 絶無人煙, 草樹茂密. 近年以來, 猛虎頻頻突出作惡, 往來人馬, 實爲艱苦. 體知⑤遼東所管連山把截南有一路[9], 經由刺楡寨把截, 至都司, 人民散住, 又無山水之險. 如蒙轉達取路來往[10]便益.

9 據此, 參詳, 前項東八站舊路, 似此艱澀[11]⑥時分, 許令刺楡寨一路往還相應. 合行移咨, 請照驗, 轉達明降施行.

8 准此, 備呈.

7 參照, 要於刺楡寨取路往來一節, 緣係開設道路. 委

---

3) 실록에는 呈.
4) 실록에는 奉이 생략됨.
5) 실록에는 官이 생략됨.
6) 실록에는 兵.
7) 실록에는 往來.
8) 실록에는 汎.
9) 실록에는 一路.
10) 실록에는 往來.
11) 실록에는 澁.

據東寧衛指揮使李俊呈.

8 帶同曾[12]知路逕, 本衛左千戶所副千戶金顯, 前去踏勘, 自遼陽起, 至頭館站, 迤南分路⑦, 至刺榆寨, 約有二百五十餘里. 刺榆寨取路, 至開州站, 一百二十餘里. 開州舊路, 至鴨綠江二站, 共該九站, 俱不經由連山把截舊路. 將踏勘過路道[13], 畫圖[14]貼說⑧, 呈繳

6 到司. 係干[15]改設道[16]路, 未敢擅便, 除將朝鮮國王原來咨文一道[17], 幷踏勘貼說圖本一本, 呈繳行在[18]左軍都督府外, 具本.

5 正統二年四月初一日, 本部尚書王驥等, 於奉天門[19], 欽奉聖旨.

6 兵部看了來說.

5 欽此. 欽遵.

4 抄出到部. 參照, 所奏朝鮮國王使臣來往東八站一路, 山高水險, 不通舟楫, 及開州・龍鳳等站, 絶無人煙, 草樹茂密, 猛虎頻出, 往來人馬, 實爲艱難, 要於遼東所屬, 連山把截[20]刺榆寨, 取路一節, 今踏勘得, 自遼陽起[21], 至開州舊

---

12) 想白J・奎古5700・前間本에는 曾, 想白I에는 會라고 표기된 것을 曾으로 교정.

13) 실록에는 道路.

14) 실록에는 圖畫.

15) 想白J・奎古5700・前間本에는 干, 想白I에는 于. 실록에는 干係.

16) 실록에는 邊.

17) 想白J・想白I・奎古5700에는 道, 前間本에는 通. 실록에는 道.

18) 실록에는 行在가 생략됨.

19) 실록에는 外가 추가됨.

20) 실록에는 南이 추가됨.

21) 실록에는 起가 생략됨.

路，至鴨綠江，共該九站．今要創開路道[22)]，緣前項路道[23)]，自洪武年間以來，到今七十餘年，使客往來，俱由此路，經行無阻．今要改那⑨站道已定，難准⑩欲行．該府轉行遼東都司，行移朝鮮國知會，前項驛路[24)]站道，照舊往來爲便．緣奉欽依“兵部看了來說”事理，未敢擅便，本年四月初九日早，本部官於奉天門，奏奉聖旨．

5 是．

4 欽此．

4 除欽遵外，合行咨呈，該府轉行遼東都司，行移朝鮮國，照依欽依內事理，欽遵施行．

3 咨呈到府．合行本司行移朝鮮國，一體欽遵施行．

2 奉此，比號相同⑪，合付該房施行．准此，案照，前事已經差官齎奏．去後，今奉[25)]前因，除案候⑫朝鮮國差來人員，抄謄⑬齎回本國知會．

1 得此，施行間，今照，婆猪[26)]江住坐[27)]野人李滿住等[28)]，結怨本國，見與對敵．其所差人等，前到[29)]朝廷，對本國差去[30)]陪臣等言說．

2 若於汝國邊境，未得侵掠，當於東八站一路，往來使客，攔[31)]截報復．

---

22) 실록에는 道路.

23) 실록에는 道路.

24) 想白J에는 驛路，想白I・奎古5700・前間本에는 路驛．실록에는 路驛.

25) 실록에는 奏.

26) 想白J에는 猪，想白I・奎古5700・前間本에는 緒．실록에는 猪．지명으로 猪가 타당함.

27) 실록에는 坐가 생략됨.

28) 실록에는 等이 생략됨.

29) 想白J・想白I・奎古5700에는 到，前間本에는 赴．실록에는 到.

30) 想白J・想白I・奎古5700에는 去，前間本에는 出.

31) 실록에는 欄.

1 所有東八站舊路，自開州至連山等四站，回曲近北，與婆猪江地面，相距不遠．慮恐本賊，出沒其間，阻礙不便．伏望聖慈，今後本國一應公幹往來人等，比候⑭本賊寧息　以前許令刺榆寨[32]一路經行便益．爲此，謹具奏聞.[33]

1 正統三年正月十九日

이문 집람

① 正統: 英宗皇帝年號，元年爲丙申年．十四年北狩，景泰八年復位，改元天順．
英宗 황제의 연호로 元年은 丙申年(1436, 조선 세종 18)이다. 14년(1449, 조선 세종 31)에 北狩[몽골에 포로로 잡혀간 일을 가리킴]하였다가 景泰 8년(1457, 조선 세조 3)에 복위하여 연호를 天順으로 바꾸었다.

② 行在兵部: 永樂皇帝，都燕京，爲行在所，故云.
永樂 황제가 燕京에 도읍하여 行在所로 삼았으므로, 이렇게 불렀다.

③ 東八站: 自遼東，至湯站，其八站．在中國之東，故云.
遼東에서 湯站까지 모두 8개의 역참이 있는데, 중국의 동쪽에 있기 때문에 이렇게 부른다.

④ 自來: 猶言本來也.
本來와 같은 말이다.

⑤ 體知: 謂訪其端由而知之也.
그 단서와 연유를 직접 찾아가서 알게 되었다는 것이다.

⑥ 艱澀: 艱，行路艱苦也．澀，與澁同．謂盜賊梗澁也.
'艱'은 길이 고생스럽다는 것이다. '澀'은 '澁'[껄끄럽다]과 같다. 도적 때문에 막혀 통하지 않음을 말한다.

---

32) 想白J・想白I・奎古5700에는 寨, 前間本에는 塞.

33) 실록에는 爲此謹具奏聞 및 日月 부분 생략.

⑦ 迤南分路: 迤南, 謂地勢迤邐向南也. 分路, 分爲岐路也.

'迤南'은 지세가 이어져서 남쪽을 향한 것을 말한다. '分路'는 나누어 길이 갈라지는 것이다.

⑧ 畫圖貼說: 謂將路途畫爲圖本, 而分貼註說里距地名於圖下也.

도로를 그려 圖本을 만들고 貼으로 나누어 그림 아래에 距離와 地名을 해설한 것이다.

⑨ 改那: 那, 移也.

'那'는 '移'[옮기다]이다.

⑩ 難准: 謂難從其所告也.

고한 바를 따르기 어렵다는 것이다.

⑪ 比號相同: 勘合文卷內, 着下字號, 爲標而來, 今比對相同.

勘合 文卷 내에 字號를 써서 표시를 하여 온 것이 이제 대조해보니 서로 같다는 것이다.

⑫ 案候: 謂成立文案, 而待候差人之來.

文案을 만들어 놓고 差人이 오기를 기다린다는 말이다.

⑬ 抄謄: 抄, 亦謄書也.

'抄' 또한 문서를 베끼는 것이다.

⑭ 比候: 比, 猶及也.

'比'는 '及'[미치다]와 같다.

請通刺榆寨道路奏

번역문

[1] 朝鮮國王 臣 李諱[1)]가 道路에 관한 사안으로 삼가 奏합니다.

[1] 正統 2년(1437, 조선 세종 19) 8월 20일, 公差通事 金玉振이 遼東都司에 가서 요동도사의 문서를[2)] 베껴왔는데, 그 내용은 다음과 같았습니다.

[2] 正統 2년 5월 초9일, 行在左軍都督府 保字 248호 勘合 가운데 1건으로, 道路에 관계된 사안입니다.

[3] 行在兵部의 咨呈을 받았다.

[4] 行在兵科의 抄出을 받았습니다.

[5] 遼東都司에서 奏하였습니다.

[6] 근래에 鎭守遼東總兵官 征虜前將軍 都督同知 巫凱의 箚付를 받았습니다.

[7] 遼東都司에서 올린 呈을 받았다.

[8] 朝鮮國王의 咨를 베껴 받았는데, 그 내용은 다음과 같았습니다.

[9] 議政府의 狀啓를 받았습니다.

---

1) 李諱: 원본 문서에는 世宗의 이름인 李祹라고 쓰여 있었을 것이나, 『吏文謄錄』을 작성하고, 다시 『吏文』을 편찬하는 과정에서 국왕의 이름을 避諱하여 '李諱'라고 기록한 것이다.

2) 案驗: 여기서의 案驗은 하행문서로서의 그것이 아니라, 문맥상 일반적인 문서를 가리키는 것으로 보는 것이 자연스럽다.

[10]살피건대 현재 본국 사신은 東八站 한 길로만 왕래하는데, 원래 산은 높고 물은 험하며, 한 물길은 굽은 것이 모두 8번이나 건너야 지나갈 수 있습니다. 여름 장마에는 물이 불어도 본래 배가 없고, 겨울철에 얼음이 얼고 눈이 깊이 쌓이면 사람과 말이 많이 쓰러져 다칩니다. 또 開州·龍鳳站 등에는 전혀 인가가 없고 초목이 우거져 있습니다. 근년 이래로 사나운 호랑이가 빈번하게 튀어나와 폐단을 일으키니, 人馬가 왕래하는 데에 실로 고난스럽습니다. 알아보니 遼東에서 관할하는 連山 把截 남쪽에 길이 하나 있어 刺楡寨 把截을 경유하여 都司에 이르는데, 인민이 흩어져 살고 있고, 또 山水가 험하지 않다고 합니다. 만약 이 내용을 명에 전달하여 이 길로 다닐 수 있게 된다면 편리하겠습니다.

[9]이를 받고, 살피건대 위의 東八站 옛 길이 이와 같이 다니기 어려운 때에는 刺楡寨 길로 다니도록 허락해주신다면 좋겠습니다. 마땅히 자문을 보내니 청컨대 잘 살피시어 전달하여 밝은 命을 내려주시기 바랍니다.

[8]이를 받고, 갖추어 呈을 올립니다.

[7]살피건대 刺楡寨로 길을 내서 왕래하고자 한다는 일은 道路를 개설하는 일과 관련되어 있다. 東寧衛 指揮使 李俊에게 위임하여, 그로부터 呈을 받았다.

[8]이미 길을 알고 있는 東寧衛의 左千戶所의 千戶

金顯을 대동하고 가서 길을 답사해보니, 遼陽에서 출발하여 頭館站에 이르면 남쪽으로 길이 갈라져 있어, 刺榆寨에 이르기까지 약 250여 리가 됩니다. 刺榆寨에서 길을 잡으면 開州站까지 120여 리가 됩니다. 開州의 옛 길은 鴨綠江의 두 참에 이르기까지 합계 아홉 참으로, 모두 連山 把截을 경유하지 않는 옛 길입니다. 답사한 도로를 모두 그리고 설명을 덧붙여 정문으로 올립니다.

6 都司에 이르렀습니다. 이는 도로를 고쳐서 내는 일로 감히 함부로 결정할 수 없겠기에, 朝鮮國王이 원래 보내온 자문 1통과 답사하여 설명을 붙인 지도책 1본을 行在左軍都督府에 모으로 올려 회보하는 외에, 갖추어 아룁니다.

5 正統 2년 4월 초1일, 兵部尙書 王驥 등이 奉天門에서 삼가 성지를 받았습니다.

6 兵部에서 살펴보고 와서 보고하라.

4 抄出한 것이 兵部에 이르렀습니다. 살피건대 奏한 바 朝鮮國王의 사신이 왕래하는 東八站의 길은 산이 높고 물이 험하여 배가 통하지 않고, 또한 開州・龍鳳站 등에는 인가가 전혀 없고 초목이 우거지며 맹호가 자주 출몰하여 인마가 왕래함에 실로 고난스러우니, 요동에 소속된 連山 把截의 刺榆寨로 길을 내주기를 바란다는 대목은, 지금 답사를 해 보니 遼陽에서 출발하여 開州의 옛 길을 따라 鴨綠江에 이르기까지 모두 아홉 참입니다. 지금 도로를 개창하고자 한다고 하지만 전항의 도로는 洪武 연간 이래로 지금까지 70여 년 동안 사신이 왕래할 때 모두 이 길을 경유하면서도 아직 장애가 없었습니다. 지금 이미 정해진

站道를 옮기고자 한다고 하였으나 행하고자 하는 바를 인준해주기는 어렵습니다. 左軍都督府로 하여금 遼東都司에 전달하게 하여, 朝鮮國王에게 행이하여 전항의 역로와 站道는 전처럼 왕래하는 것이 좋겠다고 알려주는 것이 좋겠습니다. 그러나 삼가 “병부에서 살펴보고 와서 보고하라”는 성지의 뜻에 따르자면 감히 함부로 결정할 수 없겠으므로, 올해 4월 초9일 아침에 병부의 관원이 奉天門에서 奏하고 聖旨를 받았습니다.

5 그렇게 하라.

4 삼가 준행하는 외에 마땅히 咨呈을 보내니 左軍都督府에서는 遼東都司에 전달하시어, 朝鮮國에 행이하여 삼가 성지의 事理를 따라 준행하게 하십시오.

3 咨呈이 좌군도독부에 이르렀다. 마땅히 遼東都司는 朝鮮國에 행이하여 모두 삼가 준행하게 하도록 하라.

2 이를 받고, 字號를 비교해보니 서로 같았기에 해당 房에 주어 시행하게 하였습니다. 이에 준하여 살피건대 이 일은 이미 관원을 차정하여 가지고 가서 奏하게 했던 일입니다. 그 후 이제 위의 사안을 받들어 案을 작성하고 조선국에서 차정해 보내온 인원을 기다렸다가 베껴 주어 가지고 본국으로 돌려보내 알려드립니다.

1 이를 받고, 시행하는 사이 이제 살피건대 婆猪江에 살고 있는 野人 李滿住 등은 조선에 원한을 품고서 현재 적대하고 있습니다. 그가 차정해서 보낸 인원이 (북경의) 조정에 갔다가 조선에서 차정해서 보낸 陪臣 등에게 말하였습니다.

2 만약 너희 나라 변경을 침략할 수 없다면, 마땅히 東八站 길을 왕래하는 사신에 대해 길을 끊고 보복할 것이다.

1 東八站의 옛 길이라는 것은 開州에서 連山 등에 이르는 네 군데

站으로 휘어서 굽어 북쪽에 가까워서, 婆猪江 지역과 거리가 멀지 않습니다. 혹시 이 적이 그 사이에 출몰하여 길을 끊고 가로막아 불편해질까 우려스럽습니다. 엎드려 皇上의 자애로움을 바라건대 황제께서는 지금 이후 조선에서 일체 공사로 왕래하는 인원들이 이 적들이 잠잠해지기를 기다리고, 그 이전에는 刺楡寨 길을 경유하여 다닐 수 있도록 허락해주신다면 좋겠습니다. 이에 삼가 갖추어 奏聞합니다.

1 正統 3년(1437, 조선 세종 19) 1월 19일[3)]

3) 이 문서의 내용은 『世宗實錄』 권80, 20년 정월 丙午에 기록되어 있다.

행문 과정

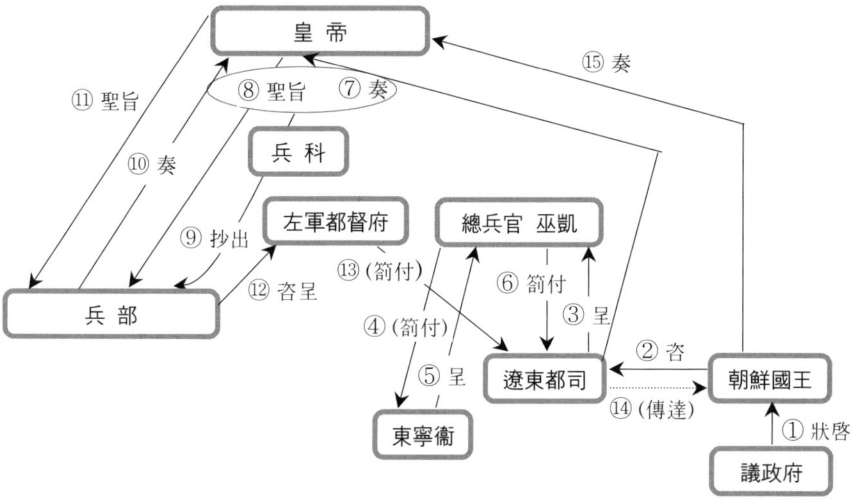

① 議政府에서 朝鮮國王에 狀啓: 東八站路가 위험하므로, 刺楡寨 道路를 이용할 수 있도록 요청할 것 건의.

② 朝鮮國王이 遼東都司에 咨: 刺楡寨 도로 이용할 수 있도록 건의해줄 것 요청.

③ 遼東都司에서 總兵官 巫凱에게 呈: ②의 조선의 요청 전달.

④ 總兵官 巫凱가 東寧衛 指揮使 李俊에게 (箚付): 刺楡寨 道路 조사할 것 지시.

⑤ 東寧衛 指揮使 李俊이 總兵官 巫凱에게 呈: 刺楡寨 道路 조사 결과·地圖 보고.

⑥ 總兵官 巫凱가 遼東都司에 箚付: ⑤의 조사결과 전달.

⑦ 遼東都司가 皇帝에게 奏: ②의 조선국왕의 요청과 ⑤의 조사결과 보고.

⑧ 皇帝가 兵部 尙書 王驥 등에게 聖旨: ⑦의 안건 심의 지시.

⑨ 行在兵科에서 行在兵部에 抄出: ⑦의 奏·⑧의 聖旨 전달.

⑩ 兵部에서 皇帝에게 奏: 도로 개정 불가함을 覆奏.

⑪ 皇帝가 兵部에 聖旨: ⑩의 사항 승인.

⑫ 兵部에서 左軍都督府에 咨呈: ⑪의 결정사항을 遼東都司에 통보해줄 것 요청.
⑬ 左軍都督府에서 遼東都司에 (箚付): ⑫의 결정사항 통보.
⑭ (遼東都司의 案驗을 베낀 것이 조선국왕에게 전달됨).
⑮ 朝鮮國王이 皇帝에게 奏: 剌楡寨 道路 이용을 승인해줄 것 요청.

凡察等所遣人[1)]民皆不願去仍請凡察等遄還舊居奏

발신일자 正統 6년(世宗 24년) 1월 8일 (1441년 1월 30일)
발신기관 朝鮮國王
수신기관 皇帝
서　　식 奏

■ 문서내용　이 문서에서 문제가 되고 있는 사안은 建州衛 여진의 두목 凡察의 거주지 문제이다. 원래 두만강 유역에 거주하고 있던 凡察이 이 무렵 蘇子河 유역의 李滿住 거처로 옮겨 살고 있었는데, 조선국왕은 이들이 변경에서 소란을 일으킬 것을 우려하여 鏡城 일대로 돌려보내 줄 것을 요청하였다. 황제는 이 요청을 완곡히 거절하며 도리어 범찰 관할의 민인 170여 호를 돌려보낼 것을 요청하였다. 이에 조선국왕은 장문에 걸쳐 과거 명의 황제들이 고려·조선에 내린 우호의 뜻을 열거하고, 또한 과거 조선에서 명의 군민을 남김없이 송환하였던 사실을 진술하였다. 그리고는 李滿住와 凡察이 조선의 북변을 괴롭히고 있다는 사실을 밝히고는 최종적으로 凡察을 원 거주지인 두만강 일대로 돌려보내줄 것을 요청하고 있다.

原 文

1 朝鮮國王臣李諱謹奏

1 正統六年正月初一日，陪臣尹炯賫捧到勅諭.

2 該前得王奏，“凡察等逃往建州李滿住處居住，慮其生釁擾邊.” 朕卽遣勅諭，凡察等仍還鏡城. 如其懷疑不還，聽與李滿住同處，但不許侵犯王之邊境. 盖以小人去就，不足爲輕重也. 今凡察等

1) 想白J·想白I·前間本에는 人，奎古5700에는 入.

奏, “將領所管人民回還, 被王國軍馬追趕搶殺. 內有一百七十餘家, 阻當不放.” 朕惟凡察疑懼不願回還. 此小人之心, 無足怪者, 而使其父子兄弟夫婦離散, 情則可憫. 此或下人所爲, 王不知也. 勅至可遣人覆實①. 果有所遺人民一百七十餘家, 卽遣去完聚. 如凡察所言妄, 或其人在彼, 不欲去者, 王善可撫恤, 俾遂其生. 亦用奏來.

1 欽此.

1 臣不勝兢惶. 欽檢②到[2], 洪武五年七月二十五日早朝, 奉天門, 陪臣張子溫, 欽奉宣諭聖旨.

2 節該, 我聽得, 女直每在恁地面東北. 他每自古豪傑③, 不是守分的人有④. 恁去, 國王根底[3]⑤說着⑥, 用心隄防者.

1 欽此.

1 洪武二十一年二月二十八日, 本國差陪臣朴宜中奏請.

2 公嶮鎭迤南, 至鐵嶺, 原係本國地土[4]. 乞令仍屬本國.

1 本年六月十二日, 承准禮部咨.

2 該本年四月十八日, 本部尙書李原明等官, 於大庖⑦西, 欽奉聖旨.

3 節該, 鐵嶺之故, 王國有辭⑧.

1 欽此.

1 永樂二年五月十八日, 差陪臣金瞻奏請.

2 三[5]散·禿魯兀等處女直地面, 係是太祖高皇帝准請之地. 其所居官民人等, 乞令本國管轄⑨如舊.

---

2) 실록에는 “尹炯齎來勅諭曰, 洪武五年七月二十五日早朝”로 시작하여, 이 앞부분의 기두 및 윤형이 받아온 勅諭의 내용은 모두 생략되어 있음.

3) 실록에는 地.

4) 실록에는 土地.

5) 想白J에는 三, 想白I·奎古5700·前間本에는 參. 실록에는 參.

1 本年十月初一日，欽奉勅諭.

2 該三[6]散千戶李亦里不花等十處人員，准請.

1 欽此.

1 永樂八年七月十八日早朝，奉天門，陪臣韓尙敬等，欽奉宣諭聖旨.

2 節該，吾[7]良哈這厮⑩每，眞箇無禮呵，我這裏調遼東軍馬去，你[8]那裏也調軍馬來，把這厮每，兩下裏⑪殺得乾淨了⑫，搶去的東西⑬盡數還. 恁知道了.

1 本日朝罷後，又於奉天門，欽奉宣諭聖旨.

2 節該， 亽高麗⑭， 亽高麗. 喫他手裏着[9]道兒⑮了. 恁殺得正好料着[10]. 你[11]那裏十箇人敵他一箇，也殺的乾淨了. 這已後，還這般⑯無禮呵，不要饒了.

1 又於本月二十二日，奉天門，欽奉宣諭聖旨.

2 節該，恁回家去，和國王說. 這野人，他的貌[12]樣是人一般，能狼虎豹心腸. 着好軍馬綽他，一綽⑰務要殺了.

1 欽此.

1 宣德⑱八年二月二十三日，陪臣金乙賢齎捧到勅諭

2 節該，自今，務要敬順天道，恪遵朕命，各守地方，毋相侵犯. 如或不悛，王宜相機處置，勿爲小人所侮. 仍遵依洪武・永樂年間勅諭事理隄防，庶幾有備無患.

1 欽此.

1 本年閏八月初十日，欽差指揮僉事孟捏可[13]來等官齎捧到勅諭.

---

6) 실록에는 參.
7) 실록에는 兀.
8) 실록에는 爾.
9) 실록에는 著.
10) 실록에는 著.
11) 실록에는 爾.
12) 실록에는 模.

2 節該，諭李滿住等，令各將所搶去人口・馬牛頭匹，盡行給還. 王亦須以所得建州等衛人口・頭畜等物還之. 而自今各順天道, 謹固邊備, 輯和隣境, 戒飭下人, 勿相侵犯.

1 欽此.

1 正統元年二月十七日, 陪臣李思儉齎捧到勅諭.

2 該[14]所奏李滿住等稔惡不悛，屢誘忽剌溫⑲野人，前來本國邊境刦殺等事具悉. 盖此寇禽獸之性，非可以德和者，須震之以威. 勅至, 王可嚴飭[15]兵[16]備, 如其再犯, 卽勦滅之, 庶幾邊民獲安.

1 欽此.

1 正統三年五月二十五日, 臣[17]親弟陪臣祉⑳等齎捧到勅諭.

2 節該, 今得王奏. “李滿住等, 讎嫌未解, 若令聚處, 將來同心作賊, 邊患益[18]滋.” 王所計慮亦當. 其童倉・凡察等, 聽令仍在鏡城地面居住, 不必搬移. 此輩[19]皆朝廷赤子, 在彼在此一也. 王惟善加撫恤, 使之安生樂業, 各得其所, 庶副朕一視同仁之意.

1 欽此.

1 正統四年五月十三日, 陪臣崔致雲齎捧到勅諭.

2 節該, 得奏, 建州等衛都指揮李滿住等, 虛捏奏情, 及曾有勅諭, 聽令童倉・凡察等仍在鏡城地面居住等因, 具悉. 朕惟王之父子, 世守禮法, 永篤忠誠. 童倉・凡察等, 旣在彼, 安生樂業, 仍聽其在彼居住, 不必搬移.

---

13) 실록에는 哥.
14) 실록에는 節該.
15) 실록에는 勅.
16) 실록에는 邊.
17) 想白J에는 臣 있음. 想白I・奎古5700에는 해당 부분이 空隔으로 처리됨. 前間本에는 臣 없음. 실록에는 臣 있음.
18) 실록에는 蓋.
19) 실록에는 皆.

1 欽此.

1 正統五年九月三十日, 陪臣崔致雲賫捧到勅諭.

2 節該, 得奏, 凡察誘姪童倉, 挈家逃往李滿住處居住, 慮其同謀生釁, 侵擾本國等情, 具悉. 朕已遣勅諭凡察等, 仍還鏡城居住, 守父境土, 本分生理.

1 欽此.

1 竊照, 凡察等祖, 居鏡城阿木河, 係是准請之地㉑. 以此, 凡察親兄童猛哥帖木兒, 與伊父揮護, 生長本地, 安生樂業. 至臣祖先臣康獻王某[20]時, 前項猛哥帖木兒等, 被深處亏狄哈, 突入作賊, 侵奪家産, 因而部落人民離散, 不能自存. 臣祖憐憫失所, 授猛哥帖木兒鏡城等處萬戶職事, 造給公廨, 以至使喚人口・鞍馬・衣糧, 并皆給與撫恤. 臣父先臣恭定王某[21]時, 陞授上將軍三品職事. 其後, 又因亏狄哈作亂, 木人等及原來雜處本國人民, 轉徙流離. 至永樂二十年間, 凡察等十分窮迫, 幾至餓死. 所在官吏, 將老弱男婦, 箇箇分付饒食人戶㉒, 接濟衣糧, 連給穀種, 使之耕農. 至宣德八年十月, 有七姓野人等, 將猛哥帖木兒, 及子阿古殺了, 燒毁房屋[22]財物, 凡察・童倉等, 俱[23]各失所. 臣憫其無依, 鞍馬衣糧, 如前給與, 儘力救活. 今乃背恩, 反構誣妄, 至於此極, 實有由焉. 凡察與楊木荅兀, 搶擄遼東・開原等處軍民, 爲奴使喚, 或做媳婦㉓, 所擄人等不勝艱苦, 逃脫前來本國, 隨到隨解㉔, 共計八百餘名. 凡察與土官金得淵說道.

2 我的使喚人口, 雖係上國人民, 旣已作妾爲奴. 如今農忙時月, 被奪轉解, 深以爲悶. 我當擄掠慶源人物, 以報此讎.

20) 실록에는 諱.

21) 실록에는 諱.

22) 想白J・想白I・奎古5700에는 屋, 前間本에는 室.

23) 想白J에는 俱, 想白I・奎古5700・前間本에는 具. 실록에는 俱.

1 正統元年八月，通同吾[24]良哈哈兒禿等八名，擄掠鏡城地面居住男婦幷九名，馬一匹，藏[25]在山谷，事覺首實，人馬皆還．又同類人頻頻來告云．

2 凡察謀引忽剌溫，作賊報讎．故犯罪惡，無禮至甚，因此逃移．

1 情迹屢現．合依上項累朝聖旨事意，處置警衆．爲緣欽遵聖上累降勅旨事意，一不責問，更加安撫，本人等，忘臣累世舊恩，違背[26]旨事意，欲與李滿住同處爲患．乃於正統五年六月二十三日，驅逼部落，逃竄去了．所據[27]李滿住，昔居婆猪江，與本國沿邊民戶，朝夕往來，有無[28]相資．所在官司，隨其所索，米糧鹽醬，幷皆給與，恩惠不少．後因本國每將本人擄掠遼東・開原等處軍民男婦，隨到隨解，遂成仇怨．屢與邊將現說．

2 我的使喚人口，逃往汝國，盡行解送．我亦捉獲汝國邊民使喚．

1 遂於宣德七年十一月，糾合同類野人，面上墨畫刺形[29]㉕，假做忽剌溫模樣，突入邊郡江界・閭延等處，殺害軍民男婦，刦掠人口・馬牛・財產．臣於宣德八年四月，欽依勅諭相機處置事意[30]，着令邊將部領軍士，哨探賊蹤，捕獲人口・牛馬・財產，回還來了．

1 本年閏八月初十日，欽奉勅旨．

2 卽將所得男婦頭匹，以至零碎㉖之物，盡行送還，務要輯和隣境．

1 本賊等不遵勅旨，只將婦女四口，幷中道新產小兒一口送回外，其餘男婦・牛馬・財產，幷不送還．尙不解忿，於宣德十年三次，正

24) 실록에는 兀.
25) 실록에는 莊.
26) 想白I・奎古5700・前間本에는 勅 있음. 想白J에는 이 자리에 勅 없으나, 이 앞에서 改行한 것으로 보아 勅자가 결락된 것으로 보임.
27) 실록에는 擄.
28) 실록에는 無有.
29) 실록에는 刑.
30) 실록에는 宜.

統元年一次，二年二次，誘引忽剌溫野人，到來本國閭延・碧潼等處，殺虜人口頭畜．去訖，目今㉗，又與凡察，兩相和應，誘懵[31]童倉，將帶部落，一處聚居，多張羽翼，已爲不道．今復敎唆㉘凡察，虛捏奏達，要幷安業不欲去者，一百七十餘家，增添倘[32]類，謀害本國，姦狡莫甚．臣聽得，本人等逃去時，忽剌溫乃胯差送不[33]剌出等，護帶前去．

1今有同類野人馬充波來告云．

2 凡察欲與忽剌溫頭目乃胯，結爲婚姻，將欲來侵邊境．

1 又吾[34]良哈者和老告邊將云．

2 凡察[35]將前妻女子，嫁與忽剌溫乃胯．

1 又亐[36]狄哈包堂个使送人都伊之等三名亦告云．

2 凡察・滿住，與忽剌溫乃胯同謀，欲於朝鮮國邊界，不揀那箇地方㉙，作賊定約，部落各處，傳箭請兵㉚．我的使長㉛包堂介處，亦送箭來．

1 又亐[37]狄哈朴多弄[38]介等五名亦告云．

2 忽剌溫乃胯・哈音看・察音同哈・那音歹・松吉歹・把兒哈伊・兒堂[39]哈等，與滿住・凡察同謀，要於本國邊郡閭延・江界地面，作賊定計．

1 如此告說，其凡察・滿住，連結忽剌溫，謀欲來侵，譎謀姦狀，今已發現遠播．臣據此相度㉜，此輩去就，似不足爲輕重．然世居本國境

---

31) 想白J에는 懵, 想白I・奎古5700・前間本에는 脅.
32) 실록에는 黨.
33) 실록에는 弗.
34) 실록에는 兀.
35) 想白J에는 1자 결락.
36) 실록에는 兀.
37) 실록에는 兀.
38) 실록에는 算.
39) 실록에는 當.

內, 山川險夷, 道路迂直, 民居疎密, 靡不周知, 非他賊比, 慮恐益肆豺虎之毒. 邊境寧否, 軍民休戚, 在此一機, 所係匪輕. 當初童倉逃出時分, 本處把截官尋蹤, 到於阿赤郎貴地面, 遇見落後人口, 各還寧家㉝, 一無搶殺. 若凡察, 初因耕農打圍爲由, 帶領家小, 移住本國邊陲東良地面. 忽然潛隱逃去, 把截官不及阻當. 其留住人等, 本非阻當. 或父存子去, 或母去子留, 皆因互相婚嫁, 懷土不去, 或被同[40]野人開諭而還.

1 又凡察親兄可哈里告於邊將.

2 我子所老加勿, 欲要逃去.

1 果然所老加勿, 嫚罵其父, 背[41]棄逃去, 就還舊居. 又同類人剌松哈亦告云.

2 凡察裏擄我親母逃去, 我要取母回還. 因他不許, 與母哭別, 只帶年十三歲女兒回來了.

1 又凡察親兄斡沙哈・阿哈里・哈失八等, 及戶頭吾都里・馬佐和・馬仇音波・童也叱多可・朴訥於赤・李寶之伊・童也叱大・童末應羅・童毛知・童波安・童仍豆等四十[42]餘人, 各將皮張等物, 陸續親來, 告說.

2 凡察等不遵皇帝聖旨, 不念國家厚恩, 撇棄爺孃生長地土[43], 驅逼部落, 逃竄去了. 我等只緣國恩深重, 不忍棄去. 誓將終身.

1 其餘人人來告邊將, 亦如前說. 今凡察等奏稱, "搶殺阻當," 實爲虛捏. 臣今欽見奉勅諭事理, 其仍居安業者, 尤加撫恤外, 臣又欽檢到.

40) 想白I・奎古5700・前間本에는 類 있음. 想白J에는 이 자리에 類자가 없으나, 이 자리에 空隔이 있는 것으로 보아 類자가 결락된 것으로 보임.
41) 想白J・想白I・奎古5700에는 背, 前間本에는 皆. 실록에는 背.
42) 실록에는 肆拾.
43) 실록에는 土地.

1 洪武十八年九月十六日, 欽差國子監學錄張溥等官, 齎捧到詔書.

2 節該, 不分化外, 一視同仁.

1 欽此.

1 洪武二十五年九月十二日, 禮部右侍郎張智等官, 於華盖殿, 欽奉聖旨.

2 節該, 其三韓臣民, 旣尊李氏, 民無兵禍, 人各樂天之樂, 乃帝命也.

1 欽此.

1 本年閏十二月初九日, 本部右侍郎張智等官, 於奉天門, 欽奉聖旨.

2 節該, 惟朝鮮之稱美, 且其來遠矣. 可以本其名而祖之, 體天牧民, 永昌後嗣.

1 欽此.

1 洪武三十年正月初三日, 陪臣安翊等, 於右順門, 欽奉宣諭聖旨.

2 節該, 朝鮮國王, 我上出氣力㉞. 如今得了王高麗, 改號朝鮮, 自然天道. 朝鮮國王至誠.

1 欽此.

1 永樂十五年十二月二十九日, 欽差奉御㉟善財齎捧到勅諭.

2 節該, 王恭事朝廷, 恪勤不怠, 良用嘉奬.

1 欽此.

1 永樂十七年八月十七日, 欽差太監黃儼齎捧到勅諭.

2 節該, 爾父姓[44]諱, 篤厚老成, 能祇敬天道, 恭事朝廷, 爲一國之人造福. 忠順之誠, 愈久不替.

1 欽此.

1 洪熙元年二月十一日, 欽差內官尹鳳等官齎捧到勅諭.

2 節該, 朕君臨天下, 惟先皇帝之道是承. 王守藩[45]一方, 亦惟爾

44) 실록에는 李.

先王之行是率. 共樂太平, 豈有窮哉.

1 欽此.

1 宣德四年十一月初二日, 欽差內官金滿賷捧到勅諭

2 節該, 惟王恭事朝廷, 足見王之至誠. 朕深嘉悅.

1 欽此.

1 本年十二月十三日, 臣親弟陪臣裍㊱賷捧到勅諭.

2 節該, 王父子敬事朝廷, 多歷年歲, 愈久愈篤, 朕所深知.

1 欽此.

1 宣德五年七月十七日, 欽差內官昌盛等官賷捧到勅諭.

2 節該, 王事大之心, 篤於誠敬, 洊歷年歲, 弗[46]懈益隆.

1 欽此.

1 本年十一月十一日, 陪臣李皎等賷捧到勅諭.

2 節該, 惟王至誠端恪, 敬事朝廷, 朕用歡悅.

1 欽此.

1 宣德七年五月二十九日, 欽差太監昌盛等官賷捧到勅諭.

2 節該, 王之恭事朝廷, 恪共[47]乃職, 朕已具悉.

1 欽此.

1 本年十月初六日, 陪臣尹季童賷捧到勅諭.

2 節該, 王恭事朝廷, 自永樂至今, 前後一誠. 肆朝廷待王, 亦前後一誠.

1 欽此.

1 宣德八年十二月二十二日, 陪臣朴安臣賷捧到勅諭.

2 節該, 王敬天事大, 樂善之心, 出於至誠, 朕所素知, 非彼小人所能間也.

---

45) 想白J・想白I・奎古5700에는 藩, 前間本에는 蕃. 실록에는 藩.

46) 실록에는 不.

47) 실록에는 供.

1 欽此.

1 臣竊伏惟念, 小邦遭遇聖朝, 濫蒙列聖褒嘉之寵, 乃至於此. 臣祖・臣父及臣, 不勝感悅, 思効聖德之萬一. 列聖洞照至誠無二[48]. 太宗文皇帝, 賜臣父以九章冕服, 比諸親王之秩, 賜臣母以冠服. 宣宗章皇帝, 賜臣以所御條環寶帶, 賜臣世子某冠服玉帶. 且蒙列聖賞賚之厚, 錫宴之榮, 前後沓至, 不可悉記. 至於小國軍民, 或逋逃, 或被倭[49], 或漂[50]風, 轉至上國之境, 隨卽發還. 凡可以寵待小邦者, 靡所不至. 今我聖上遹追祖宗之德意, 錫予便蕃, 而又特賜九梁遠遊冠服㊲. 卽今, 陪臣尹炯欽傳宣諭聖旨.

2 節該, 恁遞年來, 進獻朝貢, 我見恁誠心.

1 欽此.

1 臣仰承宣[51]諭, 感激之至, 天日照臨, 實鑑此心. 臣又竊自念, 小邦於聖朝, 固無絲毫之補, 列聖之寵遇如此, 聖上之撫綏又如此, 天眷之隆, 至爲稠重. 而彼凡察・滿住, 人面獸心, 天地間一種醜類也. 敢懷兇狡, 必欲逞忿於臣, 實朝廷之灼見. 不奉累降聖旨, 罪惡之重, 亦朝廷之所知. 今彼反得其計, 偃然自肆, 輕侮小邦. 而臣邈居外服, 不能自明於黈纊之下, 終被誣構, 臣實痛之. 況小國之民, 皆是朝廷赤子, 獲被同仁之化, 生齒日繁, 田野日闢, 邊境無虞, 人各樂業, 積有年紀. 滿住妄構嫌隙, 屢行犯邊, 聖朝軫念遠人, 累[52]降勅旨, 諭滿住及忽剌溫等, 拳拳[53]以輯和隣境, 勿相侵犯爲戒, 恩德至矣盡矣. 滿住尙不悛改, 輒引忽剌溫連續[54]侵犯. 今乃誘致

48) 실록에는 貳.
49) 실록에는 虜.
50) 실록에는 飄.
51) 실록에는 聖.
52) 실록에는 屢.
53) 실록에는 眷眷.
54) 실록에는 績.

凡察, 而凡察又與乃胯圖婚. 其交結黨援, 謀欲侵擾小國邊氓, 情迹明甚. 勅諭雖切, 曾不遵奉, 略無敬畏. 臣又念, 臣子有懷, 達之君父而無隱, 情之至也. 此臣所以觸冒天威, 至再至三, 而不暇[55] 念其煩瀆也. 伏望, 諒臣荷寵於聖代, 憫臣受侮於小人, 特令凡察等, 遄還舊居, 豈惟安業人口, 不至動搖. 小國邊民, 亦免寇賊之患. 不[56]勝至願[57]. 爲此, 謹具奏文.

1 正統六年正月[58]八日

이문 집람

① 覆實: 覆審其實也.
그 사실 여부를 다시 살피는 것이다.

② 欽檢: 檢, 考也.
'檢'은 '考'[고찰하다, 검사하다]이다.

③ 自古豪傑: 豪傑, 豪縱自恣, 無所檢制之謂.
'豪傑'은 호방하게 자기 멋대로 하여 절제하는 바가 없는 자를 가리키는 말이다.

④ 不是守分的人有: 的字・有字, 皆語辭.
'的'字와 '有'字는 모두 語辭이다.

⑤ 根底: 猶根前也.
'根前'[~에게]과 같다.
번역자 주 '根底', '根前'은 모두 이른바 蒙文直譯體에 쓰이는 후치사로,

55) 想白J에는 暇, 想白I・奎古5700・前間本에는 假.
56) 실록에는 不 앞에 臣이 추가됨.
57) 이하, 실록에는 없음.
58) 想白I・奎古5700・前間本에는 初 있음. 想白J에는 初 없음.

대상을 가리켜 '~에게'로 해석된다. 愼鏞權, 「≪老乞大≫에 나타난 後置詞에 대하여」, 『中國語文學』 42, 2003, 8~9쪽 참조.

⑥ 說着: 着, 語辭.
'着'은 語辭이다.

⑦ 大庖: 卽光祿寺. 在闕內.
즉 光祿寺이다. 궐 안에 있다.

⑧ 王國有辭: 有辭, 謂其辭直也.
'有辭'는 "그 말이 옳다"는 것이다.

⑨ 管轄: 卽管屬之意.
즉 관할하여 속하게 한다는 의미이다.

⑩ 這厮: 鄕言이놈.
鄕言으로 '이놈'이다.

⑪ 兩下裏: 猶言兩處也.
'두 곳'과 같은 말이다.

⑫ 乾淨了: 卽淨盡也. 了, 語辭.
즉 모두 쓸어버린다는 것이다. '了'는 語辭이다.

⑬ 東西: 方言, 凡物件皆謂之東西.
方言으로 무릇 物件을 가리켜 모두 '東西'라고 한다.

⑭ 坌高麗. 坌, 猶鈍樸也.
'坌'은 둔박하다는 것이다.

⑮ 喫他手裏着道兒: 喫, 猶被也. 着, 猶施也. 道兒, 猶謀計也. 此言被他輩手裏之施謀計也.
'喫'은 '被'[당하다]와 같다. '着'은 '施'[베풀다]와 같다. '道兒'는 '謀計'[계책을 꾸미다]와 같다. 이 말은 "저들 손으로 시행한 음모에 당했다"는 것이다.

⑯ 這般: 猶言此樣也.
'이렇게'와 같다.

⑰ 綽他一綽: 綽, 掃也. 言掃彼在於一掃也.
'綽'은 '掃'[쓸어버리다]이다. "그들을 쓸어버리되 한 번에 하다"라는 말이다.

⑱ 宣德: 宣宗皇帝年號, 元年爲丙午歲.
宣宗 황제의 연호로, 원년은 丙午年(1426)이다.

⑲ 忽剌溫: 野人種名.

野人의 종족명이다.

⑳ 裖: 卽惠寧君, 太宗大王子.

즉 惠寧君으로, 太宗大王의 아들이다.

㉑ 准請之地: 鏡城等處, 元屬中朝, 而本國奏請, 得其欽准, 而還屬本國也.

鏡城 등 지역은 원래 中朝에 속해 있었는데, 본국에서 주청하여 황제의 准許를 받아 본국에 환속된 것이다.

㉒ 饒食人戶: 饒, 足也. 謂足食人家也.

'饒'는 '足'[충분하다]이다. 먹을 것이 넉넉한 人家를 말한다.

㉓ 媳婦: 漢人謂妻爲媳婦.

漢人은 妻를 일컬어 '媳婦'라고 한다.

㉔ 隨到隨解: 隨其所到而隨卽解送也.

도달한 바에 따라서 곧바로 해송한다는 것이다.

㉕ 面上墨畫刺形: 恐本國之人, 識其面貌, 故畫刺字之形於面上, 雖熟識之人, 使不得知也.

본국 사람이 그 면모를 식별할까 두려워하여, 그런 까닭에 얼굴에 刺字의 형태를 그려 넣어, 비록 잘 아는 사람이라도 알아보지 못하게 하려는 것이다.

㉖ 零碎: 奇零細碎也.

작고 자질구레한 것이다.

㉗ 目今: 卽今也.

즉 지금이다.

㉘ 教唆: 猶國俗云付屬也. 唆, 音梭.

國俗에서 말하는 '付屬'[붙다]와 같다. '唆'의 음은 '梭'[사]이다.

㉙ 不揀那箇地方: 那, 上聲. 此言不擇某處地方也.

'那'는 上聲이다. 이는 어느 지방인지를 가리지 않는다는 말이다.

㉚ 傳箭請兵: 夷俗, 凡約束時, 以箭柀相傳, 示約也.

夷의 습속에 무릇 약속할 때에는 箭柀를 서로 전하여 약속임을 보인다.

㉛ 使長: 卽國俗所謂노연.

즉 국속에서 말하는 바 '노연'이다.

번역자 주 국속의 '노연'이라는 것은 '首領'·'主君'을 뜻하는 몽골어인 '노얀'에서 비롯된 것으로 보인다.

㉜ 相度: 相, 去聲.

'相'은 去聲이다.

㉝ 寧家: 使之安於其家.

그들로 하여금 그 집에서 편안히 하게 하는 것이다.

㉞ 我上出氣力: 猶云於我之前, 用其心力也.

"내 앞에서 그 마음과 힘을 쓰라"는 말이다.

㉟ 奉御: 內侍官名.

內侍의 관직명.

㊱ 裀: 卽咸寧君, 太宗大王子.

즉 咸寧君으로, 태종대왕의 아들이다.

㊲ 九梁遠遊冠服: 遠遊冠, 其制九梁.

遠遊冠으로, 그 제도가 9梁이다.

吏文 2-32 凡察等所遣人民皆不願去仍請凡察等遄還舊居奏

번역문

1 朝鮮國王 臣 李譱가 삼가 奏합니다.

1 正統 6년(1441, 조선 세종 23) 정월 초1일에 陪臣 尹炯이 勅諭를 받들어 가지고 왔는데, 그 내용은 다음과 같았습니다.[1]

2 앞서 국왕의 奏를 받았는데, “凡察[2] 등이 도주하여 建州 李滿住[3]의 거처로 가서 살고 있는데,[4] 그가 사단을 일으켜 변경을

1) 尹炯은 세종 22년(1440) 9월 禮曹參判으로서 聖節使로 파견되었다가, 이듬해 정월 1일 復命하였다.

2) 凡察: 女眞 오도리족의 추장이다. 猛哥帖木兒의 異父同母弟로, 1433년 맹가첩목아가 죽은 후에 그의 아들 童倉[童山]과 建州左衛의 수령 자리를 두고 분쟁하였다. 그 후에 건주우위 도독으로 임명되며, 이로써 建州三衛가 성립하게 되었다. 그 성으로 童・董 등이 쓰이기도 했다. 『實錄』에 등장하는 ‘班車’라는 인물도 동일인으로 보인다(김주원, 『조선왕조실록의 여진족 족명과 인명』, 서울대학교출판부, 2008, 102~103쪽 참조). 凡察의 활동과 建州右衛의 성립에 대해서는 徐炳國, 「凡察의 建州右衛研究」, 『白山學報』 13, 1972; 河內良弘, 「童凡察と建州左衛」, 『朝鮮學報』 66, 1973(『明代女眞史の研究』, 同朋舍出版, 1992에 재수록) 참조.

3) 李滿住: 女眞 오랑캐족의 추장이다. 명 영락제 제3황후의 아버지인 於虛出[阿哈出 등으로도 표기됨]의 손자로 建州衛의 都督에 임명되었다. 그는 세종 14년(1432) 조선의 閭延에 대거 침입하는 등 조선과의 관계가 원만하지 못하였다. 조선에서는 다음해 세종 15년(1433) 建州衛를 토벌하였는데, 이때 이만주는 큰 상처를 입고, 그 세력도 위축되었다가, 세조 13년(1467) 조선과 명이 협공하였을 때 아들 李古納哈 등과 함께 죽었다. 이후 건주위와 조선의 적대관계가 계속되었다. 李滿住와 建州衛 여진 및 그들과 조선・명의 관계에 대해서는 河內良弘, 「建州衛の對外關係」, 『明代女眞史の研究』, 同朋舍出版, 1992; 朴元熇, 「宣德年間 明과 朝鮮間의 建州女眞」, 『亞細亞研

소란하게 할까 우려됩니다"라고 하였다. 朕이 곧바로 勅諭를 보내어 凡察 등에게 鏡城으로 돌아가라고 하였다. 만약 그가 의심을 품고 돌아가지 않는다면 李滿住와 함께 있을 것을 허락하되, 다만 왕의 변경을 침범하지 못하게 하였다. 대개 소인의 거취는 輕重을 따질 만한 일도 못 된다. 지금 凡察 등이 奏하기를, "소관하는 인민을 이끌고 돌아갔으나 王國의 軍馬에게 쫓겨 죽임을 당하였습니다. 그 중 170여 家가 붙잡혀 풀려나지 못하였습니다"라고 한다. 짐이 생각건대 凡察이 의구심을 품고 돌아가기를 원하지 않는 것 같다. 이는 소인의 마음으로 괴이하게 여길 것이 없으나, 그 부자·형제·부부로 하여금 떨어지고 흩어지게 하였으니 情況이 가련하다. 이는 혹시 아랫사람들이 한 바이고, 왕은 모르는 것일지도 모르겠다. 勅이 이르면 사람을 보내 실정을 조사하는 것이 좋겠다. 과연 남은 인민 170여 家가 있으면 곧바로 보내어 모여 살게 하라. 만약 凡察이 말한 바가 망령되어, 혹시 그 사람들이 거기에 있으면서 가지 않으려고 하면, 왕은 잘 撫恤하여 그들로 하여금 그 삶을 이어가게 하라. 또한 奏하여 오라.[5]

1 臣이 兢惶함을 이기지 못하겠습니다. 삼가 살펴보니 洪武 5년

究』88, 1992 등을 참조.

4) 李滿住의 建州衛는 세종 19년(1437) 조선의 공격을 받아 婆猪江 유역의 吾彌府에서 북쪽으로 이주하여 渾河의 지류인 蘇子河 상류의 興京老城 일대에 정착했다. 당시 두만강 유역의 會寧에 거주하던 凡察 역시 이 일대로 이주하고자 하여 명에 여러 차례 奏請하였으나 번번이 거절당하였는데, 결국 세종 21년(1439) 3월 무렵 蘇子河 유역의 東良으로 이주하였다. 建州衛 세력의 이주 상황에 대해서는 和田清, 「建州本衛の移動について」, 『東亞史硏究』(滿洲篇), 東洋文庫, 1955 및 河內良弘, 「移住と農業」, 『明代女眞史の硏究』, 同朋舍出版, 1992에 자세하게 설명되어 있다.

5) 이상의 勅諭는 尹炯의 귀국 보고에 의해 전달되었으며, 그 내용은 『世宗實錄』 권92, 23년 1월 己亥(1일) 條에서 동일하게 확인된다.

(1372, 고려 공민왕 21) 7월 25일 아침 조회에 奉天門에서 陪臣 張子溫이 宣諭 聖旨를 받았는데, 그 내용은 다음과 같았습니다.[6]

2 내가 들으니, 女直들이 너희 나라 동북 지방에 있다고 한다. 그들은 예로부터 豪傑이라서 분수를 지키지 않는 사람들이다. 너는 돌아가거든 왕에게 말하여 마음을 다해 방비하게 하라.

1 洪武 21년(1388, 고려 우왕 14) 2월 28일에 고려에서는 陪臣 朴宜中을 차정하여 奏請하였습니다.[7]

2 公嶮鎭 이남으로부터 鐵嶺까지는 원래 고려의 땅입니다. 바라건대 그대로 고려에 속하게 해주십시오.

1 그해 6월 12일에 禮部의 咨文을 받았는데, 그 내용은 다음과 같았습니다.

2 本年 4월 18일에 禮部尙書 李原名 등의 관리가 大庖[8]의 서쪽에서 삼가 성지를 받았는데, 그 내용은 다음과 같았습니다.

3 鐵嶺의 연고에 대해서는 왕국에서 한 말이 있다.

1 永樂 2년(1404, 조선 태종 4) 5월 18일에 陪臣 金瞻을 차정하여 주청하였습니다.

2 三散·禿魯兀 등의 女直 지방은 太祖 高皇帝께서 허락하여 주신 땅입니다. 그곳에 사는 官人·民人 등은 바라건대 예전과

---

6) 張子溫은 1372년 4월 壬寅 民部尙書로서 耽羅 토벌을 요청하기 위해 명에 파견되었다가 같은 해 9월 壬戌 復命하였다. 그가 받아온 洪武帝의 手詔에 따르면 그가 京師에 도착한 것이 7월 25일이라고 하여, 본문의 기록과 일치한다. 본문에서 인용한 女眞에 관한 홍무제의 宣諭聖旨는 『高麗史』 등에는 기록되어 있지 않다. 『高麗史』 권43, 공민왕 세가의 해당 기사 참조.

7) 朴宜中은 1388년 2월, 鐵嶺衛 설치에 대한 고려의 반박을 담은 表文을 가지고 명에 사신으로 파견되었다가 같은 해 6월에 복명하였다. 『高麗史』 권, 우왕 열전의 해당 기사 참조.

8) 大庖: 『吏文輯覽』의 설명에 따르면 大庖는 光祿寺이다. 光祿寺는 祭享·宴勞·酒醴·膳羞 등의 업무를 관장하며, 관질은 종3품이었다. 光祿寺에 대해서는 『明史』 권74, 職官志3, 光祿寺 참조.

같이 본국에서 관할하게 해주십시오.

1 그해 10월 초1일에 勅諭를 받았는데, 그 내용은 다음과 같았습니다.

2 三散 千戶 李亦里不花 등 10處의 인원에 대해 청한 바를 인정한다.

1 永樂 8년(1410, 조선 태종 10) 7월 18일 아침 조회에 奉天門에서 배신 韓尙敬[9] 등이 삼가 宣諭聖旨를 받았는데, 그 내용은 다음과 같았습니다.

2 五良哈 이놈들이 진실로 無禮하다면, 나는 여기서 遼東의 군마를 동원할 테니, 너희도 거기서 군마를 동원하여 이놈들을 양편에서 깨끗이 죽여 버리고 노략해 간 물건을 모두 도로 찾아야 할 것이다. 그대는 그리 알라.[10]

1 그날 조회를 파한 뒤에 奉天門에서 삼가 宣諭聖旨를 받았는데, 그 내용은 다음과 같았습니다.

2 어리석은 高麗여, 어리석은 高麗여. 그들의 손에 걸려들었구나.[11] 너희가 죽인 것은 정말 잘 처리한 것이다.[12] 너희쪽에서

---

9) 韓尙敬(1360~1423): 본관은 淸州. 字는 叔敬·敬仲. 호는 信齋. 시호 文簡. 우왕 8년(1382) 문과에 급제하여 입사하였다가, 李成桂 일파에 가담하여 조선 건국에 공헌, 개국공신 3등에 책록되고, 도승지에 올랐으며, 이후 대사헌, 호조판서, 이조판서 등을 역임했다. 태조 5년(1396) 西原君에 봉해졌다가, 1415년 西原府院君에 봉해져 우의정이 되고, 이듬해 영의정에 이르렀다. 韓尙敬은 태종 10년 5월, 조선에서 永樂帝의 北征 소식을 듣고 欽問起居使로 파견되었는데, 이때 인편에 兀狄哈 등이 경원부에 침략한 사실을 명에 통보하였다. 『太宗實錄』 권19, 10년 5월 庚寅 참조.

10) 이상의 永樂帝의 宣諭聖旨는 한상경이 귀국하여 보고한 것으로, 『太宗實錄』 권20, 10년 9월 丁卯 條의 기사에는 兀狄哈의 침입에 대해 보고하고, 위와 같은 宣諭聖旨를 받게 된 과정이 서술되어 있다.

11) 영락 8년(1410, 조선 태종 10) 2월, 兀狄哈 金文乃 등이 吾都里·兀良哈의 甲兵 3백여 기와 결탁하여 慶源府를 공격, 兵馬使 韓興寶 등 관군 15명을 살해한 사건을 가리킨다. 『太宗實錄』 권19, 10년 2월 庚子(3일) 참조.

열 명이 그들 한 명을 상대해서 모두 죽여버렸구나. 이 이후로도 다시 이렇게 무례하거든 봐주지 말라.

1 또 그달 22일에 奉天門에서 삼가 宣諭聖旨를 받았는데, 그 내용은 다음과 같았습니다.

2 네가 너희 나라로 돌아가거든 國王에게 말해주어라. 이 야인이란 그 생긴 모양은 사람과 한 가지이나, 곰·이리·범·표범의 마음이다. 좋은 군마로 하여금 그들을 치되, 한 번 쳐서 반드시 죽여야 할 것이다.[13)]

1 또 宣德 8년(1433, 조선 세종 15) 3월 23일에 배신 金乙玄이 칙유를 받들고 왔는데, 그 내용은 다음과 같았습니다.

2 지금부터 힘써 天道를 공경하며 따르고, 짐의 명을 삼가 준수하여 각각 자기의 지방을 지키고 서로 침범하지 말라. 만약 (그들이) 혹 잘못을 뉘우치지 않는다면 왕은 마땅히 기회를 보아 처치하여, 小人들의 업신여김을 당하지 말라. 계속해서 洪武·永樂 연간 勅諭의 사리에 의하여 방어한다면, 거의 준비가 있어서 근심이 없을 것이다.

1 그해 윤8월 초10일에, 欽差指揮僉事 孟捏哥來 등의 관리가 칙유를 받들고 왔는데, 그 내용은 다음과 같았습니다.

2 李滿住 등에게 諭示하여 각각 약탈해 간 인구와 마소 등을 다 돌려주도록 하였다. 왕도 또한 建州衛 등에서 얻은 인구와 가축 등을 그들에게 다 돌려보내라. 그리고 이제부터는 각각 천도에 순응하여 변방 수비를 조심해 튼튼히 하고, 이웃나라와

---

12) 위의 사건에 대한 보복으로 조선에서 같은 해 2~3월에 걸쳐 靑州 이북의 군마를 동원하여 兀狄哈 등을 공격한 사실을 말한다(『太宗實錄』 권19, 10년 2월 己未(22일) 등).

13) 이상의 宣諭聖旨 역시 한상경의 귀국 보고를 통해 전달되었다(『太宗實錄』 권20, 10년 9월 丁卯).

화목하게 지내면서 아랫사람들을 경계하고 단속하여 서로 침범하지 말게 하라.

[1] 正統 원년(1436, 세종 18) 2월 17일에 배신 李思儉이 칙유를 받들고 왔는데, 그 내용은 다음과 같았습니다.

[2] 주달한 바, 李滿住 등이 악행을 거듭하면서 잘못을 뉘우치지 않고, 여러 번 忽剌溫 야인[14)]을 유인하여 조선국 변경에 와서 노략・살상한 사실 등을 모두 알았다. 대개 이 도적들은 禽獸와 같은 성질이어서 덕으로써 교화할 수 없을 것이며, 위력으로써 눌러야 할 것이다. 칙서가 이르거든 왕은 군비를 엄정하게 정비하였다가, 만일 그들이 재차 침범하거든 즉시 소탕하여 버리면 변방의 백성이 편안할 수 있을 것이다.

[1] 正統 3년(1438, 조선 세종 20) 5월 25일에 친아우 배신 李裀[15)] 등이 칙유를 받들고 왔는데, 그 내용은 다음과 같았습니다.

[2] 이제 왕의 奏를 받았는데, "李滿住 등은 원수 지은 것이 아직 풀리지 않았으니, 만약 그들로 하여금 모여 살게 하면 장차 합심해서 도적질을 하여 변방의 우환이 더욱 심해질 것입니다"라고 하였다. 왕이 염려하는 바도 또한 당연하다. 그 童倉・凡察은 그대로 鏡城 지방에서 거주하는 것을 허락하니, 반드시 옮겨갈 필요는 없다. 이 무리들은 모두 조정의 赤子이니, 거기

14) 忽剌溫 野人: 女眞族 우디캐의 일파로, 胡剌溫・火剌溫 등으로도 표기된다. 16세기 후반, 조선 宣祖代 이후로는 忽酋・忽賊・忽胡 등으로도 등장한다(김주원, 『조선왕조실록의 여진족 족명과 인명』, 서울대학교출판부, 2008, 49~54쪽). 海西女眞이라고도 불리며, 遼東과 가까운 곳에 거주하여 명과 관계가 밀접하였다.

15) 李裀: 태종과 安氏 사이의 소생으로 惠寧君에 봉해졌다. 그는 세종 10년(1438, 명 정통 3) 1월, 童猛哥帖木兒 등의 인호를 그대로 조선에 귀속시켜 줄 것을 청하는 計稟使로서 副使 예조판서 權踶와 함께 명에 파견되었다가 같은 해 5월 귀환하였다. 『世宗實錄』 권80, 20년 1월 丁酉 및 권81, 20년 5월 戊申 참조.

에 있으나 여기에 있으나 한 가지이다. 왕은 오직 더욱 잘 무휼하여 그들로 하여금 편안히 살고 즐겁게 일하도록 하며 각자 그 살 곳을 얻게 하면 거의 나의 一視同仁하는 뜻에 부합할 것이다.[16]

1 정통 4년(1439, 조선 세종 21) 5월 13일에 배신 崔致雲이 칙유를 받들고 왔는데, 그 내용은 다음과 같았습니다.

2 奏를 받아보니, 建州衛都指揮 李滿住 등이 허위로 날조한 정황을 奏하였고, 또 이미 勅諭를 내려 童倉·凡察 등을 그대로 鏡城 지역에 살게 하도록 허락했다는 사실은 모두 알았다. 짐이 생각건대, 왕의 부자는 대대로 예법을 지키고 길이 충성을 돈독히 하였다. 童倉·凡察 등도 그곳에서 편안히 살고 즐겁게 일하고 있으므로 그대로 거주하기를 허락하니, 옮길 필요는 없다.

1 정통 5년(1440, 조선 세종 22) 9월 30일에 배신 崔致雲이 칙유를 받들고 왔는데, 그 내용은 다음과 같았습니다.

2 奏를 받아 凡察이 조카 童倉을 유인하여 가족을 거느리고 李滿住의 거처로 도망가 살게 되었으니, 함께 모의하여 사단을 일으키고 조선국을 침범하여 소란스럽게 할까 우려스럽다는 것은 모두 알았다. 짐이 이미 凡察 등에게 칙유를 보내어, 그대로 鏡城으로 돌아가 거주하면서 아비의 땅을 지키고 본분대로 살라고 하였다.

1 삼가 살피건대, 凡察 등의 조상은 鏡城의 阿木河[17]에 살았었고,

---

16) 계품사 일행이 귀환한 것은 세종 19년 5월 25일의 일이다. 그러나 위의 칙서는 그보다 앞서 通事 全義가 받들고 5월 12일에 귀국, 보고하였다. 『世宗實錄』 권81, 20년 5월 戊午(12일)의 기사에 더 자세한 칙서의 내용이 기록되어 있다.

17) 阿木河: 五音會, 지금의 두만강 중하류 會寧 일대.

이곳은 청을 받아주신 지역입니다. 이 때문에 凡察의 친형 童猛哥帖木兒와 그 아비 揮護는 이곳에서 태어나고 자라 편히 살면서 樂業하였습니다. 신의 祖父 先臣 康獻王[太祖] 某 때에 이르러 위의 猛哥帖木兒 등이 외진 곳에 거주하는 亐狄哈에게 갑자기 침입을 당하여 가산을 약탈당했기 때문에, 부락의 인민이 도망가 흩어져서 스스로 존립할 수 없게 되었습니다. 그래서 신의 조부가 그들이 살 곳을 잃어버린 것을 불쌍히 여겨 猛哥帖木兒에게 鏡城等處 萬戶 관직을 제수하고, 공관을 지어주면서 부릴 인구와 鞍馬・의식에 이르기까지 모두 다 급여하여 무휼하였습니다. 신의 부친 先臣 恭定王[太宗] 某 때에는 승진시켜 上將軍 3품관의 직사를 제수하였습니다. 그 뒤에 亐狄哈이 난을 일으켜 猛哥帖木兒와 원래부터 섞여 살던 본국의 인민들이 이사가고 흩어지게 되었습니다. 永樂 20년 무렵에 이르러서는 凡察 등이 매우 궁하고 급하게 되어 거의 굶어 죽게 되었습니다. 소재지의 관리들이 늙거나 허약한 남녀 한 명 한 명을 먹고살 만한 人戶에 나누어 맡겨, 의복과 양식을 마련하여 주고는 잇달아 穀種을 주어 그들로 하여금 농사를 짓게 하였습니다. 宣德 8년(1433, 조선 세종 15) 10월에 이르러, 七姓 野人 등이 猛哥帖木兒와 아들 阿古를 죽이고 가옥과 재물을 태워 없앴으므로, 凡察・童倉 등이 모두 처소를 잃게 되었습니다. 신은 그들이 의탁할 곳이 없는 것을 불쌍하게 여기어 전과 같이 鞍馬와 의복과 양식을 주어서 힘이 닿는 대로 구제하였습니다. 오늘날 은혜를 저버리고 도리어 허위 사실을 꾸며 날조함이 이같이 극도에 이름은 실로 이유가 있는 것입니다. 그것은 凡察이 楊木答兀[18]과 결당하여 遼東・開原 등의 군・

18) 楊木答兀: 토착 여진의 추장. 영락~선덕 연간 명의 요동과 조선 북변을 공격하여 끊임없이 소동을 벌였으며, 명의 끈질긴 초무 노력에도 거의 반응하지 않았다. 1423년에는 요동의 鳳州에서 五音會로 이동하던 童猛哥帖

민을 노략질하여 노비로 삼아 부리고, 혹은 처로 삼았는데, 사로잡힌 사람들이 어려움을 이기지 못하여 본국으로 도망하여 오게 되었으므로, 본국에서는 오는 대로 즉시 解送한 것이 합계 8백여 명이었습니다. 凡察이 土官 金得淵에게 말하였습니다.

[2]나의 使喚하는 인구는 비록 上國의 인민이지만 이미 첩으로 삼고 노비가 된 자들이다. 지금 농사가 바쁜 때에 빼앗겨 해송을 당했으니 심히 걱정스럽다. 나도 마땅히 慶源의 사람과 물자를 노략하여 이 원수를 갚아야겠다.

[1]正統 원년(1436, 조선 세종 18) 8월, 兀良哈 哈兒禿 등 8명과 함께 鏡城 지방에 거주하는 남녀 합계 9명과 말 1필을 노략해다가 산골짜기 집에 숨겨두었는데, 일이 발각되어 사실을 털어놓고 인마를 모두 돌려보냈습니다. 또 그와 같은 유의 사람들이 자주 와서 고하였습니다.

[2]凡察이 忽刺溫을 유인하여 도적질하고 원수를 갚고자 꾀합니다. 죄악을 범하고 무례함이 매우 심하기에, 이 때문에 도망하여 왔습니다.

[1]정황과 흔적이 자주 드러나니, 마땅히 위의 여러 대에 걸친 성지의 뜻에 따라 처치하여 여러 사람을 경계해야겠습니다. 그러나 聖上께서 누차 내리신 勅旨의 뜻을 삼가 받들어 한 번도 문책하지 않았고, 다시 안무하기를 더하였는데, 凡察 등은 신의 누대에

木兒를 따라 함께 이주하였는데, 이때 요동의 開元 일대를 대대적으로 약탈하였다. 따라서 명에서는 宣德 연간에 楊木答兀이 약탈해간 人戶를 돌려받고자 노력했다. 1433년에는 猛哥帖木兒를 비롯한 建州左衛를 공격하여 猛哥帖木兒 부자를 살해하였다. 楊木答兀이 童猛哥帖木兒 세력을 공격한 사건에 대해서는 和田清, 「明初の滿洲經略(下)」, 『東亞史硏究』(滿洲篇), 東洋文庫, 1955, 442~456쪽 및 河內良弘, 「楊木答兀の事件について」, 『明代女眞史の硏究』, 同朋舍出版, 1992; 朴元熇, 「宣德年間 明과 朝鮮間의 建州女眞」, 『亞細亞硏究』 88, 1992 등을 참조.

걸친 舊恩을 잊고, 勅旨의 뜻을 위배하여, 李滿住와 한 곳에서 근심을 끼치려고 하고 있습니다. 이에 正統 5년(1440, 조선 세종 22) 6월 23일에 부락 사람들을 위협하여 몰고 도망가 숨었습니다. 그들이 의거한 李滿住는 옛날에 婆猪江에 살면서 본국 沿邊의 民戶와 아침저녁으로 왕래하였고, 있는 것과 없는 것을 서로 보태주며 살았습니다. 소재 관사에서도 그들이 구하는 데에 따라 米糧·鹽醬을 모두 급여하였으니, 은혜가 적지 않았습니다. 후에 조선에서 그가 매번 遼東·開原 등의 군·민과 남녀를 노략해올 때마다 오는 대로 해송하였으니, 드디어 원한을 맺게 되었습니다. 누차 邊將에게 나타나 말하였습니다.

2 내가 사환하는 인구가 너희 나라로 도망해 갔는데 다 해송하였다. 나도 너희 나라의 변경의 백성을 잡아다가 사환하겠다.

1 드디어 宣德 7년(1432, 조선 세종 14) 11월에 동류의 야인을 규합하고는 얼굴에다 먹으로 刺形을 그려 거짓으로 忽剌溫 모양을 하고, 邊郡인 江界·閭延 등에 돌입하여 군·민과 남녀를 살해하고 인구와 마소와 재산을 약탈해 갔습니다. 신은 宣德 8년 4월에 삼가 "기회를 보아 처치하라"고 하신 勅諭의 뜻에 따라 邊將으로 하여금 軍士를 거느리고 적의 종적을 정탐하여 인구와 마소·재산을 포획하여 돌아왔습니다.

1 그해 윤8월 초10일, 삼가 勅旨를 받았습니다.

2 즉시 노략한 남녀와 마소, 자질구레한 물건에 이르기까지 모두 돌려보내고, 이웃과 화목하게 지내도록 힘쓰라.

1 이 도적들은 勅旨를 준수하지 아니하고 단지 부녀자 4구와 아울러 중도에서 새로 낳은 아이 1구만 돌려보낸 외에, 그 나머지의 남녀·마소·재산은 모두 돌려보내지 아니하였습니다. 오히려 분을 풀지 않고 宣德 10년(1435, 조선 세종 17)에 3차례, 正統 원년(1436, 조선 세종 18)에 1차례, 2년에 2차례나 忽剌溫 야인을 유인

하여 본국의 閭延·碧潼 등에 침입해와 사람과 가축을 죽이고 노략해 갔습니다. 그 후 이제 또 凡察과 서로 호응해서 童倉을 협박 유인하여 장차 부락 인민을 이끌고 한 곳에 모여 살면서 羽翼을 널리 펼치려 하니 이미 도리가 아닙니다. 그런데 이제 다시 凡察을 교사해서 허위로 주달하여, 安業하면서 가고자 아니하는 170여 家까지도 아울러 모두 일당으로 더하여 본국을 모해하고자 하니 간교함이 막심합니다. 신이 듣건대, 그들이 도망갈 때에 忽剌溫 乃胯가 差送한 不剌出 등을 호위하여 데리고 갔다고 합니다.

[1] 이제 동류의 야인 馬充波가 와서 고하였습니다.

[2] 凡察이 忽剌溫의 두목 乃胯와 혼인을 맺고자 하고, 장차 변경을 내침하고자 합니다.

[1] 또 吾良哈 者和老가 변장에게 고하였습니다.

[2] 凡察이 前妻의 딸을 忽剌溫 乃胯에게 시집보내려 합니다.

[1] 또 亐狄哈 包堂介도 都伊之 등 3명을 보내어 또한 고하였습니다.

[2] 凡察·李滿住와 忽剌溫 乃胯가 공모하여 朝鮮國 변경을 어디든지 가리지 않고 도적질하기로 약정하고는, 각처의 부락에다 화살을 보내어 병사를 요청했습니다. 우리의 두목 包堂介에게도 화살을 보내왔습니다.

[1] 또 亐狄哈 朴多弄介 등 5명도 와서 고하였습니다.

[2] 忽剌溫 乃胯·哈音看·察音同哈·那音歹·松吉歹·把兒哈伊·兒堂哈 등과 李滿住·凡察이 공모하여 본국의 邊郡 閭延·江界 지방에서 도둑질하기로 계책을 세웠습니다.

[1] 이와 같이 고하여 말한 것을 보니, 凡察·李滿住가 忽剌溫과 연결하여 내침할 것을 꾀하는 譎計와 간사한 정상이 지금 이미 드러나 멀리까지 퍼진 것입니다. 신은 이에 의거하여 생각하건대, 이들 무리의 거취는 輕重을 따질 것이 못 됩니다. 그러나 그들은

대대로 본국 경내에 살아서, 산천의 험하고 평탄함과 도로의 구부러지고 곧음과, 民居의 疎密한 것을 두루 알지 못하는 것이 없으니, 다른 도적들과 비할 수 없어, 그 사납고 악한 독을 마음대로 부리지 않을까 염려됩니다. 邊境의 안녕 여부와 軍民의 편안함과 근심이 이 한 번의 기회에 달렸으니, 관계되는 바가 가볍지 않습니다. 또 당초에 童倉이 도망해 나갔을 때, 그곳의 把截官이 종적을 찾아 阿赤郞貴 지방에 도착하여 뒤에 떨어진 자들을 만나게 되었으나, 각각 집으로 돌려보내어 편안히 살게 하고, 한 사람도 상하게 하거나 죽이지 않았습니다. 凡察로 말할 것 같으면 애초에 농경과 사냥[打圍]을 이유로 하여 가족을 거느리고 본국의 변경[邊陲] 東良 지방으로 이주해왔던 것입니다. 홀연히 몰래 숨어 도망갔는데 把截官이 미처 막지 못했습니다. 거기에 머물러 있는 주민들은 본래 (가지 못하게) 가로막은 것이 아닙니다. 혹 아비는 남고 아들은 갔다든가, 혹 어미는 가고 아들은 머물러 있다든가, 혹은 모두가 상호 혼인하였기 때문에 살고 있는 곳을 만족히 여겨 가지 않았다든가, 혹은 동류 야인의 효유를 받아 돌아왔다든가 한 것입니다.

1 또 凡察의 친형 阿哈里가 邊將에게 고하였습니다.

2 내 아들 所老加勿이 도망하고자 했습니다.

1 과연 所老加勿은 그 아비를 욕되게 하고 배신하고 버린 채 도망갔다가 곧 옛집으로 돌아왔습니다. 또 同類人 剌松哈이 다시 고하였습니다.

2 凡察 쪽에서 내 어머니를 사로잡아 도망쳐 갔기에 내가 어머니를 모시고 돌아오려고 하였습니다. 그가 허락해주지 않았기에 어머니와 울면서 이별하고 단지 13세 된 딸만 데리고 돌아왔습니다.

1 또 凡察의 친형 斡沙哈·阿哈里·哈失八 등 및 戶頭吾都里·馬

佐和·馬仇音波·童也叱多可·朴訥於赤·李寶之伊·童也叱大·童末應羅·童毛知·童波安·童仍豆 등 40여 명이 각자 가죽 등의 물건을 가지고 연달아 친히 와서 고하였습니다.

2 凡察 등은 황제의 聖旨를 준수하지 않고, 국가의 두터운 은혜도 생각하지 않고서 부모가 태어나고 자라난 땅을 버리고는 부락의 인민들을 핍박하여 도망가 숨었습니다. 우리들은 다만 국가의 은혜가 깊고 무거워 차마 버리고 갈 수 없었습니다. 장차 평생을 다할 것을 서약합니다.

1 그 나머지 사람들이 邊將에게 와서 고한 것도 앞의 말과 같습니다. 지금 凡察 등이 奏하여 말하기를, "죽이려 하고 막고 놓아주지 않습니다"라고 하였는데, 실로 허위이고 날조입니다. 신이 이제 삼가 勅諭의 사리를 받들어 그대로 살면서 安業하는 자는 더욱 무휼하는 외에, 신이 또 삼가 살펴보았습니다.

1 洪武 18년(1385, 고려 우왕 11) 9월 16일에 欽差國子監學錄 張溥 등의 관원이 받들어 가지고 온 詔書를 살펴보니, 그 내용은 다음과 같았습니다.[19)]

2 化外를 구분하지 않고 一視同仁한다.[20)]

---

19) 명의 사신으로 國子監學錄 張溥 등이 고려에 온 것은 1385년으로, 그는 禑王을 책봉하는 조서를 휴대하고 있었다. 본문에서 인용된 "不分化外, 一視同仁"이라는 구절은 『高麗史』 권135, 우왕 12년 9월 조에 인용된 조서의 내용 속에서 확인된다.

20) 一視同仁: 원래 唐代 韓愈의 시에서 언급된 말로, 一視同仁의 주체인 천자가 천하를 고르게 사랑한다는 의미를 담고 있다. 一視同仁이라는 말이 적극적으로 사용된 것은 원 세조대부터인 것으로 보이며, 특히 명대에 이르러서는 외국에 대하여 중국과 동일하게 대우하겠다는 효유의 의미를 담아 자주 사용하였다. 대표적으로 명의 건국 사실을 알리기 위해 高麗·安南 등에 최초로 보낸 詔書에서도 이 말이 강조되었다(『明太祖實錄』 권37, 洪武 원년 12월 壬辰; 『高麗史』 권41, 恭愍王 18년 4월 壬辰). 또한 동아시아의 왕조들 외에 西域에 보낸 외교문서에서도 표명되었다. 1412년 티무르조의 샤룩 바하두르에 보낸 외교문서에서 永樂帝는 스스로를 '一視同仁'

[1] 洪武 25년(1392, 조선 태조 1) 9월 12일, 禮部 右侍郞 張智 등 관원이 華蓋殿에서 삼가 聖旨를 받들었는데, 그 내용은 다음과 같았습니다.

[2] 三韓의 신민들이 이미 李氏를 높이 모시고, 백성들에게도 兵禍가 없으며, 사람들이 각각 하늘의 즐거움을 즐거이 여기니, 이것이 바로 上帝의 命이다.

[1] 그해 윤12월 초9일에 禮部 右侍郞 張智 등의 관원이 奉天門에서 삼가 聖旨를 받들었는데, 그 내용은 다음과 같았습니다.

[2] 생각건대 朝鮮이란 칭호가 아름답고, 또한 그 유래도 오래 되었다. 그 이름을 근본으로 하여 그를 본받아서, 하늘[天]을 몸받아 백성을 기르면 後嗣를 영원히 창성하게 할 만하다.

[1] 洪武 30년(1397, 조선 태조 6) 정월 초3일에 陪臣 安翊 등이 右順門에서 삼가 宣諭聖旨를 받들었는데, 그 내용은 다음과 같았습니다.

[2] 조선국왕이 우리를 위해 힘을 쓰는구나. 이제 고려의 왕이 되었으니 朝鮮이라고 국호를 고친 것은 자연의 天道이다. 조선국왕은 至誠을 다하라.

[1] 永樂 15년(1417, 조선 태종 17) 12월 29일에 欽差奉御 善財가 칙유를 받들고 왔는데, 그 내용은 다음과 같았습니다.

[2] 왕은 공경히 조정을 섬기면서, 정성되고 부지런하여 게을리하지 아니하니 진실로 가상하고 권장할 만하다.

[1] 永樂 17년(1419. 조선 세종 원년) 8월 17일에 欽差太監 黃儼이 칙

의 주체라고 선언하며, 지상의 유일한 지배자임을 자처하였다고 한다(Joseph F. Fletcher, "China and Central Asia, 1368-1884," *Chinese World Order: Traditional China's Foreign Relations*, Harvard University Press, 1968, p.211). 명이 표방한 一視同仁의 이념과 그 함의에 대해서는 鄭東勳, 「高麗-明 外交文書 書式의 성립과 배경」, 『韓國史論』 56, 2010, 193~195쪽 참조.

유를 받들고 왔는데, 그 내용은 다음과 같았습니다.

2 너의 아비 李諱는 독실하고 온후하며 신중하여, 능히 삼가 天道를 공경하고 조정을 공손하게 섬겨, 한 나라 사람을 위하여 복을 지었다. 충순한 정성은 오래 동안 변하지 말라.

1 洪熙 원년(1425, 조선 세종 7) 2월 11일에 欽差內官 尹鳳 등의 관원이 칙유를 받들고 왔는데, 그 내용은 다음과 같았습니다.

2 짐은 천하에 군림하여 오직 先皇帝의 道를 계승할 것이다. 왕은 藩屛의 한 방면을 지키면서 역시 오직 그대의 先王이 행한 바를 좇아야 할 것이다. 더불어 태평을 즐김에 어찌 끝이 있겠는가.

1 宣德 4년(1429, 조선 세종 11) 11월 초2일에 欽差內官 金滿이 칙유를 받들고 왔는데, 그 내용은 다음과 같았습니다.

2 생각건대 왕이 공순히 조정을 섬기니, 왕의 지극한 정성을 보기에 충분하다. 짐이 매우 가상히 여기고 기뻐한다.

1 그해 12월 13일에 신의 친아우 陪臣 李裀이 칙유를 받들고 왔는데, 그 내용은 다음과 같았습니다.

2 왕의 부자가 공경히 조정을 섬겨 오랜 세월이 지났는데, 오래될수록 더욱 두터워지는 것은 짐이 깊이 알고 있는 바이다.

1 宣德 5년(1430, 조선 세종 12) 7월 17일에 欽差內官 昌盛 등의 관원이 칙유를 받들고 왔는데, 그 내용은 다음과 같았습니다.

2 왕의 사대하는 마음이 정성되고 공경함에 두터워 해를 거듭해도 해이하지 않고 더욱 융성하다.

1 그해 11월 11일에 배신 李晈 등이 칙유를 받들고 왔는데, 그 내용은 다음과 같았습니다.

2 생각하건대 왕은 지극히 정성스럽고 삼가며 공경히 조정을 섬기니, 짐은 이에 매우 기뻐한다.

1 宣德 7년(1432, 조선 세종 14) 5월 29일에 欽差太監 昌盛 등이 칙

유를 받들고 왔는데, 그 내용은 다음과 같았습니다.

2 왕이 조정을 공경히 섬기는 것과 직임을 정성스럽게 다하고 있음을 짐이 이미 모두 알고 있다.

1 그해 10월 초6일에 배신 尹季童이 칙유를 받들고 왔는데, 그 내용은 다음과 같았습니다.

2 왕이 공경히 조정을 섬기어 永樂 연간부터 지금에 이르기까지 전후가 한결같이 정성스럽다. 이에 조정에서 왕을 대우함도 또한 전후가 한결같이 정성스럽다.

1 宣德 8년(1433, 조선 세종 15) 12월 22일에 배신 朴安臣이 칙유를 받들고 왔는데, 그 내용은 다음과 같았습니다.

2 왕이 하늘을 공경하고 큰 나라를 섬기며 착한 일을 즐거이 여기는 마음이 지성에서 나오는 것임은 짐이 원래 아는 바이니, 저 소인들이 능히 이간질할 수 있는 바가 아니다.

1 신이 삼가 엎드려 생각건대, 小邦은 聖朝를 만나, 列聖께서 칭찬하고 가상하게 여기시는 은총을 넘치게 입어 이에 여기까지 이르렀습니다. 신의 조부·신의 아비와 신은 감격하고 기쁨을 이기지 못하여 聖德의 만분의 일이라도 보답하기를 생각합니다. 列聖께서 밝게 살피시고 지성껏 하시기를 한결같이 하시었습니다. 太宗 文皇帝께서는 신의 아비에게 九章冕服을 하사하시어 여러 親王의 爵秩에 비기게 하셨고, 신의 어미에게도 冠服을 하사하셨습니다. 宣宗 章皇帝께서는 신에게 차고 계시던 絛環寶帶를 하사하셨고, 신의 世子 某에게도 冠服과 玉帶를 하사하셨습니다. 또 列聖께서 상을 주신 것의 두터움과 잔치를 베풀어 주신 영광을 입어서 전후로 답지한 것이 이루 다 기록할 수 없습니다. 小國의 軍民에 이를 것 같으면, 혹은 도망가고 혹은 倭에게 포로가 되고, 혹은 풍파에 휩쓸려 中國의 경내에 간 자들까지도 즉시 돌려보내 주셨습니다. 무릇 小邦을 은총으로 대우하심이 이르지 않는

것이 없습니다. 지금도 우리 성상께서는 조종의 덕스러운 뜻을 따라 은사를 여러 번 베풀어 주시고, 또 특별히 九梁遠遊冠服을 내려 주셨습니다. 지금 陪臣 尹炯이 삼가 宣諭聖旨를 전하였는데, 그 내용은 다음과 같았습니다.

[2] 네가 매년 와서 朝貢을 진헌하니 내가 너의 정성된 마음을 볼 수 있다.

[1] 신이 우러러 宣諭를 받들고 지극히 감격한 것이, 하늘의 태양이 밝게 비추어 실로 이 마음을 비추는 것과 같습니다. 신이 또한 삼가 스스로를 생각건대, 小邦은 聖朝에 대하여 진실로 털끝만큼의 보태드린 것도 없었는데도 列聖께서 은총으로 대우하심이 이와 같았고, 성상께서 어루만져 편안하게 하여 주심도 또한 이와 같으니, 하늘의 융성하게 돌보심이 지극히 조밀하고 무겁습니다. 그러나 저 凡察과 李滿住는 사람의 얼굴에 짐승의 마음으로, 천지간에 있어 일종의 추한 무리입니다. 감히 흉하고 교활한 마음을 품어 기필코 신에게 분풀이를 하고자 함은 실로 조정에서 밝게 보시는 바입니다. 여러 번 내리신 성지를 받들지 않은 것과 죄악의 무거움도 조정에서 아시는 바입니다. 이제 그들이 도리어 그 계책을 얻었다고 하고 거만하게도 스스로 방자하게 굴며 小邦을 가볍게 업신여깁니다. 신은 멀리 外服에 있으므로 黈纊의 아래에서 스스로를 해명할 수 없으니, 마침내 무고를 당한 것으로, 신은 실로 아프게 여깁니다. 더구나 소국의 백성은 모두가 조정의 赤子이고 同仁의 덕화를 입어, 인민이 날마다 번성해지고 田野가 날마다 개척되어 변방에는 근심이 없어 사람마다 생업을 즐겨온 것이 여러 해가 되었습니다. 李滿住는 망령되이 이간질을 하여 자주 변방을 침범하였기에 聖朝에서 먼 곳 사람들을 마음을 써서 생각하시어 자주 勅旨를 내려 李滿住와 忽剌溫 등을 타일러 항상 생각하여 이웃나라와 화목하게 지내면서 서로 침범하

지 말라고 경계하셨으니, 은덕이 지극하시고 다하셨습니다. 李滿住는 여전히 잘못을 뉘우쳐 고치지 않고 걸핏하면 忽剌溫을 유인하여 연달아 침범하였습니다. 이제 凡察을 유인하였고, 凡察은 또한 乃胯와 혼사를 도모하였습니다. 그들이 작당을 맺어 소국의 변방 백성을 침요하고자 하는 정황과 흔적이 매우 명확합니다. 勅諭는 비록 간절하였으나 일찍이 준수하여 받들지 않고 조금도 공경하거나 두려워하지 않습니다. 신이 또 생각건대, 臣子로서 생각을 품었으며 君父에게 아뢰어 숨기지 않는 것은 情의 지극한 바입니다. 이것이 신이 天威를 거스름을 무릅쓰고 두 번 세 번 煩瀆하게 하여 드리는 것임을 생각할 겨를도 없는 까닭입니다. 바라건대 신이 盛代에 입은 은총을 헤아리시고 신이 小人에게 모욕을 당하는 것을 가엾게 여기시어, 특별히 凡察 등으로 하여금 옛 터전으로 속히 돌아가게 하시면, 어찌 安業하는 인민들만이 동요하지 않을 뿐이겠습니까. 소국의 변방 백성들도 또한 도적의 환난을 면하게 될 것입니다. 지극한 소원을 이기지 못합니다. 이에 삼가 奏文을 올립니다.

[1] 正統(1441, 조선 세종 23) 6년 정월 초8일

행문 과정

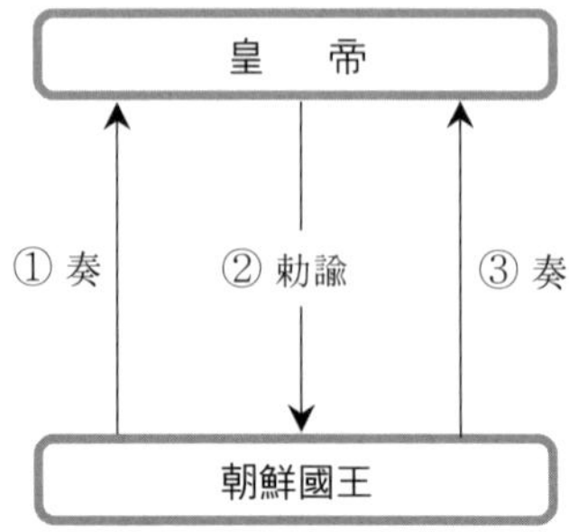

① 朝鮮國王이 皇帝에게 奏: 凡察 등이 李滿住의 거처로 이주한 사실 보고. ② 皇帝가 朝鮮國王에게 勅諭: 凡察이 李滿住의 거처에서 살 수 있도록 허락하였음 통고, 凡察의 가솔을 인도할 것 요구. ③ 朝鮮國王이 皇帝에게 奏: 凡察을 鏡城으로 돌려보낼 것 요청.

吏文譯註

An Annotated Translation of *Imun*

색 인

<색인 범례>

❶ 번역문에 등장하는 人名・地名・官名을 색인어로 추출하였다. 단, 번역문의 각주에서는 색인어를 뽑지 않았다.

❷ '崔尙書'와 같이 원문에는 姓만 나오지만 다른 자료를 통해서 신원을 확인할 수 있는 경우 그 인명을 색인어로 선정하였다. 그러나 百戶・總旗 등 하급 관직은 신원 확인이 곤란하여 색인어로 뽑지 않았다.

❸ 『吏文』 수록 문서의 발신자와 수신자로 빈번하게 등장하는 高麗國王・朝鮮國王・禮部・遼東都指揮使司는 색인어에서 제외하였다.

❹ '都察院右都御史'와 같이 관서명과 관직명이 함께 등장하는 경우에는 '都察院'과 '右都御史' 각각을 색인어로 하였고, 모두 官名으로 분류하였다.

❺ 동일 문서 안에서 같은 인명・지명・관명이 반복해서 나오는 경우에는 처음 등장하는 페이지만 표시하였다.

❻ 府・州・縣 등 민정단위는 지명으로 분류하고, 단위 명칭은 생략하였다. 예컨대 '結城縣'은 '結城'을 지명 색인어로 하였다. 衛・所 등 군정 단위, 예컨내 '廣寧衛'는 관명으로 분류하였다.

인 명

지 명

관 명